山东省社会科学规划研究项目"山东区域创新系统共生演化机制及路径研究"（15CGLJ09）、山东省自然科学基金项目"产业技术创新战略联盟中科技中介组织的作用机理研究"（ZR2013GM007）的研究成果

马伟 王庆金 田善武 著

基于系统论的
产业健康发展研究

以中国房地产业为例

中国社会科学出版社

图书在版编目（CIP）数据

基于系统论的产业健康发展研究：以中国房地产业为例/马伟，王庆金，田善武著 . —北京：中国社会科学出版社，2016.1

ISBN 978 - 7 - 5161 - 7646 - 7

Ⅰ.①基…　Ⅱ.①马…　②王…　③田…　Ⅲ.①房地产业—经济发展—研究—中国　Ⅳ.①F299.233

中国版本图书馆 CIP 数据核字（2016）第 032712 号

出 版 人	赵剑英
责任编辑	李庆红
责任校对	周晓东
责任印制	王 超

出　版	中国社会科学出版社
社　址	北京鼓楼西大街甲 158 号
邮　编	100720
网　址	http：//www.csspw.cn
发 行 部	010 - 84083685
门 市 部	010 - 84029450
经　销	新华书店及其他书店

印　刷	北京君升印刷有限公司
装　订	廊坊市广阳区广增装订厂
版　次	2016 年 1 月第 1 版
印　次	2016 年 1 月第 1 次印刷

开　本	710 × 1000　1/16
印　张	12.25
插　页	2
字　数	208 千字
定　价	46.00 元

凡购买中国社会科学出版社图书，如有质量问题请与本社营销中心联系调换

电话：010 - 84083683

内容摘要

房地产业是我国经济发展的重要产业之一。房地产业健康发展能带动区域经济的发展，进而促进国民经济的健康发展。房地产业非健康发展，尤其是目前我国一线、二线城市房价的非理性增长，局部地区形成房地产泡沫，一旦泡沫破裂就会引发连锁反应，将产生巨大的金融风险和经济风险，危及国家的经济安全。因此系统地认识房地产业健康发展的内在结构及运行规律有着极其重要的意义。基于此，本书进行基于系统论的中国房地产业健康发展研究。

在借鉴和吸收国外（境外）房地产业发展经验及教训基础上，针对我国房地产业发展的现状，从房地产业效率、房地产业泡沫和房地产关联度三个维度构建了房地产业健康发展的评价指标体系，为后续房地产业健康发展的系统分析奠定了基础。

房地产业主体主要包括政府、金融企业、房地产开发企业以及消费者。房地产业健康发展系统由政府调控子系统、信贷子系统、生产子系统、消费子系统等构成，这些子系统及其内在要素的行为和职能，关系着房地产业健康发展系统是否能够有效地运行。房地产业的各主体由于目标不同性，表现行为就不同，从而导致不同主体行为间存在大量矛盾，进而加大了房地产业健康发展系统的复杂性和动态性。通过构建中国房地产业健康发展的系统结构模型，明晰了房地产业健康的系统要素；通过房地产业健康发展子系统行为分析，明晰了房地产业各主体的目标和行为；通过房地产业健康系统中各子系统的矛盾分析，明晰了各主体间的矛盾。

对房地产业调控子系统、信贷子系统、生产子系统以及消费子系统的系统动力学分析基础上，进行了房地产业健康发展的系统动力学研究，得出房地产业健康发展的核心是房地产业运行与产业泡沫的平衡以及房地产业与相关产业和整个国民经济协调发展。为此需要平衡各主体利益，协调和约束政府调控行为、信贷支持行为、生产行为以及消费行为，以促进房地产业健康发展。

根据以上分析，结合国内外（境外）经验及教训，在完善政府调控政策、控制金融风险、规范开发企业行为以及正确引导消费者消费理念方面，提出了对策和建议。

关键词：房地产业；房地产业健康发展；评价指标体系；系统动力学

ABSTRACT

The real estate industry is one of the important industry of China's economic growth. Healthy development of the real estate industry can promote the development of regional economy, moreover, promote the healthy development of national economy. But unhealthy development of real estate industry, may lead to the irrational lower and higher real estate price, especially, at present, the first and second level city's house price present irrational growth, some regions formed real estate bubble, once the bubble burst will result in a chain reaction, will endanger national economic security. So how to system meet the healthy development of real estate industry internal structure and operation rules has extremely important significance on healthy development of the real estate industry and national economy of our country. So this paper puts forward to the research on China's real estate industry and healthy development based on system theory.

At present, real estate industry appear the unreasonable ratio between housing price and income, high vacancy rates, consumers and real estate development enterprises is high dependence on financial enterprises, the high risks of financial enterprises and buyers complain and other questions. In view of the present situation of real estate industry development, from the efficiency of the real estate industry, real estate bubbles and real estate correlation three dimensions, build the evaluation index system of the real estate industry healthy, and lay a solid foundation for the follow – up system analysis of healthy development of real estate.

The healthy real estate industry system is composed of subsystems of government regulation, credit, production, consumption and so on, and whether the real estate industry system can run effectively depends on these subsystems and the behavior and function of their inner elements. The different goals of the main body of the real estate industry result in different presenting behaviors and lots of contradictions among different bodies' behaviors, thus increased the complexity and dynamics of the healthy real estate industry system. By constructing the system structure model of the healthy development of China's real estate, it clarifies the system elements of healthy real estate industry; Through the behavior analysis of the healthy real estate industry subsystems, it ensures the target and behavior of the real estate industry's main body; Through contradiction analysis of the healthy real estate industry subsystems, it confirms the contradictions between different subjects.

Based on the system dynamics analysis of subsystems of the real estate industry control and regulation, credit, production and consumption, the paper did system dynamics research of the real estate industry healthy development and concluded the core of the healthy development of the real estate industry is the balance between the industry operation and industry bubble, and the coordinated development among the real estate industry and related industries and the whole national economy. Therefore, we need to balance the interests of the subjects, coordinate and constraint the government regulation behaviors, credit support behaviors, production and consumption behaviors, in order to promote the efficient operations of the real estate industry.

According to the analysis above, combining the experience between home and abroad, the paper put forwards some suggestions: to perfect the government regulation policy, control the financial risk, regulate the behavior of the real estate development enterprise and lead buyers consumption concept correctly.

Key Words: real estate industry; healthy development of the real estate industry; the evaluation index system; system dynamics

目　　录

第一章　绪论

第一节　问题提出

　　房地产业是我国经济发展的重要产业之一。从居民的角度来看，房地产业关系到居民生活四大要素之一"住"的需求满足，直接关系到居民生活质量和水平，同时也关系到社会稳定、和谐发展等社会问题；从国民经济的角度来看，房地产业健康发展可以增加投资，直接促进经济发展，房地产业对于国民经济的贡献随着居民居住需求的提升而变得越来越重要。房地产业具有较强的关联性，房地产业健康发展关系到上下游多个产业的健康发展，如金融业、建材业等，房地产业与国民经济发展具有较强的关联性，一是国民经济高速增长，人民生活水平提高，对房地产需要增加，必然会促进房地产业的发展；二是房地产业健康发展会带动其他关联产业健康发展，从而带动国民经济健康发展。但是房地产业非健康发展，房价上涨过快，房价收入比超出国际警戒线，就有可能形成房地产泡沫，一旦泡沫破裂就会引发连锁反应，产生巨大的金融风险和经济风险，危害整个国民经济的正常运行。如日本房地产泡沫、东南亚金融危机、中国香港的房地产泡沫、美国的次贷危机等造成的危害影响至今，就是很好的例证。

　　改革开放以来，随着社会福利分房制度的取消，房地产市场从无到有、从小到大，经济的快速发展和居民收入的大幅增加，对住房需求日益增长和趋于多样化，房地产业快速发展，房地产市场体系也逐步成型，房地产业逐渐成为国民经济增长点和重要产业之一。在房地产业快速发展的同时，引发了大量的经济和社会问题，最为明显的是房地产价格快速上涨，由此引发各种矛盾的产生。自 2001 年以来，我国房地产价格持续上涨，大部分城市的房地产价格都出现了大幅度上涨，部分城市或地区的房价甚至上涨了几倍，我国房地产市场的房地产泡沫和健康发展等问题成为关注的焦点，如何促进房地产业健康发展，保障国家的金融安全、经济安全，甚至国家安全，成为政府管理者和理论研究者所关注的问题。国外（境外）房地产业发展经验及教训告诉我们，须警惕和防止由于房地产泡沫，导致的房地产业非健康发展以及对国民经济发展的危害。

目前我国经济仍处于快速发展期，尤其房地产业起步晚、发展快，相关市场体系并不健全，而且我国人口基数大，地区差别大、市场需求量大，收入水平总体不高，房地产业在发展过程中出现问题是不可避免的，这就更需要在政府调控、房地产业政策制定、产业发展、银行信贷风险控制、规范房地产开发企业行为和正确引导消费者等方面紧紧围绕房地产业健康发展而进行，避免房地产业的非健康发展而给关联产业和国民经济带来极大的威胁。当前，从我国房地产业的发展状况角度看，我国房地产市场是非均衡的，房地产市场中各利益主体不能有机协调和动态协同，造成价格快速上升和局部产生房地产泡沫，主要表现在政府调控方面，由于信息不健全，在调控目标、调控手段、地方执行力等方面存在不足，造成调控目标没有达到预期效果；地方政府出于提高政绩和地方财政收入的需要，限制土地供应量，造成土地价格上涨，导致房价上涨，局部存在房地产泡沫；货币流动性过剩、保障性住房建设滞后和房地产投资局部存在过热。在银行信贷企业为房地产开发企业和消费者提供信贷方面，为了实现利润最大化，存在信贷支持过度、监管力度不足。在房地产开发企业方面，存在开发企业"散、乱、小"，融资渠道过分依赖银行、企业缺乏核心竞争力、管理水平不高、创新能力弱和利用信息不对称损害消费者利益等房地产开发企业的不规范行为；消费者由于"需求刚性"、心理预期等因素，消费者行为缺乏理智，有一定的盲目性，房价持续上涨预期和投资渠道缺乏，产生了房地产投机行为等，扰乱了房地产市场的正常秩序，影响了房地产健康发展，进一步放大了房地产业存在的问题。这些问题都影响到了房地产业健康发展，对国民经济的健康运行产生不良的影响，而这些问题产生、发展和解决是一个系统问题，系统中的每个主体都有可能对房地产业健康发展产生影响，并相互关联。

因此如何系统地认识房地产业健康发展内涵、内在结构及运作规律，对房地产业健康发展和国民经济健康运行有着极其重要的意义，只有系统分析和规范房地产业健康发展系统各主体的行为，遵循系统运行规律，合理评价房地产运行效率和房地产风险，才能有针对性制定相应的政策和对策，促进房地产业健康发展。基于此，本书利用系统论的方法，对中国房地产业健康发展问题展开研究。

第二节　研究的目的和意义

本书期望应用系统论的方法，系统研究我国房地产业健康发展，明晰房地产业健康发展系统内涵、构成要素、内在运行规律以及评价关键点，为中国房地产业健康发展提供理论支持和实践支持。

在理论研究上，尽管国内外学者对房地产业健康发展问题进行了研究，但是没有形成系统的房地产业健康发展的理论体系，特别是对于房地产业健康发展的内涵、内在要素及其运行规律并不清晰，进而造成政策制定缺乏理论支持，因此本书在明晰了房地产业健康发展内涵以及系统构成的基础上，构建房地产业健康发展系统结构模型，进行了中国房地产业健康发展的系统动力学研究，一方面丰富了产业理论，特别是房地产业健康发展理论；另一方面为实现房地产业健康发展提供理论借鉴。

在实践上，通过房地产业健康发展系统分析，明晰房地产业健康发展系统构成及其内在关联，明晰房地产业健康发展各主体行为及其内在关联，明晰影响房地产业健康发展的各个主体间相互关系、行为和目标，为相关政策的制定提供依据，促进房地产业健康发展，实现国民经济健康发展。

第三节　国内外研究综述

20世纪30年代，章植的《土地经济学》是我国近代第一部土地经济著作。我国现代房地产业发展，从改革开放至今才有30多年时间。国外尤其西方发达国家房地产业发展时间较长，已经是一个成熟的产业，对房地产业的理论研究已经有很长的历史，在1662年，英国古典政治经济学家威廉·配第在其《赋税论》中，就提出级差地租概念，并对级差地租和土地价格做了分析。亚当·斯密、马克思等对土地和住房问题进行研究并形成理论，为房地产业的发展提供了理论支持。

一　政府调控方面研究

惠顿（1996）在研究国民经济和房地产业基础上，分析了房地产业与政府之间的关系，认为政府对房地产业进行管理和调控是必要的。J. Dennis 等（1996）认为政府调控措施可以改变房地产住宅市场的供求关系，为促进房地产业健康发展，政府需要在房地产建设和管理方面进行干预。Laurence（1990）在研究商业房地产受税制和财政改革基础上，建立房地产价值函数，评价税务因素、财政因素和地区差别因素对房地产价值的影响。Anderson（1989）研究房地产税收政策对房地产市场的影响。

Born 等（1994）根据经济周期中的基本变量和房地产价值的联系，对造成房地产周期波动的因素进行研究，确立了基本经济变量在房地产周期模型中的地位。Clinloy Bertrand（1996）分析了造成房地产经济周期的国际因素和国内因素。Robert H. Edelstein 和 Jean Michel Paul（2005）利用土地价格预期模型解释了日本在 20 世纪 90 年代初发生的房地产泡沫。

经济学家歌德伯格和伊文思等，自 20 世纪 80 年代以来，利用城市经济学、土地经济学理论和方法，研究了房地产市场发展与房地产调控问题，从房地产市场发展、房地产市场调控、房地产市场供需平衡、城市土地利用、住房等角度，提出关于房地产市场发展与房地产市场调控问题的基本理论。经济学家曼纽尔·哥特莱伯、冯·杜金、罗纳德·威坦等利用实证分析的方法，分析房地产市场运行规律与时间之间的关系，认为房地产市场的运行是有周期性规律的，提出房地产市场周期性运行理论。

Count（1939）首次提出房地产价格模型，该模型被广泛应用于耐用品的定价。20 世纪 60 年代提出现代单中心模型，是在继承了李嘉图的地租理论和冯·屠能空间理论基础上研究土地价格，该模型认为，土地价格由三部分组成，即现在农用租金的价格、该位置租金的价格和预期土地价格。

D. Denise 和 C. William（1996）运用类似"蛛网理论"的模型来分析房地产市场的变化，将房地产市场分为资产市场和使用市场，在对房地产资产市场和使用市场的概念分析的基础上，论述了资产市场和使用市场互动关系的四象限模型。A. R. Watkins（1999）研究了土地费用对房地产市场供给均衡的影响，认为土地费用包含很多方面，分析了土地费用对房地产市场均衡的影响。C. J. Mayer（2000）分析了土地供应和土地管理对房地产开发规模的影响，发现土地管理会降低房地产开发规模的扩大。Geoff Kenny（1999）通过研究表明，房地产价格与收入水平有正向关系，与房地产的需求有一定的正向关系，抵押贷款利率对长期房地产需求会产生负影响，建设成本对房地产价格产生一个稳定的比例关系。

Alan, K. 和 Reichert 等（1987）研究了垃圾填埋场对房地产价格的影响，认为比较高档的住宅区，垃圾填埋场对价格的负面影响在5.5%—7.3%之间，对一般档次的住宅区价格的负面影响较低，在3%—4%之间。Page 和 Rabinowitz（1991）研究了地下水污染物与房地产价格之间的关系，经过研究发现，地下水污染物与房地产价格之间呈负相关关系，而且这种负相关性与距离还有关系，距离越远，负相关性越小；反之则越大。Payne（1993）用传统评估方法发现，有树木植物的单独住宅价格比周边房地产平均价格高7%。Payne 和 Storm（1992）对树木的数量和分布方式进行多次模拟之后发现树木排列整齐的土地的价格要比排列不整齐的土地的价格高30%，当土地树木覆盖率达67%时，土地价格是最高的。

目前房地产业已经成为我国经济发展的重要产业之一，房地产业是高关联性的产业，其健康发展会对其他相关产业和我国的经济发展产生重大影响，我国政府、企业界、学术界已认识到房地产业健康发展的重要性，给予了高度重视，并进行了大量的理论研究和实践研究。

胡挺（2007）分析了房地产业的监管效益，房地产监管的目的首先是保证房地产业健康发展，及时发现危险因素并采取措施对其进行控制，从对房地产业资源配置效率和社会福利的影响两个方面建立了房地产业监管函数，将监管函数和房地产业监管的成本、收益相结合分析，如何以较低的监管成本获得较大的监管效益，通过分析提出，对房地产业进行宏观调控是非常必要的。

黄慧明、左辉群（2004）研究了房地产业周期波动机制，认为房地产业发展会发生有规律的波动，一般会经历繁荣阶段、衰退阶段、萧条阶段和复苏与增长阶段，分析了导致房地产业周期波动的内部动力机制：需求因素是导致房地产业周期波动的根本动力，有效需求与有效供给之间的不平衡决定房地产业周期波动的形状，"乘数—加速原理"是房地产业周期波动的潜在运行机制；房地产业周期波动的外部影响因素：经济因素（总体经济状况、产业结构状况、人们生活水平、金融和财政情况）、国家和地方发展计划（经济发展计划、国土计划、区域计划、城市规划）

和法律制度（土地使用与规划管理制度有关法规），这些因素通过影响房地产业的供给与需求的平衡来影响房地产业健康发展。

　　童长锜、杨和礼（2007）研究了影响房地产价格的因素，主要包括以下四个方面，即经济因素（经济发展水平、物价水平、居民收入水平、投资状况、财政收支和金融状况）、行政因素（土地制度、住房制度、城市规划、税收制度）、社会因素（政治安定状况、社会治安状况、房地产投机和城市化）和人口因素（人口数量、质量、构成），这些因素都会对房地产价格产生重要影响，房地产价格是一个直观反映房地产发展状况的因素，房价过高、增长过快会引发房地产泡沫，从而影响房地产业安全和健康发展。

　　孙骞、欧光军（2012）研究了影响房地产业发展的因子，建立了消费、工程、运营和土地4个一级指标和17个二级指标的指标体系，然后运用因子分析法和聚类分析法将17个指标合并为规模因子和市场景气因子，对我国31个省级行政区域的房地产业发展状况进行了分析、排名和分类，最后按照东部、西部、中部给出了房地产健康发展的建议。

　　周霞、周晓静（2007）研究了外资并购对我国房地产业健康发展的影响，认为外资并购阻碍内资房地产业发展模式的转换、影响国家宏观调控和产业结构调整政策的实施效果、以资本输入为主的整合可能造成双赢目标难以实现，影响内资房地产企业规模扩张等，针对这些不利的影响，提出了保障内资房地产业健康发展的建议：建立并完善房地产业安全预警及应急机制、加强对外资并购的监管、培育内资企业与外资共生的能力、提高内资房地产业竞争力。

　　佟克克、蒋志敏（2005）研究了我国房地产业安全的现状及成因，认为区域性的房地产泡沫是威胁房地产业安全的重要因素，造成房地产泡沫的原因有金融原因、土地供给原因、利率政策、房地产市场对外开放和城市化进程等。另外，商品房空置率过高，商品房价格与家庭年收入差距过大，也是影响房地产业健康发展的因素，面对当前房地产市场的复杂形势，应当综合运用多种手段和措施调控、引导和维护房地产业的健康发展，进一步提高中国房地产业的产业安全度。

　　郑应亨、欧小莉（2005）重点研究了人口因素对于房地产业健康发展的影响，认为人口增加会对一个城市的经济和环境造成很大的压力，会影响人均收入水平的提高，从而影响对房地产业的需求。人口的素质、人口结构都会对房地产开发和消费产生影响，提出要坚持计划生育的政策，控制人口数量，提高人口素质，改善人口结构等方式减少对房地产业健康发展的不利影响。

张农科（2011）从房地产投资问题、住房价格问题、房地产市场结构问题和不动产管理问题四个方面，研究了中国房地产业的安全问题。影响我国房地产业安全的主要影响因素包括投资因素、价格因素、市场因素和不动产管理因素四个主要方面，并从以上四个方面建立了评价指标，最后从宏观调控的政策和房地产管理的角度给出对策建议。

隋学深、李孟刚（2010）研究了2008年金融危机后房地产市场非理性繁荣的原因及影响，认为资本资产属性是造成房地产市场非理性繁荣的根本原因，政策和金融市场推动是造成房地产市场非理性繁荣的外部因素，金融危机后的房地产非理性繁荣在一定程度上能够缓解金融危机对我国经济产生的不利影响，但是从长期来看，对我国经济的发展弊大于利：一是不利于经济稳定增长；二是不利于金融体系的健康发展；三是不利于社会稳定。在建议方面提出改革土地出让制度、征收土地财产税和物业税、准确掌握不动产信用控制的力度等。

陈静、张文红（2007）从生态角度研究城市房地产业的系统安全问题，给出了城市房地产业生态系统的定义：房地产业生态系统是人类在从事房地产开发活动中形成的一种具有生态特征的社会经济系统。在房地产业生态系统中，房地产开发的各个环节（土地获取、住房规划设计、融资、房地产建设和销售）构成系统的核心生态圈；上游供应商及下游消费者构成系统的二级生态圈；而金融层面（房地产金融市场、投资者、银行机构等）及政策层面（中央政府与地方政府、行业协会、其他制定政策的政府部门等）构成系统的最外围的生态圈。并从系统本身和外部环境两个方面建立了安全评价模型，对江苏南京房地产业的安全情况进行了分析。

苏卉（2005）在分析了国内外房地产业健康发展评价方法基础上，建立了房地产业健康发展评价指标体系，包括产业生存环境（政府规制、产业融资环境、市场环境）、产业竞争力（产业效益、产业绩效、产业结构）、产业发展能力（产业发展）、社会贡献（社会贡献指标、就业）4个一级指标、9个二级指标和21个三级指标，并对山西省朔州市房地产业安全进行了评价，得出朔州市房地产业安全状态为"较为安全"的结论。熊浩宇（2011）建立了房地产安全预警系统并进行了实证研究，预警指标有压力类指标（房地产金融环境、生产要素环境）、状态类指标（产业竞争力、产业控制力、产业发展力）、响应类指标（产业结构、外国投资），并分别计算出各个指标的危险系数和房地产业总的危险系数为0.556，得出我国房地产业处于不安全状态，并且从政府宏观调控、完善相关法律、调整房地产信贷方式、调整土地价格、改变房地产市场供需结构、限制国外房地产企业进入中国市场套利等方面给出了建议。

申盼、毛莹莹（2012）研究了湖南省房地产业状况，建立了房地产业安全评价指标体系，包括产业竞争力、产业发展力、社会贡献3个一级指标，运用主成分分析法对2003年至2011年湖南省房地产业安全进行评价，得出湖南省房地产业处于不健康状态，一方面是因为与各国经济的联系越来越紧密，因此更加容易受到国外经济波动的影响；另一方面房地产企业本身的问题，如竞争力不强、管理水平不高、创新能力弱等，而自身原因是造成湖南省房地产业不健康的根本原因。

董琦（2013）研究了房地产业泡沫对我国经济的影响以及防范措施，选取定量指标对房产泡沫进行检测，指标包含房产价格增长率/实际GDP增长率、房价收入比、住房按揭款/居民月收入和空置率系数，为了将房地产经济泡沫控制在合理的范围内，提出优化产业结构、加强金融监管力度、鼓励中小城市房地产发展的控制措施。

袁贤祯（1998）提出了房地产业监测预警系统构想，认为房地产业监测预警系统主要由两部分构成：一是预测房地产业警情，即房地产业景气分析系统和预警信号系统；二是消除房地产业已出现的警情，预防可能出现的警情，即房地产业排警系统。

1975年美国地理学家诺瑟姆（Ray. M. Northman）最先提出以某区域城镇人口数量占区域总人口数量指标，来衡量某区域城镇化水平，该指标数据容易获得、计算简单，在国际上获得广泛应用。联合国人居中心通过城镇化发展指数（CDI，含生产水平、健康水平和教育水平）和城镇化指标准则（UIG，含经济发展、居住条件、贫困状况和环境状况）等综合指标，对城镇化质量进行研究，代表了国际上城镇化质量研究的方向。David L. B.，Hirotsugu U等国外学者从土地集约化利用（用地规模和密度）、商业区密度、居住区密度等指标评价城镇化水平。

我国以往通过区域内城镇人口数量与总人口的比值或非农业人口与总

人口的比值来衡量区域城镇化水平，虽然该指标便于统计、计算简单，但不能综合反映城镇化水平。以张晓玲（2005）为主的国家城调总队福建城调队课题组构建了6个一级指标，31个二级指标的体系，对城镇化质量进行评价。6个一级指标包括：一是经济发展质量指标；二是生活质量指标；三是社会发展质量指标；四是基础设施质量指数；五是生态环境质量指数；六是统筹城乡与地区发展指标。杨慧珍（2003）构建在新型城镇化形势下省市城镇化质量评价指标体系，包含5个一级指标：经济发展指标、社会环境指标、居民生活质量指标、社会和谐指标和民生保障指标，21个二级指标的指标体系，并应用主成分分析方法，对我国30个省市城镇化进行测算，得出我国城镇化质量呈现由东向西递减趋势。

孙长青、田园（2013）在经济学视角下构建了新型城镇化评价指标体系，该指标体系包含城镇水平、经济发展、集约协调、民生改善和生态宜居5个子系统，共28个三级指标的评价体系。黄磊、朱洪兴等以中原经济区域城镇化质量为研究对象，构建经济发展、民居物质生活、民居精神生活、城市建设、生态环境和城乡统筹6个一级指标，26个二级指标的城镇化质量指标体系，应用熵值法进行城镇化质量测算，得出重视城市基础建设和城市环境保护的邯郸、聊城和邢台城镇化水平较高，而处于省际边缘，经济基础较差的阜阳、周口、驻马店等城镇化水平较低。张向东、李昌明等构建以基础设施、经济发展、人口城镇化、生活方式、环境状态和城乡统筹6个二级指标，27个三级指标的河北省新型城镇化水平测度指标体系，应用熵值法和主成分分析法进行综合评价，得出河北省11个地级市城镇化发展水平不均衡，而且差别较大，石家庄最高，张家口最低。王博宇、谢奉军等在反思和梳理城镇化评价研究的基础上，构建以经济动力（含人均GDP、工业产值占GDP比重、第三产业产值占GDP比重和城镇固定资产投资占总投资比重）、人口转移、基础设施和人居环境共4个一级指标和15个二级指标的新型城镇化评价指标体系，对江西省各区市进行实证分析。

黄妍等（2009）在分析我国保障性住房现状基础上，提出保障性住房是我国房地产市场重要组成部分，是满足低收入人群住房刚性需求和改善低收入人群住房条件，有效抑制房地产价格快速增长的有效手段，是促进我国房地产业健康发展的有效途径。罗伟（2008）通过房价收入比计算，认为低收入人群对商品房价格影响不大，但中等收入人群选择保障性住房对商品房价格影响较大，保障性住房短期内（3—5 年）由于供应量较少，对房地产市场影响不大，但长期会对房地产市场产生影响，能起到抑制房地产价格较快增长的作用。王维（2008）认为保障性住房建设通过土地挤出和刚性需求吸收作用，会导致商品房价格上涨。贺晶认为保障性住房建设，有益于构建多层次住房供应体系，影响房地产供求关系，起到抑制房价作用，有利于房地产开发企业转化经营模式，多元化发展，有利于房地产业健康发展。

二　银行信贷方面研究

20 世纪 30 年代以前，国外中央银行几乎不对金融机构进行监管，主要利用市场调节的方式对金融机构进行管理，通过对最后贷款人的审核和建立存款保险制度来防范银行危机产生，同时中央银行实行了弹性货币供给制，来控制金融机构的派生货币创造能力。随着凯恩斯主义和新自由主义推行，产生了银行学派和通货学派的争论，而争论的焦点是否进行金融监管，银行学派认为，竞争性银行的正常运转完全可以控制货币流通量，完全可以由市场自行调节，而金融监管会影响自由竞争，从而影响效率。而通货学派认为，除非严格限制纸币发行，否则银行危机不可避免。

美国的 A. Hess 和 W. Smith 在分析房地产证券化具体形式的基础上，认为房地产证券化可以有效降低房地产融资风险。美国的约翰·马歇尔通过研究多种金融衍生工具及其在房地产金融应用，认为金融衍生工具可降低房地产市场的风险。《房地产投资信托——结构、绩效与投资机会》一书中系统地整合了房地产投资信托的研究成果，从理论和实践相结合的角度，对 REITs 市场进行了综合分析，从 REITs 的组织结构、规模、分红和债务政策、REITs 证券的发行及绩效进行了深入的研究。

Stiglitz 和 Weiss 对信贷市场中的信息不对称现象进行了研究发现，通过提高利率进而消除超额需求这一做法，反而会迫使那些低风险投资项目者退出信贷市场。Grossman 和 Hart 通过研究道德风险下如何设计最优合同发现，激励机制下的均衡只能是次优，假定代理人的努力需要支付成本，其行动选择对委托人越发有益，则其成本也将越高。Bruckner 研究借款人风险，指出利率与罚点的结合是商业银行甄别借款人风险类别的有效手段，这样可以有效改善市场效率。Lisa 分析了不同等级风险的借款人对于 ARM（浮动利率）与 FRM（固定利率）偏好，在信息不对称条件下，借款人的风险偏好等级是私人信息，因而存在分离均衡，高风险偏好者会选择 ARM，低风险偏好者则往往会倾向 FRM，这样就可以将选择倾向作为甄别高低风险的违约信号。

Von Furstenberg 比较了两组不同贷款期限的住房信贷发现，贷款期限越长相应的违约风险也越大；同为 30 年期限的还款，新房的贷款违约风险要高于二手房。一般来说，新房价格高，借款人的财务负担重，建筑质量不易测定，很可能会偏离消费者最初设想，而二手房购买当时就能够清楚地了解到住宅的结构、居住环境、品质。

中国人民银行研究局刘萍将我国商业银行房地产信贷业务所面临的风险划分为房地产市场风险、利率风险、流动性风险、信用风险、抵押物风险和购买力风险。王震勤（2006）把我国商业银行的房地产信贷风险划分为市场风险、利率风险、借款人违约风险、项目及开发商风险、抵押物价值认定风险五类。

周志鹏在其 2005 年出版的《商业银行房地产信贷风险与控制探析》一书中，分析了商业银行在房地产放贷过程中存在的信贷风险原因，并在健全房地产信贷的法律法规体系、完善信贷操作规程、提升业务人员素质和能力、加强内部管理和风险控制，发展优质客户、完善和广泛应用社会信用和信用制度等方面提出控制银行房地产信贷风险的建议。魏金萍（2006）在《我国房地产个人信贷风险防范研究》一书中，从房地产个人信贷风险产生的原因和危害入手，提出房地产个人信贷风险防范和控制须从宏观和微观两个方面着手，宏观方面需要发挥政府的主导作用，建立健全法律法规体系，拓宽房地产开发企业和个人房地产贷款的筹资渠道，完善房地产贷款担保和保险制度，降低银行的信贷风险；微观方面需要银行建立风险控制体系，加强制度建设和制定执行力度、强化内控机制建设、从内部管理流程到宏观经济运行和进行金融创新等方面防范风险和控制风险。

汪丽娜（2003）在借鉴美国经验的基础上，从保险的角度分析了信贷风险，为我国银行信贷风险的预防和控制提出建议。虞晓芬（2005）在研究澳大利亚房地产信贷保险制度的基础上，提出控制银行信贷风险的建议。蒋勤和祁颜（2002）研究了加拿大的房地产信贷的担保制度，借鉴加拿大担保制度的经验，为我国银行信贷风险控制提出合理化建议。于长秋认为，政府担保功能的缺失，导致我国商业银行承担了本应由政府承担的风险，从转移分散房地产信贷风险的角度出发，需要建立以政府担保机构为主体的房地产信贷担保体系。李青峰认为，建立廉价房市场，可以化解抵押物处置困难问题；规范地产评估业务行为，保证抵押物估价的真实有效性，以工资收入权作为抵押。赵新华从商业银行授信的角度，阐述了我国银行在房地产信贷违约风险方面的应用，从财务投资角度分析资本市场理论运用于控制风险的技术，论述了住房信贷风险控制的衍生机构的必然性。赵勇和黄剑提出了采用抵押贷款证券化，辅以保险机制，构建风险转移机制。赵克诚和刘萍认为防范信贷风险应完善信用制度体系，健全住宅市场，拓宽资金渠道，健全法律制度。张帆提出了建立网络化监控体系，充分利用内部网络系统防范化解银行内部风险（即因贷款人管理不善造成的风险）。黄小彪和黄曼慧认为，假设银行和借款人具有完全利息，二者之间的行为过程是一种非对称的信息博弈，"自然"因子会自身产生逆向选择和道德风险，此外，政府对金融机构的不恰当介入方式也极有可能带来信用风险隐患。

王玉南（2008）认为，我国房地产融资体系不健全、房地产业对银行信贷依存度过高、金融机构风险意识淡薄、房地产业融资风险管理过于简单和房地产业与房地产融资的宏观调控政策传递不畅，是导致我国房地产业金融风险的主要原因。祁逸认为，房地产金融风险主要是信誉风险、流动性风险和利率风险，引起房地产金融风险的原因有以下三个方面：一是房地产投资增速较快，空置面积总量较大；二是房地产价格增长过快；三是宏观调控力度低，法律法规不健全。董琦（2008）剖析了美国次贷危机，认为美国次贷危机根源是房地产市场过度膨胀，货币流动性增加，房地产价格持续上涨，房地产资产泡沫引发投机性需求增加，同时金融信贷机构放松了风险意识和金融监管，资产证券化加重了次贷危机，并结合我国房地产发展的现状，提出加强贷款审核和风险管理、加强金融衍生品的管理、合理调控流动性过剩和抑制房地产价格上涨过快措施，促进我国房地产业健康发展。中国人民银行南昌中心支行课题组（2010）通过研究房地产市场发展与房地产金融风险的关系，提出房地产金融风险主要存在以下三个方面：一是风险过度集中在银行；二是房地产泡沫破裂导致银行经营风险；三是房地产企业资金链断裂导致银行坏账风险。

三　房地产开发企业方面研究

目前中国房地产开发企业存在"散、小、差"问题，统计资料显示，全国有房地产开发企业 8 万多家，平均净资产不到 1000 万元，以三级、四级资质，其至暂定资质的中、小房地产开发公司最多，这些公司规模小、融资能力差、人员素质不高、开发能力弱，房地产开发一级资质的大型企业只占1%多一点，二级资质企业不到10%。

王德宾（2010）通过分析房地产开发企业假按揭行为，增加金融企业的风险，提出完善房地产市场监管，动态监管房地产开发企业融资行为，降低金融风险。马驰从信息不对称角度，对开发企业通过圈地、囤房，广告欺诈、质量欺诈、面积欺诈、产权欺诈、价格欺诈等手段，损害消费者合法权益，干扰正常的房地产秩序，影响房地产业健康发展等方面进行分析，提出增加消费者购房知识和维权意识，完善法律法规和监管、构建房地产业诚信体系等促进房地产业健康发展的建议。

提升房地产开发企业的综合能力和规范房地产开发企业的行为是促进房地产业健康发展的有效途径之一。房地产开发企业应从企业内部管理入手，调整企业定位和战略结构，提升房地产开发企业的核心竞争力。绿地集团定位"综合性地产企业"，绿城定位"完整价值的房地产企业"，万达则积极经营城市综合体和文化产业建设，并组建了文化产业集团。

中国房地产业协会经营管理专业委员会联合兰德咨询发布的《房地产企业经营管理蓝皮书（2012）》，通过研究176家房地产上市公司发现，超过九成的企业都对产品结构做出了调整。比如万科开始涉足商业地产和旅游地产，龙湖、万达、世茂等开始涉足旅游度假地产，华润则降低高端项目的开发比例。

2012年上市公司中超过九成企业进行了内部管理优化或调整。例如，在法人治理方面，龙湖、万通等企业的董事长退出了日常经营管理工作而专注于战略规划和风险控制，在某种程度上实现了所有权和经营权的分离；在组织管控方面，万科增设了商业地产部门，并加大了对区域公司的授权力度；另外还有更多的企业进行了内部机构的合并或分拆。

由于我国房地产开发企业普遍存在规模小、创新能力不足等问题，需要房地产开发企业建立联合，协同创新、共同提高，促进我国房地产业健康发展。

德国理论物理学家赫尔曼·哈肯（Herman Hakcn，1976）用协同学分析了协同机理，从系统科学的角度研究了复杂系统的子系统间的协调合作关系。哈肯在耗散结构理论的启发下，提出了序参量，在序参量聚合和强化作用下，各子系统间的相互作用，系统无序变为有序，能够实现单个个体或者子系统所无法实现的目标。正如哈肯教授所说："如果一个群体的单个成员之间彼此合作，他们就能在生活条件的数量和质量的改善上，获得在离开此种方式时所无法取得的成效。"认为协同系统是由互相关联的各个子系统组成的，其中序参量对子系统作用起到支配作用。第一层次的协同是指子系统之间的协同，产生有序机构；第二层次的协同是指序参量之间的协同决定有序机构，协同学强调序参量之间的相互作用和配合。美国的伊戈尔安索夫和日本的伊丹光子从企业战略角度，研究企业的局部或个体利益与企业的整体利益之间的关系，认为企业的整体利益之和大于局部或个体利益之和，强调局部或个体之间的协同，创造更大的集体利益。

美籍奥地利经济学家熊彼特（2008）构建创新的生产函数，它包括五个方面：新产品、新工艺、新市场、新材料或半成品供给来源以及新企业组织形式。20 世纪 60 年代美国经济学家华尔特罗斯托发展了创新概念，提出技术创新，认为技术创新是创新的主要因素。弗里曼强调创新成果的应用，认为技术创新而产生的新产品、新设备、新方法等，只有真正实现商业化，才能完成创新。罗斯菲尔德从产品创新的角度研究创新。

美国麻省理工学院斯隆中心的彼得·葛洛较早地提出了协同创新理论，指出协同创新理论是"由自我激励的人员组成的网络小组形成集体意愿，借助网络交流思想、信息及工作状态，合作实现共同的目标"。胡恩华等（2007）认为，协同创新是指集群创新企业与群外环境之间既相互竞争制约，又相互协调受益。综合现有的研究来看，协同创新内涵包括以下三个方面：一是协同创新的目标是实现创新绩效，而且这种协同创新可以带来参与主体中的个体无法获得利益；二是这种协同创新可以给参与个体带来创新绩效，即有科研成果产出，是个体无法完成或者个体受限于资源而无法完成；三是协同创新能够节约交易成本，实现技术诀窍独占，降低 R&D 成本；分散技术创新风险，将科技成果的外部效应内部化，弥补创新资源的不足，降低过度竞争，获得规模经济等。创新网络是系统性创新的一种基本制度安排，其主要联结机制是企业间的创新合作关系。一方面协同创新网络是由 2 个或 2 个以上的主体构成的，这些主体包括企业、高校及科研机构、中介结构、政府等；另一方面主体间的关系是非常复杂的，既相互竞争又相互合作，既相互制约又相互收益，既松散又紧密，而这种复杂的非线性关系在一定时间内表现为一定的稳定性，体现为主体间良性合作关系。在技术联盟中，企业合作契约有利于维系企业合作关系。

协同创新的核心是协同，协同包含多个层次，也包含了多个方面的含义。从网络层次来看，是指创新网络不同主体间的协同，这是现有研究中关注最多的一个内容，主要包括创新资源的共享性和创新活动的互补性，创新网络在不同的主体之间实现创新资源的共享，每个主体都有自己所擅长的技术领域，创新主体之间进行技术学习与扩散，发挥各自的优势，弥补不足，创新要素互相渗透、互相融合，共同完成创新活动。从单一主体来看，特别是从企业来看，这种协同还包含着内部协同，内部和外部之间的协同，企业也是一个组织，是由不同部门、不同资源所组成，有自己的组织构成和制度安排，企业需要企业内部不同职能部门、不同主体进行协同来保证外部主体间协同创新活动的顺利进行，而这一点是现有研究中容易忽视的。

四 消费者方面研究

Simans（1976）以消费者居住地与上班地的出行方式为研究对象，应用计量经济学的方法进行分析，研究消费者的购房行为。Bible（1977）将影响消费者购房行为主要因素分为住房地理位置、住房周边的生活和工作便利性、住房周边配套和邻居地位和房地产税4个方面，采用因素成对比较法，确定这4个因素对消费者购房行为影响的权重。Hempel（1978）以美国和英国消费者的购房行为为研究对象，采用计量经济学和多变量回归方法，认为经验和动机不是很好的预测变量。Weicher以意向消费者为研究对象，应用相关分析法研究家庭支付能力与购房行为之间的关系。

钟晨从消费者的消费理念角度，分析消费者的消费行为，由于受中国传统思想的影响，消费者普遍认为"居者有其屋"，是指有自己产权的房屋，有其屋实质上是指有其居住的房屋，而不是拥有自己产权的房屋。购房目的调查显示24%属于结婚需求，14%属于改善需求，25%属于工作、学习和生活方便需求，7%属于投资需求，其他占30%。刘文超在研究房地产商与消费者之间的博弈关系基础上，得出最理智的消费者，最好的策略就是观望等。同时由于消费者买涨不买跌的心理，市场一旦出现观望的氛围，对房地产市场是致命的。王婉莹等以上海为例，研究房产税对消费者的影响，房产税可以调节房地产市场需求，引导消费者消费心理。对刚性需求者可以促使提前购房；对投资、投机性需求，由于增加持有成本，可能降低投资（机）收益，从而抑制投资（机）性需求的增加，达到引导消费者的目的。

许斓馨从消费者消费心理进行分析，在购房目的方面认为消费者中68%的为居住性需求，28%的为投资性需求，4%的为保值性需求。影响消费者消费的主要因素包括消费者收入水平、房价和房价预期三个方面。康琼认为城市化加速、居民收入增加和房地产价格上涨预期，导致房地产市场过热，从青年人和中年人购房因素进行分析，认为青年人购房的目的是居住和结婚，需求面积为中小户型，购买房屋主要考虑工作、交通和周边配套；中年人购房目的是改善住房和投资，需求为大户型，主要关注点为小区环境、周边环境和升值空间。陈茹云应用不完全信息动态博弈模型，分析政府与消费者之间的博弈，征收房产保有税，增加房地产投机成本，可以减少消费者对房价上涨预期，减少房地产投机行为，促进我国房地产业健康发展。

中国人民银行武汉分行金融研究处课题组，在分析房地产商、消费者和商业银行基础上，提出消费者购房心理脆弱性与其经济实力呈正相关；利息上调可以增加消费者的购房成本，导致消费者观望心理增加，短期内有益于减少房地产销售量，减缓房价上涨压力，但对中低收入人群普遍担心由于利息上涨，会增加房贷难度，增加房贷成本，降低购房心理预期。

刘旦从消费者心理学视角，研究我国高房价的成因，认为情景因素（包括物理环境、社会环境、资讯环境和时间因素）和判断性偏差（包括可行性启发偏差、代表性启发偏差、瞄定偏差和框定偏差），对消费者购房决策影响显著。刘超认为消费者的购房行为既是一种经济行为，也是一种社会行为，提出分析消费者的购房行为应从经济理性和社会理性两个角度进行。董应兰分析了消费者与房地产开发企业之间的博弈，尤其在房价的博弈基础上，指出理性的消费者最后是观望，在低价时入市，实现消费者利益最大化。中国消费者有买涨不买跌的消费心理，一旦形成就很难消退。

孙建平从三个层次分析消费者、政府、商业银行和开发商之间的利益博弈。第一层次利益博弈是消费者与开发商之间房价高低博弈，商品房既是消费品，也是投资品，房价既表现为消费价格，也表现为投资价格，2008 年之前房地产市场主要表现为消费需求，2009 年之后由于货币大量投放，通货膨胀预期增加，房价持续上涨，房地产市场既有消费需求，也有投资需求。第二层次利益博弈是开发商与政府之间投资的利益博弈。第三层次利益博弈是开发商与银行之间贷款数量的博弈。

第四节　主要研究内容和拟创新点

一　研究内容

本书主要研究内容包括以下几个方面：

第一，相关概念界定和基础理论。在回顾国内外相关研究基础上，重点对房地产、房地产业、房地产业健康发展的内涵、内容和特征、产业组织理论、产业结构演进理论、产业结构调整和优化理论、产业关联理论和系统理论等相关概念和基础理论进行界定和分析，为房地产业健康发展提供理论基础。

第二，结合国外（境外）房地产业发展的经验及教训，针对目前我国房地产业存在问题，从房地产业效率、房地产业泡沫和房地产关联度三个维度构建了房地产业健康发展的评价指标体系，明晰指标构成、权重设计和评价方法，为后续房地产业健康发展的内部要素、内在关系和系统分析奠定基础。

第三，构建房地产业健康发展系统结构模型。房地产业主体主要包括政府、金融企业、房地产开发企业以及消费者。由政府调控子系统、信贷子系统、生产子系统以及消费子系统构成房地产业健康发展系统，这些子系统及其内在要素的行为和职能，关系到房地产业健康发展系统是否能够有效运行。由于房地产业的主体目标存在不同性，表现的行为就不同，从而导致不同主体行为间存在大量矛盾，进而加大了系统的复杂性和动态性，因此需要明晰房地产业主体目标和行为间的矛盾。

第四，在对房地产业调控子系统、信贷子系统、生产子系统以及消费子系统的系统动力学分析基础上，进行了房地产业健康发展的系统动力学研究，得出房地产业健康发展的核心是房地产业运行与产业泡沫的平衡以及房地产业与相关产业和整个国民经济协调发展。为此需要平衡各主体利益，协调和约束政府调控行为、信贷支持行为、生产行为以及消费行为，以促进房地产业健康发展。

第五，根据以上分析，结合国内外经验，提出了完善政府调控政策，控制金融风险，规范开发企业行为以及正确引导消费者消费理念等对策建议。

二　创新点

本书主要创新点包括以下几个方面：

第一，提出房地产业健康发展内涵及其特征，构建房地产业健康发展评价指标体系。将房地产业健康发展评价分为三个方面：从内部上进行房地产业效率评价；从外部上进行房地产泡沫评价；从关联性上进行房地产业与国民经济以及其他产业关联程度评价，同时明晰了评价指标构成、权重设计和评价方法。

第二，构建了房地产业健康发展系统结构模型。房地产业主体主要包括政府、金融企业、房地产开发企业以及消费者。房地产业健康发展系统由政府调控子系统、信贷子系统、生产子系统、消费子系统构成，这些子系统及其内在要素的行为和职能关系到房地产业健康发展系统是否能够有效运行。由于房地产业的主体目标不同，表现的行为就不同，从而导致不同主体行为间存在大量矛盾，进而加大了房地产业健康发展系统的复杂性和动态性。通过构建中国房地产健康发展的系统结构模型，明晰了房地产业健康发展的系统要素；通过房地产业健康发展子系统行为分析，明晰了房地产业各主体的目标和行为；通过房地产业健康发展系统中各子系统的矛盾分析，明晰了各主体间的矛盾。

第三，建立房地产业健康发展系统和各子系统的系统动力学模型。在对房地产业调控子系统、信贷子系统、生产子系统以及消费子系统的系统动力学分析基础上，进行了房地产业健康发展的系统动力学研究，得出房地产业健康发展的核心是房地产业运行与产业泡沫的平衡以及房地产业与相关产业和整个国民经济协调发展。为此需要平衡各主体利益，协调和约束政府调控行为、信贷支持行为、生产行为以及消费行为，促进房地产业健康发展、有效运行。

第四，提出了房地产业健康发展的对策建议。从完善政府调控、控制金融风险、规范开发企业行为以及正确引导消费者消费理念四个方面提出对策建议。

第五节 技术路线和研究方法

一 技术路线

本书技术路线如图 1-1 所示：

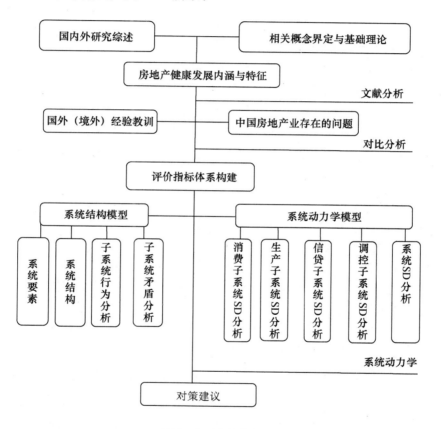

图 1-1 技术路线图

二 研究方法

本书主要采用的研究方法有以下几种：

第一，文献分析法。通过文献分析为房地产业健康发展系统内在结构提供理论支持。

第二，对比分析法。通过国外（境外）经验及教训与我国房地产业存在的问题进行分析比较，为房地产业健康发展系统要素提供理论支持。

第三，层次分析法。利用层次分析法进行权重设计。

第四，功效系数法。利用功效系数法进行综合评价。

第五，系统动力学。利用系统动力学分析房地产业健康发展系统各子系统以及系统整体内在运行规律。

第二章　相关概念界定与基础理论

第一节　相关概念

一　房地产

房地产又名不动产，在物质形态和经济形态上，房屋和土地总是连接在一起的，房屋建在土地上，土地是房屋的载体。房屋的买卖、租赁、抵押等经济活动，房屋和土地紧紧联系在一起，所以二者合称为"房地产"。关于房地产的概念，不同国家法律和不同学者的观点不尽相同。

美国房地产概念比较宽泛，美国法律界定不动产为土地、该土地空间上所有自然实体部分（树木、水、矿产等）和附着该土地空间人工实体（如建筑物等）、所有永久性的建筑物（水管道、电源开关、暖气等）以及室内设施（电梯）等，以及上述物质有关的权益和由此所衍生的权利。

日本民法界定不动产为："土地及其定着物为不动产。"

我国台湾地区"民法"称"不动产者，谓土地及其定着物"。"不动产之产出物，尚未分离者，为该不动产之部分"。

美国、日本、中国台湾的土地为私有化，出售房屋包括土地和土地上的承载物，我国土地所有权在城镇土地归国家所有，在农村土地归集体所有，中国房地产出售的是：在一定期限内土地的使用权和土地上的承载物的所有权，购房合同约定的期限完成后，土地及土地上的承载物的归属，在缴纳一定的费用后可以继续使用，但具体数额目前没有统一的规定。

房地产依据房屋的用途不同分为住宅房地产、商业房地产和工业房地产等。住宅房地产，即供消费者生活、居住和使用的房屋，包含保障性住房和商品性住房，保障性住房是指政府为中低收入住房困难家庭所提供的住房，具有社会保障性质，一般由经济适用房、政策性租赁住房、廉租房构成，保障性住房有别于完全由市场定价的商品房，商品房是指按法律、法规及有关规定可在市场上自由交易的各类房屋，需经政府有关部门批准，由房地产开发经营公司开发的，建成后用于市场出售、出租的房屋，根据其建筑标准、功能等档次不同可分为中低档的普通商品住房和高档的公寓、别墅等多种类型。商业房地产即商业用途的房地产，主要是为批发、零售、餐饮、住宿、娱乐、休闲等服务而提供的场所，如百货公司、超市、店铺、写字楼、旅馆、电影院、健身中心等。工业房地产，指用于工业生产的土地、建筑物以及附着物，如生产用的厂房、仓库，储存原材料的水池、煤池、油罐等。商品房根据其销售对象的不同，可以分为外销商品房和内销商品房两种。

综合不同国家和不同学者关于房地产或不动产的界定和定义，房地产概念包括三个方面：

一是土地。土地是房地产的载体，土地具有承载功能、生产功能、资源功能等。农村的种植用地，发挥的不是承载功能，因而不应划入房地产范围，只有用来开发发挥承载功能的土地才能与土地上的房屋等建筑物及基础设施紧密地联系在一起，才可称为"房地产"，而具有生产功能、资源功能等用地，只有在转化为承载用地发挥承载功能后，才能成为房地产中的"土地"。而土地有一定的空间限制，而这个空间界定了房地产的范围。

二是建筑物等其他固着物。即附着在土地上的房屋和建筑物，是房地产的核心，这些房屋和建筑物包括居民住宅、商业建筑物、教育建筑物、工业厂房等，除了这些房屋和建筑物，依附于该土地上下空间的各种设施甚至各种资源也被纳入房地产范围之内。

三是基于土地和房产而衍生出来的各种权利。这些权利是房地产的实质，通常指房地产的所有人拥有的一系列权利，如所有权、使用权、处置权、收益权等权利，这些权利随着房地产所有权的转移而转移，但是这些权利不是绝对的，它们可以被法律和规定合法地加以限制修正。

因此，总体来说，房地产是地产和房产以及衍生出来的各种权利的合称。土地与房屋反映的是物质属性，而衍生的各种权利反映的是各种社会关系、法律关系，这种关系受到社会和法律的保护和约束。

我国房地产市场划分为一级、二级和三级市场。一级市场主要是土地交易的市场，是由国家垄断的，在城市土地归国家所有，在农场土地归集体所有，国家作为土地所有者将土地使用权投入市场运行，其投放总量、地块价格和交易方式等均由政府根据国家整体利益而确定。城市土地通过有偿出让方式进行交易，一级市场处于房地产结构中的核心层。二级市场是开发企业与消费者之间进行交易的市场。城市土地使用权在不同的开发商之间的转让和开发商将商品房出售给消费者。三级市场是二手房交易的市场，即房屋持有者与消费者之间，在房屋交易中心进行房地产交易的市场，如私人房屋的买卖。

广义房地产和狭义房地产的概念区别主要在于土地的界定范围不同，狭义房地产论认为"房地产是指土地和土地以上，以房屋为主的永久性建筑物及其衍生的权利"；广义房地产范围则宽泛得多，除了土地以及土地上的建筑物等，而在该土地空间上的水等自然资源也划入房地产范围，如"房地产是指土地、土地上的永久建筑物、基础设施以及诸如水和矿藏等自然资源，还包括与土地所有权有关的所有权利或利益"。房地产与不动产并没有实质上的区别，一个是通俗字面意义的概念，而不动产多运用于理论当中。由于我国土地非私有制，所以本书依据狭义房地产概念进行研究。

2003 年以来，我国房地产价格持续上涨，主要是指住宅房地产价格持续上涨，而且国家出台系列房地产调控政策，也主要针对的是住宅房地产，因此本书主要研究住宅房地产。

二　房地产业

随着商品经济的发展和城市化进程的加快，房地产成为具有经济和社会属性的商品，出现了以土地和建筑物为主要经营对象，并围绕土地和建筑物产生了多种经济活动，如房地产开发、建设、管理、销售、物业、维修、服务等，而这些活动逐渐成为一个独立的产业应运而生，各国一般将房地产业划入第三产业。

国际上不同国家和地区对房地产业的定义有所不同。

联合国修订的《全部经济活动产业分类》规定，房地产业属于十大类经济活动中的第八大类，由房地产开发、交易、出租、管理评估四个方面组成。

美国产业分类中，房地产业属于十大类产业中的第七类，由房地产经营、产权服务、房屋租赁经纪人、房屋拍卖和管理、土地规划分类和开发、自建自卖的建筑商六部分组成。

加拿大将房地产业归为第九大类，由房地产经销商，房地产租赁机构，房地产买卖经纪人和代理机构，房地产管理和评估机构，与结合房地产的金融、担保、保险机构构成。

在"日本产业标准分类法"中，房地产业的归属不是很明确，大类属于不动产业、物品租赁业，主要包括不动产交易和不动产租赁两个中类。

中国香港房地产业包括地产业和楼宇业权，地产业从事地产开发、租赁、经纪和管理服务的机构，包括为建筑工程提供资金机构及建筑商等；楼宇业权包括私人业主出租物业，以及政府和私人非营利机构自有房屋的出租。

2002 年中国修订了《国民经济行业分类》（GB/14754—2002），将房地产业划分到第三产业的第七个层次，主要包括房地产开发经营、中介服务、物业管理及其他房地产业务。房地产开发经营是开发企业进行的基础建设、房屋建设，并转让或者销售房地产开发项目、商品房出租；中介服务是指咨询、价格评估、房地产经纪等活动；物业管理是依照合同约定，物业管理公司对物业进行专业化管理、养护、维修、公共秩序等进行管理和提供相关服务的活动；其他房地产活动。

综合来看，房地产业是从事房地产开发、经营、管理、服务的行业。一方面，从事房地产开发、地产经营、房屋中介、买卖、租赁、管理、融资、保险、物业、服务等经营企业、中介机构、经纪人都可以概括到房地产业里。另一方面，房地产业主要集中在流通领域和服务领域的产业，主要从事房地产投资、开发、经营、管理和服务。建筑业属于第二产业，房地产业属于第三产业，本书中房地产业不包括建筑业。

房地产开发企业从事房地产开发经营活动，在房地产市场活动中处于主导地位，物业管理和房地产中介服务处于辅助地位，对房地产业的影响相对较小，为此本书重点研究房地产开发企业。

三 房地产业健康发展

健康源于医学名词，健康是一种状态，是人在身体、精神和社会等方面处于一种良好的状态。传统的健康概念比较局限，一般指人体没有疾病即为健康。在《辞海》中健康的概念是："人体各个器官发育良好、功能正常、体质健壮、精力充沛并具有良好劳动效能的状态。"疾病与健康相对应，是人体处于非正常运作状态，机体功能下降或者失灵，甚至死亡。

《简明不列颠百科全书》对于健康和疾病给予了明确的解释："健康是指使个体较长时期内地适应环境的身体、情绪、精神及社交方面的能力；疾病是指人体在致病因素的影响下，器官组织的形态、功能偏离正常标准的状态，健康可用可测量的数值（如身高、体重、体温、脉搏、血压、视力等）来衡量。"可以看出，健康的概念更宽泛，而疾病的概念更具体一些。如果一个人具有明显的疾病症状，就处于不健康状态；健康概念带有很大的主观性，一个人自我感觉身体健康，不等于身体没有病。

现代健康的含义要宽泛得多，其中最具代表性的是世界卫生组织关于健康的定义，世界卫生组织在1978年国际初级卫生保健大会上所发表的《阿拉木图宣言》中重申：健康不仅是没有疾病或不虚弱，且是身体、精神健康和社会适应良好的总称。该宣言指出：健康是基本人权，达到尽可能的健康水平，是世界范围内一项重要的社会性目标。1989年世界卫生组织深化了健康概念，认为健康包括躯体健康、心理健康、社会适应良好和道德健康。这种新的健康含义，使健康不仅仅是一种医学名词，同时还包含着心理和社会含义。现代健康概念中的心理健康和社会健康，是对生物医学模式下的健康的有力补充和发展，它既考虑到人的自然属性，又考虑到人的社会属性，从而摆脱了人们对健康的片面认识。

随着健康概念的延伸，"健康"一词被广泛地应用到其他领域，产业健康和房地产业健康发展也衍生于此，因此产业健康从字面意义上来说，是指产业处于一种良好的状态。

房屋是既有消费属性又有投资属性的特殊商品，消费属性是房屋是人们赖以生活的必需品，投资属性是房屋可以升值，满足投资需求。从消费属性的角度看，房屋与居民的日常生活息息相关，防止房价大起大落，保持房地产市场平稳健康发展，不仅有利于满足居民房屋消费需求，同时还有利于国民经济的健康发展，达到促进社会和谐与稳定的目的。

在我国经济快速发展的同时，房地产业也在快速发展，由于房地产价格持续攀升引发各种经济和社会问题，房地产业如何健康发展已经成为政府、银行、房地产开发企业、消费者和学者共同关注的问题，关系着我国经济的可持续发展和社会稳定性。如何促进我国房地产业健康持续发展，既是我国政府、银行、房地产开发企业和消费者的共同愿望，也是房地产业发展的基本准则，如何将这种基本准则转化为可量化的标准及可执行的政策，成为房地产业健康发展的关键，主要几个问题是：房地产业健康发展是什么，即房地产业健康发展的内涵是什么；房地产业健康发展用什么标准来评价；房地产业如何健康发展。综合现有的研究，房地产业健康发展主要涉及三个方面：

（1）房地产业健康发展与产业良性发展。房地产业健康发展观点着眼于产业良性发展，主要是依据产业理论和经济学基础理论。商品价格受消费者需求和供给的影响而上下波动，当需求等于供给时，其价格是均衡价格；当供不应求时，市场价格就会高于均衡价格，供应增加，可使价格下降；当市场供过于求，市场价格低于均衡价格，减少供应，就会促使价格上涨，通过供求关系的变化调节价格变化，供求关系原理是市场最基本原理。房地产业生产的产品是房屋，房地产业发展的目的是不断满足消费者对房屋的需求，没有消费者的需求，房地产业也就失去存在的价值和意义，房地产市场上也存在着供求关系，供求原理也适用于房地产市场，房地产市场供求关系是决定房地产价格最基本原理。房地产业健康发展能够有效地满足消费者对房屋的需求，这种需求是一种有效需求，即消费者有希望购买房屋愿望，并为此愿意支付金钱购买。当房价高于其价值时，表示房地产市场供不应求，房屋数量不能满足消费者的需要，投资者和投机者就会向房地产业增加投资，进一步导致房地产需求增加，房地产价格会进一步攀升，房地产价格持续上涨，房地产开发企业获利的机会增加，大量的房地产开发企业就会增加房地产供给，当房地产供给增加导致供大于求时，房价又会下跌，进而房地产开发企业减少投资和房地产供给，使供求关系重新达到平衡，实现房地产市场对资源的最优化配置。随着居民收入的增加，消费者对房屋消费的要求也会随之增加，消费者提出更高层次的需求，消费者对更高层次的房地产的需求增加，房地产开企业就会提供更高层次的产品而满足消费者的需求，伴随着人们生活水平的提高，人口的增多，对房地产商品的需求在不断扩大和提升，房地产业发展进入良性循环状态，即房地产业健康发展。

有学者认为，如何判断房地产业健康发展，指标可列多项，但根本的仍是房价是否合理，是否相对稳定，国际上判断房价是否合理最常用指标是房价收入比，即一个地方的一套普通住房的均价与居民家庭年收入的比值。这一指标反映了房地产业健康发展取决于消费者的有效需求，价格应处于居民收入能够支撑的合理水平，反映了广大居民的有效需求。

商品房开发受土地资源、环境容量、基础设施承载能力以及产业发展水平等因素的制约，尤其是土地资源的制约、房地产价格受供求关系以及土地等因素影响，城镇房价上涨的压力依然很大。由于土地具有稀缺性和位置固定性，土地的供给决定着房地产的稀缺性，因而房地产的供给是无弹性，因此消费者的有效需求并不一定能得到满足，而且容易造成有效需求不足，造成供求结构型矛盾。同时消费者对价格的上涨预期同样会提高房地产市场的均衡价格，造成市场供求关系的进一步扭曲。在现行财政体制下，地方政府的土地财政政策，使地方政府越来越依赖土地出让收入，进而不断推高地价，由于地价不断升值，造成房地产开发企业在土地上的"寻租"行为，进而增加了房地产的开发成本；由于房地产开发成本较高，房地产开发企业更愿意开发"高档次、高价位"的房地产，造成供求结构性矛盾突出，保障性住房不足，同时还滋生囤地、捂盘等非道德行为等，而这些都会影响房地产业健康发展。

我国房地产市场经过近30多年的发展，取得了巨大成绩，但也产生了供应结构不合理和房价上涨太快等严重问题，房地产业是关系国计民生的重要产业，这些问题存在或进一步恶化，对国家经济产生负面影响，影响国家的经济安全，对和谐社会建设会产生严重的制约作用。因而不同学者对于如何促使房地产健康发展提出自己的建议。

从指导思想上来看，房地产应满足消费者的有效需求。从人与自然和谐相处、人与人和谐相处以及社会经济和谐发展角度，促使房地产业健康发展，政府在加强对房地产业宏观调控的同时，重视房地产市场对资源的有效调节作用。

在发展目标上，我国房地产市场的发展应同时兼顾三个目标，一是解决消费者合理的住房需求，二是促进经济平稳较快发展，三是节约集约利用资源。从这三大目标出发，我国住房制度改革和房地产政策调整思路应该是：保障基本需求，满足改善性需求，支持投资性需求，制止投机性需求。应综合运用货币、财政、土地等政策手段，并优化有关制度设计，以"疏堵结合"为思路，多策并举、多管齐下。一方面，抑制投机需求、打击哄抬房价行为，在短期内尽快平抑商品房价；另一方面，优化住房供给结构、引导购房需求，建立房地产市场健康发展的长效机制。

在具体措施上，改变单纯"价高者得"的竞价模式，完善土地"招拍挂"出让制度，从严执行差别化的信贷政策，加快推进房地产税收制度改革，不断完善保障性住房建设，优先保证保障性住房和中低价位、中小户型的普通商品住房的用地需求，引导房地产企业理性拿地。

上述分析，促进房地产业健康发展不是一个简单的系统工程，而是一个复杂的系统工程，随着我国国民经济持续快速发展、需要不断扩大住房供给；科学引导住宅开发、投资与消费心理预期；满足中低收入人群基本住房需求和高收入人群改善住房需求，综合运用各种调控方式，促进房地产业健康发展。

房地产业健康发展的评价主要是对房地产市场内部发展状况的监测，主要通过使用房地产业健康发展的一些指标，结合经济周期波动理论和经济预警理论进行评价。房地产业评价指标比较多，涉及产业规模、产业绩效、土地开发、房地产价格等指标，因此需要根据具体房地产健康发展的含义和评价的内容进行取舍和分类，构建综合指标体系进行评价。如我国统计局每月定期公布的"国房指数"，就是房地产指标分类的基础上，构造一种房地产经济活跃程度的指数，从供求关系（本年完成开发土地面积、房屋新开工面积、竣工面积和空置面积）、房价（商品房销售价格）、房地产业投资（房地产开发投资额）、银行贷款（本年资金来源中抵押贷款额）和土地收益（土地出让金）等八个指标，全面考察房地产市场基本运行状况。

（2）房地产业健康发展与房地产泡沫。房地产业健康发展的观点与传统的健康观点基本一致，即从"疾病"的角度来理解和评价房地产业健康发展，而这种"疾病"就是房地产泡沫。泡沫本质上是一种价格上涨现象，表现为经济失衡，我们可以把泡沫简单界定为：泡沫是在市场经济中，投机行为导致一些资产价格脱离市场基础价值而上涨，并产生上涨预期，产生持续性购买行为。泡沫经济来源于虚拟资本过度增长，如金融证券。房地产价格快速攀升，资本快速流入，交易持续增长，造成供不应求，价格进一步提升，日益脱离其实际价值，造成虚假繁荣，最后泡沫破灭，经济崩溃。泡沫有一个形成过程，也就是泡沫越吹越大，不断膨胀的过程，直至最终的破裂，因此从泡沫产生到最终泡沫破裂有一个过程，泡沫最易发生的领域是股票和房地产市场，由于虚拟资本的虚假繁荣，使虚拟经济偏离于实体经济，即虚拟资本超过现实资本所产生的虚拟价值部分。

房地产泡沫的产生是由于房价上涨，消费者存在房价上涨的预期而采取购买行为，同时由于投机因素，导致房价进一步上涨，使房价明显高于房屋的基本价值。在存在房价泡沫的市场中，房价被分解为两部分，一部分为基础价值部分，是由房地产成本和房地产开发企业合理利润构成；另一部分为泡沫部分，是投机等因素造成的。

房地产泡沫是以房地产为载体的泡沫经济，是指由于房地产的过度投机所引起房地产价格与其实际价值的严重背离，主要表现为房地产价格在一个时期内持续上涨，由于对房地产价格上涨预期，进一步刺激需求和投机行为，导致房地产投机行为增多，房地产需求被放大，房地产价格进一步快速攀升，房地产市场的需求量继续增加，投机者更容易获得收益，投机交易气氛浓厚，导致囤积惜售，减少了房地产的供应，造成了供给不平衡，房地产价格再次攀升，房地产泡沫越来越大，既然是泡沫，就不会一直放大，大到一定程度后必然会破裂，泡沫破裂时会给经济带来灾难性的后果。在泡沫破灭时，房地产价格会下降，市场会产生观望情绪，等待房地产价格进一步下降，就会带来恶性循环，当房屋持有人产生房地产价格将不断下跌的预期，房屋持有人就会抛售所持有房屋，增加市场供应量，观望情绪和房地产价格进一步下降的预期，消费者等待更低的价格，消费者暂停购买行为，导致需求量减少，这样就加剧了价格的下跌。泡沫过度膨胀的后果是预期的逆转、高空置率和价格的暴跌。因而，房地产泡沫是不可持续性的，房地产泡沫产生的最重要诱因就是过度投机，由于初始价格上涨，使人们对房地产未来价格产生良好预期，导致房产价格脱离其价值迅速地、不合实际地高涨，最终使房地产价格偏离房地产内在价值太远。

由于房地产业与其他产业间关联度高而非常广泛，如何准确判定评价房地产泡沫程度，在具体操作上非常困难，而在指标数据的可获取性上也存在局限性，主要有以下几个方面：

第一，价格方面。最常用的一种指标就是房价收入比，即一个地方的一套普通住房的均价与居民家庭年收入的比值。这一指标实际反映了房地产业的有效发展取决于消费者的有效需求，价格应处于居民收入能够支撑的合理水平，反映了广大居民的有效需求。

第二，投资方面。主要衡量指标是房地产投资增长率与 GDP 增长率比值，是监控房地产泡沫的一个重要指标，当房地产开发投资增长显著高于 GDP 增长率时，如果比值大于 2，就有产生泡沫的危险。

第三，商品房的空置方面。主要衡量指标是空置率，一般当空置率达到 10％时，就是房地产业过热的预兆。

（3）房地产健康发展与可持续。世界环境与发展委员会在《我们共同的未来》中定义可持续发展为："能满足当代人的需要，又不对后代人满足其需要的能力构成危害的发展。"它包括两个重要概念：需要概念，满足基本需求；限制概念，从防止危害的角度进行限制。既关注满足当代人的需求，又不损害后代人满足其需求的能力。

房地产健康发展中的可持续主要针对房地产在国民经济中地位和与其他产业之间的关联，即房地产业与国民经济与其他关联产业的联系。房地产业作为支柱产业是否可持续，学术界关于这个问题意见并不统一。部分学者认为在经济快速发展期，房地产业快速发展可以促进当地经济快速发展，可以作为支柱产业，房地产业快速发展的同时，房价快速攀升，当房价上涨并超出其基础价值，就会产生泡沫，随着泡沫的破灭，房地产业进入衰退，房地产业就会退出支柱产业地位。而部分学者认为长期将房地产业作为支柱产业存在弊病，由于挤出效应会影响其他产业的发展；同时部分学者认为由于我国经济处于快速发展期，房地产作为支柱产业在一定时间内在中国是可持续的。李岚（2006）在研究西方发达国家国民经济发展与房地产业发展规律的基础上，结合我国经济发展和房地产业发展的现状，得出房地产业作为支柱产业还将持续 20 年的结论。尽管不同学者对于房地产支柱产业地位是否持续存在不同的观点，认为房地产业对国民经济和相关产业有重要影响的观点是一致的。

房地产业上游涵盖钢材、水泥、物流等行业，下游包括建筑装饰、家电、物业管理等行业，产业链条较长，而且产业关联度较高。

房地产业属于资金密集型产业，需要大量的资金，房地产开发企业对银行的依存度较高，据统计，我国房地产开发企业的资金来源中，70% 左右来自银行。一旦房地产市场波动较大，房地产业的风险就会很快转移到银行等金融部门，产生信用风险、抵押财产风险、通货膨胀风险与利率风险、流动性风险，导致金融风险，金融是经济发展的核心，金融风险可能导致金融危机，就会危及整个国民经济。

在商业银行的资产负债表中，房地产贷款的风险系数是 50%，而个人其他信贷的风险系数是 100%，房地产贷款对商业银行而言属于优质贷款。这意味着商业银行可以对房地产信贷计提较小的坏账准备。由于房地产开发企业和个人按揭贷款的融资渠道过于单一，主要集中在银行，房地产业风险就会集中在银行系统，房产泡沫会演化为金融泡沫，而金融泡沫引发经济泡沫，直至经济泡沫的"灾难式"破灭，产生经济危机。

因此许多学者认为，在肯定房地产行业在国民经济处于支柱产业地位的基础上，保证房地产业持续健康发展是房地产调控政策的根本目标，应根据房地产业与国民经济其他产业部门和社会发展的关系，合理制定房地产业发展目标。

综合来看，首先，无论是从研究范围还是研究深度，中国学者对于房地产健康发展研究的理论与实证文献越来越多，但是研究内容零乱、缺乏系统性，多为定性分析，缺乏实证分析。其次，研究多集中于房地产泡沫或者房地产业本身，并未从系统的角度探讨产业健康的成因，缺乏指导和应用性。最后，未挖掘产业关联性，即房地产产业与国民经济其他相关产业的关系，比如金融业，很多产业都与金融有着密切的联系。

现代健康的含义不仅是传统所指的身体没有病，健康不仅是指一个人身体有没有疾病，还包括身体、心理和社会的良好状态。由此现代健康的含义是多元的，而且各个方面之间都有密切的联系，身体健康、没有疾病是人的根本和物质基础，即有一个好的身体，只是健康的一部分。心理是人的精神支柱，没有好的心理健康，同样会产生各种各样的问题，比如罪犯会在某一方面变现为心理上的缺陷和变态，同样对社会造成严重的危害。社会健康是在社会生活中的一种良好状态，表现为社会适应性，如感情、人与人交往等。社会健康需要心理健康和身体健康作为基础，只有良好的身体健康和心理健康，才有良好的社会健康，良好的社会健康同样会对身体健康和心理健康产生积极的影响，促进心理健康和身体健康；反之社会健康就会破坏身体健康和心理健康，最终导致机体产生疾病。身体健康的改变可以引起心理健康的变化，身体健康方面存在的缺陷，如疾病导致心理不健康。

根据分析，健康的概念可以包含以下三个方面的含义：一是健康是一种状态，它与主客体是联系在一起的，它反映出主体在一定空间条件下处于一种良好、没有疾病的状态。二是健康的含义包含多个方面，是身体、心理、社会等多方面相结合的一种状态，健康是一种综合反映，表现为主体所处的一种良好状态。三是健康是一种相对的概念，这种状态往往随着主客体变化而发生变化，从客体上来说，这种状态是针对具体的环境而言的，随着环境或者情境发生变化，特别是心理健康、社会健康往往都是针对具体的情境而说的，是对客观环境和情境进行比较而得出的结果；从主体上来说，不同主体对健康的理解和判断标准也不尽相同，在用同样的标准对某个主体进行比较时，不同的主体可能得出完全不同的结论，同时主体自身实力的变化也会对健康产生相应的影响。

健康内涵可以包含三个方面，第一个方面指主体健康程度，主体具有免除"疾病"的能力，在主客体关系中，客体也对主体表现出了不同程度的威胁，但由于主体足够健康，而促使这种疾病不可能产生，主体因此也会处于一种良好的状态，就如身体具有较强的免疫能力，对外部疾病具有较强的抵抗能力。第二个方面指的是存在的"疾患"，如肌体生病、组织内乱等。内在"疾患"虽然不是外在威胁，但对主体来说却是危险的。第三个方面指健康含有社会范畴，即健康不仅仅只是个人身体健康和心理健康，而且还包含社会健康。

从产业健康角度，现有的研究主要集中产业内部影响因素上，对外部影响研究较少。主要从房地产市场是否存在泡沫、房价收入比是否合理、房屋空置率、供需结构等方面考察房地产市场的健康状况，但都没有给出一套完整的判断房地产业健康发展的标准，而健康的房地产市场就是在规模、结构、速度、价格等方面，房地产市场运行与城市总体经济相互适应和相互促进的状态。

与健康概念相结合，产业健康包括产业自身健康、产业"患病"概率和产业关联性。任何产业都可能存在产业健康问题，只是表现的强弱程度不同，有的是产业自身发展良好，有的是处于一种"患病"状态，有的两方面都表现得非常明显。

房地产业健康是指房地产业处于良性的、没有"疾病"一种状态，包括三层含义：一是房地产业健康是房地产业的一种状态，良性运行、没有"疾病"的一种状态，主体是我国的房地产业；二是房地产业健康包含多个方面，既包括房地产业自身，也包括房地产业与国民经济以及其他相关产业关联性，将房地产业放到整个国民经济中去评价房地产业是否健康；三是房地产业健康不是一成不变的，随着主客体因素的变化，房地产业健康也会发生变化。

从房地产业实际来看，房地产业健康相对于其他产业健康而言，显然自身因素表现得更明显一些，当内在的"疾患"非常严重的时候，外部因素影响尽管不是很强烈，但是有可能产生致命的威胁。由于国家政策的约束，我国房地产业利用外资的比例较低，这些外资虽然对于房地产价格没有决定作用，但是并不意味着这些外资不会产生威胁。

四　房地产业健康发展的内容和特征

单纯的房价泡沫和市场预警都不能全面反映房地产业的健康状态，房地产业健康发展应是各方面发展均处于良好的状态，包括反映房地产市场内部状况的平稳性和反映房地产市场与外部环境的协调性，房地产业健康发展包含三部分内容：

第一，从产业自身来看，主要是房地产业发展的有效性，即房地产业有序增长、产业内企业处于有效竞争，企业活力不断增加，充分发挥规模经济优势，企业效率高，资源利用率高，资源有效配置，产业健康发展。同时产业也有较强的竞争优势，产业呈良性循环，可以有效地降低外部经济侵袭及提升产业国际竞争。

第二，从产业负面上看，即房地产患病的概率，使房地产业处于一种无序或者紊乱的状态，甚至产生危机。对于房地产业来说，主要的"疾病"就是房地产泡沫。

第三，从产业关联来看，是房地产业与其他产业或国家经济发展之间的协调性，即从整个国民经济或者多个产业来看房地产业是否健康，主要包含产业结构和产业关联两个方面。从整个国民经济来看，一个国家的主要产业部门应该相互适应、相互协调发展，特别是国家的支柱产业和战略产业，由本国资本控制并具有较强的国际竞争力，一个国家的各个产业之间也应保持合理的比例，如国家一、二、三产业的比例，随着国家经济发展而调整并发生变化，当某产业在国民经济中占重要地位时，该产业的发展就会对其他关联产业、国民经济发展产生较大的影响。从产业间关联来看，主要是一个产业的变化可能对其他产业带来的影响，从而影响整个国民经济，也就是该产业对于国民经济间接影响，这个取决于产业间的关联度和关联产业与国民经济的作用，比如房地产业与金融业之间的关联，房地产对银行的依赖度大，同时银行对于房地产也有较强的依赖度，而银行对于整个国民经济的发展有非常重要的影响，因此房地产业通过银行对国民经济产生重要的影响。

所以房地产业健康可以理解为是房地产业、关联产业、国民经济间的有效均衡和可持续发展，而处于一种良性，没有"疾病"的状态，其主要特征有以下三个方面：

第一，房地产业有效运行。即房地产业具有高效率，反映房地产市场的"健康程度"。效率是经济学的一个重要概念，从需求的角度，有效地使用资源以满足人类的愿望和需要；从供给的角度，给定投入和技术的条件下，经济资源没有浪费，经济资源带来最大可能性利用。以此为基础，西方经济学对效率给出了明确的概念，即帕累托最优，在完全竞争条件下，均衡价格是由市场供求关系决定，对社会资源能够有效配置，使任何两种产品对于任何两个消费者的边际替代率都相等，任何两种生产要素对任何两种产品生产的技术替代率都相等，从而达到任何资源的再配置都已不可能在不使任何人的处境变坏的同时，使一些人的处境变好。从整个社会的角度，不减少一种社会福利的情况下，就不增加另一方的福利，从而运行是最有效率的。这种效率体现在三个方面：一是消费者获得最大满足，产品和服务可以满足消费者需求，同时生产者没有价格歧视等行为来获取消费者剩余，整体消费者剩余最优化；二是产出效率，或者技术效率，即生产企业可以在既定投入水平下获得最大的产出，反映了投入与产出或成本与收益之间的比例关系；三是配置效率达到最优配置，即各种资源配置处于一种状态，资源配置发生改变时，就会产生损失。效率概念应用于市场是指现有生产资源与它们所能提供的人类满足之间的合理配置，最大限度地满足人们的各种需要。产业有效运行是一个理想化的概念，是产业发展的目标和方向。

改革开放以来，我国房地产业高速增长，主要是量的增长，这种增长是以高损耗、低效率为代价的，房地产业粗放式高速增长，带来的是消费者需求满足不足，土地资源利用率低，房屋建筑成本高，房屋质量参差不齐，严重影响了房地产业可持续发展。房地产业可持续发展，应当既要满足当代人对居住、生活、休闲等方面的各种需求，又要有效利用土地资源、保护生态环境、为后代人的生活创造必要的生存空间和发展条件。房地产发展除了量的发展以外，更应注重质的发展，房地产业、国民经济、社会、生态环境的有效协调发展。近年来，由于消费者刚性需求，一些地方的政府和房地产开发企业对于对房地产高速增长的过度追求和依赖，在开发中存在着大量短期行为，违规开发用地，抢占耕地，布局不合理，房地产供应结构性失衡；房屋设计不合理，科技含量低，建筑成本高，房屋质量差，配套设施不齐备，物业管理差；造成了土地资源的浪费和环境的恶化，影响着房地产的可持续性发展。

第二，房地产市场低泡沫。反映房地产市场"患病"的概率，泡沫本质上是一种经济失衡。房地产泡沫表现为房地产价格持续上涨现象，使房地产价格严重脱离市场基础价值的一种状态，这种失衡状态往往由于投机行为产生，投机行为导致市场对于房地产价格产生未来上涨预期，并产生持续性购买行为，使房地产价格严重脱离市场基础价值，形成泡沫。当房地产价格在一段时期产生一个连续上涨，使消费者产生未来涨价预期，又吸引了大量的消费者购买，包括投机行为，随着这种循环不断强化，泡沫越来越大。当预期发生扭转，消费者产生观望情绪，销售量急剧下滑，房地产价格的暴跌，出现房地产开发企业倒闭，房地产相关行业急速萎缩，银行坏账急剧增加，严重时产生金融危机，甚至经济危机。房地产业在快速发展时，必然会产生一定的泡沫，小的泡沫是合理的，可以有效促进房地产业的发展，如果房地产价格严重偏离市场基础价值、泡沫较多时，有可能就会导致"疾病"的发生，对房地产业乃至整个国民经济都会产生极大的威胁。

第三，关联性产业协调发展。反映房地产市场对于国民经济、其他相关产业的影响程度。因此也表现为正负两个方面：一方面是正效应，即房地产健康发展对于相关产业和国民经济的带动作用，房地产业的快速发展带动了钢铁、建材、建筑等行业的快速发展，吸收大量的社会劳动力，促进整个国民经济的快速发展，房地产业关联性越高，对国民经济以及相关产业的带动作用就会越大；另一方面是负效应，即房地产"疾病"对其他产业、国民经济的影响，如果房地产业泡沫较大，一旦破裂，产业急剧萎缩，造成钢铁、建材、建筑等相关行业产能严重过剩，市场无法消化，严重影响国民经济的正常发展。同时房地产业对于金融资金的过度依赖，泡沫破裂，银行贷款无法偿还，而房地产开发企业抵押的土地和房产价值严重贬值，则银行坏账大量增加，银行资产贬值，银行紧缩贷款，促使资金供应进一步不足，房地产开发企业雪上加霜，价格持续下跌，从而造成恶性循环，严重影响金融业运行，极易造成金融危机，危害国民经济运行。

从现代健康内涵来看，健康是身体健康、心理健康和社会适应的综合反映，是一个综合的概念，房地产业健康是指房地产业良性发展，是一个综合的概念。现有的研究对于房地产业健康的概念并没有明确的界定，而多关注其中某一个方面，如房地产业自身的发展，房地产业泡沫问题等，因此对房地产业健康的界定以及评价具有一定的局限性。例如，房地产业高速发展伴随着高的房地产泡沫，低的房地产泡沫伴随着低的房地产业效率，房地产的发展建立在牺牲国民经济发展和其他产业发展基础之上等，这些现象都体现了房地产处于不健康的状态，但是并没有在现有的研究中明确地体现出来。因此，房地产业健康的内涵应从更宽泛的角度出发，从房地产业自身发展、房地产业泡沫、房地产业与国民经济以及相关产业的关联的三个方面来综合考虑。健康的房地产业应该是房地产业高效率、低泡沫、与国民经济和其他相关产业协调发展的一个良性综合状态。同时也是一个复杂的系统问题，在内涵界定的基础上，更好地研究房地产业健康涉及的政府、金融、房地产开发企业和消费者等因素间的内在结构和相互作用，从系统的角度对房地产业健康发展进行解构和剖析，分析系统内各个要素之间的影响关系。

第二节　理论基础

产业的概念是随着经济社会发展，社会分工细化和生产力不断提高而产生的。随着经济社会发展，出现了越来越多专业化的企业，某些企业由于产品相似、技术和工艺相似而相互联系在一起，逐渐形成了现在的产业。随着产业理论和研究不断深入，关于产业的概念和含义也不尽相同。

《麻省理工学院现代经济学词典》将产业定义为：在完全竞争市场中，生产同质产品、相互竞争的一大群企业。

杨治认为产业是位于微观层面和宏观层面之间，即产业是居于微观经济（企业和个人）与宏观经济（国民经济）之间的企业集。

芮明杰从产出的角度、生产的角度和产业主体的角度定义了产业，首先，产业是生产同类或相似产品及可替代产品的集合；其次，产业是生产这些产品的生产活动集合，这些生产活动具有一定的相似性和关联性；最后，产业是生产同类产品及其可替代产品，从事这些产品生产经营活动企业的集合。

王述英从产业经济学的角度对产业进行了定义，一方面是从产业组织角度，一组相似或者相关联企业的集合，这些企业生产同类或有密切替代关系的产品、服务；另一方面是从产业结构、产业关联和产业融合的角度，这类企业由于使用相同原材料、相同工艺技术或生产的产品具有同类用途，这些企业间产生了非常复杂的关系，以这类企业集合为研究对象，对这些企业间的关系进行分析和研究，如垄断、竞争、联合等。

总而言之，产业概念包含三个方面，一是产业介于微观层面和宏观层面之间的中观概念，产业研究相对于微观经济和宏观经济，其研究对象、内容、方法等都会有所不同；二是产业是一组相似企业的集合，这些企业产品具有同质性、技术工艺具有相似性等特点；三是由于使用相同原材料、相同工艺技术或生产的产品具有同类用途，产业间的企业之间存在与其他产业企业不同的关系，这些关系决定了产业基本特征。

产业理论众多，涉及面广，主要有产业组织理论、产业结构演进理论、产业结构调整和优化理论、产业关联理论和产业安全理论等，这些理论对于本书的产业健康的研究都有一定的联系。

一　产业组织理论

产业组织理论是产业经济学的基础理论，是产业理论的基础，有着深刻的思想渊源和理论基础，比较有代表性的是哈佛学派、芝加哥学派和新产业组织理论。

产业组织理论源于理论研究中的"马歇尔冲突"，即自由竞争下生产规模扩大和市场垄断之间的矛盾，自由竞争环境下，资源得到有效配置，同时也带来企业快速发展，生产规模扩大，形成规模经济，一部分企业被淘汰出市场，而另一部分企业在不断提高市场占有率的同时，又不可避免地造成市场垄断，而垄断会遏制自由竞争，扼杀企业活力，资源得不到有效配置，社会福利产生损失，因此市场产生自由竞争与规模经济之间关系问题，如何处理市场竞争和规模经济程度，均衡合理，生产效率最大化，这就需要研究产业内企业间的关系。

（1）哈佛学派。哈佛学派又称结构主义学派，代表人物为哈佛大学的梅森（E. Mason）教授及其弟子贝恩（J. Bain）和谢勒（Scherer）。产业组织理论源于1959年贝恩的《产业组织》一书，在贝恩研究的基础上，1970年谢勒（Scherer）在《产业市场结构和市场绩效》中总结了产业经济学研究的基本分析框架（SCP范式），即"市场结构—市场行为—市场绩效"范式，而后续其他研究学派的研究多基于此范式，围绕市场结构、行为和绩效三大要素展开。哈佛学派认为这三个要素之间的关系是单向因果关系，即市场结构决定市场行为，市场行为产生市场绩效，市场结构是产业组织理论的出发点和基础。市场结构取决于企业技术、消费者需求等基本条件，主要用市场集中度、产品差异化、市场进入壁垒等标准进行衡量；市场行为主要指企业的具体行为，如定价、促销、竞争、联合等；绩效则反映企业结果性方面，如企业利润水平、技术进步、消费者满足等。自由竞争市场表现为市场集中度低，市场进入和退出壁垒低，产品同质化，市场竞争激烈。企业并不能影响市场价格，只能接受市场价格，企业有动力进行技术升级和改革；企业没有超额利润，资源配置效率高，而垄断市场却与此相反。

（2）芝加哥学派。芝加哥学派向传统的 SCP 范式单向因果关系提出挑战，认为三者之间的关系是双向互动关系。在三个要素中，芝加哥学派关注的主要要素是绩效。其主要观点有以下几个方面：一是无论是垄断还是市场壁垒，只要不影响效率，可以产生好的市场绩效，这些都是合理的，并不关心是否破坏了自由竞争，主张以效率为标准的反垄断政策，绩效和行为决定结构。二是进入壁垒并不一定限制竞争、损害资源的最优配置。德姆塞茨认为只要存在产权，就会有壁垒，而壁垒合理不合理，判断标准取决于绩效，壁垒的形成与撤除取决于是否提高或者限制了总效率。三是继承了传统的经济自由主义思想，主张松弛的政府管制，相信市场的自我调节能力，只要市场绩效好，无论是否存在垄断还是存在壁垒，政府都无须管制，尽可能少地干预市场竞争过程，让企业各自发挥自己的影响力，如果干预得太多，容易形成各利益集团之间财富再分配，被产业所控制，降低经济效率，这些思想和观点对政府产业政策制定有着重大影响。

（3）新产业组织理论。20 世纪 70 年代起，随着交易费用、新制度经济学、信息经济学等思想和理论的发展，给产业经济学带来新的方向，同时博弈论、计算科学等新方法给产业经济学研究带来更多的研究思路，学术界将这些利用新方法和新思想重构的产业组织理论称为新产业组织理论。与哈佛学派和芝加哥学派相比，新产业组织理论有自己独特的内容：

一是相对于哈佛学派关注市场结构、芝加哥学派关注市场绩效，新产业组织理论更加关注市场行为。市场结构不再是单纯决定市场行为和市场绩效的外生变量，而是与市场行为和市场绩效相互作用的，需要在市场分析框架内进行解释的内生变量。市场环境不是一成不变的，厂商特别是主导厂商的行为可以影响整个市场环境，厂商的行为是市场中一个重要的因素，是其他竞争对手所必须考虑的，如厂商可以通过战略性行为（如成本领先），在市场竞争中处于优势地位，获取足够的市场份额而获得规模经济和学习效应，大大降低自己的生产成本，其他竞争对手在进入市场时，没有足够的市场份额而获得规模经济，需要大量的成本从竞争对手那里获得市场份额。因此企业在进入市场时就需要考虑已有的竞争对手的行为，从而制定正确的战略和策略，来创造有利于自己的市场。

二是更加重视动态的研究，替代了传统的静态、比较静态的分析方法，更加专注经济主体的行为决策的连续性，以及这种连续性行为和决策对于市场竞争和绩效的持续性影响。

三是假定信息不完全、不对称，产生寻租成本、交易成本，因而不能有效地配置资源，利用博弈论和不完全信息理论的模型对这些问题进行了深刻的分析。

四是交易费用、新制度经济学的引入，大企业的出现不能简单地看作是由于集中导致垄断，还受到交易费用和企业内部组织管理费用影响，到底是选择层级模式还是市场模式，这些为产业组织理论提供了新的研究思路。

五是考虑组织的治理问题，将企业内部组织与治理问题纳入产业组织的研究范围内，市场结构和市场行为受到企业内部活动的影响，企业内部的组织治理成为新产业组织理论中的重要部分。由于所有者或者股东与职业经理人之间存在信息不对称和目标差异，在缺乏有效的监督或者缺乏足够激励条件下，代理人在企业决策中就会损害股东的利益，出现很大的偏离。

六是在政策主张方面，新产业组织理论重点关注市场行为，而不是市场结构，结构与行为间并不一定存在逻辑关系，新产业组织认为垄断的结构并不必然导致垄断行为，即企业虽然是垄断企业，但是该企业并不一定采取垄断行为，对消费者利益也不一定造成损害。因此，在政策主张上，尽管在竞争市场中少数几家大企业进行兼并并产生垄断，但不影响消费者利益和市场效率，因此不必立即采用政策行为进行约束。

二 产业结构演进理论

产业结构理论，是以产业之间的比例关系为研究对象的应用经济理论。产业结构理论主要研究伴随着经济发展而出现的产业结构演变的规律及其原因，它通过对产业结构的历史、现状的研究，寻找产业结构发展变化趋势，规划未来产业结构，为制定产业结构政策服务。产业结构与经济增长间存在内在联系，产业结构会促进经济增长，而经济增长也会影响产业结构。随着技术水平的进一步提高，这两者间的内在联系日益密切，社会分工越来越细，产业部门越来越多，产业部门之间并不是封闭的，资本、劳动力、信息在产业内部和产业之间流动，其联系也越来越复杂，产业结构作为以往经济增长的结果和未来经济增长的基础，成为推动经济发展的主要因素。

产业结构演进理论包括配第—克拉克定理、库兹涅茨法则、霍夫曼定理、钱纳里的"标准产业结构"理论、罗斯托"经济成长阶段"理论和赤松要"雁行形态理论"。

（1）配第—克拉克定理。产业结构理论最早可以追溯到 17 世纪英国经济学家威廉·配第，他首次发现由于各国的产业结构不同，导致各国的国民收入水平差异及经济发展处于不同的阶段，差异是造成产业结构不同的原因。配第在其 1672 年出版的名著《政治算术》中指出，工业收益比农业多得多，商业收益又比工业多得多，这种不同产业间相对收入差异，会促使劳动力从低收入产业向高收入产业转移，这就是著名的"配第定理"。"配第定理"对产业结构演进和劳动力在各产业之间分布和转移做出了解释。科林·克拉克在《经济进步的条件》一书中对此进行了更深一步的研究，通过搜集和整理 20 多个国家的经济统计数据，利用配第理论，揭示了产业结构变动和劳动力在产业间转移的一般规律，后人称为"配第—克拉克定理"。该定理认为：在一定的经济发展水平条件下，劳动力首先从第一产业转向第二产业，随着经济的发展、人均国民收入的提高，劳动力将逐步由第一产业、第二产业转向第三产业，劳动力在不同产业之间流动的原因在于各产业之间收入的相对差异。配第—克拉克定理是一种经验性的总结，发达国家工业化水平高，因而第二产业比重高，随着技术提升，第二产业机器生产取代了人，而第三产业快速发展，而劳动力就业比重高。反之，发展中国家经济发展水平较低，技术落后劳动力多集中于第一产业。

（2）库兹涅茨法则。库兹涅茨在配第和克拉克等研究成果的基础上，考察了国民收入变动和就业人口变动的规律，揭示了产业结构变动的总方向，进一步证明了配第—克拉克定律。库兹涅茨发现，随着经济的发展，农业部门所实现的国民收入在整个国民收入中所占的比重逐年下降，同时农业部门的劳动力就业比重也逐年下降；而工业部门国民收入的比重呈上升趋势，但工业部门劳动力的相对比重大体不变或略有上升；服务部门国民收入相对比重上升，但与劳动力相对比重不一定同步上升。

（3）霍夫曼定理。德国经济学家霍夫曼（W. G. Hoffmann）利用20多个国家的经验数据定义了"霍夫曼比例"，即消费资料工业的净产值与资本资料工业的净产值比例，在此基础上分析了工业结构的变动规律，提出了著名的霍夫曼定理。霍夫曼根据这种比例的变化趋势，将工业化进程分成四个阶段，第一阶段为消费品工业占主导地位，消费资料工业的净产值明显高于资本资料工业的净产值，霍夫曼比例为（5 +/ - 1）；第二阶段资本资料工业快于消费资料工业的增长，消费资料工业降到工业总产值的50%左右或以下，霍夫曼比例为（2.5 +/ - 0.5）；第三阶段资本资料工业继续快速增长，并已达到和消费资料工业相平衡状态，霍夫曼比例为（1 +/ - 0.5）；第四阶段资本资料工业占主导地位，这一阶段被认为实现了工业化，霍夫曼比例为1以下。

（4）钱纳里的"标准产业结构"理论。钱纳里在克拉克、库兹涅茨的研究成果基础上，提出了不同经济发展阶段产业结构变化的标准模式，即"标准产业结构"。随着国民收入长期不断增长，工业部门增长的比重最大，而服务业和农业的比重变化较小，工业部门是国家经济发展的主导部门，依次会出现重工业化、加工高度化、技术集约化，"标准产业结构"对中国目前的产业结构研究影响很大，第三产业的比重不断上升，对管理、技术、信息和知识等软要素的依赖程度加深，从而概括了产业增长的规律和产业发展的模式。

（5）罗斯托"经济成长阶段"理论。20世纪60年代，美国经济学家华尔特·特曼·罗斯托（W. Rostow）在《经济成长的阶段》一书中提出了他的"经济成长阶段论"，认为一个国家的经济发展过程需要5个阶段，1971年他又在《政治和成长阶段》中增加了一个阶段，形成阶段发展理论。六个阶段依次是：一是传统社会阶段。该阶段生产功能有限，发展经济是为了生存，经济封闭或者孤立，生产技术落后，对现代化毫无兴趣。二是准备起飞阶段。这一阶段是准备阶段，开始考虑国家经济问题，尝试经济体制改革，利用现代化和经济发展增强国力，不断提高人民生活水平，为发展创造条件，由于技术落后，劳动力多集中于第一产业，制造业自动化程度低，多为劳动密集型。三是起飞阶段。生产性效率提高，出现一个或几个高成长性部门，具有较强的辐射和带动作用，发明和革新十分活跃，生产过程应用大量科学技术，形成适合经济发展的政治、社会以及文化风俗环境，意味着工业化和经济发展的开始，在所有阶段中该阶段最关键。四是走向成熟阶段，大部分产业有效地应用现代化的技术，出口产品多样化，高附加值产业增多，不断提高技术水平，不断推出新的产品，产业以资本密集型为主，国民享有较高的社会福利，基础设施不断改善，企业开始向国外投资。五是大众消费阶段。以第三产业为主，多集中于服务业，奢侈品消费增多，休闲、教育、保健、国家安全、社会保障支出增加，超越大众消费注重提高生活质量。六是高生活质量阶段。该阶段的主动部门不是生产实物产品的工业部门，而是改善人类生活的第三产业服务业，更关注生活质量的提高。

（6）赤松要"雁行形态理论"。赤松要根据日本棉纺工业的发展史提出"雁行形态理论"，认为工业后进国家在赶超先进国家的过程中，由于开始缺乏技术和资本，工业后进国家不能生产某些产品，可以通过进口、利用和消化先进国家的资本和技术，在国内消费达到一定数量后，开始生产这些产品并逐步形成新的产业，这些产品生产规模的扩张，廉价劳动力的优势得以发挥，可以利用人力成本优势打回先进国家市场，其产业发展是按"进口—国内生产—出口"的模式相继交替发展，如果工业后进国家把握好时机，就能缩短工业化乃至重工业化、高加工度化的过程。"雁行形态理论"概括了产业发展的两个转型：第一个转型是产业发展过程是一个不断高度化的过程，从生产消费资料到提供工业资料，从农业到工业；第二个转型是产业结构的多样化和高度化，产品多样化，从简单功能到复杂定制，从生活用品到生产用品。

三　产业结构调整和优化理论

产业结构调整和优化理论是产业结构理论研究的深入和发展。产业结构水平受一个国家和地区的基本条件影响，如自然资源、经济发展、科技发展、人口规模等，但是经济结构没有优劣和高低之分，而在于经济结构是否适合，所以产业结构优化是在分析上述因素的基础上，通过对产业结构的调整，达到产业结构合理化和升级。产业结构调整和优化理论包括刘易斯"二元结构转变理论"、罗斯托"主导产业理论"、赫希曼"不平衡增长理论"和筱原基准"动态比较费用论"，主要内容如下：

（1）刘易斯"二元结构转变理论"。美国经济学家刘易斯认为，发展中国家一般存在二元经济结构，一是生产力低下的农业部门，存在大量剩余劳动力；二是采用现代技术的工业部门。提出了著名的"二元结构转变理论"。刘易斯认为，由于农业生产力低下，产生大量剩余劳动力，而农业边际劳动生产率为零或接近于零，这部分劳动对于生产效率没有任何提高，在这种情况下，这些劳动力向工业部门转移，对两个部门均有益，不仅有利于提高农业劳动生产率，还有利于工业部门得到发展所需的劳动力，工业部门可以从农业部门获得廉价劳动力，从而获取巨额利润。因此发展中国家可以利用劳动力丰富的优势加速经济发展。

（2）罗斯托"主导产业理论"。美国经济学家罗斯托认为在经济成长的各个阶段里的任何时期、任何阶段，经济增长能够持续保持，是由于少数部门起主导作用的结果。这些主导部门会产生扩散效应，主导部门通过回顾、前瞻、旁侧三重影响带动其他部门发展，从而带动其他相关产业发展。经济发展的六个阶段里，每个阶段都有相应的主导部门带动其他部门发展，从而推动每个阶段的演进，并能在整体上带动一个国家和地区经济的全面增长。所以调整和优化产业结构的就必须明确主导产业，选择若干能够带动一个国家和地区经济全面增长的主导产业。

（3）赫希曼"不平衡增长理论"。美国经济学家赫希曼认为产业发展是不平衡的，主导产业或者具有重要战略意义的产业优先发展，然后再发展到其他产业。选择具有战略意义的产业投资，首先带动主导产业发展，从而带动其他产业的发展；而对于社会基础设施或直接生产部门的投资，具有较高的外部经济，政府应主动承担投资额大、建设周期长、对私人资本缺乏吸引力的社会基础设施的投资，这种思想对于发展中国家具有重要意义，由于发展中国家或地区资源有限，无法满足所有产业全面发展，因此只能将有限的资源有选择性地投入到关联度大、具有发展潜力、外部经济性大战略产业部门，这些产业与其他产业有较大的关联性，随着这些部门快速发展，一方面这些主导部门和有创新能力的产业，发挥规模经济效益、自身增长迅速并能对其他产业产生强大的辐射作用；另一方面产生更多的资源逐步扩大其他部门，带动其他产业结构的调整与发展，进而促使产业结构优化升级，从而达到整体发展。一个产业部门的关联效应越大，带动其他产业部门发展的能力就越强，对经济增长率的贡献也就会越大。

（4）筱原基准"动态比较费用论"。日本经济学家筱原三代平提出了动态比较费用论，他认为每个国家的经济发展过程都是一个动态过程，在这个过程中，生产要素会发生变化，而且各个国家和地区变化的程度和速度也不尽相同，由此引起这个国家和地区，在世界经济中的相对地位发生变化。对后进国家可以借助国家的力量，大力扶植和促进国内重点产业的发展，从而改变资源的禀赋程度，形成比较优势，而获得比较利益。后进国家可以制定合适的产业政策和利用政府支持来发展本国的劣势产业，随着部分产业生产要素禀赋的变化，使原来具有比较劣势的产业可能成为新的比较优势产业，从而获得国际竞争力。

日本产业结构审议会在 1971 年，对筱原基准的"动态比较费用论"进行了扩充，增加"过密环境基准"和"丰富劳动内容基准"两条基准作为主导产业选择的依据。"过密环境基准"是指政府在选择主导产业时必须以环境污染少、能源消耗低、生态不失衡作为选择基准，以实现经济的可持续发展。而"丰富劳动内容基准"强调在选择主导产业时应首先考虑能为劳动者提供舒适安全的工作岗位和稳定的劳动场所的产业。

四 产业关联理论

随着产业结构理论的不断深入，产业间的关系成为产业经济研究的主要内容，产业关联理论就是随着产业结构理论的发展而逐渐走向成熟。产业关联理论属于广义的产业结构理论范畴，与单纯从理论分析不同，产业关联理论从"量"的角度研究和分析一定时期内产业间联系与联系方式的理论。产业关联理论的创始人是里昂惕夫，其著名文章"美国经济系统中的投入产出数量关系"的发表，标志着产业关联理论的初步形成；1941 年对产业关联理论产生重大影响的《美国的经济结构 1919—1929》一书的出版，标志着该产业关联理论的正式产生，里昂惕夫在该书中系统阐述了投入产出理论的基本原理及发展。

产业关联理论也称为投入产出关联理论，与产业结构和产业组织理论不同的是，产业关联理论侧重于研究产业间的中间投入和中间产出之间的关系，它能够反映各产业的中间投入和中间需求，量化各产业之间的经济技术联系，即产业间"投入"与"产出"的量的比例关系，实现了质的分析与量的分析的结合。

投入产出理论强调国民经济各产业部门之间存在经济技术联系，一个产业部门生产所需要的原材料，需要相关联的其他产业部门供给，生产才能得以顺利进行，该产业部门的产出也是其他产业部门生产所需要的原材料，其产品也要分配给其他产业部门来满足它们的需求，产业之间就存在密切的联系。若某产业没有其他产业为之提供产品，则该产业则无法生产，同时也无法生产出满足其他产业需求的产品，就会产生恶性循环，最终整体国民经济的各个部门都受到影响，甚至导致产业消亡。与产业结构理论比较，投入产出理论，能够更详细和精确地量化产业之间的这种需求与供给关系，是一种把一个复杂经济体系中各部门之间的相互依存关系系统地数量化的方法。

产业关联的基本分析方法是投入产出法，其基本分析工具是投入产出表、投入产出模型。投入产出法的基本思路是某一产业获得一定的产出，必须要有一定的投入。投入是指该产业生产所需要的各种投入，产出是指该产业生产的总量并用于分配其他产业使用，分为中间产品和最终产品两类。在此基础上，将这种投入产出关系用投入产出表表示，表明产品生产投入来源和趋向，并建立相应的投入产出模型，即用数学形式表达投入产出表所反映的经济关系并建立线性代数方程组。

产业关联的测度指标主要是由投入产出表衍生出来的各种指标，主要包括直接消耗系数、完全消耗系数、产业影响力系数、产业感应度系数等。直接消耗系数是某产业生产某单位产品所直接消耗的另一产业部门的产品量或产品价值。完全消耗系数是除了某产业生产某单位产品直接消耗外，还要加上所有的间接消耗。影响力系数是指其他产业发生变化时，引起该产业发生相应变化的程度，它反映国民经济某一部门增加一个单位最终用途时，对国民经济其他各部门的生产需求波及程度。感应度系数是指某产业的生产发生变化时引起其他所有产业的生产发生相应变化的程度，它是反映国民经济各部门都增加单位使用时，某部门由此受到的需求感应程度，它是衡量某产业前向联系宽度和深度的指标。

产业关联就是社会生产活动中各个产业之间存在的广泛而复杂的经济技术联系，通过分析各种指标，描述经济体中不同部门之间的相互关系，为政府产业政策制定、产业结构调整和优化、主导产业的选择、产业预测、产业关联分析研究方面提供了准确的依据。同时投入产出法不仅仅局限于分析产业间联系，还可以利用投入产出表、投入产出模型去研究社会科学其他方面的问题。

五　系统理论

系统思想是由美籍奥地利人、理论生物学家，L. V. 贝塔朗菲（L. Von. Bertalanffy）创立的，核心思想是系统的整体观念。贝塔朗菲认为任何系统都是一个有机的整体，它不是各个部分的机械组合或简单相加，系统的整体功能是各要素在孤立状态下所没有的新质；反对那种认为要素性能好，整体性能一定好，以局部说明整体的机械论的观点；系统中各要素不是孤立地存在着，每个要素在系统中都处于一定的位置上，起着特定的作用。要素之间相互关联，构成了一个不可分割的整体。

随着研究问题的深入，将问题分解，抽取最简单因素的方法已经难以适应复杂性问题。研究相对简单的问题，一般是把问题分解成若干部分或者因素，抽象出最简单的因素来探寻其中的因果关系，然后再将各部分累加，最后去解释问题，满足该条件的前提是各部分或者元素之间是没有关系的或者相互作用非常小，可以忽略不计。复杂的问题中，各个部分或者各个元素之间关系却是非常复杂的，原来思维方式就显得力不从心了，只关注问题局部或某个要素，探寻单项因果关系，显然不能如实地说明问题整体性，不能探寻问题各部分、各要素之间的联系和相互作用，而系统的概念应运而生，逐渐受到越来越多的研究者和实践者的关注。

综合来看，系统的概念可以从三个方面来理解：

一是系统是由要素构成的有机整体，系统是由要素组成，这些要素既可能是一个物体、一个零件、一个人、一个企业，也可能其本身就是一个系统，它们是系统的组成部分；这些要素不是孤立的，要素间相互联系相互作用，构成一个整体，单独一个要素对于系统来说没有意义的。从一个整体来看，缺少一个要素，系统整体性就会被破坏，同时这些要素不是随机排列的，它们之间是有结构的，它们之间上下左右构成一种相对稳定的联系。

二是任何系统都具有功能，即系统具有目的性，对外表现出来的能力、功能等可以实现系统的目标或者解决既定的问题，与要素相别的是系统的功能不同于要素功能，也不是要素功能简单累加，各个要素一旦组成系统，整体就会现出本质上新的特性和行为，简单堆积是不可能表现出这种特性和行为，整体应具有要素及其组合所没有的整体功能。

三是任何系统都离不开环境，处于一定的环境中运行、延续、演化，与环境保持着某种程度的质量、能量、信息的交换。系统的结构、行为、功能等或多或少都与环境有关。针对具体的环境，系统有不同的表现，对外表现为系统的行为。

由此，系统论的基本思想，就是把所研究对象和问题，当作一个系统，分析该系统的要素、结构、功能和环境，研究要素间关系和变动的规律性，从而认识系统整体功能和运行规律，可以利用这些特点和规律去影响、管理、控制、优化甚至创造一个系统，实现系统目标。

随着社会经济、生态环境、经济系统等成为系统的研究对象，社会系统工程的涉及因素之多、范围之广、关系之复杂性越来越引起学者的关注。20 世纪 70 年代末，钱学森认为社会系统工程不只是大系统，而是"巨系统"，是包括整个社会的系统。在巨系统中，如果要素种类繁多，要素关系盘根错节，关联方式复杂（如非线性、模糊性、动态性等），这就是复杂巨系统。这类系统无论在要素组成、要素关系、系统结构、系统行为和系统变化等方面都非常复杂。复杂巨系统的研究内容涉及自然科学、工程、社会科学等各个方面，如经济系统、社会系统等，复杂巨系统的研究对象十分广泛，关于系统的复杂性研究受到了世界各国科学家们的广泛关注。

复杂巨系统都有一些共同的特点，就是在变化无常的活动背后，呈现出某种捉摸不定的秩序，其中演化、涌现、自组织、自适应、自相似被认为是复杂巨系统的共同特征。对复杂巨系统问题的解决就要从整体上考虑并解决问题。复杂巨系统的复杂行为是大量简单要素相互作用而涌现出来的，在系统级别上才能观察到的这些属性和现象。复杂系统与简单系统的区分是相对的，在具体系统分析中，需要注意抽取开放复杂巨系统中那些主要的、涉及整体的、影响程度较大的一些子系统或者要素，用比较简单的系统去观察与处理，复杂系统强调研究简单的个体以及个体之间的相互作用规则所产生的全局属性。

六　理论借鉴

综合上述分析，可以得出以下几个方面的借鉴来支持房地产业健康发展：

一是房地产除了是地产和房产这种有形的物质的属性与形态外，更应关注由此衍生出来的各种权利，即衍生的各种权利反映的是各种社会关系，而这些社会关系决定了不同主体间的相互关系，而房地产业更是这种关系的集中体现。

二是现有产业健康研究更多的是从产业自身角度或者"患病"的角度考虑产业健康，现有的产业健康在房地产业应用中存在一定局限；从健康的内涵来看，现代健康是身体健康、心理健康和社会适应的综合反映，因此产业健康也是多个方面的综合反映。健康内涵可以包含三个方面，从内部来看，其一，主体本身的健康程度，促使主体具有免除"疾病"的能力。其二，存在的"疾患"，如肌体生病、组织内乱等。内在"疾患"虽然不是外在威胁，但对主体来说却是危险。其三，健康含有社会范畴，即健康不仅仅只是个体健康和没有疾病，健康具有更宽泛的含义，人生活在社会群体中，人与人之间就会有情感等方面的交流，健康是一个相对的概念，受到周围环境或者人的影响。

三是从产业理论角度来看，包括两个方面。第一是房地产业本身，即房地产业有效运行，而产业组织理论为此提供了理论支持；第二是房地产业与其他产业和国民经济的关系，而产业结构理论和产业关联理论为此提供了理论支持。

四是房地产业健康涉及多个因素间的相互作用，并具有一定的结构，应从系统的角度对房地产业健康发展进行解构和剖析，明确系统的要素，分析系统内各个要素之间的影响关系。

第三章　外国及中国香港房地产业发展的经验及教训

外国及中国香港地区房地产业经历了长期发展，既有成功经验也有失败教训，"他山之石，可以攻玉"，充分借鉴外国及中国香港地区房地产业发展的成功经验、吸取其教训，为我所用，可以少走弯路，避免再犯同样的错误，引导我国房地产市场稳定健康发展。

第一节　外国及中国香港房地产业发展的经验

一　日趋完善的法律法规体系

国外尤其是西方发达国家在房地产业发展历程中，形成比较完善的法律法规体系，在规范房地产市场，促进了房地产业的发展方面发挥很大作用。

在美国房地产业发展过程中，美国政府出台了一系列的法律法规，规范房地产市场，如 1931 年的《联邦住房贷款法》，1934 年的《国民住宅法》，1965 年的《城市住房发展法》和《房地产执业法》、《公房管理改革法》、《美国统一商法典》1976 年的《美国联邦土地政策》和《公平住宅法》等，这些法律法规覆盖了房地产业各个环节，有的侧重于对土地的管理，有的对低收入家庭的购房补贴。另外，美国各州政府依据各自房地产业发展情况，有针对性地制定地方法律法规，在房地产交易、抵押贷款、中介机构等方面进行规范。

英国是最早进入资本主义的国家，房地产业法律法规从无到有，并随着房地产业的发展逐步完善。系列房地产业政策出台，既解决了住房问题、安定社会和促进经济发展，创建了"福祉国家模式"，也保证了房地产业健康稳定发展。1965 年《租金法》确立市场租赁为基础的公共租金制度；1967 年《住房补助金法》，增加公共部门的住宅建设地域开发，促进住宅质量的提高；1972 年《住宅财政法》改变了原来的一次性住宅补助金方式，创设了费用上升补助、过度补助和特别赤字补助制度；1974 年《住宅法》以及 1977 年和 1996 年的修改，为解决无住房问题、建设社会住宅，改善恶劣住宅环境提供了法律保障。1982 年《社会保障：住宅补助法》确立保障性住宅、标准性住宅的补助方式。

　　德国的《住宅建筑法》、《征集土地法》、《城市建设促进法》和《土地征收补偿条例》等法律法规，为稳定房价和房租，防止房价、房租快速上涨，促进房地产业健康发展奠定了基础。制定严格的法律对可能出现的房产买卖、房租的暴利行为给予处罚，德国《经济犯罪法》明确规定：在房产买卖过程中，如果地产商制定的房价超过政府指导价的 20%，地产商就构成违法；如果超过 50%，为"房价暴利"，触犯《刑法》，构成犯罪。同时德国制定严格的租房法，三年内房租涨幅不能超过 20%，否则构成违法；5 万人以上城市，制定"租房价格表"，规定租房价格超过当地"租房价格表"的 20%，即构成违法；超过 50% 为"房租暴利"，构成犯罪。

二　保障性住房与商品房二元结构

（一）新加坡组屋计划和商品房二元结构

　　新加坡政府通过组屋计划的实施，解决了中低收入人群的住房问题。新加坡人口密度很大，国土面积仅有 699.4 平方公里，却居住着 448 万常住人口。是一个多种族的移民国家，华人占 75.2%，马来西亚人占 13.6%，印度人占 8.8%，其他种族占 2.4%。1964 年推出由新加坡政府主导的"居者有其屋"的保障性住房计划，即组屋计划，该计划抓住了组屋建设的两个核心，即土地和资金。组屋的土地由政府拨出为主，私有土地的征用为辅，资金由银行和中央公积金局提供，形成政府、建屋发展局、银行和中央公积金局之间协同、配合的运作模式，促进了组屋计划的顺利实施，解决了新加坡中低收入人群的住房问题。新加坡组屋建设的经验一是责任明确，分工清晰，组屋建设责任在政府，并起主导作用，建屋发展局具体负责建设。二是土地资源由政府严格控制，政府负责提供土地、资金保障。三是建立公积金制度和住房公积金保障制度。四是以家庭收入水平为依据，建立严格的组屋配售制度。五是为了确保组屋政策的顺利实施，出台了严格的法律作为保障，限制组屋违法买卖和炒作。六是依据需要组屋人口数量和土地情况，科学合理地制订组屋建设发展规划。到目前为止，新加坡被认为是世界上解决住房问题最好的国家之一。由于大多数常住居民都住在政府组屋中，而且产权属于自己，即拥有不动产。新加坡常住居民，包括永久居民在内，82%以上的家庭都住在这种被称为"政府组屋"的公共住房中。组屋房价相对商品房要廉价很多，只要收入稳定，并且购买与自己收入相当的户型，购房不会成为负担。

以政府保障性住房为主，商品房为辅的保障性住房与商品房二元结构。过去近50年来，新加坡82%的居民居住的是政府（建屋发展局）建造的保障性住房（组屋），这部分住房价格低廉，但其购买、使用和转手都是受到严格规制的；只有10%多一些的人是从自由市场购买私人住房，即商品房，主要是没有拿到新加坡永居的外籍人士、来新加坡临时工作者和不满意组屋质量而希望改善自己住房条件的本地有钱人，也包括一些投资性海外买家，这就形成以政府保障性住房为主（约占82%），商品房为辅（约占18%）的保障性住房与商品房二元结构。房地产泡沫发生在商品房市场部分，因为商品房所占比例不高，所以房地产泡沫破裂造成的危害，对新加坡整体经济的影响相对较小。虽然涉及居民人数比例不高，但因其多为价值不菲的高档住宅和豪华公寓，如每平方米住宅单价如今在1.1万美元左右，在亚洲一直仅次于中国香港和日本，所以对经济影响也不容忽视。

（二）英国、德国保障性住房建设

英国通过无息贷款、减税政策，帮助低收入阶层购房，实现"居者有其屋"。一是政府和各地的抵押贷款委员会合作，为首次消费者提供一部分无息贷款；二是建设新的廉价房，使租房者能买得起房子。政府延长个人住房储蓄的免税期限。德国政府兴建"福利住房"，满足了中、低收入阶层对"福利住房"的需求，"福利住房"的资金主要来自国家的税收收入。

（三）中国香港公屋制度和二元住房模式

1954年港英政府开始实施公共房屋计划，即公屋计划。政府有专门的机构负责公屋的建设和管理问题，是香港公屋计划成功的重要原因。到1997年，50.97%的香港人或居住在政府公屋内，或享受政府补助购买的房屋。公屋制度的实施解决了中低收入人群的住房问题，在维持了社会稳定的同时可以集约化利用土地，节约土地资源。

公屋与商品房二元住房模式。公屋在香港地区不能上市交易，是属于政府的房屋，商品房可以上市交易，在香港地区所指的房地产市场是指商品房部分。在香港，狭义的房地产概念其实仅仅局限于有明确法律权属可以上市交易的土地及建筑物，政府公屋并不包括在内。市场与政府边界清楚，政府公屋与商品房市场同步发展，一方面是廉价的政府公屋；另一方面是天价的海景豪宅，互不侵扰，没有那么多仇富心理和社会矛盾，商品房市场与经济公共保障体系是性质完全不同的两种模式，政府对商品市场的基本原则是不干预。商品房市场按照市场规律进行，政府的作用规范商品房市场，建立和完善法律法规体系，打击商品房市场的违法行为，确保商品房市场的公平、公正、合理，主要通过市场手段（供求关系和价格）来调节。可以借鉴的经验一是专业化的运营和管理；二是政府在土地供应上的大力支持；三是有效和充足的资金保障；四是严格的准入和退出机制。

借鉴香港处理亚洲金融危机所导致的房地产泡沫破灭的经验。从"香港经验"来看，至少有两点：第一，要保证金融安全，就要抑制投机，提高自有开发资金比例，减少对银行的依赖性，推进融资多元化；第二，政府公屋可以减少需求，达到稳定房价的目的。

三　相对健全的税收体系

房地产业税收政策是政府调控房地产市场主要手段，并在促进房地产业健康发展方面发挥着积极的作用。政府利用提高税率或降低税率，或给予税收优惠减免政策等方式调控房地产市场，通过税率的变化影响房地产开发企业、消费者购房行为，打击投机行为，补贴中、低收入人口消费者，影响房地产市场的供求关系，防止房地产市场泡沫的形成和破裂，维护房地产业的健康发展。

美国的房地产市场经历时间长，市场也较成熟，在利用税收政策促进房地产业健康发展方面有着先进的管理经验。在美国一个重要的税种是房地产税（又称不动产税），目前 50 个州都征收房地产税，税率在 1% —3%。房地产税由各州地方政府负责征收，收入也归地方政府管理使用，是美国地方政府重要的财政收入，大约占地方总财政收入的 30%。

（一）相对健全的税收体系

美国房地产税收体系包括房地产保有税、房地产取得税和房地产所得税三种，其中房地产保有税是针对房地产所有者征收，税基按房地产评价价值的 20%—100% 征收；房地产取得税对购买房地产（房产、地产）的人，按取得方式（原始取得和继承取得）来征收；房地产所得税对房地产业经营所得和交易增值进行征收，美国交易税率为 2%。

（二）对房地产投机行为高额征税

随着经济发展，居民收入不断增加，房地产价格不断升高，房地产投机成为货币资产保值升值的重要手段。由于房地产投机性需求增加，导致房地产价格不断攀升。目前很多国家在房地产交易和保有环节上，通过征收高额税率，到达抑制房地产投机行为的目的。普遍采取的方法：一是高额征收地皮税（如在法国，不仅征收地皮税，还要征收住房税，如果房屋空置还要征收空置税）；二是对多套房源交易的，采用税率升级的方式征税（如韩国，对出售第二套房源者，其增值部分，征税 50% 资本收益税，对出售第三套房源者，征税 60% 资本收益税），打击房地产投机行为；三是在房地产保有环节征税（如美国）。我国的房地产税收主要在交易环节，在保有环节税种较少，导致房屋持有者的保有风险较低，房屋持有者在二手房交易过程中，通过违规操作，将房地产交易环节的税收转嫁到购房者，使房屋出售人的持有和交易风险降低。

（三）对中、低收入消费者给予税收优惠或补贴

由于房地产市场价格不断攀升，越来越多的中、低收入消费者没有能力购买房屋，不同的国家采取不同的方式缓解中、低收入消费者的购房压力。新加坡、中国香港等采取由政府建设组屋或公屋的方式，美国采取给予中、低收入者税收优惠的方式，缓解中、低收入消费者购房压力。1986 年美国国会通过中、低收入者购房或租房的税收抵扣法案，消费者可在 10 年内，每年享受个人所得税的直接抵扣。在 55 岁以上的消费者，在出售房屋时，可以享受 12.5 万美元的一次性抵扣。

美国房地产税收优惠政策，只对房屋拥有者的第一套住宅倾斜，如贷款利息可以抵税等。如果是非自住房屋，则在贷款利率、出租收益税等多方面，都将无法享受第一套住房的优惠，从而大幅度地增加投资性住宅买卖和维持的费用，明显降低了房地产投机的吸引力。房子出售后的盈利，自用住宅可享受 50 万美元的盈利免税，但非自用住宅出售时的盈利就得作为收入纳税。

美国人卖房，手续非常复杂，房地产交易成本高。房地产交易一般要有代理，而买卖各方的代理，一旦成交要从各自的客户手上收走相当于房

价3%左右的手续费。以独栋楼接近于全国均价20万美元计算，买卖双方成交后，要向中间代理支出1.2万美元左右的手续费，这还不算买方贷款要支付的2000美元上下的手续费，以及过户前检查房屋、房产注册、房价评估等繁多的小额收费。当一栋中等价格的独栋楼最后过户到买方手上，买方要支付的各种明暗费用高达1万美元上下。如此高的费用，严重制约了大多数人炒房。美国的炒房代价很高，这就将一般人拒绝在炒房圈之外，大大缩小了炒房人群，压低了房地产泡沫的破坏力。

新加坡连出重拳防楼市崩溃。从2011年1月起，新加坡房地产税制将改成累进制。根据房产年值，税率将为0%、4%和6%。对在购买后一年内转售的私人房屋或私宅地皮征收卖方印花税，抑制炒房等房地产投机行为，同时将金融机构的房地产贷款占买价的比率顶限，从90%降至80%。

四　透明的房地产信息化

美国建立透明的房地产信息，信息内容非常丰富，而且统计数据非常及时、非常详细、非常准确，任何人都可以到相应网站查询，既可以动态观察房地产运行，也可以给政府及时调控房地产提供支持。如每个人房地产拥有数量、区位，购买时的价格；不同区域新开工楼房数量、不同区域房地产价格变化指数；某区域房地产价格变化与收入变化对比关系；房价变化与房租变化之间的对比关系等，增加了房地产市场交易的透明度和可信度，使房地产交易更加透明，防止了由于信息不对称造成的不公平交易的发生。

美国联邦政府住房与城市发展部门和各州政府住房管理局，每年都有对居民家庭收入情况和市场住房价格情况进行调查，了解目前市场上销售的住房是不是美国居民可以买得起的，进而确定每年需要建多少房屋满足中低收入家庭需要，以什么价格提供。

五　多样化的投资渠道

美国投资品种非常发达，美国的投资市场不仅规模庞大，而且运作规范、成熟。它不仅拥有世界最大的现货市场（股票、债券和基金），而且拥有世界最大的衍生市场（期货、期权和远期）。无论是从投资渠道来看，还是从市场容量来看，它都能满足来自全世界投资者的各种投资与投机需求。美国最常见的理财方式是购买共同基金。2006年约有48%的美国家庭持有共同基金，基金持有人达9600万人，相当于每3名美国人中就有一名是共同基金持有者。美国基金管理人员多数接受专业培训，由于良好的知识结构和管理能力，能满足投资者需求。

美国三大股市（主板、创业板、OTC）共有近 18000 只股票挂牌交易，它是中国两大股市上市公司数量总和（2400 只）的 8 倍多。美国公司债券市场与基金市场同样是世界最大的投资市场。2009 年年底，中国证券投资基金资产净值仅为 0.39 万亿美元，而美国共同基金资产净值高达 10 万亿美元，它是中国基金规模的 25 倍。

六　规范的房地产企业开发行为

英国《住房法 2004》，就如何确保建造足够的低收入群体买得起的"社会性"住房、创建更加公平和良好的住房市场，规范了房地产开发企业的行为。美国政府对房地产建设的周期有较严格的控制，从批准土地开始，到开工建设、竣工完成等环节都有严格的时间限制，防止圈地圈房的发生。政府监管部门依据法律法规体系，在房地产开发过程的各个环节，从进度、质量、安全等方面，对房地产市场进行严格的监督，防止虚假信息欺骗消费者，利用信息不对称欺瞒消费者等现象发生。在政府严格的监管下，规范了房地产开发企业的开发行为。

由于美国、英国等西方发达国家针对房地产开发企业的违法行为处罚力度较大，房地产开发企业违法成本较高，较好地规范了房地产开发企业开发行为。

第二节　外国房地产业发展的教训

一　国家监管职能的缺失

自 20 世纪 80 年代以来，美国通过金融创新等手段刺激经济发展，为此修改和制定了相关法律，如放松对储蓄机构管制的《加恩－圣杰曼储蓄机构法》（1982 年）、《公平竞争银行法》（1987 年）、《金融机构改革、复兴和实施方案》（1989 年）以及《金融服务现代化法》（1999 年）等，推行金融自由化，为以后的金融投机和次贷危机埋下了隐患。国家在信贷监管上没有对贷款机构的操作行为、贷款质量、贷款规模进行密切监察，没有察觉次贷市场潜在的违约风险，没有对次级贷款的风险程度给予披露和警示，导致贷款机构继续对不合格的危险客户（次级抵押贷款申请人）

放贷，最终造成次贷规模非理性增长。

日本签订"广场协议"后引发日元升值，导致大量外资进入日本房地产业和股票市场，加速日本地产、房产价格的攀升，没有引起日本政府金融监管部门的重视，也没有采取相应的风险控制措施，直至房地产泡沫破裂，给日本经济带来灾难性后果，引发日本经济长期衰退，至今没有恢复。

马来西亚金融监管体系的缺陷，表现在中央银行不具备及时有效的监管资本流向的技术和能力，而存款保险制度又加重了经济活动的"道德风险"问题，这一切都使得大量资本进入了投机性较高的房地产业和股票市场。

二　货币流动性过剩

货币流动性过剩是房地产泡沫的源头，证券市场和房地产市场适合大资金运作，获利的机会也多，是流动性资金追逐的市场。日本 20 世纪 80 年代后期，为刺激经济的发展，出台很多政策刺激经济发展，房地产业是日本启动日本经济重要的内容，如中央银行采取了非常宽松的货币政策，鼓励资金流入房地产以及股票市场，"广场协议"的签订，日元升值，国外大量热钱流入日本，进一步加剧了日本货币流动性过剩，导致日本房地产业快速发展，房地产价格快速上升产生巨大的泡沫。

2002 年美国经济陷入了低迷，美联储开始实施宽松的货币政策，不断调低利率，从 2001 年 1 月到 2002 年 12 月，美国联邦基准利率从 6.5% 下调到了 1%，低水平的利率一直保持到 2004 年 6 月。在宽松的货币政策下，银行银根松动，引发货币流动性过剩，银行有着巨大的贷款冲动。房地产价格不断攀升，引发大量资本进入房地产业。以美国为首的房贷金融衍生产品的证券化，加大货币流动性。把次级房贷打包证券化，将其卖给投资银行，把风险转移给投资银行。投资银行再把这些证券推向全球金融市场。资产证券化带来了资金高流动性。房贷金融衍生产品——住房抵押贷款支持证券（MBS）也从中作祟，MBS 的出现首先为放贷机构提供了流动性，MBS 对流动性的提供和风险的转移直接促使了信贷规模的过度扩张。

次级房贷的利率虽要高于优惠级房贷 2%—3%，但次级贷款可以零首付。银行知道这隐藏着道德风险，但银行认为房地产价值不断上升，即使次级消费者付不起房贷利息也不要紧，消费者可以卖掉房子，返还银行贷款，最坏情况是银行收回房子再卖出。由此，房地产泡沫得以形成。泡沫一旦被引爆，便会带来一系列的灾难性连锁反应，直至危机发生。

为了解决基础设施落后和资金短缺等问题，泰国政府在财政政策、货币政策和外汇管理上采取了一系列的改革措施，对私人部门增加的贷款中的很大一部分并没有用于生产部门，而大多流入非贸易部门，如房地产市场和证券市场。

三　国际热钱冲击

导致房地产价格快速攀升的一个重要因素是外资通过各种途径进入房地产业和股票市场。如 1985 年 9 月，签订日元升值、美元贬值的"广场协议"，引发大量美元进入日本的房地产业，进一步刺激了日本房地产价格的上涨。泰国房地产价格快速攀升，大量外资的进入也起到很大的作用。

国际热钱投资的目的是为了效益，为了盈利，国际热钱快速撤离，房地产泡沫破裂。1985 年大量外资进入日本房地产市场，外来资本推动的日本房地产虚假繁荣，造成地价、房价大幅攀升，产生泡沫。1991 年后，由于房地产泡沫存在，外国资本获利后撤离，房地产泡沫迅速破灭，房价暴跌。到 1993 年，日本房地产业全面崩溃，企业纷纷倒闭，给日本经济带来巨大危害至今没有恢复。

四　出现泡沫

1989 年，日本地价总额是个美国地价总额的 4 倍。1990 年，仅东京都一个地区的地价总额就相当于美国全国的地价总额，导致日本房地产泡沫的原因一是广场协议的签订，日元升值，国际热钱快速流入日本；二是调低贴现率，1987 年降低 2.5%，货币供应量增加 12.4%，日本房地产泡沫破裂，遗留下来的坏账高达 6000 亿美元。1999 年泰国住房贷款 7 年里增加了 5 倍多（1989 年 459 亿泰铢，1996 年 7900 亿泰铢），在住房贷款快速增加的同时房地产价格也迅速上升。由于房地产价格快速攀升，吸引更多的资金，甚至吸引大量的国家资金投资到房地产业，使泰国的房地产泡沫迅速膨胀，到 1997 年泰国房屋空置率 21% 左右，全国空置房屋 85 万套，泰国首都曼谷是空置最多的城市，有空置房 35 万套。

五　治理房地产泡沫的教训

日本采取金融手段治理房地产泡沫，但由于手段过快、过猛，造成房地产泡沫很快破灭，房地产价格快速下降，导致日本经济长期萧条，至今还没有恢复。

　　导致日本房地产泡沫破裂的原因：一是大幅度提高贴现率，到 1990 年 8 月提高到 6% 的水平；二是外资的快速撤离。房地产泡沫调控手段很多，如经济手段、货币手段、税收手段、财政手段等，通过调控使房地产泡沫逐渐缩小、萎缩，而不是破裂。一旦房地产泡沫破裂将产生巨大危害。日本房地产泡沫破裂导致经济倒退，至今没有恢复。

第三节　对中国房地产业健康发展的启示

　　国外及中国香港房地产业与我国房地产业相比，发展时间长、成熟度高，其房地产的发展主要依靠其成熟的市场，并与之相配套的法律法规体系等，利用市场的经济规律进行调节，政府调控主要使用经济手段，而我国的房地产市场成熟度较低，与之相配套的法律、政策不完善，目前的调控主要依靠行政手段，没有充分发挥经济手段强有力的作用。

　　总结国外房地产业发展的教训，产生的原因和表现都有相似之处，产生原因主要有：一是政府监管不到位或缺失；二是货币流动性增加，房地产快速升值，产生房地产泡沫；三是由于房地产价格持续升高，产生大量的房地产投机；四是外资热钱的流入和撤离因素导致房地产泡沫的产生和破裂，引发金融危机，甚至经济危机，给当地经济和世界经济造成巨大的危害，引发经济倒退。房地产业健康发展需要政府制定健全的房地产业法规政策体系；规范房地产开发企业行为；加强保障性住房建设，满足低收入阶层的居住需求，建立保障性住房和商品房二元结构；完善税收管理体系，在房地产交易、持有环节制定合理的税收政策，抑制房地产投资行为；拓宽投资渠道，满足居民的投资需求；健全、透明的房地产信息化建设是政策制定的依据；加大对房地产投机的预警和抑制。

一　政府调控方面的启示

（一）完善法律法规体系

　　发达国家涉及房地产的法律法规比较完善和系统，这些法律法规能够有效规范房地产开发企业、银行信贷企业和消费者行为，减少违规行为的发生，从而规范房地产市场，保证房地产业健康发展。国外无论是企业还是个人都有很强烈的法律意识和信用观念，能够做到有法必依，同时执法者大多能够做到执法必严、违法必究，使房地产法律法规能够得到很好的遵守和维护，不是形同虚设，这对保证法律法规能够得到贯彻执行起到非常重要的方面。我国房地产业起步晚，法律法规还不完善、不系统，没有形成体系，导致了我国房地产市场调控的混乱，同时我国很多的房地产企业和消费者的法律意识比较淡薄，即使已经建立的法律法规，在执行中也会大打折扣。为此，我国不仅需要进一步完善我国的房地产法律法规体系，还应该加强我国房地产业各主体的法律观念和执行意识。

（二）加快保障性住房建设

中国香港和新加坡在发展当地房地产市场过程中，采取类似的保障性住房和商品房二元结构方式。保障性住房由政府为主导，商品房以市场为主导，保障性住房建设由政府机构进行管理，满足保障性住房对土地和资金需求。新加坡采取组屋（保障性住房）为主，商品房为辅的政策，82%的居民住在组屋（保障性住房），只有约18%的商品房，房地产泡沫存在商品房部分，而且量少，对新加坡经济的影响较小。中国香港采取公屋（保障性住房）和补贴的方式解决中低收入人群住房问题，居住在公屋或享受政府补贴的居民约占50.1%，而且保障性住房与商品房同步发展。公屋严格来讲不属于房地产市场。通过保障性住房（公屋或组屋）既解决了中低收入人群的住房问题，也解决了社会和谐问题。

国外发达国家非常重视低收入者的住房问题，在建设保障性住房方面有许多值得我国借鉴的经验。德国在"二战"后开始实施公共福利住房制度，主要方式是政府资助，由私人或非营利机构建设，向低收入者、领取救济金以及残疾人等出售或出租。德国的《联邦住宅法》对公共福利住房的供应对象、价格和租金、建设面积等方面做出了具体规定。从20世纪50年代起，法国建立了"低租金住房"制度。该制度规定，人口超过5万的城镇中廉租房占全部住房比例不得低于20%。在法国，很大一部分的低收入者选择租房而不是买房，这就在一定程度上降低了对住房的需求。

日本政府在保障性住房建设方面建立了三大政策：住宅金融公库、公营住宅和住宅都市整备公团。其中，住宅金融公库是政府全额出资建立的政策性金融机构，向住房开发企业和住房消费者提供低息贷款，其年利率要比商业银行年利率低30%；公营住宅是为保证低收入者的居住权利而建设的，以地方政府为主体建设，中央政府提供建设补贴和房租补贴；住宅都市整备公团建造低价的住宅，向中心城市的中等收入者出售和出租。

（三）健全房地产业税收体系

国外税收政策比较系统、完善，通过税收政策（税种和税率的变动）来调节房地产业的供求关系，促进房地产业健康发展。美国、日本和韩国等国家在房地产业发展中，通过逐步完善，形成一套比较健全的房地产业税收体系，而且税法规定比较具体、全面，具有很强的可操作性，既规范房地产业的税收行为，抑制逃税漏税现象，也支撑了房地产业健康发展。

一是中央与地方政府在税收方面实行独立分权。绝大部分的发达国家在税收方面都实行中央与地方独立征收的制度，尽管不同的国家对于中央与地方的征收范围和权力不尽相同，但是房地产税收通常都是由地方政府征收的，另外，在税收法律的制定和减免方面，地方政府也有独立权。这样的税收权力的划分，既能保证中央政府的财政税收，又能提高地方政府征收税收的积极性和主动性，使房地产税收能够有序进行。例如，美国的政府分权制度实行联邦政府、州政府和地方政府三级分立，从各级政府税收权力来看，联邦政府主要征收个人所得税，州政府主要征收间接税（销售税和消费税），地方政府主要征收财产税。

二是科学、合理的房地产评估制度。科学、合理的房地产评估制度，使得房地产税收的征收有了可靠的根据，房地产税收的多少是以房地产的价值为征收基础，因此对房地产价值评估的科学与否直接关系到房地产税收额度的合理性和公平性，从这里可以看出房地产评估制度的重要性。因此，世界上大部分国家尤其是发达多家都十分重视建立完善、科学的房地产评估制度，从而为房地产税收的征收提供可靠的根据。各国在对房地产价值进行评估时根据房地产的类型、居民的收入状况、经济发展情况合理地选择几种估价方法以科学、合理地确定房地产的价值，从而确定税收额度。很多国家为了规范房地产业的税收和加强对房地产业的调控，建立了政府部门的评估机构，建立了完善的房地产评估制度。例如，早在1910年，英国就建立了专门的"地产估价局"，主要职责是向各级政府提供房地产价格方面的咨询和服务，为调控房地产价格提出建议，该机构是一个独立房地产评估机构，还会提供英国各地的土地和房屋的价格信息；韩国建立了"土地估价委员会"，主要负责管理土地价格制度的制定和审核，相应的地价制度包括基准地价制度、地价公示制度、土地交易管理制度；日本颁布了一系列的土地价格管理制度，如地价公示制度、土地交易的报告制度、闲置土地制度、土地租赁制度等，土地价格控制权掌握在国家手中。科学的房地产估价体系和估价方法，以及健全的管理制度，使房地产课税估价具有规范性和真实性。科学的房地产评估方法和评估体系以及完善的管理体系，为房地产税收额度的确定和征收确定了科学的依据，保证了房地产税收的公平性和科学性。

三是房地产税法法律完善，保证了税收的强制性。各个国家都非常重视房地产税法的制定，并且建立了一系列税法体系。比如，日本的税法主要有：《国税法》、《国税征收法》、《地方税法》、《地方税征收条例》、《租税特别措施法》等；韩国的房地产税法相对全面和系统，主要有：《所得税法》、《抑制不动产投机和稳定地价的综合对策》、《土地过分利得税法》、《开发利益回收法》等。这些税法的规定都很具体明确，因此具有很强的可操作性，从而减少了违法行为的发生。在税收方面非常普遍的违法行为就是偷税漏税，各国对于偷税漏税也制定了不同的惩罚措施。例如，美国对没有按期纳税者进行罚款，并按照延期的时间长短追加利息，严重者将其财产进行留置；英国政府规定，如果房屋税纳税人不按时递交房产资料或是递交了不真实的资料，除了对其进行罚款外，还会被剥夺选举权；加拿大安大略省规定，如果房地产评估人与纳税人串通起来偷税漏税，要处以罚款或是判处 6 个月的监禁，并补齐所逃税款。

各国的房地产税率大部分采取比例税率，在房地产转让和房地产交易所得普遍实行累进税率，只有很少的国家实行定额税率。至于税率的多少各个国家不尽相同，主要根据各个国家的经济发展水平、居民的收入水平、房地产业的发展状况等合理确定，税率的确定基本是采取在中央政府确定的基本税率的基础上，各个地方根据实际情况制定浮动税率。同时，各个国家制定了不同的房地产税收和土地税收，一般情况下，土地税率高于房地产税率，这样能够起到节约土地资源、减少土地投机行为的作用。

发达国家的房地产税收几乎包括了房地产业和交易的每一个环节，在房地产的获得、持有和转让方面都有相应的税收种类。在房地产获得方面的税收类型主要有房地产获得税、印花税、登记许可税等。在房地产持有方面的税收类型各个国家不同，有的国家的土地税收和房地产税收是分开的，如韩国和法国；有的国家将两者合并，如荷兰；还有的国家将土地税收、房屋税收和其他财产合并在一起征收财产税，如美国、日本。在房地产转让方面，对无偿转让的房地产征收继承税或赠予税，对有偿转让的房地产征收所得税或增值税。

发达国家征税对象范围广，能够保证税收财政的来源广泛，税收征收范围广主要表现在三个方面：一是征收地域范围广泛，需要征税的地区不仅包括城镇还包括乡村；二是只对特定用途的房地产免税，比如教堂、慈善机构和公共非营利性机构等免税；三是房地产税收基准是评估价值，而不是房地产的原值或残值，这样就能够确保在房地产价格上升时，税收也能够随之上升；四是严格、完善的房地产产权登记制度，保证了税收征收的信息基础。

（四）提供全面、准确的房地产信息

全面的房地产信息统计，健全的房地产产权登记制度是房地产业调控、房地产税收征和房地产交易监控的依据，因此发达国家非常重视房地产产权的登记工作，发达国家房地产登记制度完善、信息完整、更新及时，为房地产管理提供了详细、准确的信息，发达国家的房地产登记制度主要包括两个部分：房地产核查制度、房地产所有权以及其他权利登记制度，房地产登记制度是房地产估价制度、房地产管理制度等的基础制度，通过这几项制度，政府能够准确知道和查询每一项房地产交易项目的交易对象、交易面积和价格、税收的缴纳情况等，从而使房地产交易更加透明化，能够减少违法交易和偷税漏税行为的发生，保证房地产业健康发展。

（五）有效控制货币流动性过剩

从日本由于房地产泡沫破裂引发的经济危机，到东南亚的泰国、马来西亚房地产泡沫破裂的教训中，都有为刺激经济发展而引发的货币流动性过剩因素，因此控制货币流动性过剩是防止房地产泡沫的有效途径。

二　银行信贷方面的启示

（一）完善房地产金融法律法规建设

发达国家涉及房地产金融的法律法规比较完善和系统，这些法律法规能够规范房地产企业、房地产金融业和消费者在房地产领域的行为，减少违规行为和现象的发生，从而规范房地产金融市场，保证房地产金融市场和金融服务业的秩序化发展。而且，国外无论是企业还是个人都有很强烈的法律意识和信用观念，能够做到有法必依，执法者大多能够做到执法必严、违法必究，使得房地产金融法规能够得到很好的遵守和维护，而不是形同虚设，这是保证法律法规能够得到贯彻执行非常重要的方面。而我国涉及房地产金融的法律法规相对较少，导致了我国房地产金融业和市场的混乱，而且我国很多的房地产企业和住房消费者的法律意识比较淡薄，即使建立了相关的法律法规，在房地产交易过程中也会不按照规定进行，这就使得我国法律的贯彻更是难上加难。因此，我国不仅应该完善我国的房地产法律体系，还应该加强我国居民的法律观念和意识。

（二）提升金融业从业人员素质

发达国家从事房地产金融业的人员整体素质高、层次结构完善，为其房地产金融业的发展提供了人才保证和智力支持。房地产金融业涉及金融知识、金融法律、会计、财务等多个领域，房地产金融业既需要上述各个领域的专业金融人员，同时也需要复合型金融人才，他们首先应该对房地产业有一个宏观、准确的认识，又要具备战略投资眼光、精通财务和金融法律。国外房地产金融市场发展成熟，金融机构、相关法律政策等都比较完善，其金融业的从业人员素质高、相关领域人员分布均衡，不仅具有专业的金融从业人员，而且也具有大量的复合型金融人才。

（三）拓宽融资渠道

拓宽房地产开发企业融资渠道，改变我国房地产业融资渠道主要依靠银行信贷的局面，控制房地产业金融风险。房地产金融工具趋向多样化，不仅能够满足房地产开发企业的资金需求，而且对于消费者来说也能够减轻买房的负担。为了同时满足房地产开发企业和消费者的双重需要，发达国家都创新推出了适用于不同房地产开发企业和具备不同购买力的消费者的贷款产品，同时多样化的贷款产品还能降低房地产开发企业和消费者的资金风险。比较普遍的贷款产品有循环抵押贷款、分期可调整担保贷款、双方约定抵押贷款等，其中个人住房贷款有分期偿还抵押贷款、可调整抵押贷款、分享增值抵押贷款、循环住房抵押贷款等。这些多样化的住房贷款旨在为不同房地产企业和不同消费能力的消费者提供有针对性的贷款服务。房地产金融工具的不断创新，对发达国家房地产金融的发展起到了非常大的促进作用。而我国的房地产金融工具相对来说比较少，针对房地产开发企业和消费者的贷款工具无非是抵押和按揭等传统的方式，不仅不利于我国房地产金融产业的发展和金融服务水平的提高，对我国房地产业和消费者来说也是不利的。

三　房地产开发企业方面的启示

（一）守法经营按章办事

规范房地产企业的开发行为，守法经营，依法办事。政府部门对用于住房建设从批准、开工和竣工时间都有严格规定，防止开发企业囤地、囤房扰乱房地产市场，利用时间差获取不正当利益，同时也防止土地被搁置或挪作他用。政府监管部门对房地产市场进行严格的监督，防止人为扭曲市场正常运作和哄抬价格的现象发生。加大对开发企业虚假广告、欺骗消费者行为的处罚力度。

（二）强化管理提升核心竞争力

通过强化内部管理，加强关联企业之间的横向联合，协同创新，提升房地产开发企业综合能力和核心竞争力，增强房地产开发企业抗风险能力，促进房地产业健康发展。

四　消费者方面的启示

（一）正确引导消费者消费理念

"居者有其屋"不是所有的居民都有属于自己产权的房屋，而是所有居民都有可以居住的房屋。不同层次的消费者，依据各自的能力"量体裁衣"，选择合适的居住方式，选择保障性住房、选择租房、先租后买、先小后大、先保障性住房后商品房等方式，满足其居住需求。

（二）拓宽投资渠道

国外资本市场发展完善，投资渠道多种多样，投资回报率也较高，例如在过去的将近100年里，美国股票的平均投资回报率为9.7%，这一回报率比一些高投资回报率的行业，比如国债、黄金和房地产都要高。在过去的20年里，美国股票平均投资回报率高达13%。股票较高的收益率会带动基金的发展，民间资本的持有人由于缺乏专业的知识和投资经验，通常会委托资金管理公司替他们经营，美国著名的基金管理人如巴菲特、莫尔比斯等。高的投资回报率意味着健康、有序的资本市场和金融市场，而我国资本市场发展比较晚，到目前还不够完善，市场秩序没有建立起来，投资风险较高，投资工具、产品和渠道不够丰富。目前我国大部分的居民投资知识缺乏，投资意识淡薄，大部分都选择将钱存入银行，但是存款利率又较低，这使得社会闲散资金大量投资房地产业，导致房地产需要量增加，就有可能引发房地产泡沫，加剧了房地产业的风险。

第四章　中国房地产业发展存在的问题及评价体系构建

第一节　中国房地产业发展存在的问题

一　政府调控存在的问题

（一）政府调控未达到预期效果

自 2003 年以来，针对我国房地产业发展过程中存在的问题，政府每年均出台一系列政策对房地产市场进行调控，调控的目的是防止房价快速上涨，促进房地产业健康发展，调控主要内容包括以下五个方面：一是针对"房价上涨过快"的调控；二是针对"投资增长过快"的调控；三是针对"住宅供给结构"的调控；四是针对"投机、投资性购房"的调控；五是针对"保障性住房"的调控。

房价变化要符合"房价收入比"规律，房价涨、跌幅度要与人均收入增长、减少保持同步。"房价上涨过快"的表面原因是房地产市场供不应求的市场格局；深层次的原因一是土地供给不足，二是宽松的货币政策导致货币流动性过剩和长期低利率政策刺激住房需求。中央政府针对"房价上涨过快"的调控政策没有触及土地和货币政策，虽然 2007 年以后认同存在"供不应求"现实，适量增加土地供给，但不能满足市场需求，导致房价越调越高，没有达到控制房价的效果。针对"房地产投资过热、投资增长过快"的调控，从控制价格和投资入手，通过银行严格控制房地产开发贷款，限制房地产投资规模，在限制房地产投资的同时，也减少了供给，进一步加剧供不应求的局面，虽然控制了房地产投资增长，但没有控制房价的上涨。针对"住宅供给结构"的调控，从我国人多地少、保护耕地和集约化利用土地的角度出发，提出"90/70"政策，在政府严格的审批制度约束下，各地政府和房地产开发企业通过技术处理，基本满足 90 平方米以下住宅数量占 70% 的目标，但实际情况是到 2009 年 90 平方米以下住房数量仅占 32.6%。针对"投机、投资性购房"的调控，通过限购、限贷等措施的实施，对投机、投资性购房产生效果，但限购、限贷政策的实施，在限制投机投资的同时，也限制部分改善性需求。投机是市场不均衡的表象，是房地产市场供不应求的结果，而不是房地产供不应求的原因。针对"保障性住房"的调控，通过制定强制性建设目标的方式，完成保障性住房建设的任务，但是由于没有从土地和资金供给两个核心入手，保障性住房建设目标没有实现。

1. 中央政府、地方政府调控目标存在差异性

中央政府是从经济健康运行、国民安居乐业角度来考虑房地产业的发展，所以中央政府的行为目标主要包括经济和社会两个方面，从经济角度来看，保证房地产市场健康、平稳有序发展；从社会角度来看，满足国民日益增长的居住性需求。地方政府以追求地方政绩和地方财政收入为目标。中央政府、地方政府调控目标存在差异性。

中央政府与地方政府的目标应该一致，应该保证房地产业健康平稳发展，同时满足居民的居住需求，但是由于地方政府的自身利益，地方政府在实际执行的过程当中，弱化甚至扭曲房地产调控政策，形成了不同于中央政府的目标和行为。中央宏观调控目标是原则性规定，没有明确的数量标准，各级地方政府对于调控政策理解和实施也不尽相同，如"遏制房价"，可以理解为保证房地产价格增速控制在一定范围，就有可能出现地方政府在制定调控目标时过于谨慎、目标偏低，达不到该项政策应有的效果。

2. 地方政府执行调控政策力度弱化

地方政府能否认真贯彻落实中央政府房地产调控政策，是房地产调控能否取得预期成效的关键，按照中央政府调控政策的要求，全国各地区根据本地区的实际情况出台地方调控细则，特别是一线中心城市，实际情况是很多城市并未按规定期限出台相应的调控细则，一是持观望态度，看看其他城市调控细则而定；二是担心政策对当地房地产市场冲击太大，给地方经济带来负面影响；三是地方政府对于调控政策落实并不积极，其原因在于地方政府对房地产业依赖性较大。房地产调控表面上是开发商与购买者之间的价格矛盾和供需矛盾，但因调控政策触及地方政府的土地财政，

调控也表现出中央和地方政府之间的矛盾。由于地方政府执行调控政策力度弱化，导致调控政策的力度逐渐减弱。住房供给紧张需求较大的地区，如一线城市，其限购政策较为严格，比如北京规定了纳税或者缴纳社保5年的要求，而二线城市，尤其是中西部地区，限购范围多定在市区，有的甚至没有明确区域，留有相应空白和操作空间，各地在限购区域、限购条件、纳税年限和社保条件等方面大做文章。

针对政府的限购政策，各地出现大量规避限购令的现象。除了北京、上海等一线城市对限购范围和限购条件等方面有明确要求，户籍准入有较高门槛外，不少城市购房与落户挂钩，只要购入房屋面积或者区域符合一定条件，就可以迁入户口。由于信息系统不完善，同时各地信息也无法共享，地方房屋管理部门对于购房人信息审查存在障碍，很难核查。

综合来看，中央是政策制定主体，地方是政策执行主体。但由于中央和地方政府在调控中的不同诉求，出现了部分城市倾向在中央版的基础上进一步升级，进一步加强行政调控；部分地方政府弱化中央调控政策，不是平稳地传递中央政府调控政策，而是减弱调控力度，产生了微博版、标题版细则。

以"国五条"为例，2013年3月底，在中央给出的最后期限前，全国多地房地产调控细则与调控目标集中落地。但值得注意的是，各地调控力度并不相同。除了北京细则较细、力度较强外，多个城市落实细则内容并不"实在"，甚至杭州、南京等多个地区出现"一句话"细则。虽然北京、上海、重庆等地明确写到：对个人转让住房按规定应征收的个人所得税，通过税收征管、房屋登记等信息系统能核实房屋原值的，应依法严格按照个人转让住房所得的20%计征。但截至目前，除北京有实施实例外，其余地区并未开始执行。

2005—2010年，北京、上海等一线城市的房价平均上涨了2—3倍，尽管政府从限购、限价、限贷等方面入手对房地产业进行多方面调控，但一系列政府调控政策的实施，并没有达到控制房价的目的，尤其是密集出台房地产调控政策的2010年，政府先后三次出台房地产调控政策，全国大多数城市的房价依旧十分坚挺。

2009年以来，为进一步巩固和扩大调控成果，确保调控目标和各项政策措施全面落实到位，中央政府始终对房地产市场调控保持从严态势，多次释放调控力度不放松的信号。自2009年12月开始楼市调控以来，政策经历了五次升级，分别是 2010 年 1 月的"国十一条"、4 月的"国十条"、9 月的"9·29 新政"、2011 年 1 月的"新国八条"和 2013 年的"国五条"，房价过快上涨势头得到初步遏制。2012 年房地产需求强劲，楼市火热，价格止跌反弹，土地市场一、二线城市升温明显，再度出现"地王"。为遏制房价过快增长，稳定房地产市场，政府在即将换届时再次强调房地产市场调控，出台新"国五条"，表明政府的房地产调控决心和力度。2013 年，各地特别是一线中心城市房地产价格涨幅明显，国家统计局发布的数据显示，2013 年 1—4 月全国房地产开发投资 19180 亿元，同比名义增长 21.1%，增速比 1—3 月提高 0.9 个百分点。其中，住宅投资 13121 亿元，增长 21.3%，增速提高 0.2 个百分点，占房地产开发投资的比重为 68.4%。3 月房地产市场呈现量价齐升的态势。北京网签量达到了 4.4 万套，环比上涨 3.32 倍；上海二手房成交量达 7 万套，环比上涨 3.55 倍。3 月 70 个大中城市的房价仅有温州环比微降 0.1%，上海上涨 3.2%、深圳上涨 2.8%、北京上涨 2.7%、杭州上涨 2.5%，这四个一线城市房价环比涨幅位列前四名。到了 4 月，一线城市房产成交量跌至冰点。价格方面，机构发布的百城房价指数显示，4 月 100 个城市中，有 76 个城市环比上涨，24 个城市环比下跌。其中，十大城市主城区二手住宅样本平均价格为 2.4 万元/平方米，环比上涨 1.87%，杭州则出现下跌。这些现象都对现有的调控提出了新的问题和考验。

（二）住房需求"堵有余，疏不足"

在市场经济条件下，商品价格是由供需决定的，当供不应求时，商品价格会快速上涨，当供过于求时，商品价格会下降，房屋作为一种商品，同样遵循这一经济规律。从我国房地产市场需求看，房价受消费者"刚性需求"所影响，从长期来看，房地产市场的刚性需求将有效支撑房屋价格，如果房地产市场供应不能继续增加、供应紧缺预期不变，房价上涨压力仍然会比较大。在实际中往往忽略了"刚性需求"产生的原因，如消费者对于房价上涨预期的形成，加强了消费者的"刚性需求"。目前房地产市场，有效供给不足是一个比较突出的问题。如果既不能给房地产开发企业提供更多的用地空间，又在银行信贷等金融手段上予以限制，那么房价仍有可能进一步上涨。

调控政策的重点多集中于抑制需求方面，对疏导需求或者增加住房供应的实质性措施不足。在抑制需求方面，也要区分居住性需求、投资性需求和投机性需求，投机性需求是应该限制的，投资性需求允许存在，居住性需求是消费者所需要的，是需要满足的。在房地产调控政策中，在打击投机性需求的同时也打击了居住性需求，无论是投机性需求还是居住性需求，单靠堵的方式是无法从根本上解决的。对于一个以居住性消费为主导的市场，住房作为消费者生活必需品，每一个人对住房都存在"刚性需求"，消费者都会有进入市场购买的欲望。满足居住性需求的方式有很多途径，如保障性住房、租房等，并不一定单纯靠买房子来解决。同样，以投机性需求为主导的房地产市场，如果住房投资是无利可图或血本无归，那么住房投资需求就会是零或消失，但是当房地产投资只赚不赔时，那么房地产投资需求就会无穷放大，增加供给的方式就无法满足这种投资需求。

同时政府很多的房地产政策也推动了房地产成本的增加，导致房价的上涨。比如土地"招拍挂"制度，公开竞标，可以提高土地交易的透明度，避免腐败，完善土地市场，同时也增加了大量的交易成本，提升了土地价格，导致房价上涨的负面效应。土地成为各级政府主要的财政来源，"招拍挂"制度的实施，不仅使地方政府获得不菲的土地收益，也强化了政府与企业利益同盟，这也是房地产"救市"政策颁布后，各级地方政府出手之快、力度之大的动力所在。从经济特性上讲，土地是一种有限的不可再生的自然资源，稀缺性决定了其供给弹性小，其价格上涨的幅度就快。从物理特性上讲，其独特的地理位置及异质性会影响房屋价格。

我国地域辽阔，地区差别较大，尤其是东西部地区差别比较大，各地区所处经济发展阶段不同，房地产发展程度也不一致，同时房地产业具有自身的发展规律，也存在类似"传统社会阶段、准备起飞阶段、起飞阶段、走向成熟阶段、大众消费阶段和超越大众消费阶段"的生命周期。不同发展阶段的地区的房地产周期不一样，忽视了地区差异采取"一刀切"的房地产调控政策显然是难以收到实效的。对发达地区，尤其是房地产价格快速攀升的地区，抑制其房价过快上涨是合理的，但房地产业刚刚起步的地区，采取同样的房地产调控政策既是不合理的，也是不公平的。

（三）地方政府过分依赖土地财政

地方政府财政收入来源于预算内财政收入、预算外财政收入和政府性基金收入。土地出让金收入属于预算外收入，而且是最主要的预算外收入，所以地方政府对推高地价有积极性。地方政府提供土地获取资金的方式包括出让土地获取土地出让金，抵押土地获取土地抵押贷款。

1994 年的分税制改革，造成地方政府的财权上移、事权下移。由于财权上移，地方政府财政收入逐年降低；由于事权下移，地方政府需要做的工作更多，财政支出在逐年增加，这就导致地方政府财政收入和支出的倒挂，如地方财政收入占比从 1993 年的 78% 逐步下降至 2011 年的52.1%，而地方财政支出则从 1993 年的 72% 上升到 2011 年的 84.8%，一升一降，造成地方政府财政困难，也导致各级地方政府对土地财政的依赖度越来越高。为解决财政困难，各级地方政府依靠出让土地，获取收益来维持地方财政支出，土地财政又称为地方政府的第二财政。

根据国土资源部数据，近几年全国土地出让合同价款为：2010 年 2.7万亿元；2011 年 3.15 万亿元；2012 年 2.69 万亿元。国有土地出让金在地方政府可支配财力中占据重要地位。不仅土地出让可以增加地方政府的财政收入，而且土地直接税收及城市扩张带来的间接税收也增加地方政府的财政收入，所以地方政府热衷于土地财政，土地直接税收和间接税收占地方预算内收入的 40%，而土地出让金净收入占政府预算外收入的 60%以上。2003 年以来，"土地财政"逐渐成为地方政府收入的主要来源。从2003 年到 2012 年，土地出让金与地方本级财政收入的比例平均为 50%，2010 年最高曾达到 72%。

地方政府为获取更大的土地收益，采取"挤牙膏"式的供地方式，让土地市场处于相对短缺状态，处于"卖方市场"状态，有益于获取更大的土地收益。

土地质押贷款也是地方政府获取地方建设资金的重要方式，随着土地不断升值，通过土地质押贷款的方式可以获取更多的地方建设资金。《2012 年中国国土资源公报》显示，截至 2012 年年底，全国 84 个重点城市处于质押状态的土地面积为 34.87 万公顷，质押贷款总额为 5.95 万亿元，同比分别增长 15.7% 和 23.2%。

通过推高地价，地方政府可以获得更多土地出让金，同时随着土地升值，可以通过土地质押获取地方发展所需要的资金。由于地价在逐年增加，在房价的构成中，土地成本占的比重越来越高，房地产开发成本也在逐年增加，进而使房价不断攀升。由于土地价格在逐年增加，导致房地产开发企业囤地捂地等违规行为的发生，造成上市的土地不能进入市场，间接造成土地资源的减少，引发土地价格和房价的进一步上涨。

（四）货币流动性过剩

张玉英等通过分析货币供应量、超额货币供给、银行存款与贷款差和准备金数量等数据，证明了我国存在货币流动性过剩。学术界普遍认为，当广义货币（M2）供应量与 GDP 之比超出 1.5 倍时，就意味着货币超发严重。中国自 2002 年起一直超过 1.5，2012 年到达 1.88，货币超发导致货币流动性过剩。

2008 年年底爆发了全球金融危机，为了应对金融危机，中央银行暂时停止信贷额度限制和对冲货币的操作，释放了存款准备金和超额准备金，激活了信贷，市场出现流动性过剩趋势，银行对房地产领域的放贷大量增加。

如表 4 - 1 所示，2000 年以来，我国外汇储备明显增加，2013 年增加额达到 5084 亿美元，外汇储备总量达到 38200 亿美元。外汇储备增加，中央银行就会增加流通货币，造成货币流动性增加，导致货币流动性过剩。

表 4 - 1　　　　　　　　2000 年以来中国外汇储备变化

年份	外汇储备余额（亿美元）	外汇储备增量（亿美元）
2000	1656	109
2001	2122	466
2002	2864	742
2003	4033	1168
2004	6099	2067
2005	8188	2089
2006	10663	2475
2007	15283	4619
2008	19460	4177
2009	23992	4531
2010	28473	4482
2011	31812	3328
2012	33116	1304
2013	38200	5084

资料来源：中国人民银行网站，《中国金融稳定报告（2014）》。

由于我国资本市场不发达，缺少有效的投资渠道，大量的资金投入房地产市场，房地产市场资金充沛，有了资金做后盾，房地产企业就有实力和能力竞拍土地，甚至囤积土地，从而推动土地价格快速攀升。流动性过剩催生了高地价，土地价格的攀升与流动性过剩有着密切关系。土地价格快速、大幅上升，直接带动房价快速、大幅上涨。在房地产开发成本中，土地成本是主要的成本，通过"招拍挂"获取的土地，其土地成本约占总成本的50%，甚至更高。土地成本最终要通过房价转移到消费者身上，房地产开发企业取得土地成本越高，导致房价就越高，越来越高的土地价格，直接导致房价不断攀升。

（五）保障性住房建设滞后

1998 年 7 月，停止住房实物分配，实行住房分配货币化以来，保障性住房建设滞后，保障性住房供应不足，导致中低收入人群住房条件改善不足。1995 年实施的"安居工程"，1998 年提出经济适用房建设，2007年提出保障性住房建设和 2008 年棚户区改造，均为中央政府为解决低收入人群住房问题而实施的保障性住房政策。保障性住房建设目标由中央政府提出，保障性住房建设的主体是各级地方政府，保障性住房建设需要财政支出，而商品房建设可以增加财政收入，所以地方政府建设保障性住房的积极性不高，导致中央政府虽然有目标、有要求，但地方政府缺乏积极性，执行不到位，使保障性住房建设的目标一直没能实现。直到 2010 年，为促进各级地方政府建设保障性住房，中央政府与地方政府签订目标责任书，并明确考核问责的方式，保障性住房建设才真正推进，但完成保障性住房 580 万套目标也没有完全实现。在"十二五"规划中提出建设城镇保障性住房和棚户区改造住房 3600 万套（户）的目标，近两年来我国保障性住房建设计划已经一再缩减。2012 年的建设由 2011 年的 1000 万套下调至 700 万套，到了 2013 年，这一指标又变成了 630 万套。

在房地产市场，存在保障性住房和商品房，保障性住房主要解决低收入人群住房需求，属于社会保障范畴，是政府应该管好的，政府的主要职责是保证好低收入阶层的住房供应，满足低收入人群住房的基本需求。房地产开发企业开发建设的商品房是针对改善性需求和高端需求的，价格应该由市场调控，政府需要从土地供应的角度控制商品房开发量，并强化商品房税收管理，从商品房收入补贴保障性住房建设，商品房价格主要通过市场调节实现，充分发挥市场机制，政府只能间接引导商品房价格，保障性住房建设才是政府关注的重点。

我国保障性住房建设主要存在以下问题：

一是中央顶层设计不足。我国保障性住房建设起步晚，缺乏建设和管理。保障性住房建设的两个关键问题是土地和资金，中国香港和新加坡的公屋和组屋建设是由政府专门机构负责，土地和资金由政府解决，采取购买房屋的方式由房地产开发企业承建。

二是法律法规不完善。保障性住房相关政策没有形成法律规定，执行力度减弱。可以享受保障性住房政策的边界不清，退出机制不明确，缺乏可操作性。

三是保障性住房分配存在违规现象。由于家庭收入、家庭资产等基础信息不足，导致保障性住房分配存在违规现象，个别地方出现了骗租、骗购的情况；有的家庭收入增加了，但仍然不退出保障性住房；地方政府为公务员建设经济适用房等。

四是保障性住房工程质量问题频出。在保障性住房建设过程中把关不严，建设单位为减少成本偷工减料，甚至使用不合格产品，导致保障性住房存在很多质量问题，引发对政府的不满。

五是保障性住房配套不全。暖气、天然气、幼儿园、交通等配套建设相对滞后。甚至没有暖气，没有天然气，冬天还需要燃煤取暖。个别保障性住房在城市边缘，交通不便，导致个别保障性住房建成后无人认购现象发生。

六是保障性住房建设不足。不能满足低收入群体的住房需求，引发了很多社会问题。

随着 1998 年居民住宅商品化，低收入群体住房问题也推向市场，如何保障低收入人群的住房需求成为国家政策关注重点之一。由于政策推出晚，随着保障性住房建设规模日益扩大，与之相关的分配、运营和管理问题也随之产生并引起政府与消费者的关注。围绕保障性住房分配暴露出的一系列缺陷已经成了一个全国性的话题，瞒报、骗购、作弊、违规等腐败问题层出不穷，严重影响政府的公信力。政府在扩大保障性住房面积的同时，关于保障性住房相关的管理也在不断完善之中，如果具体政策设计不当，很有可能成为某些特权阶层"寻租"、谋利的工具，在理性条件下每位消费者都愿意去享受政府免费公共资源补贴，从而增加自己的财富。从具体调控政策和保障性住房管理来看，对保障对象具体标准并没有明确界定，而相关政策规定非常笼统，只有原则性的规定，而各地可以根据本地区的实际情况制定相应的标准，这客观上为违规行为的滋生提供了路径。因此，未来需要进一步根据收入、现有居住面积、资产状况等因素制定保障对象具体明确的可量化标准，并根据实际情况建立保障对象的动态调整机制，同时确保在分配程序和实际操作中做到公开、公平、公正。

　　如图4－1所示，近些年来，我国逐步加大了保障性住房建设力度，但与改善中低收入家庭住房需求目标仍存在一定的差距。目前保障性住房占住房总体比例仍偏小，相对于商业性住房增长速度，保障性住房增长速度较慢，且比例逐渐减少，难以满足中低收入家庭的住房需要。当前居住空间拥挤，居住条件恶劣，而收入水平难以承受现有的高房价，应调整住房供应结构，增加中低端商品住房供应，满足中低收入人群的消费需求。同时住房二、三级市场发育不成熟，与发达国家的成熟市场相比，我国租赁房屋所占比重仍然偏低。发达国家房地产业发展经验表明，住宅市场的完善需要一级市场与二、三级市场协调发展、售房与租房市场互为补充，而我国各级市场发展不均衡，特别是三级市场发展不健全，二手房市场不规范，租赁市场供给不足、发展缓慢。

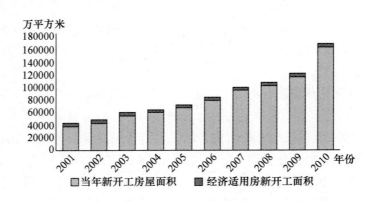

图4－1　当年新开工房屋面积和经济适用房新开工面积趋势

资料来源：根据《中国统计年鉴2011》数据整理。

（六）房地产信息化建设滞后

　　全面的房地产信息化建设能够非常及时、详细、准确地将各种房地产信息予以公开，政府和消费者可以及时掌握房地产业的动态变化，增加了房地产市场的信息量和透明度，有效地降低了商家炒作。如每个月新开工多少套楼房、不同地区中间房价的月变化指数、房价上升和收入上升对比，以及房价上升和租房费用上升对比指数等。

政府调控要根据当地经济发展目标、人均可支配收入增长速度和居民住房支付能力，合理确定本地区年度房地产调控目标和房地产价格目标，在执行落实中存在很多细节问题需要解决。

关于房价的统计数据存有较大争议。政府调控是以统计数据为基础而做出的，对于统计数据的真实性往往有很多的争议，相关统计数据一经发布便引起广泛的议论，普遍认为与现实不相吻合，或不同机构公布的数据产生矛盾，差别较大。因此依据现有统计数据出台的调控政策，在执行中就会产生偏差，不能达到调控的预期效果，消费者对于价格的预期仍按照自己的理解进行决策，调控政策的效果就大打折扣，因此政府、房企、消费者间必然会出现激烈的争论和博弈。

即便各方面认同统计局公布的统计数据，仍存在地方政府以"玩数字游戏"逃避责任的风险。调控房价往往以房地产平均价格作为标准，而平均数本就不是个准确的标准数，它掩盖了数据中的很多问题，自然可以用多种方式降低平均价格，如用经济适用房较低的价格，从而拉低平均价格，实际上，中、高价格的房地产价格并没有发生太大的变化，有的甚至不降反升。同时在各地统计中，平均价格的范围也不尽相同，有的是"新建商品住房价格"，而有的是"新建住房价格"。

目前各个地区均已建立房地产交易中心，城市中新房、存量房和农村的宅基地信息，新房购买和二手房交易信息均已完全登记，区域内房地产信息库已经建立，但各个地区之间没有联网，所以房地产信息存在"孤岛"。

（七）房价涨幅过快，局部存在泡沫

房价上涨、下跌是市场规律，房价上涨不等于存在房地产泡沫，只有房价持续增长，脱离房屋的基础价值，房价收入比超出警戒线时，才导致泡沫存在。

泡沫是市场经济中普遍存在的一种经济现象，经济成长中无形化或者虚拟化的资产都存在此现象，如股票、债券等，所以泡沫经济寓于金融投机之中，但是只要控制在适度的范围中，对市场是有利的。但是泡沫太多时，就会产生虚假繁荣的经济。

现代经济中都不可避免地存在一定的泡沫，而且存在较小的泡沫是允许的。货币、债券、股票等已成为现代经济发展不可或缺的部分，但是都是借助了虚拟经济成分才得以实现，而且新兴市场由于经济的快速发展，对财富极为渴望，容易产生虚假的成分，同时市场制度远不完善，比较容易出现泡沫经济。新兴市场往往过早开放金融市场，结果容易受到外资的冲击，随即加速了泡沫经济的崩溃。但是当泡沫恶性发展时，或者说，如果对经济泡沫的负面效应无法控制的话，就会对经济产生严重影响。

房地产泡沫一般是指由于投机因素，导致房地产的价格快速上涨，使人们产生房地产价格上涨的心理预期，需求量快速放大，价格急速上升，使房地产的价格远远高于与之相符的实际价值的现象。因此房地产泡沫具体表现是价格持续上涨，房地产价格严重脱离市场基础，泡沫破裂后，价格的暴跌。综合来看，房地产泡沫是指由于人们在投机获利的利益驱使下，狂热争购房地产，需求量大幅增加，供求失衡，引起房地产价格持续上涨，大大超过了市场基础价值。

2003 年以前，由于我国城镇人均可支配收入和人均居住面积的提高，虽然房价上涨，但基本上在居民收入可承受范围之内，房价收入比基本保持在 6.2 左右。2003 年以后，房价增幅较大，房价增长速度超过人均可支配收入增长速度，房价收入比明显上升，2007 年达到 7.44；2008 年房价小幅下滑，房价收入比下滑为 6.78；2009 年随着我国房地产市场开始复苏，房价收入比也明显提升，创历史新高达 8.03；2010 年，在国家房地产的调控政策作用下，房价收入比有所回落，为 7.76；东部大城市和北京等一线城市，房价收入比在 10 以上，其中 2010 年北京为 17.44、深圳为 15.62、上海为 15.45、杭州为 14.65、厦门为 12.75。

通过国家统计局提供的数据，2012 年中国平均房价收入比为 7.36，明显超出国际合理房价标准上限。根据上海市 2012 年统计数据计算，2012 年上海市房价收入比为 20.33，接近我国平均值（7.36）的 3 倍。

清华大学政治经济学研究中心等联合发布了《房地产买卖行为与房地产政策》，根据推算，房价收入比在城镇为 12.07，一线城市高达 25.25。研究结果表明，中国城镇目前的房价相对于普通居民的收入来讲过于昂贵。如果按照房价收入比 12.07 来计算，意味着一个城市家庭 12 年不吃不喝才能买一套房。

如图 4-2 所示，从平均价格来看，从 2001 年起，商品房价格一路走高，2012 年全国商品房成交均价为 5791 元/平方米，商品房均价增长率为 7.7%，与 2011 年相比提高了 0.8 个百分点。从历史数据来看，2001 年以来，商品房成交均价整体上呈现上涨趋势。在 2005 年之前房价增幅稳步上升，从 2001 年的 2.8% 上升到 2005 年的 16.7%。随后在 2005—2006 年的房地产调控影响下，上涨趋势得到遏制，但随后的 2007 年又开始大幅上涨。在金融危机的影响下，2008 年成交均价曾一度微幅下跌。但是 2009 年在救市政策的拉动下，成交均价出现了 23.2% 的超高涨幅。2010 年国家实施严厉调控政策以来，成交均价涨幅再次受到压制，增幅均低于年度平均值。

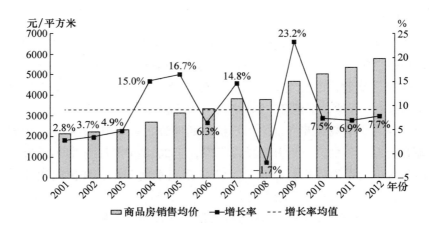

图 4-2　商品房销售均价及增长率趋势

资料来源：根据《中国统计年鉴 2013》数据整理。

如图 4-3 所示，从各类物业的历年数据看，自 2008 年金融危机以来，各类物业销售均价整体处于上涨态势，但增速自 2010 年起逐年放缓。2012 年各类物业销售均价涨跌互现，出现分化。其中住宅成交均价同比增长 8.4%，增幅比 2011 年扩大 2.3 个百分点，为近三年来的高点；办公楼成交均价同比下降 1.4%，增幅回落 10.6 个百分点；商业营业用房成交均价同比上涨 6.1%，增幅回落 3.9 个百分点。

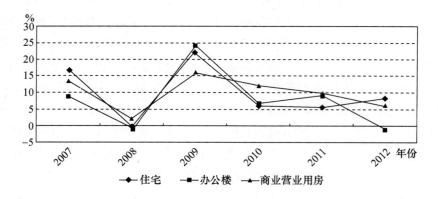

图 4 - 3　各类物业销售均价增长率趋势

资料来源：根据《中国统计年鉴 2013》数据整理。

如图 4 - 4 所示，房价同比指数方面，2012 年 12 月，70 个大中城市新建商品住宅同比综合指数为 99.94，新建商品住宅价格比上年同期下降了 0.06%。新建商品住宅同比价格降幅持续收窄。从历史趋势来看，自 2008 年 11 月开始，全国 70 个大中城市房价同比呈现下跌，趋势维持至 2009 年 4 月，共持续半年。之后房价开始回升，自 2010 年 4 月房价同比涨幅升至 12.8% 的高点后开始持续下降，至 2012 年 3 月进入同比负增长，这次房价下行周期将相对较长。2012 年第三季度开始，房价同比降幅不断收窄，已步入筑底之后的上行阶段。

如图 4 - 5 所示，房价环比指数方面，2012 年 12 月，70 个大中城市新建商品住宅价格环比综合指数为 100.34，即新建商品住宅价格比 11 月上升 0.34%，2012 年 4 月环比涨幅现上行拐点，随后涨幅进一步扩大，回升趋势显著。

如图 4 - 6 所示，2012 年 20 个典型城市新建商品住宅成交均价为 10341 元/平方米，较 2011 年下降了 0.3%，房价过快上涨的势头得以遏制。从历史数据来看，2008 年由于受到金融危机的影响，住宅市场成交低迷，住宅均价仅为 7394 元/平方米，但随后的救市政策使得房价出现了报复性的反弹。2010 年开始国家出台各项政策调控楼市，住宅价格增幅随后持续回落。

分区域来看，东部城市 2012 年成交均价为 13133 元/平方米，高于中部城市 6726 元/平方米及西部城市 6101 元/平方米。2011 年，东部城市

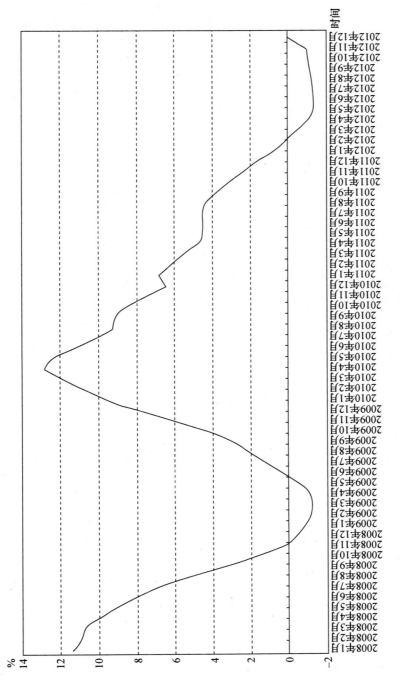

图 4 - 4 70 个大中城市新建商品住宅同比综合指数趋势（月度）

资料来源：根据《中国统计年鉴 2013》数据整理。

的商品住宅成交均价相比 2011 年上升 4%，中部、西部城市均下降 19%。东部城市在 2012 年楼市有所回暖的态势下，受之前调控政策影响最大，补涨效应也最为明显。

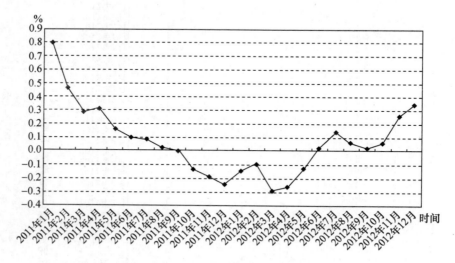

图 4 - 5　70 个大中城市新建商品住宅环比综合指数趋势（月度）

资料来源：根据《中国房地产统计年鉴 2013》数据整理。

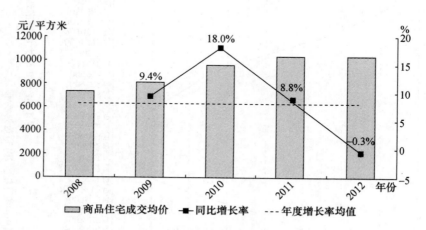

图 4 - 6　20 个典型城市新建商品住宅成交均价

资料来源：根据《中国房地产统计年鉴 2013》数据整理。

（八）房地产投资局部过热

房地产投资是否过热，不能单纯从房地产投资额的增幅来判断，需要从横向和纵向比较分析综合判断。横向比较就是与固定资产投资额、房地产开发投资额占 GDP 比重的比较，纵向比较就是与历年房地产投资额变化和增幅的比较，通过横向比较和纵向比较综合分析判断房地产投资是否过热。

　　房地产业是国民经济的重要产业之一，对其他产业有相当强的经济拉动能力，首先，房地产行业本身在固定资产投资中所占比例较高，约为 1/4，是固定资产投资的第一大项目；其次，钢铁、水泥、有色金属等行业与房地产业密切相关，房地产业带动这些行业辐射到更多其他的行业，推动固定资产投资的增长；最后，现有的地方政府的财政收入和城市建设资金主要来源于土地经济，即依靠土地拍卖和房地产相关税收，如果房地产市场旺盛，则地方政府可以从房地产业获得更多的资金，就会带动城市建设项目，进行相关投资，所以固定资产投资的推动效应也就大。

　　房地产开发投资增长在固定资产投资中比重较高，是 GDP 增长的主要力量之一。如图 4 - 7 所示，大多数时间里，房地产开发投资增速均快于同期全社会固定资产投资增速，整体房地产开发投资增速对于固定资产投资带动明显，固定资产投资变化趋势相对房地产开发投资变化趋势平坦，房地产开发投资发生明显增长或者增长速率放缓时，固定资产投资也会出现此类现象，除了 2008 年、2009 年，由于受到金融危机和国内宏观调控的影响，房地产开发投资额变化与固定资产投资变化不同，但 2010 年后出现扭转，又重新高于同期固定资产投资增速，变化趋势基本一致，

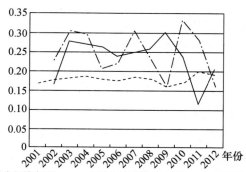

---- 房地产开发投资额与　　—— 全社会固定资产投资　-·- 房地产开发投资增速
　　全社会固定资产投资　　　增速
　　额比例

图 4 - 7　房地产开发投资增速和全社会固定资产投资增速趋势

资料来源：根据《中国房地产统计年鉴 2013》数据整理。

这除了说明我国投资过快增长的动力仍然受到房地产开发投资的影响，也进一步显示了我国宏观调控政策对房地产投资增长抑制作用在一定时期有一定效果。

房地产投资一般随着居民收入发生变化，变化应当在合理的区间范围内。一般来说，在低收入国家里，住宅需求小，多数人的需求在温饱方面，所以房地产投资在国民经济中作用很小，即房地产业产值占 GDP 比重较小，房地产开发投资额占 GDP 比重也比较小，一般为 2% 左右；但随着居民收入水平提高，进入中等收入国家水平（人均收入 1000—5000 美元），居民对住房改善的需求快速增加，房地产业快速发展，投资急速增长，占 GDP 比重大幅增加，房地产开发投资额占 GDP 比重会达到 8% 左右；当进入更高经济发展水平的时候，居民主要以休闲等需求为主，住房已高度普及化，房地产需求主要以高端住宅为主，而房地产需求增幅放缓，甚至负增长，房地产业经济带动作用明显减弱，房地产产值占 GDP 比重减小，而房地产开发投资额占 GDP 比重又会跌到 3%—5% 的水平。

从图 4-8 中可以看出，无论是房地产产值占 GDP 比重，还是房地产开发投资额占 GDP 比重都有明显持续上升趋势。2001 年房地产业产值为 4715.07 亿元，占 GDP 比重为 4.30%；2005 年房地产业产值迅速增加至 8516.43 亿元，几乎翻了一番，占 GDP 比重达 4.61%，逐渐接近国际公认的 5% 的警戒线，而房地产开发投资额增加更为明显，从 5.79% 增长到 8.60%，尽管遭到金融危机的重创，2008 年下半年房地产发展一度低迷，房地产产值占 GDP 比重一度下滑，但是开发热度不减，房地产开发投资额占 GDP 比重仍持续增加，但随着国家 4 万亿元投资计划的出笼与宽松货币政策的实施，2009 年房地产产值占 GDP 比重仍持续增长，比重超过 2008 年，投资力度继续扩张引发了政府、企业与理论界又一次的空前关注。

如图 4-9 所示，自 2001 年以来，全国房地产开发企业投资完成额持续快速上升。具体来看，受"招拍挂"、清理闲置土地等调控政策的影响，2005 年至 2006 年房地产开发投资额的增速有所放缓，受 2007 年房地产投资过热的影响，2007 年房地产投资额约有 30% 的涨幅。2008 年受国际金融危机影响和"抑制过热"房地产政策的影响，国内经济下滑，楼市惨淡，投资增速又迅速下滑至 23.4%，2009 年更是下降至 16.1%。随着一系列经济刺激方案以及促进行业健康发展政策的实施，2010 年房地

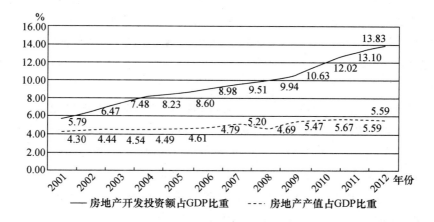

图 4 – 8 房地产开发投资额、房地产产值占 GDP 比重趋势

资料来源：根据《中国房地产统计年鉴 2013》和《中国统计年鉴 2013》数据整理。

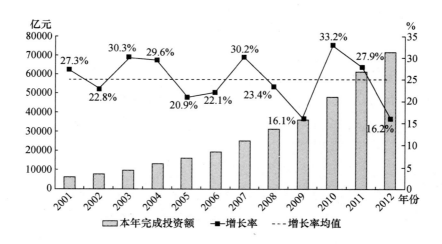

图 4 – 9 房地产业本年完成投资额及增长率趋势

资料来源：根据《中国房地产统计年鉴 2013》数据整理。

产行情回暖，房地产开发企业加大投资，企业投资信心开始恢复，继续向好的宏观经济形势以及房价仍然快速上涨等一系列因素加大了开发企业补库存的力度，促使 2010 年房地产开发投资保持了 30% 以上的快速增长。进入 2011 年，在一系列宏观调控政策影响下，国家连续出台多项楼市调控政策，房地产开发投资增幅连续下滑，跌至 2012 年的 16.2% 。

国家统计局发布的数据显示：2011 年全国房地产开发投资额同比增

长 27.9%，达到 61739.8 亿元，同比回落 5.3%。2011 年全国城镇固定资产投资额同比增长 23.8%，为 301932.9 亿元。2011 年固定资产投资增速仅落后于房地产投资增速 4.1%，而上年同期两者的差距为 8.7%。两者增速的差距不断缩小。

2012 年全国房地产开发投资额 71804 亿元，同比增长 16.2%，增幅比 2011 年回落 11.7%。其中住宅投资 49374 亿元，同比增长 11.4%，占房地产开发投资的比重为 68.8%。东部地区比上年增长 13.9%，中部地区增长 18.3%，西部地区增长 20.4%，西部依旧比较强劲。

如图 4 - 10 所示，从月度累计情况来看，2010 年以来房地产开发投资同比增幅走势持续下滑，尤其 2011 年年末下滑速度明显加快，2012 年第一季度更是出现大幅回落态势；第三季度处于年内最低，但基本保持平稳；第四季度随着市场的进一步活跃，有实力的房地产开发企业投资意愿不断增强，房地产投资同比增幅整体逐步呈现平稳向上态势。

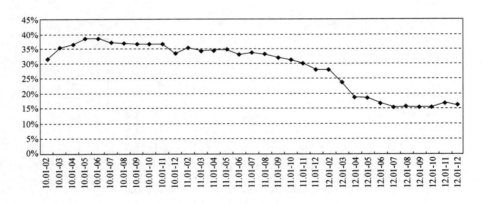

图 4 - 10　房地产开发投资同比增幅趋势（月度）

资料来源：根据《中国房地产统计年鉴 2013》数据整理。

（九）房屋空置增加

按照国际通行惯例，商品房空置率在 5%—10% 以内时，为相对合理区间，这种商品房空置率是可以接受的，但是如果空置率在 10%—20% 之间，则为危险区间，超出 20% 为高风险区间，表示房屋严重积压，房地产市场出现严重的供给过剩，一旦泡沫破裂，则购买力急剧下降，销售急速下滑，大量房屋空置，开发商遭受巨大损失甚至破产倒闭。

虽然国家对于空置率或者空置面积没有统一的统计，但可以从施工面积、竣工面积和销售面积间接地发现房屋的空置情况。在房地产市场供求关系中，商品房供给（包括现实和潜在）超过市场实际需求，但价格仍然继续上涨。如图4-11所示，可以看出竣工面积与销售面积黏合，说明竣工房屋完成销售，市场已经消化存量房。但施工面积曲线斜率从2007年开始明显加大，但销售面积曲线斜率没有变化，说明施工面积增幅明显高于销售面积增幅，如果销售不见好转，会导致空置率增加。

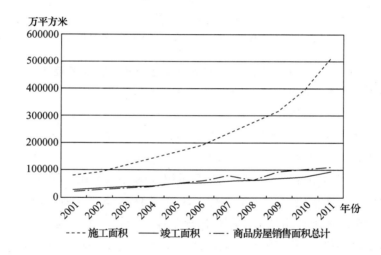

图4-11　施工面积、竣工面积和房屋销售面积趋势

资料来源：根据《中国房地产统计年鉴2013》数据整理。

从图4-12中可以看出，住房制度改革以来，全国商品房销售面积逐年连续增长，除2008年商品房销售量出现首次下滑，商品房价格也略有下跌，但下降幅度不大，而同比却仍上涨了6.5%，呈现"量跌价涨"特点。从商品房销售增长率和商品房销售均价来看，虽然价格增量幅度远小于商品房销售增量幅度，出现了销售量增长，价格也增长，销售量下滑，价格也下滑，但整体价格受销售量增量变化影响幅度较小，价格始终保持在高位并持续走高。2008年由于金融危机和政府调控影响，市场销量大幅下滑已向开发商发出下调产品价格的明确信号，供大于求或价格偏离市场支撑，但价格略有下降并在2009年大幅提升，但许多开发商为继续维持

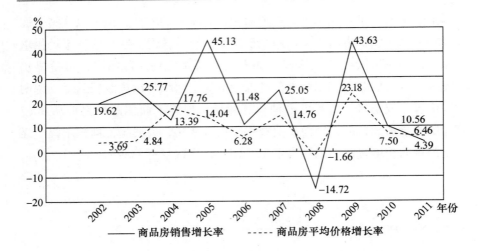

图 4 - 12　商品房销售增长率和商品房平均价格增长率趋势

资料来源：根据《中国房地产统计年鉴 2013》数据整理。

高利润不愿意和不甘心顺应市场变化下调房价、等待政府出手救市等，是形成当年总体"量跌价涨"局面的最主要原因之一。

　　对比全国商品房销售面积和竣工面积数据可以看出，2009 年以来全国商品房销售面积仍大于竣工面积，2011 年两者差距达到 20701 万平方米。虽然全国房地产市场由于刚性需求整体上仍处于供不应求状态，但从增长率变动趋势来看，2011 年全国商品房施工面积和竣工面积增速均显著高于商品房销售面积增速。由于 2011 年全国商品房销售面积增速不足 5%，而 2012 年前 2 个月商品房销售已经出现 14% 的负增长，因此，去库存化成为房地产开发企业在 2012 年首先要面对的问题，投资扩张的冲动也将维持在低位。2011 年增加的商品房新开工面积在 2012 年年底前形成市场有效供给，因此，全国范围内潜在供应量放大是大概率事件，若市场需求持续疲软，行业将面临较大的库存压力。

　　通过上市公司年报统计发现，2011 年上市房企的销售出现两极分化趋势，包括恒大、中海、华润、远洋、碧桂园、招商以及中粮在内的房企全年签约金额同比增幅都在 25% 以上。而一些规模较小的地方性房企如首开、滨江；布局相对集中、产品相对高端的绿城、富力等，2011 年的销售金额则出现同比下滑，滨江集团的签约金额更是从 116 亿元骤降至 45.74 亿元。而标杆房企如万科、保利的销售金额同比增幅有限，分别为

12.37%与10.69%。

2011年上半年房企的销售情况尚属良好，但在传统的"金九银十"期间销售的走弱，并持续至年底，库存在短时间内迅速攀升，压力凸显。截至2011年12月31日，74家A股上市房企库存总量接近万亿元。资产规模排名居前的19家上市开发商（万科、保利、恒大、华润、中海、绿城、远洋、碧桂园、招商、龙湖、雅居乐、首开、富力、滨江、新城、荣盛、中华企业、北辰、中粮）的库存达到12452.18亿元，同比增幅达到38.68%。

如图4－13所示，2012年，商品房销售面积111304万平方米，商品房销售额64456亿元，商品房销售面积比2011年增长1.8%，比2011年增幅低3.1个百分点，商品房销售额增长10%，比2011年增幅低1.1个百分点；从其他分类来看，同比增速都有不同的下滑，住宅销售面积增长2%，办公楼销售面积增长12.4%，商业营业用房销售面积下降1.4%；从历史数据来看，由于受宏观调控影响，2012年商品房市场增幅下滑，商品房销售面积同比增幅下滑明显，远低于近十年的平均增幅，但商品房成交量和销售额绝对值仍然增加，创历史新高。从年度成交状况看，多数年份商品房销售面积同比增幅均在10%以上，特别是楼市繁荣的2005年和2009年，商品房销售面积同比增幅均高达40%以上，仅有2008年楼市表现惨淡，在全球金融危机的影响下，同比大幅下跌了14.7%。

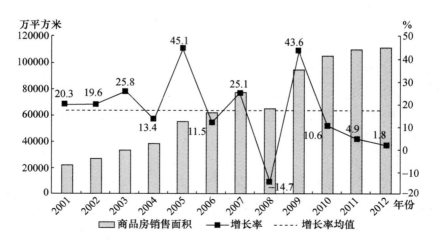

图4－13 商品房销售面积及其增长率趋势

资料来源：根据《中国房地产统计年鉴2013》数据整理。

如图 4-14 所示，2012 年各类物业销售面积增速在整体降温的同时出现分化。2012 年全年办公楼销售面积为 2254 万平方米，同比增长12.4%，成为一个亮点；全年商品住宅销售 98468 万平方米，虽然增速为 2008 年以来新低，但绝对量仍创历史新高；全年商业营业用房销售面积为 7759 万平方米，同比下降 1.4%，延续 2010 年以来增速大幅下滑的态势。

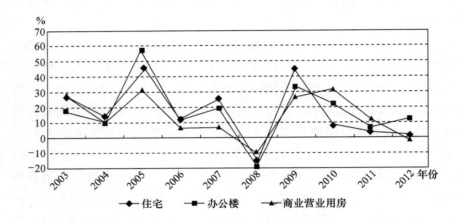

图 4-14 各类物业销售面积增长率趋势

资料来源：根据《中国统计年鉴 2013》和《中国房地产统计年鉴 2013》数据整理。

2012 年，20 个典型城市新建商品住宅成交面积为 17129 万平方米，较 2011 年大幅回升 36%，楼市出现回暖。自 2010 年 10 月国家宏观调控以来，房地产市场发展过快的势头得以遏制。特别是限购、限贷措施的出台对于房地产市场的部分投资、投机行为形成严厉的打压。随着调控的不断深入，消费者对楼市的观望气氛逐渐浓厚，使得 2011 年的新建商品住宅成交面积大幅缩水。2012 年我国房地产市场整体先抑后扬，在信贷放松、企业以价换量和地方微调等共同作用下，下半年市场回暖迹象明显，尤其是一、二线中心城市成交量显著回升。分区域来看，2012 年东、中、西部城市新建商品房住宅总成交面积分别为 10015 万平方米、3506 万平方米和 3608 万平方米，同比增幅分别为 28%、43%和 53%，由于 2011 年西部成交量基数较低，同比增幅明显高于东、中部。

如图4-15所示，从企业供给看，土地市场探底逐步回暖，供给结构不合理，绩效压力大。2012年，全国房地产开发企业土地购置面积为35667万平方米，同比下降19.5%，相比2011年增幅下降22.1个百分点，创12年来最大降幅。土地成交价款为7410亿元，同比下降16.7%，相比2011年增幅下降14.8个百分点。2012年初以来，市场供应冷清，企业拿地意愿冷淡，土地购置面积同比开始步入下跌区间。下半年随着优质地块入市，供地增加，龙头企业集中拿地，土地市场渐渐回暖，土地购置面积同比跌幅逐步呈现震荡收窄态势。作为房地产市场的核心生产要素，土地市场在2012年整体降温依旧显著，这将影响未来1—2年商品房市场的有效供应。

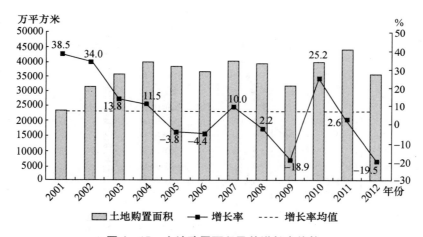

图4-15 土地购置面积及其增长率趋势

资料来源：根据《中国房地产统计年鉴2013》数据整理。

如图4-16所示，从月度累计情况看，2010年以来土地市场整体低迷，尤其是2011年下滑速度比较明显。由于受到宏观调控影响，土地市场的成交量持续低迷，土地供应量与成交量双双下滑。由于银行收缩银根，房地产开发企业对于银行依赖程度大，负债率高，存在资金链断裂、库存压力加大的风险，所以企业拿地意愿下降。进入下半年，受到宏观政策放松的预期，房地产市场有所活跃，土地市场开始逐渐升温，土地市场热度开始增加。

如图4-17所示，从国房景气指数来看，2012年12月，国房景气指数为95.59，比11月国房景气指数下滑0.12点。自2010年3月以来，国

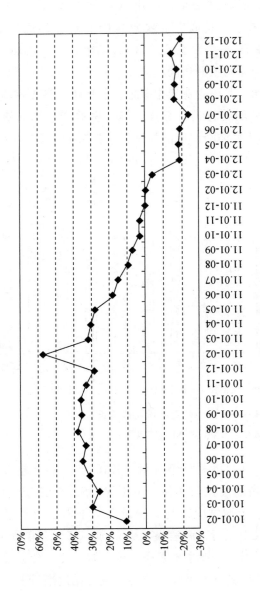

图4-16　土地成交量同比增速趋势（月度）

资料来源：根据《中国房地产统计年鉴2013》数据整理。

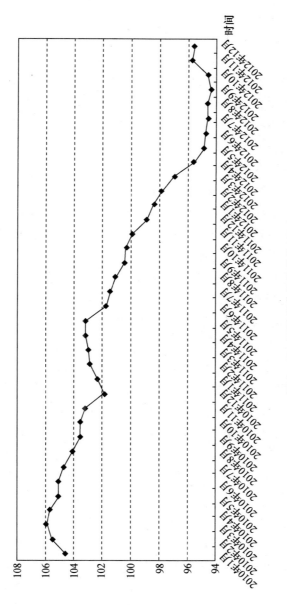

图 4 - 17　国房景气指数趋势（月度）

资料来源：根据《中国房地产统计年鉴 2013》数据整理。

房景气指数一直处于下行态势，从目前来看，国房景气指数在前两个季度呈现逐步下行并探底的走势，第三季度基本处于历史低位，第四季度整体呈现回升态势，虽然 12 月小幅波动，但不改整体上行态势，房地产行业回稳趋势基本确立。

整体来看，中国房地产市场总体正处在供求非均衡状态当中，价格持续走高，供给旺盛，但是同样需求旺盛，有效供给不足，房地产商面临很大的库存压力，房屋空置率高，从而整体房地产市场存在结构性供给过剩，但房地产价格继续上涨，已呈现一定房地产泡沫。有研究学者将这种现象归纳为中国城市房地产市场的"经济学悖论"。

二　银行信贷存在的问题

（一）房地产开发融资过度依赖银行

房地产开发企业融资单一，银行金融风险大，房地产业共与金融业间有较强的关联性，一旦房地产市场发生剧烈波动时，就会引发比较剧烈的金融风险，进而影响国家的金融安全和整个国民经济的正常运行。同样金融政策和金融企业的变动也会对房地产业产生较强的影响，2007 年国家货币政策紧缩，央行连续加息，多次上调存款准备金率，同样给房地产的资金供应产生了不小的影响，进而影响整个房地产业的健康发展。

我国房地产市场发展较晚，还不成熟，尤其是房地产开发企业融资方面存在很多不足，制约房地产业健康发展。房地产开发企业资金主要来源是企业融资、自有资金和销售收入三个方面，其中企业融资包含银行贷款融资、上市融资、房地产信托融资、海外房地产基金融资和债券融资，销售收入包含定金、预收款和个人按揭贷款。房地产开发企业资金来源是银行贷款，即房地产项目开发贷款。据统计房地产开发企业的资金近 70% 来源于银行贷款，项目开发贷款来自银行，企业自有资金大部分来自银行，销售收入的 50%—70% 来自银行，接国际通行标准，银行贷款一般不超过房地产总投资的 40%，而我国房地产开发企业资金 70% 来源于银行贷款，明显高于国际标准，说明我国房地产开发企业对银行的依赖度过高。

房地产开发直接融资方式主要有上市、债券和海外房地产投资基金及信托等。就上市融资而言，中国社科院 2011 年发布的《住房绿皮书》指出，直接涉足房地产的上市公司已达 802 家。而 2011 年，我国房地产开发企业已达 88419 家，在深沪两地以房地产为主营业务的上市公司数量则更少。房地产直接融资渠道有限，房地产开发企业的资金链非常脆弱。

如图 4 - 18 所示，2012 年全年，房地产开发企业到位资金 96538 亿元，同比增长 12.7%，增速比 2011 年回落 4.8 个百分点，远低于近年来的平均增幅，成为 2008 年以来增幅的低点。在中央坚持房地产调控政策不放松的背景下，房地产开发企业融资环境依然十分严峻。从历史数据看，房地产开发企业资金来源持续高速增长，年均增幅接近 30%，多数年份年均增长率均在 25% 左右。2008 年，受金融危机的影响，房地产开发企业资金来源大幅下降至 5.7%。2011 年、2012 年主要是受调控政策的影响，房地产开发企业融资环境恶化、资金回笼不畅。

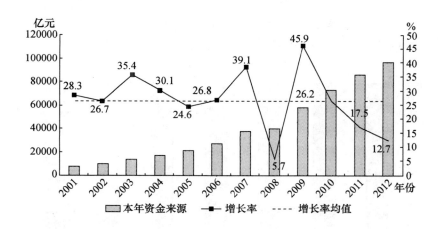

图 4 - 18　房地产资金来源及增长率趋势

资料来源：根据《中国房地产统计年鉴 2013》数据整理。

如图 4 - 19 所示，从月度累计情况看，2010 年房地产开发企业资金来源同比增幅快速下滑，2011 年虽有短暂回升仍难以改变整体回落态势，2012 年第一季度继续回落，在经历了第二季度的筑底之后，从第三季度开始稳步回升。从整体看，房地产开发企业资金已有明显好转迹象。

从房地产开发企业资金来源构成看，2012 年全年，国内贷款 14778 亿元，增长 13.2%；实际利用外资 402 亿元，下降 48.8%；房地产开发企业自筹资金 39083 亿元，增长 11.7%；销售收入 42275 亿元，增长 14.7%，在销售收入中，定金及预收款 26558 亿元，增长 18.2%；个人按揭贷款 10524 亿元，增长 21.3%。如图 4 - 20 所示，从开发企业资金来

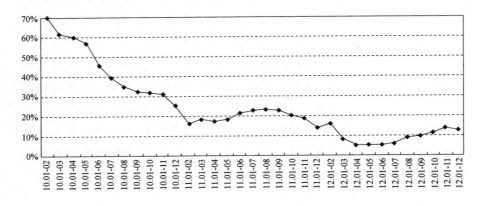

图 4 - 19 房地产资金来源同比增长率趋势

资料来源：根据《中国房地产统计年鉴 2013》数据整理。

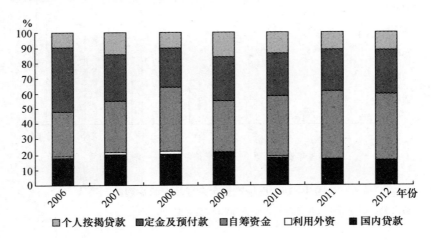

图 4 - 20 房地产资金来源构成趋势

资料来源：根据《中国房地产统计年鉴 2013》和《中国房地产金融 2013 年度报告》数据整理。

源构成占比来看，2012 年全年，国内贷款占 15.3%，利用外资占 0.4%，自筹资金占 40.5%，其他资金占 43.8%。在销售收入中，定金及预收款占 27.5%，个人按揭贷款占 10.9%。但具体到自筹资金中，有多少来源于银行贷款没有具体统计。

从历年数据看，从 2009 年起在国家房地产调控下，银行贷款逐步收紧，国内贷款比重呈现逐年下降趋势，从 2009 年的 19.8% 下滑到 2012 年的 15.3%；自有资金占比在经历了 2008 年的高位之后，2009 年由于信贷环境大幅宽松，自筹资金占比大幅回落；随着 2010 年以来信贷再次收紧，自有资金从 2010 年起整体呈现逐年上升态势；2008 年之后由于受限外政策影响，利用外资比重逐年下降；在销售收入来源中，定金及预收款占比 2006—2008 年处于逐年回落态势，从 2009 年起呈现稳步上升，特别是 2012 年定金及预收款上升尤为明显，较 2011 年的占比提升 1.55%。这主要是因为 2012 年下半年市场交易持续活跃，房地产开发企业销售回款再次上升，项目的销售回款成为房地产开发企业最为倚重的融资方式之一。

（二）银行信贷监管不足

2007 年审计署审计发现银行信贷业务的管理方面存在薄弱环节，存在违规发放贷款、贷款资金流向的监管不严等薄弱环节。

违规发放贷款。违规向自有资金不足或"四证"不全的房地产企业发放贷款，有的违规向土地储备中心发放贷款，还有的发放虚假个人按揭贷款。如中国银行江苏南通分行向"四证"不全、自有资金比例不足 30% 的南通某房地产开发有限公司发放房地产开发项目贷款 1.5 亿元，贷款发放后被企业挪用于股权投资，导致有 9460 万元形成不良贷款。

贷款资金流向的监管不严。交通银行被发现的问题是贷款审查不严，部分流动资金贷款被借款人用于投资和某些项目的建设。如交通银行河南洛阳九都支行向河南某大学附属医院发放的 5500 万元流动资金贷款中，有 5431.29 万元被用于购买酒店。上海某投资公司取得 5 亿元流动资金贷款，其中的 3.85 亿元用于申购新股等。

内部管理不规范。内部管理不规范给商业银行贷前调查和贷后管理带来困难。贷款审核不严。个别银行未认真履行审核职能，为客户的违规行为提供了便利。

（三）银行信贷管理人员素质有待提升

银行信贷风险管理是通过管理人员具体实施的，银行信贷管理需要大量的有合理的知识结构、风险识别和管理能力的复合型人才，既需要有全面的金融学、经济学、企业管理学等方面的专业知识，又需要有较强的责任心和原则性。但目前我国的银行信贷管理人员存在素质不高、知识结构不全面、风险意识不强等现象，导致无法识别放贷过程中存在的风险，甚至出现人情贷、违法放贷情况的发生，增加银行信贷的风险。

三　房地产开发企业存在的问题

（一）企业规模偏小、管理不规范

到 2011 年年底，我国房地产开发企业数量达到 88419 家，如济南市有大大小小各种规模的房地产开发企业近 700 家。一些地区低等级资质的开发企业有几十家甚至上百家，普遍存在规模小、实力弱现象。房地产开发企业规模化水平较低，三、四级企业，甚至暂定资质的企业较多，没有形成规模效应，企业经营成本高，房地产销售面积逐年扩大，在人力、资金、技术没有同比例增长的情况下，开发面积的盲目扩大必然造成企业管理畸形发展，盲目扩张只重形式不重内容、只重眼前利益不重长期利益、只重开发销售不重质量等。造成市场秩序的混乱和无序竞争的加剧，甚至助长一些腐败之风。经验不足，综合实力不强，个别房地产开发企业只有一个项目，只有一两个低级技术人员或外聘几个"挂羊头"的技术人员或无技术人员，无经营场所，无资金，他们仅靠搞低层次、低技术含量的单体项目经营，开发的档次不高，难以形成规模，整体竞争实力弱。

如图 4 - 21 所示，近年来，房地产调控政策频出，成交量萎缩，尽管受宏观调控影响，房地产开发企业的数量和从业人员数量仍然在持续增加。

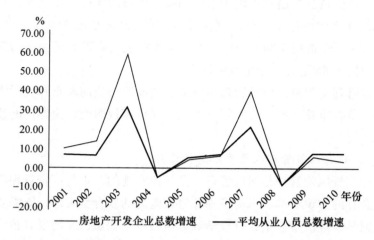

图 4 - 21　房地产开发企业总数增速和平均从业人员总数增速趋势

资料来源：根据《中国房地产统计年鉴 2013》数据整理。

如图 4-22 所示，由国家统计局发布的数据显示：在一系列宏观调控政策影响下，2011 年房地产业实现销售收入 44491.28 亿元，同比增长 3.47%，增幅同比回落近 21 个百分点，房地产业仍具有较强的盈利能力。

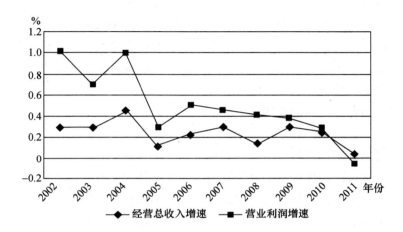

图 4-22 房地产开发企业经营总收入增速和营业利润增速趋势

资料来源：根据《中国房地产统计年鉴 2013》数据整理。

（二）专业技术人员匮乏

由于房地产开发在我国仅有 30 年，专业人员相对较少，从业人员发展速度跟不上房地产发展的需要，缺乏优秀的专业人才，存在运作不规范和从业人员职业素质较差的现象，同时存在工作人员责任不强、培训不到位、素质不到位、沟通能力不强等问题，造成客户关系紧张，甚至导致冲突和矛盾的发生，损害了行业的公众形象。

随着我国经济和房地产业的发展、消费者对房屋质量等方面要求的不断提升，以及法律意识的增强，房地产开发企业之间需要协同创新，全面提升房地产开发企业的内在素质，满足不断提升的消费者的需求。

（三）房地产开发企业存在不规范行为

房地产开发企业利用信息不对称，隐瞒事实真相，对消费者进行欺诈。其欺诈行为主要表现在利用虚假信息误导消费者，如捂盘惜售、囤积房源；纵容工作人员炒作房价，炒卖房号赚取差价；通过签订虚假商品住房买卖合同等方式虚构商品房销售进展的信息，人为制造房源紧张，引诱消费者购房；未取得预售许可证发布预售广告；广告中承诺售后包租、返本销售；承诺与实际不符无法兑现，如购房就可解决户口、上学等；广告宣传随意性大，在房地产项目名称、面积、房屋的质量、户型、有奖销售、容积率、小区绿化、物业服务、位置、周边环境、配套设施等方面做夸大或不存在的虚假宣传，对消费者进行欺诈误导。违规开发、非法销售隐瞒消费者；一房多售欺瞒消费者；销售房屋面积缺斤少两，欺骗消费者。房屋质量存在问题，主要是房屋漏水、墙体有裂缝、门窗问题等，开发商、物业公司、施工方、销售公司对质量问题推诿扯皮，消费者反映的质量问题解决较难。

四　消费者存在的问题

（一）消费者非理性的消费理念

居者有其屋，是指有可居住的房屋，并不是指有自己的房屋。我国城镇居民拥有自己的住房，远高于发达国家个人住房拥有率。大量没有支付能力的人买房，特别是越来越多的年轻人，不顾自己的实际情况，不是租房而要求购房"一步到位"。日本、德国，首次购房人平均年龄为42岁；法国首次购房的平均年龄为37岁；美国首次购房年龄也在30岁以上。年轻人长期租房是一种普遍状态。日本租房结婚者比例高达67.1%，买房结婚比例仅为14.3%。英国近32%的家庭靠租房解决居住问题。

"买涨不买落"的非理性消费心理助推房价上涨，在房价上涨时担心房价进一步上涨，导致消费者做出购房决策；在国家推出调控楼市政策后，担心由于房价下跌，产生观望情绪推迟购买决策，卖在"峰顶"、买在"谷底"的都只是极少一部分人。

购房面积求大。目前我国城市人均住宅面积接近30平方米，是我国香港的4倍、日本的2倍。日本购买住房以适用的小户型为主；瑞典为防止消费者对面积的过分需求，首都斯德哥尔摩立法规定个人居住面积的"上限"。

（二）投资渠道缺乏

改革开放以来，我国经济快速发展，随着个人收入快速增长积累了大量的个人财富，庞大的民间资本缺乏有效的投资渠道。目前我国投资渠道从数量上来看很多，国外有的我国基本上都有，如从银行存款、银行理财到券商集合理财，从信托产品到有限合伙产品，从公募基金到私募基金，从股票、债券、期货到金融衍生品，从房地产到大宗商品，从黄金、珠宝到古董、文物等，但民间资本真正可以参与的是银行存款、银行理财、股市和楼市（银行存款、银行理财收益有保障，但收益率低；股市风险大，同时缺乏投资价值），其他投资渠道由于发展不规范，存在恶意炒作等因素，投资效果不佳，或参与难度大，专业投资理财人员可信度和能力不足，普通居民是不敢参与或无法参与，自1998年启动房地产市场改革以来，房地产价格持续增长，以及投资房地产产生的财富效应，吸引大量投资者进入房地产市场。

第二节　房地产业健康发展评价指标体系的构建

按照房地产业健康内涵、内容及其特征，将房地产业健康发展评价分为三个方面：从正面来看，房地产业效率评价；从负面来看，房地产"患病"概率评价，即房地产泡沫评价；从关联性来看，即房地产与国民经济以及其他产业关联程度、协调发展评价。

一　房地产业效率评价

房地产业健康发展的有效性，即房地产业有序增长、产业内企业处于有效竞争，企业活力不断增强，充分发挥规模经济优势，企业效率高，资源利用率高，资源有效配置，企业有较强竞争优势，产业也有较强的竞争优势，产业呈良性循环，可以有效地降低外部经济侵袭。从产业规模、产业均衡、产业绩效和社会评价四个方面进行房地产业效率评价。

（一）产业规模

产业规模反映了一类产业的产出规模或经营规模，从产业组织学角度来说，在一定范围内，产业规模与产业效率存在正相关，反映了产业内企业之间分工协作水平的程度和效率，以及产业内经济规模的实现程度。规模经济是指产品的单位成本随着产量的增加而逐渐降低，在产业组织理论中，产业规模经济不是某个具体企业的规模经济，而是整个产业的规模经济，是企业规模经济的整体体现。我国房地产业处于高速发展阶段，如果资源得到有效配置的话，在规模增长的过程中，随着规模经济和学习效应的影响，产业成本随着产业规模的增大而降低，产业效率增加，产业处于规模收益递增阶段。因此产业规模主要包括产业企业总数、生产情况、资本情况等，具体指标包括以下三个方面：

（1）房地产开发企业总数。按照相关法律法规，房地产开发企业是以营利为目的，从事房地产开发和经营的企业，通常以工商行政管理部门登记注册企业数量为准，具体可以包括内资企业、港澳台商投资企业和外商投资企业三大类，其中内资企业包括国有企业、集体企业和其他企业。

（2）本年完成投资额总计。指以货币形式表现的房地产开发企业（单位）本年内进行的房屋建设及土地开发所完成的投资总额。

（3）本年完成开发土地面积。本年完成开发土地面积指报告期内对土地进行开发并已完成"七通一平"等前期开发工程，具备进行房屋建筑物施工或出让条件的土地面积。

（二）产业均衡

产业规模主要描述产业总量情况，但是不能反映产业均衡情况，比如现有的土地是否完全被利用，利用的效率如何；房屋是否可以按时完工，完工效率如何；已建成的房地产，是否被消费者接受等诸如此类的问题，这些方面反映了房地产利用效率情况。主要指标有以下三个方面：

（1）新开工面积与施工面积之比。新开工面积反映产业对未来的预期，而施工面积反映了当前产业生产情况和未来供应量，其比例高低反映了当前市场运行的状况和房地产开发企业对市场预期的信心。

（2）施工面积与竣工面积之比。竣工面积反映当前完成情况，该比例反映产业资源利用状况，通常房地产建设有一定周期，施工面积与竣工面积有一定比例。

（3）商品房销售面积与竣工面积之比。反映市场供需平衡情况。

（三）产业绩效

从产业经济学的角度来说，所谓产业绩效是指在一定市场结构下，通过一定企业行为使某一产业在价格、产量、成本、利润、产品质量、品种以及技术进步等方面达到的状态。产业绩效水平由微观层面的企业效率水平综合反映，企业绩效水平高，则相应产业绩效总体水平就高。主要指标包括以下三个方面：

（1）企业所有者权益。所有者权益指企业投资人对企业净资产的所有权。企业净资产为企业全部资产与企业全部负债的差额，包括实收资本、资本公积、盈余公积、未分配利润等。该指标根据会计"资产负债表"中"所有者权益"项的期末数填列。

（2）企业经营收入。经营收入指房地产开发企业对外转让、销售、结算和出租开发产品等所取得的收入。该指标根据房地产开发企业会计"损益表"中"经营收入"项的数值填列。

（3）企业利润总额。指企业生产经营活动的最终成果，是企业在一定时期内实现的盈亏相抵后的利润总额（亏损以"－"号表示），它等于营业利润加上补贴收入加上投资收益加上营业外净收入再加上以前年度损益调整。

（四）社会评价

房地产业绩效评价不仅仅指经济方面，还包括社会效益，即从社会总体衡量而得出的。一项经济活动除了它产生的经济效益外，同时可能对其他人或者社会带来影响，既可能是有益的，也可能是有害的。社会评价指标可以反映房地产市场绩效的社会效益情况。主要包括平均从业人员总数、绿化率、保障性住房建设等指标。

（1）平均从业人员总数。从业人员数通常指在本单位工作并取得劳动报酬的全部人员数，即在房地产业从事工作并取得劳动报酬的全部人员数。

（2）绿化率。指规划建设用地范围内的绿地面积与规划建设用地面积之比。

（3）保障性住房与商品房面积之比。保障性住房是与商品房相对应的一个概念，保障性住房是指政府为中低收入住房困难家庭所提供的限定标准、限定价格或租金的住房，一般由廉租住房、经济适用房和政策性租赁住房构成。该指标可以分析房地产投资结构，反映中低收入家庭商品住宅的供求平衡情况。

（4）投诉率。即消费者对于房地产业满意程度，其数据获取主要来源于国家质量监督网对于房地产业投诉的统计。

二　房地产业泡沫评价

泡沫本身是一种经济失衡，即在市场经济中由投机导致的一些资产价格脱离市场基础价值而持续上涨，并且这种上涨使消费者产生远期价格上涨预期和持续性购买行为。主要包含三个层面的含义：一是泡沫产生是由于某些资产价格持续上涨而脱离市场基础价值的一种状态；二是泡沫大小取决于资产价格超出市场基础价值的多少；三是泡沫的产生不是一次性的，是持续性的，源于消费者对于价格上涨的心理预期而持续购买。从直观的角度来看，投资者相信明天的售价会更高而产生购买行为，促使市场价格持续上涨并造成今天的高价，市场基础价值并不能支撑这种高价格，泡沫就可能会存在。因此在房地产泡沫评价中应该也包含以下三个方面。

（一）价格上涨

价格的快速上涨，泡沫破裂后，价格急速下跌，这种价格暴涨暴跌是房地产泡沫最明显的表现。当价格持续上涨而超出市场基准价值时，就形成了泡沫，所以价格上涨应该保持一定速率或者范围，需要参照物来进行对比，观察价格上涨的速率。主要评价指标有：

（1）房价增长率/GDP 增长率。该指标用来反映房地产价格增长相对于国民经济发展的扩张程度，若房价增长率远高于 GDP 增长率，说明房地产价格增长速度太快，可能有泡沫的风险，指标越大，泡沫风险越大。通常认为，同期内当房价增速是 GDP 增速的 2 倍以上时，一般认为价格上升太快，已经背离了经济正常发展的速度，孕育着泡沫。

（2）房价增长率/CPI 增长率。该指标用来反映房地产价格增长相对于消费者消费增长的扩张程度，住宅作为人们生活的必需品，其价格变化应该与消费者消费水平的变化基本保持一致，若房地产价格增长速度太快，远高于 CPI 增速，即相对于其他商品价格的变化，房地产增速太快，房地产价格涨幅大大超过其他消费品价格涨幅，可能有泡沫风险，一般认为，该指标不超过 4 为宜。

（二）价格背离市场基础价值

由于价格持续上涨，使房地产价格已远远超过其本身基础价值，房地产价格与其本身价格形成巨大的价差，此时消费者购买房屋，已经不是关注房地产本身价值，而是价差，消费者购买目的是期望能在房屋买卖中获得价差，短期投机行为就会非常明显。主要评价指标是房价收入比和房价租金比。

（1）房价收入比。即一个地方的一套普通住房的均价与居民家庭年收入的比值。消费者的消费水平是由收入所决定的，特别是可支配收入，当商品价格超过支付能力和承担能力时，消费者就会放弃购买商品，使商品回到其实际价值。如果房地产价格持续上涨，而超出房地产实际价值，远远超出了居民对其的支付能力和承担能力，而收入水平变化不大，使该指标持续增大，房地产价格背离增大，说明群体性投机行为已较为严重，存在较高房地产泡沫风险。目前世界上许多国家都在使用该指标，它是一个比较好的综合指标，房价收入比应保持在 6.0 以内。

（2）房价租金比。每平方米的房价与每平方米的月租金之间的比值。可以有多种途径满足消费者的居住需求，买房和租房是两种主要的途径，买房和租房之间是相互替代的两种形式，如果房屋价格上涨，买房成本过高，采用租房的形式来满足居住需求，因此二者价格间应该有合理的比例，如果消费者不顾房价持续攀升的现实，还是持续购买房屋，说明消费者所关心的不是房屋本身，而是价差，更多的是投机行为，而造成租赁市场需求不足，房价租金比进一步加大，存在泡沫风险。所以房屋租赁价格是衡量房屋价格是否合理的重要尺度，理论上来说，两者之间不应当长期存在明显的差距。如果两者走势出现背离，且背离值越来越大，则意味着房地产的市场价值已经持续地远离其内在价值，即房地产市场存在泡沫。

（三）房屋空置

空置与库存、储备类似，是一种过剩供给，反映房地产市场的供求关系和销售情况，是衡量房地产业泡沫的重要指标。空置商品房是处于闲置状态没有使用的各种空闲房屋，形成了房地产业库存，一般规定其中空置期限在 3 年以上的积压房则属于过剩供给。

按照通常国际经验，3%—10% 的空置率是可以接受的和健康的，小于 3% 时，市场上没有空余房屋可供买卖，消费者没有选择的余地，属于卖方市场，而消费者多为被动接受。当大于 10% 时，有太多的库存，大量剩余的房屋存在市场中，可能是客观存在的，也有可能是主观造成的，整个市场供应显得过剩，就有可能产生泡沫。

国家对于房屋空置是依据面积进行计算的，房屋空置面积指在报告期内，所有已竣工的可供销售或出租的商品房中尚未销售或出租的商品房屋建筑面积，包括以前年度竣工和本期竣工的房屋面积，但不包括报告期已竣工的拆迁还建、统建代建、公共配套建筑、房地产开发企业自用及周转房等不可销售或出租的房屋面积。现实中，还存在大量的空置房，指经过销售或出租环节已转移到用户手中，但并未得到充分利用、闲置的商品房。出于投机的需要，一些家庭已经开始拥有多套住房，但未进行销售或者出租。

空置率是指某一时刻空置房屋面积占全部房屋面积的比率，通常用报告期末的商品房空置量与近 3 年商品房可供应量之比。但在实际计算中，空置率计算通常有以下三种方法：

（1）指标计算法。即用竣工面积减去销售面积，进而得出商品房空置面积，属于最直接、最简单的方法，也是最常用的方法。

（2）房产信息法。利用房产信息部门的有关数据，用批准入市面积减去销预售合同登记面积，间接地反映房屋空置情况。

（3）调查法。即通过调研、访问直接获取有关楼盘空置情况，信息直接来源于实际，结果比较客观，但是工作量大，成本高，同时样本代表性难以保证。

三种方法各有优势和缺点，实际应用中可以将三种方法共同使用、互校互验，进而比较准确地测算出空置商品房的数量及相关情况。

三　房地产业关联度评价

房地产业是国民经济重要组成部分。房地产业不仅产业链长、关联度高，房地产开发建设需要的建筑材料共有 23 个大类，1500 多个品种，涉及建材、冶金、化工、电子、仪表等 50 多个生产部门或行业。据初步统计，我国房地产业对后向关联产业的拉动系数约为 1.7。能够直接或间接地影响相关产业的发展，房地产业往往又具有良好的示范、导向作用。房地产关联度评价包括两个方面：一是房地产业对国民经济直接影响；二是间接影响，即通过相关产业而对国民经济产生影响，特别是与房地产业密切相关的金融业。所以，关联度越大，对外的影响就会越大。主要指标包括以下几种：

（一）直接影响

直接影响是指房地产业对国民经济的直接影响，应用房地产投资总额与固定资产投资总额比值和房地产投资增长率与 GDP 增长率比值指标进行评价。

（1）房地产投资总额与固定资产投资总额比值。这一指标可以反映资源分配情况，在既定资源前提下，有多少资源被投入房地产业，是衡量房地产业发展规模与国民经济生产总量关系的主要指标之一，这一指标反映了房地产业与国民经济的关联性。投资比重越大，也就意味着房地产业占用资源比重越大，表明投资的很大一部分都用在房地产项目上，其他产业占用资源比例较小，国家对于房地产业的依赖就越大，房地产业对国民经济的影响就越大。据有关人士测算，房地产投资占当年固定资产投资的比重在 10%—15% 之间比较合适。

（2）房地产投资增长率与 GDP 增长率比值。这一指标反映房地产业发展与国民经济发展协调程度，同时也反映房地产对于 GDP 增长的贡献。指标越大，意味着房地产业增长速度脱离国民经济发展速度越远，开发投资额超常增长可能意味着投机需求和虚高价格的形成，则产生泡沫的风险就越高，因为房地产的发展是以实体经济为基础的。同时指标越大，也就意味着 GDP 增长中很大一部分是由房地产投资所引起的，即国民经济增长很大一部分依赖房地产的发展，当房地产存在严重的泡沫时，则对整个国民经济的影响就会很大。通常认为该指标不应该超过 2 倍。该比值越大，说明泡沫越大。

（二）间接影响

从我国房地产开发企业的资金来源来看，70% 来源于银行，房地产业与银行业之间关系密切，贯穿于土地交易、房地产开发建设和销售等各个环节，企业自筹资金和销售收入也主要来源于银行。房地产开发企业通过预售，让银行承担了较大的风险。整个国民经济的发展与银行业密切相关，主要评价指标有以下两个方面：

（1）银行贷款占比。即银行贷款在房地产资金来源中的比例，该指标反映了房地产对银行的依赖程度，如果指标越大，说明房地产贷款额占银行贷款总额的比重高，对银行依赖度越大，当泡沫生成和破裂时，对银行的破坏力就会越大。张中华等在其《房地产与资本市场》中提出了一个测算方法：房地产开发企业银行贷款占比 = 国内贷款 + 销售额 ×50% 。

（2）房地产贷款与银行贷款比例。反映了银行对房地产业的依赖程度，比值越高，也就意味着银行贷款主要流向房地产，而银行收益主要来源于对于房地产借贷，当房地产存在严重泡沫时，银行就有较大风险。由于没有直接数值统计，在实际测算时，通常用五大国有股份银行的信息份额来进行粗略估算。

四　房地产业健康综合评价指标体系

综合上面分析，我们可以得到房地产业健康综合评价指标体系，如表 4 - 2 所示。

表4-2   房地产业健康综合评价指标体系

一级指标	二级指标	三级指标
产业效率	产业规模	房地产开发企业总数
		本年完成投资额总计
		本年完成开发土地面积
	产业均衡	新开工面积与施工面积之比
		施工面积与竣工面积之比
		商品房销售面积与竣工面积之比
	产业绩效	企业所有者权益
		企业经营收入
		企业利润总额
	社会评价	平均从业人员总数
		绿化率
		保障性住房与商品房面积之比
		投诉率
产业泡沫	价格上涨	房价增长率/GDP增长率
		房价增长率/CPI增长率
	价格背离	房价收入比
		房价租金比
	房屋空置	空置率
产业关联度	直接影响（国民经济）	房地产投资总额与固定资产投资总额比值
		房地产投资增长率与GDP增长率比值
	间接影响（金融业）	银行贷款占比
		房地产贷款与银行贷款比例

第三节　房地产业健康发展评价方法

一　应用层次分析法确定权重

（一）层次分析法步骤

（1）明确层次结构。首先要明确分析决策的问题，并条理化、层次化，按照目标层（最高层，指问题的预定目标）、准则层（中间层，指影响目标实现的准则）、措施层（最低层，指促使目标实现的措施）梳理出递阶层次结构。

（2）构造判断矩阵。根据层次结构，每一个具有向下隶属关系的指标作为判断矩阵的目标，隶属于该指标的下属指标构建比较矩阵，根据对于隶属指标的重要程度进行两两比较，形成判断矩阵（如表4－3所示）。

表4－3　　　　　　　　　　判断矩阵范例

A	B1	B2
B1	a11	a12
B2	a11	a21

判断矩阵的准则，采用专家评判得出相对重要程度，其中两个元素两两比较哪个重要，重要多少，对重要性程度按1—9赋值（重要性标度值见表4－4）。

表4－4　　　　　　　　　　重要性标度含义表

重要性标度	含　义
1	表示两个元素相比，具有同等重要性
3	表示两个元素相比，前者比后者稍重要
5	表示两个元素相比，前者比后者明显重要
7	表示两个元素相比，前者比后者强烈重要
9	表示两个元素相比，前者比后者极端重要
2，4，6，8	表示上述判断的中间值
倒数	若元素 I 与元素 j 的重要性之比为 a_{ij}，则元素 j 与元素 I 的重要性之比为 $a_{ji} = 1/a_{ij}$

（3）确定权重和检验。专家填写后的判断矩阵，利用一定数学方法进行层次排序，求出每一个判断矩阵各因素针对其准则的相对权重，并依据一致性指标进行检验。

（二）层次分析法评分

以房地产业效率为例，首先理顺层级结构（如表4－5所示），其次依次构造判断矩阵 AB、B1C、B2C、B3C 和 B4C，并评分（如表 4 - 6 所示）。最后计算权重并进行一致性检验，利用根法、和法、幂法等方法计算权向量（如表 4 - 7 所示）。

表 4 - 5　　　　　　　　　　产业效率评价指标层级结构

目标层	准则层	操作层
产业效率 A	产业规模 B1	房地产开发企业总数 C1
		本年完成投资额总计 C2
		本年完成开发土地面积 C3
	产业均衡 B2	新开工面积与施工面积之比 C4
		施工面积与竣工面积之比 C5
		商品房销售面积与竣工面积之比 C6
	产业绩效 B3	企业所有者权益 C7
		企业经营收入 C8
		企业利润总额 C9
	社会评价 B4	平均从业人员总数 C10
		绿化率 C11
		保障性住房与商品房面积之比 C12
		投诉率 C13

表 4 - 6　　　　　　　　　　产业效率评价判断矩阵

A	B1	B2	B3	B4
B1				
B2				
B3				
B4				

B1	C1	C2	C3
C1			
C2			
C3			

B2	C4	C5	C6
C4			
C5			
C6			

B3	C7	C8	C9
C7			
C8			
C9			

B4	C10	C11	C12	C13
C10				
C11				
C12				
C13				

表4-7　　　　　　　　　房地产业效率指标权重表

目标层	准则层	操作层	权重
产业效率 A	产业规模 W_{AB1}	房地产开发企业总数 W_{B1C1}	$W_{AB1} \times W_{B1C1}$
		本年完成投资额总计 W_{B1C2}	$W_{AB1} \times W_{B1C2}$
		本年完成开发土地面积 W_{B1C3}	$W_{AB1} \times W_{B1C3}$
	产业均衡 W_{AB2}	新开工面积与施工面积之比 W_{B2C4}	$W_{AB2} \times W_{B2C4}$
		施工面积与竣工面积之比 W_{B2C5}	$W_{AB2} \times W_{B2C5}$
		商品房销售面积与竣工面积之比 W_{B2C6}	$W_{AB2} \times W_{B2C6}$
	产业绩效 W_{AB3}	企业所有者权益 W_{B3C7}	$W_{AB3} \times W_{B3C7}$
		企业经营收入 W_{B3C8}	$W_{AB3} \times W_{B3C8}$
		企业利润总额 W_{B3C9}	$W_{AB3} \times W_{B3C9}$
	社会评价 W_{AB4}	平均从业人员总数 W_{B4C10}	$W_{AB3} \times W_{B4C10}$
		绿化率 W_{B4C11}	$W_{AB3} \times W_{B4C11}$
		保障性住房与商品房面积之比 W_{B4C12}	$W_{AB3} \times W_{B4C12}$
		投诉率 W_{B4C13}	$W_{AB3} \times W_{B4C13}$

除了权重的计算，还需对判断矩阵逻辑的合理性进行检验，通常采用的方法是一致性检验，要求判断矩阵满足一致性来说明判断矩阵不存在逻辑上的悖论，说明结果是合理的。

一致性检验的步骤如下。

第一步，计算一致性指标 C. I. （consistency index）

$$C.I. = \frac{\lambda \max - n}{n - 1} \qquad (4-1)$$

第二步，计算平均随机一致性指标 R. I. （random index）

据判断矩阵不同阶数查表确定，得到平均随机一致性指标 R. I. 。

第三步，计算一致性比例 C. R. （consistency ratio）并进行判断

$$C.R. = \frac{C.I.}{R.I.} \qquad (4-2)$$

当 C. R. <0. 1 时，认为判断矩阵的一致性是可以接受的，C. R. >0. 1 时，认为判断矩阵不符合一致性要求，需要对该判断矩阵进行重新修正。

二　综合评价方法

（一）功效系数法

运用功效系数法对产业效率、房地产泡沫和产业关联度指标进行评价。

从现有的指标体系看，具有以下几个特点：一是指标众多，需要进行多指标综合评价；二是指标量纲不一致，而且指标跨度范围也不一致，指标值相差较大，可能会由于一个指标造成较大的偏差；三是方法尽量节俭简单，有利于不同时期或者不同地区的纵向和横向比较。

功效系数法可以满足以下三方面的要求：一是功效系数法建立在多目标规划原理的基础上，根据评价体系的复杂性，不同指标从不同方面对评价对象进行计算评分，满足了多指标综合评价的需要。二是功效系数法克服了量纲的不同，将指标去量纲化，设置在相同条件下评价某指标所参照的评价指标范围，有效避免由于指标值相差太大而带来的误差。三是功效系数法简单，方便计算结果，有利于不同时期或者不同地区纵向和横向比较。

具体步骤如下：

（1）根据已构建评价指标体系，收集各项评价指标实际值。

（2）根据具体评价目标和比较方式，来确定各项评价指标的标准值。在进行不同地区房地产业横向比较时，各项评价指标的标准值可以采用各地区该项指标的平均值；在对一个地区房地产业不同时期绩效进行纵向比较时，可指定某一时期为基准期，该期各项指标值为标准值。

（3）计算各项指标的功效系数，从各指标与评价目标的方向来看，可以分为正指标功效系数和负指标功效系数。

正指标功效系数 =（指标实际值 – 指标标准值）/（指标最大值 – 指标标准值）

负指标功效系数 =（指标实际值 – 指标标准值）/（指标最小值 – 指标标准值）

（4）利用层次分析法计算权重，计算综合功效系数，综合功效系数 = $\sum$ 各单项指标功效系数 × 该项指标权重，作为房地产业效率综合评价值，取值区间 [0，1]。

（二）加权求和法

应用加权求和法进行关联度评价。

关联度评价指标体系中，各指标量纲一致，都是比较房地产业与国民经济或者金融业之间的关系，可以直接根据层次分析法中确定的权重，加权求和即得到房地产业与国民经济的关联性。由于金融安全直接关系到国家的经济安全，所以认为金融业与国民经济的关联度为1，加权求和可以得到房地产业与国民经济的关联度，即关联度＝直接关联×权重＋间接关联×权重。

（三）房地产业健康发展评价

通过上面分析，可以分别得到房地产效率评价、房地产泡沫和产业关联度评价分值，可以进行同一地区不同时期纵向比较和不同地区间的横向比较。由于不同地区或者不同时期经济发展情况并不一致，相互比较可能由于房地产经济发展规模并不一致，房地产业健康评价也并不一致，房地产经济对于该地区经济发展的贡献程度也不尽相同，所以房地产对于该地区国民经济影响程度也不尽相同。因此依据房地产内涵的定义，设置了一个综合得分：

房地产业健康综合得分＝（房地产泡沫/产业效率）×关联度

通过综合比较四个方面的因素（如表4－8所示），既可以衡量一个地区房地产业健康发展状况，也可以衡量不同地区房地产业健康情况。

表4－8　　　　　　　　房地产业健康发展综合比较表

地区（时期）	产业效率	产业泡沫	关联度	综合
地区（时期）1				
地区（时期）2				
地区（时期）3				

同时根据综合得分，可以把产业健康分为四种类型（如图4－23所示）：

（1）新生型：产业效率和产业泡沫都不高，即房地产还处于刚开始发展阶段。

（2）成长型：产业效率和产业泡沫都比较高，房地产业处于快速发展时期，房地产业成长同时伴生泡沫增加，需要重点关注未来的走向，即转向危险型或者健康型，可以继续深入研究近期产业泡沫和产业效率增加值变化情况，即房地产泡沫变化与产业效率变化的比值来估计未来的走势。

（3）健康型：高产业效率，低产业泡沫，是房地产业健康发展的方向，同时会带来较大的外部经济，引导其他关联产业和国民经济健康发展。

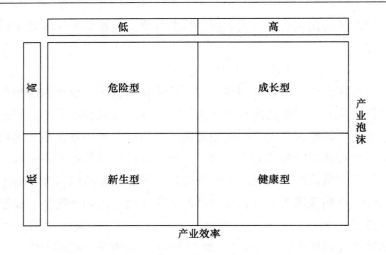

图4-23 房地产业健康四种类型

（4）危险型：低产业效率，高产业泡沫，存在严重的泡沫经济危险，可能会引发泡沫破裂，特别是关联度较大的地区，可能会对国民经济产生极大的影响。

从我国房地产业发展现状来看，房地产价格整体持续走高，房地产投资仍然过热，并出现房屋空置现象，消费者和房地产开发企业对于金融企业的依赖度高，金融企业风险大，房价收入比不合理，居民抱怨多，政府调控目标未达到预期效果，这些现状和问题的分析为房地产业健康发展评价指标的确认和界定提供相应的现实依据。结合中国房地产业的问题和现状，以房地产业健康内涵为基本依据，从产业效率、产业泡沫和产业关联度三个维度构建了房地产业健康发展的评价指标体系，并利用层次分析法和综合分析的方法对房地产业健康进行评价，为后续的房地产业健康发展的系统分析提供依据。

第五章　中国房地产业健康发展的
系统结构模型

通过国外（境外）房地产业发展的经验教训、中国房地产业发展存在的问题和房地产业健康发展的内涵、内容和特征分析，房地产业健康发展是一个复杂的系统问题。在界定和评价房地产业健康的基础上，更需要系统地分析中国房地产业健康发展的系统要素和系统结构，分析系统中要素或者主体间的内在关联，才能对中国房地产业健康发展趋势，进行进一步的分析和研究。

第一节　中国房地产业健康发展的系统要素

一　消费者行为

（一）心理预期

预期是人们对未来经济活动发展趋势或者结果所做的估计。预期变化可以改变对未来资产价格的均衡，当预期价格会下跌时，需求曲线向左下方移动，人们就会减少购买行为，需求曲线发生移动，产生新的均衡价格。反之，当预期未来价格会上升时，就会增加购买行为，需求曲线向右上方移动，产生新的均衡价格，并高于原来的均衡价格，如果消费者预期未来价格会持续上涨，就会导致价格持续上涨，有可能导致资产价格脱离它的实际价值，导致一种恶性循环，形成泡沫。预期是一种社会心理现象，影响着消费者在选择具体产品或者资产时的决策，进而影响行为。在非完全理性下，任何商品和资产都无法回到其实际价值，人们在实际购买决策时总是打上自己的主观烙印，这种主观因素对投资决策产生极大影响。

消费者对房地产需求可归结为三类：一是居住性需求，即购买房屋是为了满足消费者的居住需求；二是保值性需求，即购买房屋是为了避免货币贬值，获得合理的预期收入，比如资产价值上升、收取租金，可以弥补货币的时间价值，甚至可以获得比投资其他金融资产更多的收益；三是投机性需求，单纯从价格差中获利，对资产本身的使用或赢利能力并不感兴趣。

居住性需求消费者在购买房屋时，总是或多或少地考虑其他两种需求，即住房既可以消费，又可以投资，即使没有考虑，也会考虑房产价格变动与自己的承受范围。所以这三类需求的消费者对于房屋未来价格都会产生预期，依据自己的预期做出决策。一般情况下，价格上升，需求会下降。但在预期价格会上涨时，情况正好相反，需求会增加。预期价格越高，无论是哪种需求都会采取购买行为，因而增加现期的购买与囤积，以待资产保值或者更高价格卖出获利，需求量会进一步增加，而价格会进一步上涨，造成市场的虚假繁荣，形成了一个起自我强化作用的正反馈，最终使价格膨胀为泡沫。

（二）信息不对称

经济学认为在信息完全对称和完全理性的状态下，消费者会在理性预期的基础上进行决策。在信息完全对称情况下，消费者在市场上可以获取相同的信息，在理性决策下，市场上所有信息最终会反映到市场价格中。在现实生活中，信息是不完全对称的，信息完全对称仅仅是一种理想状态，不同的消费者获取的信息量是不同的，有多有少，即使获取信息的机会是相等的，但获取信息的成本是不同的，有的可能需要付出很大成本。所以一些富有信息的消费者就会利用信息的不对称性，做出一些非理性的行为侵害信息弱势一方。从我国房地产市场消费者对信息的处理方式来看，由于大多数消费者缺乏足够专业知识，就难以充分利用房地产市场信息，多数消费者预期的形成，只是根据房地产价格上涨等直接从市场可感受到的信息，并不是一种理性的决策分析。

（三）从众行为

当消费者因为信息不对称，或者因为缺乏信息，对具体市场决策困难时，往往根据周围人的建议和行为提取信息进行判断、决策和采取市场行为。由于没有足够的信息来源，或者没有足够的资金去搜集这些信息，对未来市场发展趋势的结果模糊，就会对信息富有者产生某种依赖，根据其他人的行为来选择自己的行为策略，从而产生从众行为，导致只有少数人预期资产价格上升而产生购买行为时，会有更多消费者参与到该资产购买，最终产生同质预期，即消费者对价格的趋势和走向具有相同预期，多数消费者对房地产价格的涨跌方向看法相同，这种群体性预期就会产生群体性购买行为，促使房地产价格的持续上涨。

在市场中投机需求一方，对信息获取具有较高的积极性，投机者是信息富有者，投机者期望房地产价格上涨，使自己获得更高的收益。如果市场价格原本应该处于下降阶段，由于投机活动所带来的群体性心理预期，产生群体购买行为就会导致房地产价格持续上涨，就有可能形成超出房地产市场价值的价格泡沫，使整个社会的资源配置发生倾斜。房地产投机者在价格上涨而获得大量收益时，抛售房屋，从市场中获利，发出房价下跌的信号，市场需求迅速萎缩，市场需求再难以支撑和消化房地产供给，房地产泡沫发生破裂，酿成危机。

不少房屋已经被闲置 5 年、10 年，价格已经翻了两三番甚至更多，但还不肯出售，甚至都不考虑出租，对利润的过度贪婪使得闲置房源失去了住房的功能。房地产投机形成的既有利益格局具有很强的不良示范效应，对经济社会的正常运行存在非常严重的不利影响。

二　房地产开发企业行为

在房地产市场上，房地产开发企业对于房地产价格预期同样会产生投机行为，是非正常的投资行为。投机行为之所以产生，是由于房地产开发企业预期未来房地产价格会上涨，而且坚信这种情况会发生，房地产开发企业就会采取非理性投资行为，同时也包含了很多不道德行为，影响房地产业健康发展。

房地产市场是一个相对垄断的市场，不是房屋垄断，而是土地垄断所引起的。土地是一种不可再生的资源，资源禀赋有限，土地的稀缺性造成土地市场的垄断性，土地垄断性又决定了房地产市场价格组成中会有一部分垄断因素。房地产价格从一个侧面反映了房地产市场具有垄断的特征，源于土地资源的稀缺性。房地产市场中，房地产价格由供给和需求共同决定价格，但又不同于一般商品，由于土地的稀缺性，供给和需求对住房价格变动影响是不一样的。有土地才有房地产，而土地是有限的，在一段时期内，土地供给是有限的，住房建设周期由于相对较长，导致了短期内住房价格供给弹性较小，房地产价格主要由需求量决定的，供不应求时房地产价格会上升，供过于求时房地产价格会下降。房地产供给，是房地产开发企业在各种可能的价格下，愿意且能够提供的房地产数量，房地产开发企业希望在高价格时增加供应量，获得更多的利润。房地产开发企业依靠土地垄断，存在操纵空间获取更多的利润，特别是当房地产开发成本比较高的时候，房地产开发企业不希望房地产价格下降，导致房地产开发企业利润损失，由此产生了很多不道德投机行为，影响房地产业健康发展。主要表现在以下几个方面：

（一）房地产开发企业维持高利润

由于房地产开发周期较长，买卖双方签订买卖合同和实际入住的时间存在间隔，为房地产维持高利润提供了机会，如果房地产市场有较高的上涨预期，会吸引大量投机者购买房屋以谋求获得高利润。一方面可以利用预售，获取房地产开发所需的资金，占用这部分资金的资本价值；另一方面利用有限的供给量推高房价，以期在未来将房屋以高价卖出，而获取较高的利润。特别是在宏观调控影响下，很多房地产开发企业利用捂房惜售，造成市场上供给减少的错觉，进一步推高房地产的价格。

（二）房地产开发企业"饥饿"营销

房地产开发企业通过"销控"、虚假宣传、虚假合同等非法手段，造成房屋销售火爆，剩余房源减少，给消费者造成房源紧张的错觉，诱导消费者购房行为。

（三）房屋质量问题

在产品上，不负责任的房地产开发企业利用消费者对于房屋需求，有意降低房屋质量，房屋材料不合格，偷工减料、房屋配套不到位，延期交房等，降低房地产开发企业开发成本，提高房地产利润。

（四）房地产开发企业较高的寻租成本推高了房价

在土地市场上，房地产开发企业为了取得土地使用权，参加土地的招标、拍卖。土地供应领域的"寻租"尤为严重。稀缺的土地资源促使"寻租"行为的发生，房地产开发企业拥有了土地，就等于拥有了资金和资源，在利益驱使下，必然引发开发商不规范运作行为，我国的不完善的土地制度在操作和监管上存在许多漏洞，也为"寻租"提供了条件，土地供应存在多种供应方式并存和多渠道、无序供应的现象。同时房地产开发企业对于银行的依赖程度很高，从土地储备、开发贷款和建筑商的流动资金贷款到消费者购房的资金主要都来自银行的资金支持，房地产开发企业为了获得较多的资金，同样产生较高"寻租"行为。其实房地产开发企业"寻租"行为有很多，兰德咨询总裁宋延庆曾说过："为了彻底梳理房地产行业中的'寻租'现象，我们按照三级市场进行分析，一级土地开发、二级房产开发、三级经营使用。大多数企业往往将此理解为房地产全价值链。如果继续细分环节，房地产全价值链最多可以分到120—130个具体环节，其中可以明确的就有116个'寻租'点，基本占了房地产全产业链的95%。"较高"寻租"行为必然带来房地产开发成本增加，进而提高房地产价格。

著名经济学家樊纲曾对我国一些房地产开发企业做了描述："事实上有相当一部分房地产开发企业，不是什么正规企业，就是当初通过某种方式拿了一两块地，有的转手炒起来了，有的以此抵押，换得资金盖了两栋楼。说穿了，就是一个土地投机倒把公司。"当多个市场主体表现为非理性行为甚至非道德性行为，就体现为市场的非理性和非道德性，投资者就紧紧追随，欲望的盲目驱动或无节制的冲动，会给市场带来负面的冲击，使市场产生更大的不确定性、无序性、非均衡性。

三　银行信贷的效能

纵观国内外房地产业发展和房地产泡沫产生的过程和原因，银行发挥着重要的作用，银行信贷资金给房地产业提供了资金支持。房地产开发企业需要银行资金的支持，消费者购买房屋也需要银行信贷支持，银行资本与房地产业发展和房地产泡沫的形成有密切的关系。目前来看，房地产业对于银行的依赖程度非常大，同时银行对于房地产业有一定的依赖性，产生了一定的金融风险。

（一）从金融角度来看，金融风险主要来自金融的信用膨胀和金融监管不足

金融信用膨胀主要来源于派生存款。随着市场经济的发展，经济信用被视为市场经济运作的基石，而且种类不断增多，其中银行信用是信用活动的主体。现代货币理论认为银行贷款扩张实质是货币扩张，银行通过吸收存款和发放贷款进行货币扩张，中央银行控制银行的信贷量，防止金融风险，采用存款准备金制度，即要求银行必须保持一定限度的存款准备金，存款准备金占银行全部存款的比例，称为法定准备金率。当银行贷款时，接受贷款的人因此拥有了银行存款，即派生存款，在既定的法定准备金率基础上，银行派生存款的不断增加，可以产生几倍的货币存量，即货币乘数，因此中央银行可以通过调整法定准备金率来控制银行的派生货币

的多少。因此，随着社会信用的发展，电子货币逐渐被人们所接受，特别是一些金融创新，如期货、期权等，它们改变了人们对货币需求的观念，并开始减少手中所持有的货币，降低了现金货币在广义货币和金融资产中的比重；同时人们的投资意识不断增强，银行为其提供资金支持，现金——存款比率不断下降，进一步放大货币乘数的作用，增加了银行派生货币的能力，为银行信用膨胀提供了基础。

面对信用膨胀，就需要金融监管来规避金融风险，防止金融危机产生。在20世纪30年代以前，主要利用市场调节，中央银行几乎不对金融机构进行监管，而主要通过对最后贷款人的审核和建立存款保险制度来防范银行危机产生，同时中央银行实行了弹性货币供给制来控制金融机构的派生货币创造能力。随着凯恩斯主义和新自由主义推行，产生了银行学派和通货学派的争论，而争论的焦点集中在是否进行金融监管，银行学派认为竞争性银行的正常运转完全可以控制货币流通量，完全可以由市场自行调节，而金融监管会影响自由竞争，从而影响效率。而通货学派认为，除非严格限制纸币发行，否则银行危机不可避免。而在现实当中，现有金融监管也是在两种主义和两种学派下权衡：

一方面利率自由化、实行利率市场化，进入壁垒降低，鼓励自由竞争有利于金融行业的发展，这将使金融机构为争夺有限的资源展开激烈竞争，积极研发新的金融产品和提高服务质量，提升本企业的赢利能力，抬高存款利率，吸引更多的储蓄存款，银行拥有了大量存款，可贷资金增加，可以吸引更多的优质客户来贷款。同时进入壁垒的减少以及对利率管制的取消，新的信贷机构不断出现，形成了与银行相互竞争的态势，增加金融产业的活动和动力。

另一方面利率自由化、进入壁垒降低、市场竞争加剧，银行为了获利，对高风险客户提供贷款而获取高的风险溢价，市场过度竞争使金融机构低估了市场风险，过多地向高风险企业贷款，出现了过度贷款行为。

金融市场相对于社会而言具有准公共产品特征，特别对于弱势产业、中小企业发展有积极的作用。如果单纯追求利益最大化，减少弱势产业和中小企业进行有效的资金支持，则会影响到国民经济的健康发展，因此需要金融管制来约束银行企业贷款行为。金融市场存在信息不对称，出现逆向选择和道德风险，在企业和个人贷款的过程中，贷款方往往把不利于自己的信息隐蔽起来，为了获得投资而有可能歪曲信息，借贷双方之间存在信息不对称情况，金融机构则因为无法了解到对方的真实情况而有可能向没有符合条件的"劣质"企业进行贷款，增加了贷款风险，同时企业为获得资金支持，产生大量的"寻租"行为，而促使金融机构向不符合条件的"劣质"企业提供贷款，而优质企业被挤出市场，产生逆向选择。

（二）银行监管机制有待完善

向房地产开发企业发放贷款是有吸引力的，不仅是因为房地产开发企业有较强的盈利能力，而且还有较好的抵押物。银行为了获得更多的利润，愿意向房地产开发企业贷款，向房地产贷款相对风险较小，房地产开发企业贷款时往往以土地或者房产作为抵押，由于土地的稀缺性和对于房产价格上涨的心理预期，银行因土地的升值和房地产价格的上涨而获利，显然给房地产贷款的风险较小，这使得银行可以放心地发放更多的房地产抵押贷款。这样房地产开发企业与银行间产生一种相互依赖的关系。如果房地产市场存在严重泡沫，房地产的价格严重脱离了实际价值，这种相互依赖的关系就会打破，从而产生严重的金融风险。中国人民银行副行长吴晓灵对我国房地产业风险高度集中于银行系统的现状表示了相当的忧虑，目前我国房地产开发企业的资产负债率在70%以上，由于房地产融资方式没有形成风险分担机制，房地产开发企业的负债主要来自银行的间接融资，"如此高的负债率一旦出现市场风险，将给银行带来巨大损失"。由于我国房地产金融缺乏创新，这几年房地产业的飞速发展主要靠的就是银行资金的支持，从土地抵押贷款，到项目开发贷款，再到消费者按揭贷款，都离不开银行间接融资。房地产业一旦出现风险，银行也会出现风险。房地产业与银行业的这种高度相关性，使得银行业在面对房地产业的宏观调控时显得左右为难，如果银行对房地产行业收紧银根，则房地产项目无法顺利进行，意味着之前的银行贷款很可能变成不良贷款；如果银行不收紧银根，在没有真实需求的情况下，很可能加剧房地产业的泡沫，泡沫破灭的风险同样要由银行承担。

四 政府的调控

（一）土地财政透支未来收益

土地财政指地方政府依靠出让土地使用权而获取土地出让金等，增加地方财政收入。土地财政资金来源主要包含三大类：一是土地出让金，这是地方政府最关注的部分；二是与土地开发相关的税收，如房地产开发企业和施工企业的营业税、企业所得税、土地增值税；三是土地抵押贷款融资。目前地方政府主要看重的是土地出让金，土地出让金占地方预算内收入的比重已达 40%—50%，少数地方甚至超过预算内收入。这样地方政府可以通过出让土地而获得财政收入，一方面政府出让土地，获得土地出让金；另一方面，房地产开发企业获得土地后，进行房地产开发，需要缴纳税金。因此地方政府通过出让土地可以从两个方面获得稳定的财政收入。政府用征收和储存的土地，向银行抵押融资，政府土地抵押的融资额，已远远高于土地财政的收入。从理论上看，土地出让金是若干年期的土地使用权价格，实际上是政府向企业一次性收取若干年的地租，风险小，收益大，有利于提高地方的经济绩效。而现实中，即使企业需用自有资金来支付土地出让金，但是在获取土地后，就会利用土地获取大量的贷款进行土地开发，其本质上仍然是负债。房地产开发企业正常经营，可以逐步清偿这笔负债，如果经营不善，就会转成企业的坏账，当然在土地价格持续上涨时，企业可以转让土地而去清偿债务，甚至获得收益，但是这样会更加加剧房地产价格与市场基础价值的距离，获取土地的企业继续获取大量的贷款，而贷款规模不断增加，房地产业和金融业都会承受较大的风险。

2012 年，受土地供应结构改变、房地产市场降温、住宅用地量减少等因素影响，全国土地出让收支规模出现"双降"，全年呈现先抑后扬的翘尾趋势。《中国房地产金融报告 2013》显示，2012 年全国 300 个城市的土地出让金总额近 2 万亿元，同比减少了 13%。其中住宅用地出让金为1.3 万亿元，较 2011 年减少了 14%。年末土地市场的火爆，大大缩减了全年的下滑幅度。

同时，在房地产价格持续上涨时，房地产开发企业与消费者承担的风险不同，房地产开发企业可以出售房屋或者出让土地，将相关的负债也转移出去，甚至还可能赢利，在价格持续上涨时，消费者购房意味着要支出更多，面对价格上涨预期，会采取购房行为，但是中低收入人群并没有足够的资金购买住房，需向银行贷款，而这个风险是由消费者和银行共同承担的。消费者要用多年的收入才能偿还这笔负债，家庭的消费水平和生活水平也会因此改变。如果无力偿债，同样也会增加银行的坏账。由此可见，政府出让土地所获得的每一笔收入，最终是由房地产开发企业、消费者、银行所承担的，严格意义上来说，最终全部转移给消费者。

土地财政的形成，既有内因，也有外因。就内因而言，主要是现行土地管理制度，一个突出的问题，政府既是管理者又是经营者。作为管理者，负责土地管理，负责房地产业健康发展，满足消费者的居住需求；作为经营者，负责国有土地的经营，追求土地收益最大化。政府作为土地供应者，是房地产开发企业土地的来源，使各级地方政府成了市场的主体，政府作为土地供应者和管理者的目标一致时，并不会产生土地财政问题，因为土地供给是紧紧围绕如何满足消费者住房需求，如何促进房地产业健康有序发展的。实际中二者目标不一致，地方政府把土地收入与地方政绩、地方收入紧紧联系在一起。20世纪90年代，分税制改革后，地方财政分配比例过小，地方财力不足，但承担的事务需要大量的财力支持，各级政府寻求财力的来源，通过土地出让获取土地出让金，增加财政收入，作为政绩和财政收入的重要支撑，找到了解决财力不足问题的出路，土地财政逐渐形成。

政府收入占GDP比重过高，土地多数来自农村或者从农村土地流转而来，土地收入大多集中用于城市，而农民并没有从土地补偿中获得很多的收益，反而赖以生存的土地没有了，造成了很多的社会问题，城乡差距和地区差距，不仅没有缩小，反而更加扩大了，导致居民特别是农民收入增长缓慢，同时抑制了民间投资。多年来，地方政府的土地出让收入主要投向城市建设，刺激了建筑业、房地产业的大繁荣，产生了大量的"寻租"成本，表现为地方政府在地方经济利益的驱动下，采取诸如贱卖土地以吸引资金，出现出让时漫天要价等"以地生财"的现象以及一些政府官员在巨大利益的驱动下凭借手中权力谋取高额回报的贪污腐败现象。造成房地产开发企业土地成本增加，房地产价格走高。总的来看，在中国工业化、城市化的进程中，土地财政曾经发挥过重要的、积极的作用，随着改革的深入，其制度弊端也越来越明显、突出，已经成为今后中国可持续发展的障碍。

（二）中央、地方政府博弈，调控机制弱化

从政府调控来看，中央和地方目标不一致，造成调控机制弱化。很多地方政府成立土地储备中心，垄断城市土地一级市场，通过限制商住用地的供应和"招拍挂"的竞争性方式出让土地，获得最大化出让金收入，结果是推高地价和房价，地方政府从高地价、高房价中获得可观的营业税和土地出让收入。地方政府、房地产开发企业和银行共同经营城市，地方政府收获了丰厚的土地出让金以及土地房产相关的税。房地产开发企业支付高额土地出让金给地方政府，由于地方政府控制土地供应，他们可以把成本转嫁到消费者身上。最后，银行提供了关键的资金用来保证运转。房地产开发企业需要贷款购买土地、开发经营，消费者依赖于银行贷款提供的资金购买房屋。地方政府也建立了许多城市开发公司和基础设施投融资平台。由于有政府担保和廉价土地储备，大规模的贷款进一步加剧了房地产开发热潮。这三方共同合作，带来了中国的城市化运动。

从中央政府来看，房地产开发对中央财政预算的直接财政贡献却很小，更重要的是在制定房地产政策时，中央政府肩负满足消费者居住需求的责任。不管房地产市场的增长有多快，中低收入人群被排斥在外，就可能危及社会和谐。还有一类与房地产相关的政治风险，即如果房地产发展失控，投机将抬高资产价格，形成泡沫，一旦泡沫破裂，系统性的经济危机将很容易发生并带来政治问题。因此，中央政府更关注房地产业长期健康发展，地方政府则不断建立和扩大当地房地产市场信贷总量，并希望其风险外部化。

总之，中央和地方政府的利益都与房地产业相关，但是地方政府的关系更为密切，因为每年地方政府直接从房地产业取得巨大的收入。而中央政府相对要更顾及社会公平和系统性危机发生的可能性。

（三）调控手段有限，长期效果不佳

除了土地调控之外，房地产还受到税收调控、金融调控、产业调控手段的约束和限制。税收手段是指政府凭借国家政权的力量，通过税率的调整和税种的变动介入房地产收益的初次分配和再分配过程，进而调节社会总供给和总需求。税收调控抑制投资性需求不足主要体现在：税收优惠政策不够合理，通过税收调节可以抑制投机性需求，但是现有的税收对于居住性需求、投资性需求、投机性需求并没有明确地细分，多以房屋的面积为标准，即使投机性需求一样可以享受税收优惠，这样不利于税收政策发挥抑制投资购房的作用；流转税调节最终转嫁到消费者，我国的房地产市场由于土地垄断型房地产开发企业在市场上处于主导地位和信息优势方，在房价谈判中拥有主动权，因此增加的税收负担大部分甚至全部转嫁给消费者，增加了消费者购房的负担，投资者的利润并不会因此受到太大的损失；保有税收的缺失，对于已经囤积拥有房产的投资者而言，现有税收并没有给他带来太大影响，现有税收多集中于流转环节，增加了消费者的购房负担，同时变相降低了住房持有者成本，而更有利于投机者获得更高的利润。

从金融调控来看，对投资性需求存在抑制不够和抑制错位。实际利率水平的长期偏低导致居民利用投资房地产而弥补通货膨胀可能带来的损失，由于利率偏低，而通货膨胀预期增大，加息政策对投资性需求的抑制不够，反而增加了消费者投资房产保值的热情，导致需求增加，房屋价格上涨；房贷政策对于投机性需求抑制不足，存在抑制错位，如二套房贷，高价位、面积大的商品住宅影响大，但是其中很大一部分是居住性需求，即改善现有的住房而进行合理的住房升级，房贷新政从一定程度上增加了改善性需求的购房成本，而抑制了消费者正常的需求。

（四）保障性住房有效供给不足

我国高收入者比重小，以中低收入人群为主。持续上涨的房地产价格，对多数中低收入家庭来说难以承受，经济适用房建设投资比重较小，数量少，中低收入人群购房难的问题没有解决，如何解决中低收入人群的住房问题，是现在面临的主要问题之一。增加保障性住房的供应可以有效解决现有问题。现有保障性住房建设缺乏土地和资金支持，保障性住房建设资金没有纳入财政预算，资金、地方政府筹集为主、中央政府支持为辅。保障性住房建设依靠现有的住房公积金增值收益、获取资金是远远不够的，同时由于保障性住房建设周期长，投资回收周期长，资金的良性循环难度增大，因此政府承担较大的风险，同样影响保障性住房能否按时完成建设任务。住房保障手段单一，其他财政、金融、税收等相配套的保障手段滞后。

第二节　中国房地产业健康发展的系统结构

房地产业健康发展是指房地产业处于良性的、没有疾病的一种状态，同样包括三层含义：一是房地产健康是房地产业的一种状态，是指良性运行、没有疾病的一种状态，主体是我国的房地产业；二是房地产业健康包含多个方面，既包括产业自身也包括产业"患病"，同时也包括产业与国民经济以及其他相关产业关联性，将房地产业放到整个国民经济中去评价该产业是否健康；三是房地产业健康不是一成不变的，随着主客体因素的变化，房地产健康也会发生变化。

房地产业健康发展系统分析就是将房地产业健康发展看作一个系统，将产业内部健康有效运行和低泡沫有效联系起来，作为一个不可分割的整体，从而对房地产业、关联产业和国民经济协调有效运行进行系统分析，明晰系统内相关子系统或因素，发现关键性因素、内在关联及其相互作用。因此在系统分析时应注意以下几个方面：

（一）时空限制

房地产业健康发展问题具有时间性和地域性，由于经济具有周期性，房地产业的发展往往与经济发展有一定的关联，经济发展速度不同、经济发展内涵不同可能对于房地产业健康发展带来不同的影响，因而不同的时间阶段，房地产业健康发展方式也不尽相同，房地产的盲目扩张可能带来房地产泡沫，甚至经济泡沫，会对国民经济带来巨大破坏，同时在一定时期内，为了经济快速发展，允许一定经济泡沫的存在。同时不同的地区，由于土地资源、经济发展、政府政策的不同，房地产业发展阶段也不尽相同，因此依据实际情况发展房地产业。

（二）战略要求

这里的战略包含两个方面的意思，一是房地产业首先满足消费者的居住的需要，居民需要房地产业提供的住房来满足他们生活、学习和工作的场所。二是要关注未来的需求，房地产业在快速发展的同时不应以牺牲国民经济健康发展为代价，而忽视产业可持续发展，所以应具有战略预警性，保护人类全局和长远的经济效益，从宏观上为房地产业发展，以及与国民经济协调发展指出方向，具有战略意义。

房地产业健康发展是一个系统问题，这个系统是由内部的各个子系统或元素构成，各子系统或元素间的结构和作用机理是理解房地产业健康发展的关键。这些深层次的内部规律对于理解和把握房地产业健康发展具有积极的意义。房地产业健康发展的系统分析就是在系统要素分析基础上，着重研究要素间内在关系和作用机理，从而寻找房地产业健康运行的内在规律，探寻房地产业、关联产业、国民经济相互协调、保持平衡的因素和途径等，实现房地产业健康运行、低泡沫发展来解决房地产业健康发展所引起的诸多问题，其特点具体包括以下三个方面：

一　系统目标

按照房地产业健康发展内涵来看，房地产业健康发展系统目标是使房地产业处于一种没有危险、不受威胁的状态。具体可以包括以下三个方面：

一是房地产业健康发展。房地产业健康发展满足了人们日益增长对于居住、休闲、生活的需求，是人类生存发展的基本诉求，实现消费者价值、企业价值和社会价值的统一。随着工业化、城镇化进程的加快，居民收入水平和生活质量的提高，消费者对于住房需求以及住房改善的意愿越来越强烈，特别是对于住房质量、配套设施、小区绿化和小区物业等提出更高的要求和需求，消费者由单一居住需求向多样化需求转变的必然要求。面对消费者对居住需求的多样化和对休闲健康的关注，要求房地产业发展必然要摆脱原有粗放型、以经济利益为主的观念，向消费者需求型、效益型、集约型转变，以消费者需求为基础，科学地利用土地，提高房屋质量，实现土地资源科学开发利用和有效循环。

二是低泡沫。即在房地产快速发展的同时，防止经济失衡。随着房地产业快速发展，在利益驱使下，房地产市场中出现很多非理性行为，而造成了产业发展的失衡。大量投机行为促使投机者在房屋的供给和需求上，已经脱离了产品的本身，并不关注房屋质量怎样，房屋是否可以满足居民的需求，更多地关注短期差价的收益，在这种利益的驱使下，投机者的投机行为促使房价快速地上涨并脱离房屋本身的价值，严重危害了房地产业健康发展和市场的有效运行。同时由于土地资源稀缺性、需求刚性和政府调控，造成市场中存在大量的"寻租"行为，产业运行效率低下，推动生产成本提升，进而造成价格进一步上涨，泡沫进一步膨胀。

三是关联效应。房地产业作为国民经济发展的重要产业，其发展与国民经济的发展密不可分，房地产业应在国民经济中保持合理的结构；同时房地产业与银行等其他产业之间关联性较高，房地产的发展与这些产业紧密地联系在一起。这种影响和引导作用又可分为正负方向。一方面，房地产业健康发展，可以促进相关产业和国民经济更好地运行，产业良性循环，居民理性消费，投机行为消失，银行坏账风险小，国民经济健康发展，此表现为正向的影响和引导；而另一方面，严重房地产泡沫会危害相关产业和国民经济的有效运行，产生负影响和引导，市场中充斥了大量的投机行为和"寻租"行为，价格暴涨，空置率增加，银行坏账风险大，地方政府过多依赖土地财政，造成相关产业和国民经济发展面临诸多问题。

二 系统构成和功能

房地产业系统结构复杂，包含若干子系统和要素，子系统间、要素间相互作用并影响，这些子系统和要素协调发展是房地产业健康发展的关键。当子系统和要素的发展状态不断改变时，整个系统的状态也在发生改变，子系统、要素间的相互关系决定了系统结构，而子系统、要素的职能以及之间相互作用决定了系统的功能。当房地产业健康发展的各子系统、要素间的相互关系和相互作用表现整体特征时，则系统处于一种有序状态；当各子系统、要素间的相互关系和相互作用表现为个体特征时，则系统处于一种无序状态。当子系统和要素较多的时候，多个子系统和要素交互作用交织在一起，房地产业健康发展系统中的各因素以及子系统间的因果关系变得十分复杂。在现实中，房地产业健康发展问题往往是由于多种因素共同作用而产生的。例如，消费者对于房价上涨的预期，往往受到其他消费者、房地产开发企业、政府调控甚至银行贷款等多个方面的影响，消费者购房行为可影响房地产开发企业、政府调控等因素，而且原因与结果之间可以相互转化形成系统中的闭环——良性循环或者恶性循环，各变量相互之间形成制约或者促进关系。

房地产业健康发展系统的目标是由系统中的各个子系统、各个要素的功能来完成的。房地产健康发展是一个包含消费、生产、信贷、调控组成的复杂系统，各个子系统和要素功能间相辅相成，形成相互促进和相互制约关系。房地产业健康发展系统遵循和利用经济学、管理学等相关规律，应用系统工程的思想和方法，将消费、生产、信贷、调控等功能作为一个有机整体，系统地整合在一起，来保证房地产处于一种没有危险、不受威胁的状态。因此整个系统运行中，房地产健康发展目标的实现是由这些子系统和其中要素具体职能来完成的，比如房地产开发企业向消费者提供住房，消费者购买住房，同时可能需要借贷，而银行提供借贷，需求得到满足，当其中某一环节出现问题的时候，则整个过程就会停止，而消费者需求就无法满足。

三 系统主体

房地产业的健康发展受经济规律作用，同时也受到消费者行为的影响，由于非理性的存在，系统的运行没有遵循经济规律，而是依据消费者的主观意愿，消费者的行为对房地产业健康发展存在正反两个方向的影响，消费者如果足够理性，即消费者能清晰认识房地产业健康发展系统要素、结构及其作用机理，并且做出理性决策时，则房地产业处于健康状态，既有利于房地产业健康发展，也符合系统中各个主体的利益；如果消费者由于有限理性，对系统运行并不清晰，或者即使清楚系统运行规律，由于利益而采取非理性行为，非理性行为就可能对房地产健康发展带来极大危害，如很多消费者和房地产开发企业清楚，房地产投机可能会给房地产市场带来危害，由于短期高额的利润诱惑，仍然进行投机性行为，推动房地产价格持续上涨。因此需要规范和监督系统中各个主体的意识和行为，引导消费者和房地产开发企业，按照经济规律进行理性决策和理性行为，房地产业才能健康发展，更好地满足消费者的要求与愿望。

房地产业健康发展系统不能摆脱人的影响，是由消费者、房地产开发企业、银行、政府及其他利益相关者等主体组成的复杂系统，不同主体有不同的目标和行为。随着房地产业快速发展，人类行为对于房地产业健康发展的影响越来越明显，大量投机行为和"寻租"行为的存在，使房地产业处于一种危险而又容易受到威胁的一种状态。房地产业健康发展系统是受各级政府、开发商、银行、中介商、消费者等主体影响的。这些主体相互联系、相互作用，虽然这些主体行为和职能有所区别，但只有这些主体相互协同、目标一致时，才能使房地产市场系统处于没有危险、不受威胁的状态。任何一个主体非理性行为或者决策失误，都可能会给房地产业健康发展带来威胁。

通过上面的分析，我们可以得到房地产业健康发展系统概念结构图（如图 5-1 所示）。

从系统结构来看，具体体现为以下三个方面：

首先是房地产业健康发展系统实现了房地产业健康发展，即处于没有风险、不受威胁的状态，一方面促进产业健康有效运行，另一方面降低房地产泡沫所带来的风险，而系统中的各个子系统及其内在要素的具体功能和行为，以及子系统、要素间的相互关系和相互作用都是为此目标而服务的。

其次是房地产业健康发展系统是由相互联系、相互作用的子系统构成，而每个子系统承担着不同的职能和分工，具体包括房地产消费子系统、生产子系统、信贷子系统、政府调控子系统，这些子系统及其内在要素的行为和职能决定着房地产业系统是否能够有效地运行。

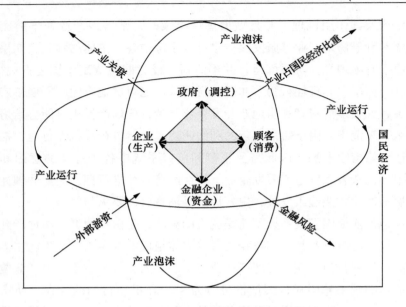

图 5 - 1　房地产业健康系统结构

最后是各个子系统具体的职能和行为是由子系统中的主体来完成的，这些主体存在于不同子系统中，目标与行为方式不尽相同，但系统有效运行依赖于各个主体相互协调，从整体出发，完成系统目标。

第三节　中国房地产业健康发展子系统行为分析

一　消费者目标与行为

消费者通过购买房屋可以满足自己的居住需求，向房地产开发企业支付房款，如果资金不足，可以通过向银行按揭贷款获得资金。显然，消费者是房地产业的出发点，没有消费者需求，住宅房地产市场也就失去了存在价值。在房地产业健康发展系统中，消费者的地位往往容易被忽视，处于弱势。当消费者中存在大量投机房产的逐利者，或者表现为非理性消费时，就会对房地产业带来威胁。

（一）消费者目标

从消费者需求角度来看，可以分为三类，即居住性需求、投资性需求、投机性需求，前两种需求往往都是在理性条件下做出的，而投机性需求则是非理性需求。

（1）居住性需求。即消费者是为了改善居住条件而主动购买房屋，这种需求回归了产品的本质，即房屋是为了满足消费者居住需求的产品。"安居乐业"一直是中国百姓最为朴素的民生愿望，而房屋是衣食住行四大生活要素之一，相对于其他三种，房屋可以给居民带来更多安全感和满足感，所以居者有其屋，是人的基本生活需求，但是随着人类生活水平的提高，房屋产品的概念逐渐扩大化，从简单的安全、避风挡雨等基本需求，提升到审美、娱乐休闲、享受等高层次的需求，比如人类对于房屋的要求不仅仅是房屋质量，还包括房屋配套、小区建设、小区环境、绿化、小区周围配套等，是居民生活质量提高和社会进步的体现，房地产开发企业为了满足消费者的需求，必然会将重心放在房地产产品，有利于房地产业健康发展。当然居住性需求也有被动接受的，主要是在城市化进程中，征地拆迁而被动购买住房改善居住性需求，这一需求是被动接受的，这些居民不是不想改善居住性需求，而是在于原有赖以生存的土地被征用后，而相应的拆迁补偿、就业、收入来源、社会保障等社会因素没有随之配套而产生种种社会问题，这些并不是居住性需求改善所能解决的问题，所以本书中的居住性需求不包含这一类人群，主要指的是主动改善居住条件而购买房产的那一部分消费者。

（2）投资性需求。投资是一次性投入资金，以后逐年得到回报，若干年后除收回本金还有利润，比如买房出租，从租金中回收投资的资本。又如买房用于建设厂房、建停车场、建仓库等每年都能有收益的项目，这些都属于投资。因为房地产是价高耐用的特殊商品，也就是说购买房地产时，一般价值比较高，持有时间长，同时在持有的过程中，可以将房屋出租、转售、抵押、典当等从中获取利益，房地产是一种很好的投资产品，这种理性的投资行为会有益于房地产业健康发展。一是具有增值保值功能，相对于其他金融产品，在资金回报率不高和通货膨胀的情况下，投资房产无疑是一种理性的选择，可以有效避免资金由于时间价值和通货膨胀带来资金贬值。二是有利于房地产三级市场的发展，当有更多的住房出租，租房的价格会进一步下降，反而有利于房地产市场调节。随着经济发展，人们收入增加，资金积累会越来越多，当某些投资产品具有良好的投资前景时，投资该产品是市场行为，发挥资源配置作用，有利于资源配置和市场发展。

（3）投机性需求。与投资性容易混淆的是投机性需求，投机性需求追求的是短期的获利，利用短期的价差来获取利润，它并不关心产品本身，而只关心商品的价格所带来的价差，因此投机根源于价差产生的巨大收益。如果投机者太多，价格由投机者决定，不由正常的消费和生产决定，投机就变成赌博。对任何一个市场，在正常消费和生产之外有少数专业投机者，他们能够赚钱，创造财富，是允许存在的。当投机者太多时，投机市场变成了赌场，对社会不利。我国房地产市场和股票市场都有投机者太多的问题。当房地产市场充斥着大量投机行为的话，投机者对房地产进行短期套利，造成市场上心理预期房价上涨，总需求增加，促使房价持续走高，某些投机者在投机时利用信贷反复套利，扰乱金融市场。同时某些投机者囤积房屋，倒卖楼花等获利，宣传虚假信息，而从中获利。投资性需求和投机性需求并没有明显的界限，而且二者可以互相转换，所以难以准确区分。因此本书并不区分投资性需求和投机性需求，只是区分理性需求和非理性需求，而居住性需求和投资性需求属于理性需求，投机性需求属于非理性需求。

（二）消费者行为

从现在房地产市场来看，无论是理性需求还是非理性需求，大家都对买房子具有较强欲望，即在合适条件下，必然发生购房行为。从理性需求角度讲，住房是一种基本必需品，当供给不足时，需求方存在抢购行为；而非理性条件下，只要存在价差，必然有购买行为。当预期房地产价格上涨时，无论是理性需求还是非理性需求，在能力允许下都会采取购房行为，价格预期上涨受到多种因素的影响，如土地价格、投机行为等，这样就形成了一种恶性循环，越涨越买，越买越涨，容易形成房地产泡沫而威胁房地产业健康发展。

尽管消费者购买欲望强烈，由于房价上涨超出了购买能力，居民可支配收入与房地产价格严重脱节，虽然收入越来越高，由于房价收入比增加，即房价增长速度超过居民收入的增加，买房却越来越难。购买欲望强烈，只要有合适的条件，必然会采取购房行为，而大多数消费者沦为"房奴"，这样房地产消费大大积压了其他方面的支出，抑制内需增长，推高了城市的生活成本，不利于劳动力的转移。同时，还有一些低收入群体，已完全没有能力承受高额的房价，造成广大居民不满，引发了很多社会问题。

（三）较弱议价能力

相对系统内其他主体，消费者特别是理性消费者的议价能力较弱，处于弱势。从市场特征来看，由于土地垄断等因素影响，本应是消费者需求决定的买方市场转变成为供应决定的卖方市场，而政府、房地产开发企业、金融企业，甚至是非理性的购买者，在房地产定价中，都有一定的话语权，而理性消费者议价能力明显偏弱，所以很多主体利用自己强势对消费者进行歧视，比如房地产开发企业延期交房、房屋质量问题等。从价格角度来看，地方政府、房地产开发企业、金融企业和非理性购买者都希望房地产价格上涨，消费者希望房地产能在一个合理可承受的价格范围内，在目标和利益的驱动下，消费者的利益往往会被忽略或者受到损害。

二 房地产开发企业目标与行为

房地产开发企业是房屋生产者和供应者，是以营利为目的，从事房地产开发和经营的企业。房地产开发企业是房地产业的主体，其与消费者的交易关系构成了房地产市场的主要关系。

（一）房地产开发企业目标

同其他企业一样，作为经济性组织，一个理性的房地产开发企业，其目标应是企业利润最大化或者企业价值最大化，根据消费者的需求，调整企业战略和策略，生产满足消费者需求的产品，提高市场份额。房地产开发企业利润取决于成本、销售量和销售价格三个因素。从理性角度来看，降低成本，提高销量和销售价格，房地产开发企业可以获得更高的利润。但是，在实际中，房地产开发企业为了获得高额的利润，采取了很多的非理性行为。在这三个因素中，房地产开发企业更关注的是房地产价格，而非房地产开发企业的成本和销售量。由于土地的垄断性，拿地成本和土地供应量在一定时间内相对稳定，当土地成本较高时，则必然要保证房地产价格，来获得高额利润。

（二）房地产开发企业行为

（1）影响消费者心理预期。为了获取高额利润，房地产开发企业就必须保证房地产价格处于高位并持续上涨，而且要让消费者接受高房价。在消费者收入变化不大情况下，如果消费者未来预期房地产价格持续上涨时，消费者就会接受现有的房地产价格而产生购买行为。所以房地产开发企业利用各种手段和方式强调房价在未来将继续上涨，囤积土地和房源，造成市场上供需失衡，或者利用虚假宣传，鼓吹房地产上涨预期，给消费者一种房价还要上涨的预期，从而再推高价格，获得高额利润。

（2）囤积土地或囤积房源。房地产开发企业利用手中土地资源和房源资源，利用囤积，造成市场上供需失衡，从而抬高房地产价格。土地是房地产业中最有价值的资源，房地产开发企业可以利用手中的土地，囤而不建，延长建设周期，从而造成房地产市场在一定时间内供应不足，导致供需失衡推高房价，房地产开发企业从中获利。同时开发商利用手中拥有的房源，囤积房源、捂盘惜售，造成房地产市场在一定时间内供应不足，导致供需失衡抬高房价，获取超额利润。房价的上涨提高了消费者对房价上涨的心理预期，导致需求加大，造成供需进一步失衡，房价上升。

（3）"寻租"行为。由于某些资源垄断性和价值性，房地产开发企业为了获取该种资源，产生大量的"寻租"成本，从而推高了房价。从房地产运行来看，房地产开发企业"寻租"点很多，主要集中在土地和信贷上。土地的配置权力是最主要的"寻租"方式，房地产开发企业会不惜一切代价而进行各种"寻租"行为，如采用贿赂等不正当竞争手段，从地方政府那里获得更多廉价的土地，SOHO 中国有限公司董事长潘石屹曾经说过："中国有一批房地产开发企业公司是从来不盖房子的，就是倒土地的。"房地产开发企业对于银行依赖程度非常大，主要的资金来源于银行，为了从银行获得足够的资金，也产生了大量的"寻租"成本。这些"寻租"成本增加了房地产开发企业的成本，最终体现在房地产价格上，从而推高了房地产价格进一步上涨。

三　金融企业目标与行为

金融企业特别是银行是房地产业资金主要来源，房地产开发企业和消费者对于金融企业的依赖程度都非常大，房地产开发企业开发资金以及消费者的购房资金大多来源于银行的借贷。

（一）金融企业目标

金融企业目标包括两个方面：（1）从企业角度来看，金融企业和其他经济性组织一样，也追求利润最大化。在房地产业中，金融企业的利润来源于两个方面，即房地产企业贷款和消费者的贷款。

金融企业给房地产开发企业以及房地产相关产业提供贷款以确保房地产项目拥有足够的资金而保证顺利生产或者经营，所以金融企业处于房地产开发企业和消费者的中间，并两头获利。从这个角度而言，银行是最希望房地产涨价的，房地产价格高，房地产业及其相关产业规模就会扩大，相应贷款额度就会增加，银行利润就会提升。同时消费者贷款额度增加，银行利润也会增加。在贷款时，为了控制风险，往往需要抵押，房地产开发企业和消费者往往都是用土地或者房产来做抵押，只要土地和房产的价格持续上涨，银行的贷款就不会有风险，甚至可以获得更多的利润。

（2）从产业健康的角度，保证金融资产的安全性。金融企业追求利润最大化无可厚非，但是一定要保证金融风险在一定合理范围内，否则就会给金融产业和国民经济带来极大威胁，如东南亚金融风暴、美国次贷危机等。所以金融企业向房地产开发企业提供贷款时，应该选择信誉高、业绩好的房地产开发企业提供贷款；向个人提供贷款时，也应该选择信用较好的消费者提供贷款。金融企业在贷款时，应该与国民经济发展和产业结构发展目标一致起来，使资源得到有效配置，而将主要的资金集中在某一个产业，就会给金融行业带来很高的风险，同时造成产业失衡。

（二）金融企业行为

由于房地产的快速发展，价格持续走高，同时房地产开发企业和消费者对于金融企业依赖程度高，金融企业对于房地产业的信贷出现一定的支持过度。主要表现在两个方面：一是鼓励个人买房信贷。由于房地产价格持续上涨，银行个人买房信贷有较高的利润，目前消费者住房需求持续增长，各家金融企业为了抢占个人住房按揭贷款市场，在贷款条件和贷款规模上放松限制，给予一定的利率优惠，支持个人住房按揭贷款，大大提升了消费者购买力，需求被进一步放大，房地产价格进一步上涨。二是金融企业在给房地产开发企业提供贷款时，大多数情况不是依据企业信誉和业绩，而是依据房地产开发企业所抵押的土地和房产，主要是参考当前市场的交易价格。因此，在房地产价格持续上涨时，对于房地产开发企业过度乐观，而给予房地产开发企业大量的资金支持，房地产开发企业的投资高涨，造成土地价格上涨，但当房地产价格下跌时，就会产生金融风险。

因此，综合来看，在房地产市场快速发展，价格持续上涨时，金融企业的贷款支持确实可以给金融企业带来丰厚的利润，但是金融过度支持，诱发了大量的投机行为，金融企业提供了房地产开发企业和个人投机的资金，金融企业为这些投机者贷款营造较为宽松的环境，投机者利用金融企业的信贷资金，囤房圈地，待价而沽，变相地造成市场上供不应求，从而促使土地价格进一步上涨。同时金融企业的过度支持也给金融带来较高的风险，由于房地产价格持续上升，当产生严重的泡沫时，即房地产的价值已远远脱离了其市场基础价值，泡沫破裂后，需求急剧萎缩，房地产开发企业和消费者没有资金偿还贷款，金融企业面临大额的坏账，同时房地产开发企业和消费者抵押的土地和房产，迅速贬值，造成金融企业资产迅速流失，从而引发金融风险，对国民经济造成严重威胁，并有可能引发金融危机。

四　政府目标与行为

政府可以分为中央政府和地方政府，中央政府是房地产调控政策的制定者，而地方政府是政策的实施者和执行者，从本质上而言，两者并无本质冲突，但是在实际执行中，二者因为目标、利益等方面的矛盾，往往造成房地产调控政策没有达到预期效果。

（一）中央政府的行为与目标

中央政府的行为与目标主要包括经济和社会两个方面。中央政府是房地产法律法规以及相关调控政策的制定者和市场秩序的维持者，中央政府是从经济健康运行、国民安居乐业角度来考虑房地产业发展的，所以中央政府的行为与目标主要包括经济和社会两个方面，从经济上来看，保证房地产市场健康繁荣、平稳有序发展；从社会上来看，满足国民日益增长的居住性需求。

1. 中央政府目标

（1）房地产业健康发展。房地产业健康发展是中央政府一直关注的重点，原因有两个方面：首先，房地产业是一个关联性极强的产业，上下游涉及很多产业，比如建筑、建材、钢铁、金融等，同时还可以解决就业等社会问题，所以房地产健康发展对于相关产业甚至整个国民经济都有较强的带动和推动作用；但是反过来，房地产业非健康发展，会给相关产业甚至整个国民经济带来极大的负面影响，最为明显的就是房地产泡沫，房屋价格持续上升，投资热度持续增加，相关产业持续增长，产量放大，房地产价格严重脱离市场基础价值，泡沫破裂，需求急剧萎缩，将会对房地产业及其相关产业，甚至整个国民经济发展，产生巨大威胁。日本金融危机、东南亚金融风暴、美国次贷危机等，都与房地产不均衡发展有密切关系。其次，房地产业快速发展影响了社会资源的合理配置，造成产业结构失衡。在房地产业持续走高的情形下，房地产业利润率和投资回报率都远高于其他产业，必然会吸引大量的社会资金进入房地产市场，大量的投机行为，致使其他产业可能由于缺乏资金而导致生产和基础设施建设发展缓慢，造成实体经济资金缺乏，导致实体经济困难，生产效率低并逐渐衰退，进而对国民经济基础造成极大威胁。同时，相关新兴产业或者回报率较低的产业，同样由于缺乏资金的支持而受到极大的威胁，最终使整个社会经济结构失衡，严重损害国家的国民经济和综合国力。因此，作为中国经济宏观管理者的中央政府，就必须保证中国房地产市场健康平稳有序发展。

（2）满足国民日益增长的居住需求。随着人民生活水平的提高，消费者对于住房需求越来越强烈，加上传统观念的影响，居民对于能拥有一套房产的期盼越来越强烈。随着房地产价格不断攀升，房地产价格增幅已经远远超过居民收入增幅，公众对房地产行业抱怨逐渐增多，并引发了很多社会问题。价格快速攀升，特别是买不起房的人，拥有一套住房成为奢望，对社会抱怨度增加。房地产价格快速攀升，贫富差距不断扩大，令持有房产的家庭，财富增值速度远远高于未拥有房产的家庭，拥有多套房产的家庭，财富增值速度远远高于只拥有单套房产的家庭。能买得起多套房产的家庭，是属于经济较为富裕的阶层，房价暴涨给其带来了资产增值。房地产业不规范行为，如欠薪、造假、偷工减料等行为常有发生，引发很多社会问题。1996年，联合国第二届人居大会曾经确立过人类居住事业发展的两个目标：一是人人享有适当的住宅，二是快速城市化进程中住宅的可持续发展。这些都为中央政府如何满足消费者的住房需求，规范房地产行业提出新的问题，而中央政府也一直致力于制定解决这些问题的方针、政策和措施。

2. 中央政府行为

中央政府对于房地产业主要通过宏观调控政策来进行管理，我国对房地产的调控政策主要有土地政策、金融政策、税收政策、住房政策等，通过限房、限价、限贷等方式调节房地产市场。

土地供应是影响房地产市场的关键因素，政府利用土地政策的调整，主要包括土地利用方向、利用结构、利用强度和利用方式等方面，来调控房地产市场土地的供给，从而影响房地产的供给。

金融政策主要通过房地产信贷规模和信贷条件来限制向房地产业提供信贷支持，从而影响房地产市场供给和需求，包括两个方面，一是房地产开发企业的信贷，房地产开发企业的资金主要来源于银行，通过对房地产开发企业贷款规模和贷款条件的限制，提高房地产开发企业进入市场的门槛和成本，控制房地产市场供给；二是对于个人信贷的控制，通过对于个人买房信贷的条件和信贷规模来限制个人买房，如首付款的比例、贷款利率、贷款条件等。

税收政策主要通过对房地产的经营活动中开发、保有和转移等环节，利用房产税、城市房地产税、城镇土地使用税、营业税、企业所得税、城建税等税种和税收来提高房地产开发企业进入房地产市场的门槛，但是整体来看转移环节税负较重，保有环节、增量等方面税负较轻，但是税收加重了消费者购房的负担，同时地方政府增加了财政收入。

住房政策主要是政府通过住房规划、住房补贴、限购等政策措施来对房地产市场进行调控。通过住房规划，提高城市土地利用率，如建筑房屋的楼层，提高保障性住房比例，保证低收入人群的住房需求；对低收入者发放住房补贴，满足他们住房的基本需求；利用限购等措施，打击房地产投机行为，规范房地产市场，从而对市场起到调控效果。

（二）地方政府的目标与行为

地方政府是中央政府调控政策的传达者和实施者。一是地方政府要贯彻落实中央关于房地产的相关调控政策，负责本地区相关政策的落实、管理和监督；二是地方政府不仅要传达信息，而且要向中央反馈调控信息，来观察和研究相关政策的执行效果；三是具体实施中央制定的相关政策，由于各地区经济发展水平和房地产业发展情况并不一致，各级政府根据中央调控政策精神、方向、重点等，根据本地区的实际情况，制定适应本地的房地产调控政策。从目标上看，对于房地产调控，中央政府与地方政府的目标应该一致，应该保证房地产业健康平稳发展，同时满足居民的居住需求，但是由于地方政府的自身利益，地方政府在实际执行的过程中，弱化甚至扭曲房地产调控政策，形成了不同于中央政府的目标和行为。

1. 地方政府目标

（1）追求地方政绩。现行的政府考核中，GDP是衡量地方政府绩效的重要指标之一，经济增长体现了地方官员的政绩，政府主导型经济不可避免地要以GDP增长为中心。在既定的任期内，如何促使GDP快速增长，成为地方官员在任期内的首要目标，而房地产业可以满足地方政府这方面的需求，地方政府在任期内，利用房地产开发大搞形象工程和政绩工程，来推动地方GDP增长。每个领导都想在自己的任期内，使城市的面貌越来越现代化。评价一个政府官员是否有能力，在很大程度上表现在其为城市做了怎样的改观，尤其是表面视觉上的变化。因此，每届地方政府的政绩是快速增长的 GDP，是招商引资的数量，是一个又一个高楼大厦，是机场、铁路、高速公路，是建设有高档写字楼和住宅小区的现代化城市等可以看得见、摸得着的实物。一些地方在城市建设指导思想上急功近利，重速度、轻质量，大拆大建，形象工程、政绩工程和开发商的商业利益相结合，造成不该拆的房屋大量被拆除。此外，随着各地的土地价格快速上涨，拆迁置换带来的巨额收入，甚至通过行政手段，来推动房地产泡沫迅速膨胀，必然会给房地产业及其相关产业，甚至国民经济带来极大的危害。

（2）追求地方财政收入。1994 年分税制改革以后，地方政府收入来源大大缩小，地方财政入不敷出，土地出让收入等已成为许多地方政府财政预算外收入的重要来源。由于土地垄断性，给地方政府找到了一个巨大的资金来源渠道，土地出让收入成为地方政府可以掌控的合法的财政收入。中国企业改革与发展研究会常务理事李开发在接受《中国联合商报》记者专访时表示，近年来，地方政府在发展经济中一再迁就房地产业，给其最充足的发展条件。在与房地产业的竞争中，农业发展缓慢，耕地不断被占用，同时大部分实体企业年利润较低，导致实体经济投资减少。地方政府的货币收益主要来自两个部分：土地使用权的出让收入和房地产税收，地方政府集土地管理者和经营者于一身，即在土地市场的供给和转让上拥有绝对的权力。

2. 地方政府行为

在政绩目标和政府财政收入目标追求下，地方政府紧紧围绕土地产生了一系列行为。

（1）圈地行为。无论是追求地方政绩还是地方财政收入，土地是地方政府最值钱的资产，也是实现地方政绩和地方财政收入的关键。很多地方政府以发展经济的名义，以较低的代价从农民手中获取土地。而近年来，城镇化的发展方式已经偏离了正常的轨道，出现了畸形的苗头。在地方政府无序推进城镇化的过程中，各种问题不断涌现。转移人口的社会保障问题、就业问题、农业现代化低水平问题都没有解决，而且有些地方政府为了推进城镇化，也出现野蛮拆迁，进而形成政府与人民的对立姿态，造成了很多社会问题。地方政府之所以有动力推进城镇化进程，因为在推进城镇化的过程中，大量土地被征用，政府可以从中获得数额巨大的土地出让金，房地产业的发展会带动地方 GDP 的快速增长，无论是实际利益还是政绩，地方政府都有动力去推进城镇化。

（2）推高土地价格。政府从农村获得土地以后，通过"招拍挂"等方式进行土地使用权转让，获取土地出让金，通过税收来获得财政收入，因此土地转让价格高低直接影响政府的财政收入，在实际中，城市土地转让方式主要采用"招拍挂"的形式进行，价高者获取土地。"招拍挂"的好处在于市场发现价格，避免权钱交易，但是市场发现价格，就会产生竞争，竞拍高价，随着地价升高房价随之攀升。由于土地垄断性，"招拍挂"制度为增加地方财政收入提供了途径，而地方对于"招拍挂"制度依赖程度越来越大。"招拍挂"滋生了一些地方政府官员的腐败现象，产生权钱交易，"寻租"成本大量增加。

第四节　中国房地产业健康发展子系统矛盾分析

一　中央政府与地方政府

由于中央政府与地方政府之间目标存在差异性，为了追求各自的利益，双方之间的矛盾和博弈在所难免。

在经济发展上，中央和地方目标存在一致性，中央政府追求和维持 GDP 增速与地方政府的 GDP 绩效观是一致的。从中央政府而言需要保增长和保持 GDP 一定的增速，房地产业在 GDP 增长中扮演了重要角色，同时房地产业有较强的关联性，建筑、建材、金融等产业都随着房地产的快速发展而发展，因此房地产对于国民经济的影响非常大，所以中央政府在追求 GDP 的增长时必然需要房地产业的发展；而地方政府对于房地产的依赖更大，在追求地区 GDP 的目标驱使下，必然要求房地产业快速发展，从这一点而言，中央政府和地方政府的目标是一致的。

中央和地方目标又存在差异性，中央政府除了经济目标外，还有社会目标，即一方面国民经济发展需要房地产业发展来维持和带动 GDP 增速，而另一方面中央政府要满足消费者的居住性需求，同时避免房地产业发展过快而产生泡沫从而影响整个国民经济的发展，所以从中央政府角度而言，既不希望房地产价格走低而影响 GDP 增速，也不希望房地产价格的持续走高产生房地产泡沫，导致金融风险而危害整个国民经济。地方政府由于分税制实施，导致地方财政收入大大减少，在 GDP 政绩观和财政收入目标的影响下，推高地价有利于地方政府获取更多的土地出让金。一方面，地方政府的很大一部分财政收入来自土地出让金和房地产业的税收，提高土地价格可以给地方政府带来更多的土地收入，同时可以带来更多的税收，土地价格的上涨导致房地产价格攀升；另一方面，形象工程建设可以使地方政府在短时间内获得政绩，造成了中央政府和地方政府之间的矛盾，如保障性住房的建设，国家出于低收入阶层的住房性需求的满足，而要求地方政府增加保障性住房的建设，但是地方政府收入有限，保障性住房建设积极性不高，增加保障性住房的建设必然需要大量的投入，地方政府收入主要来源于土地收入和税收，造成土地价格进一步上升的恶性循环。

从调控手段来看，除了金融调节和税收调节，大多数调控政策需要地方来执行和具体实施，由于目标不同，造成了中央政府和地方政府行为之间的博弈，而双方处于一种信息不完全条件下，即地方政府对于中央政府的态度或者调控政策发出的信号并不清晰，同时中央政府对于地方政府在既定政策条件下执行力度并不能完全掌控，在不完全信息下的博弈中，地方政府会估计中央政府调控的可能性，来寻求在各种可能条件下自己利益的最大化。在实际中，当调控政策出台时，往往很多地方政府都处于观望状态，很多调控政策不到位或流于形式。

二　地方政府与房地产开发企业

在房地产业发展过程中，地方政府应该是管理者和服务者的角色，即地方政府应为房地产业发展提供良好的发展环境，同时对房地产业发展进行有效监督，利用法律、税收、行政管理等手段来规范和影响房地产开发企业行为。从地方政府的公共管理职能来看，除了追求 GDP 和财政收入之外，政府还承担着经营城市和满足居民居住性需求等公共管理职能，如保障性住房、城市道路、增加绿化、学校、医院建设等。由于土地的垄断性，使地方政府与房地产开发企业之间的关系变为供应者和被供应者之间的关系，即地方政府在房地产市场中既是管理者和裁判员又是土地的供应者和受益者，而造成了地方政府与房地产开发企业之间的矛盾。

从地方政府财政收入来看，地方政府部分财政收入来自土地出让金和房地产业的税收，所以地方政府更希望提高土地价格，土地价格的提高意味着房地产开发企业成本增加，造成了地方政府财政收入目标和房地产开发企业利益最大化目标之间的冲突。

这就产生了地方政府与房地产商之间的博弈。地方政府希望从土地收入和房地产税收上获得更多的收入，同时将自己承担的公共支出转移给房地产开发企业而减少财政支出，从而获得更多的财政收入，但是过高的土地价格和过重的公共支出负担会使房地产开发企业由于利润低而放弃房地产业，进而影响地方政府的财政收入和绩效。房地产开发企业希望能以较低的价格获取土地，同时尽量避免承担过多的公共支出，从而获得更多的利润，但是较低土地价格和较少公共服务负担会影响政府的财政收入和绩效，而地方政府对土地资源配置起着绝对控制和支配作用，房地产开发企业获取土地的难度就会增加。因此，在既定的条件和情境下，双方总是力图尽可能多地享受房地产开发所带来的收益。但是，如果这种成本能够顺利地转移给消费者，则地方政府与房地产开发企业表现出一定的"共谋"，即在高房价条件下，消费者仍然有需求，则地方政府与房地产开发企业都可以获得较高的收入和绩效。一方面，地方政府高价供地，低进高出，炒作土地，同时房地产开发企业还会采取各种各样手段，炒作楼盘，囤积房源，推动房价走高。另一方面，地方政府和房地产开发企业间，产生大量的"寻租"行为和"寻租"成本，地方政府利用权力"寻租"，房地产开发企业采取不正规、不合法的渠道获得土地。这些都推动了房价的上涨，而地方政府和房地产开发企业从中获利。

三　房地产开发企业与银行信贷

房地产业与金融产业相互之间有很强的依赖性。一是房地产开发企业与金融业密切相关，房地产开发企业资金主要来源于金融企业，各家金融企业为了争夺优质的客户，将更多的信贷资金投入房地产市场。二是房地产业是金融企业利润的重要来源，由于金融业大量的信贷资金进入房地产业，房价上涨时，房地产开发企业就会获得高额回报，融业也会获得高额回报，吸引更多的信贷资金进入房地产业，同时作为抵押的土地或者房屋也会由于价格的上涨而价值不断上升。因此，从企业目标来看，房地产开发企业与金融企业具有一致性，即追求企业利润最大化。

房地产开发企业与金融企业间也存在矛盾，相对于房地产开发企业，金融企业除了追求利润最大化外，还要防范金融风险，而且房地产开发企业与金融企业间的相互依赖性越大，金融风险就越大。当价格上涨超过房价的基准价格时，房地产业就会积累一定的泡沫，泡沫破裂时，房地产价格急速下降，消费者产生观望心理，销售下降，房地产开发企业无法偿还贷款，同时抵押的土地和房屋价值大幅贬值，这些泡沫就会对金融企业的金融安全产生巨大的影响。房地产开发企业为了获得更多的信贷资金，利用信息不对称而获取更多的信贷，如提供虚假资料来骗取较高信用等级，利用"假按揭"套取贷款，使金融企业审核时存在一定的难度，容易产生金融风险。金融企业在对房地产开发企业提供金融产品的时候，金融产品过于单一，更多的是集中在以土地或者房屋为抵押的信贷上，造成风险加大。

因此产生了房地产开发企业与金融企业间的博弈。一方面，房地产开发企业需要金融企业提供大量的资金来维持企业运行，同时尽量减少信贷成本而获取较高的利润。另一方面，银行在向房地产业信贷获取较高利润的同时，约束房地产业避免金融风险。

四　各主体与消费者

近几年，我国房地产市场出现连续快速发展，房地产价格迅速攀升，虽然国家不断推出新的调控政策进行行政调控，在一定程度上抑制了房地产价格快速上涨，房地产整体上涨趋势依然存在，造成房地产价格上涨的原因很多，作为房地产最终的消费者在与其他主体的博弈中处于明显的劣势。如表5-1所示，各个主体由于目标不同，几乎其他的主体与理性消费者在目标以及对房地产未来价格走势的期望上都是不一致的。本来消费者其实拥有足够的筹码与其他主体进行博弈，即消费可以取消购买行为，没有需求，房地产价格必然下降，但是在实际房地产市场中，消费者这唯一的筹码在与其他主体博弈中被耗尽。

从地方政府和消费者来看，地方政府对所辖范围内土地资源拥有绝对的垄断权力，所以地方政府利用土地垄断性和行政权力，造成土地供给和房屋的有效供给远远低于消费者住房性需求，造成价格持续走高和消费者看涨预期增加。主要表现在：一是地方政府为了政绩和财政收入，控制土地供给推高土地价格，造成房地产开发成本持续走高；二是地方政府为了获取土地，进行非理性的城市扩张，很多居民被动改善住房，当相关社会福利和配套没有到位时，居民收入和福利受到损失；三是房屋有效供给不

表 5 - 1   各主体目标和对房地产价格走势期望

主体		目标	房地产价格预期
政府	中央政府	房地产业健康发展、GDP 增幅、居民居住性需求改善	平稳
	地方政府	地方政绩、GDP 增幅、地方财政收入	上升
金融企业		企业利润最大化、金融风险最小化	上升
房地产开发企业		企业利润最大化	上升
投机性消费者		短期价差最大化	上升
居住性消费者	房屋持有者	居住需求	上升
	购房者	居住需求	下降

足，随着房地产价格不断攀升，超过居民购买能力时，同时存在大量的低收入群体，居民需要更多的保障性住房来满足他们的需求，地方政府为了政绩和财政收入，倾向于土地出让价格高的企业，这些企业由于土地成本更愿意开发高档商品房，一些地方政府无视中央政府的规定，减少保障性住房建设，造成各地保障性住房供给总量及比例越来越小，造成保障性住房房源的不足，进一步加剧了房地产市场供求失衡。显然，在地方政府和消费者博弈中，由于土地资源垄断和行政权力，消费者显然处于弱势一方。

从房地产开发企业和消费者来看，房地产开发企业在商品房建成之后，考虑的是如何将其快速变现，并可以维持较高的利润，并且让消费者接受价格，就产生房地产价格与消费者实际支付能力间的矛盾。但是在与房地产开发企业的博弈上，消费者明显处于劣势，主要源于信息和实力不对称，而房地产开发企业在信息和实力上处于强势地位。主要体现在：一是房地产开发企业是土地的开发者，因此拥有土地和房屋垄断优势，即开发商可以利用土地、建筑工期、房屋囤积来控制房屋的供给量；二是在政府制定和规则运用上，房地产开发企业明显处于有利地位，使房地产开发企业在与消费者博弈中可以合理利用这些规则，使自己处于强势地位；三是在"寻租"成本上，开发商更能有效利用政府的"寻租"行为，使自己在规则制定和土地供给上处于强势地位；四是房地产开发企业掌握着大量实质性的信息，如市场的供求情况、房屋的信息（如房屋的成本、质量、原材料的成本、增值的潜力）等，而消费者明显处于劣势，房地产开发企业可以利用这些信息优势，来剥削和欺骗消费者。

从金融企业和消费者来看，由于购房资金紧缺和融资渠道有限，在博弈中消费者处于劣势。一是房地产价格持续走高，而消费者可支配收入增长有限，所以消费者在购房时需要银行支持，而房地产价格上涨增加了金融风险，金融企业对于金融风险的控制加大，消费者获得个人按揭贷款难度加大，则消费者不得不面临更为严苛的信贷条件，则信贷支出就会增加；二是消费者融资方式单一，金融企业提供给消费者的金融产品有限，主要是利用房屋抵押按揭贷款，消费者没有别的渠道获得购房所需要的大量资金，所以对于金融企业依赖较大，因此在博弈中处于劣势。

综合来看，虽然各主体目标不一致，但是在对于房地产价格趋势期望上，各主体却有一致性，即希望价格上涨，地方政府获得更多的财政收入，房地产开发企业可以获得更多的利润，金融企业可以获得更多的利润，从这一点上来说，地方政府、房地产开发企业、金融企业更容易形成"共谋"，来共同"绑架"消费者，中央政府虽不期望房地产价格快速上涨，但是更不愿看到房地产价格急速下降对国民经济所带来的影响。虽然消费者可以不购买房屋，但是这种威胁对于这些主体来说，基本是"空洞威胁"，因为其他主体并不认为消费者会真正实施这种威胁。一是消费者相对零散，个人行为并不会对房地产市场产生有威胁的影响，只有群体行为才会产生实质性的影响，但是在供不应求、价格预期上涨的情况下，这种群体性行为发生的可能性很小。二是消费者在与这些主体博弈中处于明显的劣势，消费者没有能力去干预土地供给，没有足够的信息去决策干预房地产开发企业定价，没有足够资金去干预金融企业的信贷，所以只能承受。三是一部分消费者利用自己信息、资金等方面的优势进行投机行为，短期获得暴利，更加剧了消费者的弱势地位。

房地产业健康发展系统运行实现了房地产健康，即处于没有风险、不受威胁的状态，而系统中的各个子系统及其内在要素的具体功能和行为，以及子系统、要素间的相互关系和相互作用都是为此目标而服务的。房地产业健康发展系统是由相互联系、相互作用的子系统构成，而每个子系统承担着不同的职能和分工，具体包括消费子系统、生产子系统、信贷子系统、政府调控子系统，这些子系统及其内在要素的行为和职能关系着房地产业系统是否能够有效地运行。各个子系统具体的职能和行为是由子系统中的主体来完成的，这些主体存在于不同子系统中，目标与行为方式不尽相同，但系统有效运行依赖于各个主体间相互协调，从整体出发，完成系统目标。由于消费者、房地产开发企业、金融企业、政府的目标不尽相同，而表现的行为就多种多样，不同主体行为间存在大量的矛盾，而这些因素加大了系统的复杂性和动态性，因此明晰各主体目标和行为以及之间的矛盾，为动态分析房地产业健康提供理论基础，从而进一步明确房地产业健康的内在作用机理。

第六章　中国房地产业健康发展系统动力分析

　　房地产业健康发展是一个系统问题，由一定结构要素、子系统构成，这些主体或者要素的目标、行为以及之间的关系决定了房地产业的健康发展。房地产业健康发展是一个动态的过程，房地产业健康发展系统结构模型是基于静态的描述和分析，因此需要运用系统动力学（SD）的方法，分析房地产业健康发展的动态运行，进一步明晰房地产业健康发展的动态作用机理，分析和研究房地产业的健康发展。

第一节　消费子系统 SD 分析

　　消费者的购房行为构成了房地产健康发展系统的消费子系统（如图 6-1 所示），消费者购房行为是房地产健康发展系统的基础和系统存在的依据，消费者对于房地产的需求量取决于三个因素：一是人口的数量，人口越多，对于房地产的需求越大；二是房价收入比，即房地产价格与消费者收入水平的比较，消费者购房资金主要来源是消费者自有资金和借贷资金，消费者购买房屋时，需要衡量房价和自有资金，当房价超出消费者支付能力时，消费者则不会发生购买行为；三是价格上涨预期，即消费者对于价格变化趋势的心理预期，当消费者预期房地产价格未来会持续上涨时，则消费者会采取购房行为。基于房地产需求量，消费者子系统包含正负两个反馈环：

　　房地产需求量 - 供求比 - 房地产价格 + 房价收入比 - 房地产需求量

　　房地产需求量 - 供求比 - 房地产价格 + 价格上涨预期 + 房地产需求量

　　房价收入比因素和价格上涨预期因素对于房地产需求所起的作用相反，房地产需求量增加，造成房地产供应和需求比例降低，房地产价格上涨，一方面造成房价收入比上升，房地产需求量减少，从而增加供求比，造成房地产价格回落，这是一个自我调节负反馈环。另一方面，房地产价格持续上涨，造成消费者价格上涨预期增加，提高了房地产需求量，造成房地产价格进一步上涨，这是价格不断强化的正反馈环。

进一步分析（如图 6-2 所示），将消费者需求分为居住性需求和投机性需求，显然房价收入比因素和价格上涨预期对于两种需求的影响是不一样的。对于居住性需求而言，消费者在购买住房时，综合考虑房价收入比和价格上涨预期两个因素，即如果房价已严重超出其支付能力的，则消费者放弃购买，即资金约束作用。由于供求调节机制，消费者实际消费并不会产生极大的扭曲。而对于投机性需求而言，投机者的资金约束较小，一方面，投机者一般拥有一定的资金来进行投机；另一方面投机者投机时，更加关注的是价差，即短时间内通过价差来获取利润，对房价是否脱离市场基础价值和房屋本身并不关心，造成投机性需求的正反馈环，即价格上涨预期 + 投机性需求 - 供求比 - 房地产价格 + 价格上涨预期，同时这种不断强化的正反馈造成了对居住性需求的挤压，即价格上涨造成房价收入比增大，从而减少了居住性需求。

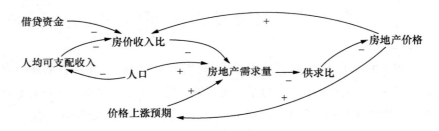

图 6-1　消费子系统因果关系

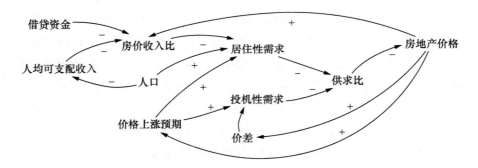

图 6-2　消费子系统下居住性需求和投资性需求因果关系

所以，综合上面分析，消费子系统产生房地产泡沫的途径主要有两个，一是价格上涨预期正强化，价格上涨预期造成需求量放大，价格持续上涨，房价收入比提高，使房价脱离市场基础价值；二是投机性需求对于居住性需求的挤压，价格上涨，产生大量投机者，造成价格持续上涨，投机性需求继续放大，房价收入比提高，挤压居住性需求，房价脱离市场基础价值，房屋空置率高。这两个途径可以引发房地产泡沫破裂的危险。

第二节　生产子系统 SD 分析

房地产开发企业开发行为构成了房地产业健康发展系统的生产子系统，它是房屋的提供者，是房地产业健康发展系统的关键，与消费子系统构成房地产市场。房地产开发企业通过开发房屋，向消费者提供他们所需求的房屋，从而获得利润和再生产的资金，进而促进房地产开发企业进一步发展。

如图 6－3 所示，消费者对房屋的需求，促使房地产开发企业购置土地、开发建设，提供消费者所需的住房，房地产开发企业的资金来源主要有三种，即一是企业的自有资金，二是企业借贷资金，三是销售收入。房地产开发的主要成本由土地成本、建筑成本、资金成本、税收成本、管理成本和销售成本构成，房地产开发企业销售收入，扣除各项成本，是房地产开发企业的利润，用于房地产开发企业进行再生产。单纯从经济角度来看，在供不应求的前提下，房地产开发企业更愿意开发利润高的房子。如果消费者的需求层次不断提升，消费者愿意花更多的钱去买适合自己需求的房屋，房地产开发企业能够提供消费者所需，销售额和利润就会增加，房地产开发企业就会愿意将更多的资金投入到消费者实际需求中去，整个生产子系统处于一种良性循环。

但是在实际中，房地产开发企业为了自己的利润更倾向于高利润房屋的建设，房地产开发企业提供的房屋并不一定都是消费所需要的，即房地产开发企业供给不是有效的，这样就会产生一些供求不平衡问题。

如图 6－4 所示，生产子系统与消费子系统共同构成了房地产市场，从房地产业健康发展角度来看，当房地产开发企业的供给是有效供给时，消费者购房行为和房地产开发企业的开发行为构成良性循环，即房地产开发企业提供的产品正是消费者所需要的，而消费者也愿意为此支付金钱，随着消费需求的不断升级，房地产业持续健康发展。当房地产价格过高时，消费者可以放弃购买，促使房地产价格下降，房地产开发企业就会减少有效供给。

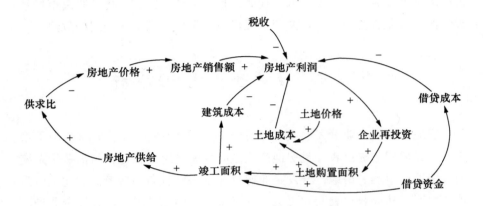

图 6 – 3 生产子系统因果关系

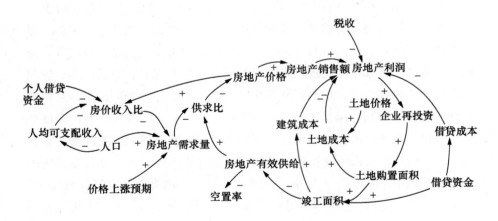

图 6 – 4 房地产市场因果关系

如果我们再考虑消费者投机性需求（如图 6 – 5 所示），就可以发现房地产市场泡沫产生的几个重要途径，一是价格上涨预期，促使价格不断上涨，房价收入比不断扩大，房地产价格脱离市场基础价值；二是投机性需求，促使供求比例失衡，房价不断上升，房价收入比不断扩大，挤压居民正常的居住性需求，导致房屋空置率提升；三是有效供给不足，即房地产企业开发的住房不是消费者所需要的，有效供给不足，造成供求比失衡，局部供不应求，造成房地产价格上涨，房价收入比失衡，同时造成空置率提高。综合三者因素，价格上涨预期、投机性需求和房地产有效供给，围绕供求比形成一种恶性循环，推高房地产价格，产生房地产泡沫，随着投机性需求增加，造成对居住性需求的挤压，房地产价格攀升，而房地产开发企业更喜欢提供房价高的产品，这时房地产有效供给主要是满足投机需求的，造成居住性需求有效供给的进一步不足，供求比进一步失衡，继续推高房价，房价收入比失衡，空置率增加，泡沫进一步加大。

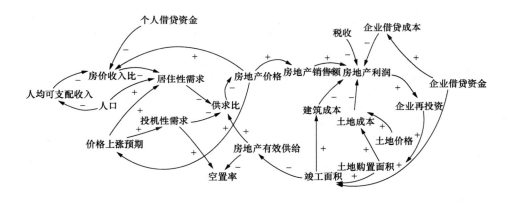

图 6 – 5　考虑投机性需求房地产市场因果关系

第三节　信贷子系统 SD 分析

金融企业的信贷行为构成了房地产业健康发展的信贷子系统，是房地产开发企业和消费者资金的主要来源。从金融企业角度来看（如图 6 – 6 所示），金融企业在追求利润最大化的同时，尽可能控制金融风险。在房地产市场，金融企业主要通过向房地产开发企业和消费者提供贷款，收取贷款利息，形成金融企业利润。随着金融企业贷款额度的增加，外部所面临的坏账损失风险就会增加，即产生坏账损失，这样就会影响到金融企业的利润，甚至产生金融风险，而影响到整个国民经济。

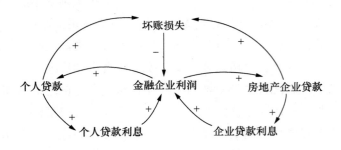

图 6-6 金融企业信贷因果关系

如图 6-7 所示，在房地产市场里，金融企业的资金供给起着"催化剂"作用，当房地产市场良性循环时，金融企业的资金有助于房地产市场的良性循环，在消费者和房地产开发企业需要资金时，金融企业可以满足消费者和房地产开发企业的资金需求，促进房地产市场的良性循环，金融企业在获得一定利润的同时，又保证金融风险在可控范围之内。相反，当房地产市场形成房地产泡沫时，金融企业行为可能会增加房地产泡沫，增加金融风险，原因在于金融企业促使市场上投机性需求增加和有效

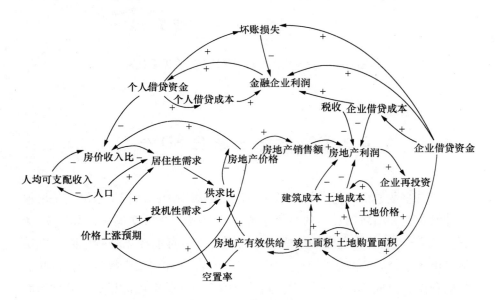

图 6-7 房地产业中金融企业信贷因果关系

供给失衡。一方面，随着房地产价格攀升，产生房地产价格上涨的预期，房价收入比攀升，给消费者带来买房压力，个人借贷资金可以缓解消费者资金压力，促使一部分消费者忍受高房价条件，借助银行贷款继续购买房屋，造成供求比进一步失衡，进一步推高房地产价格；另一方面，在房地产市场有效供给不足时，即消费者需求并不满足，消费者停止购买行为，房地产开发企业就会缺乏资金，而金融企业通过提供开发贷款的方式，解决房地产开发企业资金困难，继续增加无效供给，造成供求比进一步失衡。这两个方面都会使金融企业面临较大的金融风险，当房地产开发企业和金融企业间产生相互依赖时，会继续推高房价，将产生更大的金融风险。

第四节　调控子系统 SD 分析

由于房地产业健康发展系统中各个主体目标和行为不完全相同，实力也不同，利益相同的主体有可能产生"共谋"而损害其他主体利益，所以单纯靠市场调节是不够的，还需引入政府，利用政府宏观调控来抑制各主体非理性行为。在理性条件下，中央政府对于房地产业管理主要是通过宏观调控和措施来进行的，对于房地产的调控政策主要集中在抑制价格快速上涨、抑制投机性需求和增加有效供给上，主要有土地政策、金融政策、税收政策、住房政策等，除金融、税收政策外，大部分调控政策由地方政府具体实施。具体表现为土地约束、税收约束、信贷约束、投机性需求约束（如图6-8所示）。

土地约束是指政府利用土地政策，主要包括土地利用方向、利用结构、利用强度和利用方式等方面，来调控房地产市场土地供给，从而影响房地产市场供给。

信贷约束是指通过信贷规模和信贷条件来限制信贷支持，从而影响房地产市场供给和需求，包括企业信贷约束和个人信贷约束。房地产开发企业的信贷约束是指通过对房地产开发企业贷款规模和贷款条件的限制，提高房地产开发企业进入市场的门槛和成本，控制房地产市场供给；对个人信贷的控制，主要是利用信贷的条件和信贷规模来限制投机性需求的资金来源，如首付款的比例、贷款利率、贷款条件等。

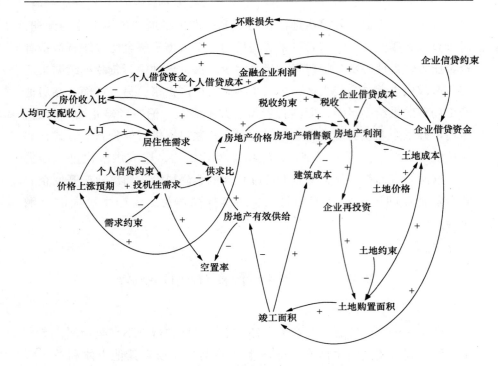

图 6 – 8　理性条件下调控子系统因果关系

　　税收约束是指通过对房地产的经营活动中开发、保有和转移等环节，利用税收来提高房地产开发企业进入房地产市场的门槛，但是税收加重了消费者购房的负担。

　　投机性需求约束是指利用限购等措施，打击房地产投机行为，规范房地产市场，从而对市场起到调控效果。

第五节　中国房地产业健康发展的系统 SD 分析

　　在实际中，由于各主体的目标和行为并不一致，政府调控行为并不一定完全理性，这些影响了政府实际调控效果。在分析房地产业健康发展系统中的消费子系统、生产子系统、信贷子系统和调控子系统后，得到房地产业健康发展系统整体的 SD 因果关系图（如图 6 – 9 所示）。从关系图中可以看出，房地产业健康发展的核心是系统中产业运行与产业泡沫的平衡，在实际运行中，平衡各主体利益，协调和约束系统中的消费行为、生产行为、信贷支持行为和调控行为，促进房地产业有效运行，降低产业泡沫所带来的风险，实现房地产业与整个国民经济和相关产业的协调发展。

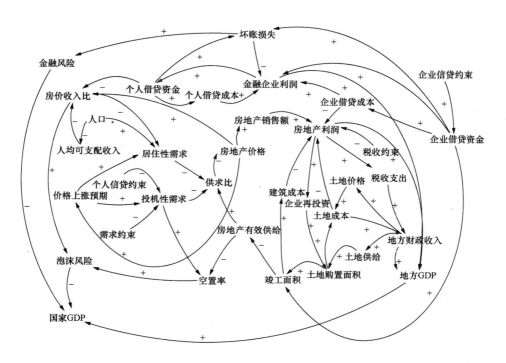

图6－9　房地产业健康发展系统因果关系

　　房地产业健康发展的动态分析包括各个子系统和系统整体的动力学分析。消费子系统中，房地产业健康发展取决于消费者是否理性，一是消费者对于价格的预期的正强化作用，价格上涨预期造成需求量放大，价格持续上涨，房价收入比提高，使房价脱离市场基础价值，造成房地产泡沫；二是投资性需求对于正常的居住性需求的挤压，价格上涨，产生大量投机者，造成价格持续上涨，投机性需求继续放大，房价收入比提高，挤压居住性需求，房价脱离市场基础价值，房屋空置率提高。生产子系统中，房地产企业开发企业为消费者提供房屋商品，单纯从经济角度来看，在供不应求的前提下，房地产开发企业更愿意开发利润高的房子，房地产企业开发的房屋往往不是消费者所需要的，如果有效供给不足，造成供求比失衡，局部供不应求，造成房地产价格上涨，房价收入比失衡，同时造成空置率提高。信贷子系统中，金融企业资金供给起着"催化剂"作用，当房地产市场良性循环时，金融企业更有助于房地产市场的良性循环，个人消费和企业开发需要资金时，金融企业可以很好地满足企业的资金方面的需求。为了保证房地产市场良性循环，金融企业在获得一定利润的同时应保证金融风险控制在合理的范围之内。相反，当房地产市场形成房地产泡沫时，金融企业贷款支持可能会增加房地产泡沫，并造成极高的金融风险，原因在于金融企业促使市场上投资性需求增加和有效供给更加失衡。调控子系统中，中央政府对于房地产业管理主要是通过宏观调控和措施来进行的，对于房地产的调控主要集中在抑制价格快速上涨、抑制投机性需求和增加有效供给上，主要有土地政策、金融政策、税收政策、住房政策等，除金融、税收政策外，大部分调控政策由地方政府具体实施，具体表现为土地约束、税收约束、信贷约束、投机性需求约束。整体来看房地产业健康发展的核心是系统中产业运行与产业泡沫的平衡，以及与整个国民经济和相关产业协调发展，在实际运行中，平衡各主体利益，协调和约束系统中的消费行为、生产行为、信贷支持行为和调控行为，促进房地产业有效运行，降低产业泡沫所带来的风险，实现房地产业与整个国民经济和相关产业的协调发展。

第七章　中国房地产业健康发展的政策建议

从整体来看，房地产业健康发展的核心是系统中产业运行与产业泡沫的平衡，以及与整个国民经济和相关产业协调发展。在实际运行中，平衡各主体利益，协调和约束系统中的消费行为、生产行为、信贷支持行为和调控行为，一方面促进房地产业健康发展，另一方面降低房地产泡沫所带来的风险，实现房地产业与整个国民经济和相关产业的协调发展。

为此从完善政府调控政策、控制金融风险、规范房地产开发企业行为和正确引导消费者消费理念四个方面提出我国房地产业健康发展的对策建议。

第一节　完善政府调控政策

一　完善法律法规体系建设

市场经济具有活力和自我调节功能，但其调节作用往往有滞后性，尤其在市场经济的初期，市场经济自身发挥作用还不完备，需要政府制定法律、法规和制度的指导和帮助。政府做好顶层设计和执行效果的评估、监督，充分发挥政府和市场的双重作用，引导房地产业健康、平稳地发展。

在中国特色的社会主义市场经济条件下，政府的职能主要表现两个方面：一是引导市场，弥补市场的缺陷，政府需要担负起相应的职能，最大限度地减少市场经济的消极面。二是政府干预市场不仅是为了纠正市场缺陷，而且是有效地调控市场，有利于房地产业健康发展。

在房地产业，政府通过转换职能，完善针对房地产业的法律法规，发挥市场的调控作用，多用经济手段，少用行政手段，关注顶层设计，建立房地产业健康发展的长效机制，建立促进房地产业健康发展的法律法规体系，并严格执行，引导、指导房地产业平稳、健康地发展。

国家法律法规制定需要充分从保障基本需求、满足改善性需求、支持投资性需求、抑制享受性需求、制止投机性需求方面进行研究，促进房地产业健康发展。

（一）完善房地产业法律法规体系

在国家法律层面尽快出台《国家住宅法》，确立该法的权威地位，在《国家住宅法》框架基础上，各部委、地方政府结合部门职能和当地实际情况出台相应的法律法规，互相配套，共同规范房地产业市场，为房地产业健康发展提供良好的政策和体制环境，确保居民基本的住房权利。

（二）出台《住房保障法》

尽快出台《住房保障法》，以填补保障性住房法律空白。通过立法促进保障性住房建设，通过立法明确保障对象、保障标准和保障范围；明确土地和资金来源，解决保障性住房土地和资金问题。通过立法建立保障性住房建设长效机制，规范保障性住房建设。

二　加强法律法规执行监督

（一）统一中央政府与地方政府的目标

中央政府是房地产业相关政策的制定者和市场秩序的维护者，中央政府是从经济健康运行、国民安居乐业角度来考虑房地产业发展的，所以中央政府的行为与目标主要包括经济和社会两个方面，从经济角度来看，促进房地产市场健康繁荣、平稳有序发展；从社会角度来看，满足国民日益增长的居住性需求。地方政府是中央关于房地产调控政策的传达者和实施者。一是地方政府要贯彻落实中央关于房地产的相关调控政策，负责本地区相关政策的落实、管理和监督；二是地方政府要传达信息，同时向中央反馈信息，观察和研究相关政策的执行情况和效果；三是具体实施中央制定的相关政策，由于各地区经济发展水平和房地产业发展情况并不一致，各级政府根据中央调控政策的精神、方向、重点等，结合本地区的实际情况，制定适应本地的房地产调控政策。从目标上看，对于房地产调控，中央政府与地方政府的目标应该一致，应该保证房地产业健康平稳发展，同时满足居民的居住需求，但是由于地方政府的自身利益，地方政府在实际执行过程中，弱化甚至扭曲房地产调控政策，形成了不同于中央政府的目标。地方政府的目标：一是追求地方政绩。在现行的政绩考核中，GDP仍然是衡量地方政府绩效的重要指标之一，城市的经济增长集中体现了地方官员的政绩，政府主导型经济不可避免地要以 GDP 增长为中心。二是追求地方财政收入。1994 年分税制改革以后，地方政府收入来源大大缩小，一些地方财政入不敷出，土地出让收入等已成为许多地方政府财政预算外收入的重要来源。需要将中央政府的目标与地方政府的目标统一起来，地方根据各自的实际情况制定符合中央政府目标的具体措施。

（二）综合运用土地、财税、金融、法律、行政等手段

房地产具有满足居住的消费属性，也具有保值升值的投资属性，房价由土地价格、建设成本、管理成本、财务成本、企业利润以及预期组成。房价不是一个政策就能决定升降的，调控房价需要财政、税务、土地等各方面互相配合，综合运用财税、金融、法律、行政等手段，是政府对房地产市场进行宏观调控的有效方式，任何单一措施是不会有明显效果的。自2003 年以来，几乎每年都出台房地产业调控政策，但效果不佳，越调越高，以行政手段为主的调控政策，有时能起到立竿见影的效果，但不会持久，行政手段具有短暂性。因此，在调控政策方面要减少行政手段，加强经济手段的使用。

（三）加强守法意识和政策执行的监督力度

培养和树立法律的严肃性意识，政策执行机构要严格依法办事，做到有法必依。中央政府的政策，需要地方政府认真地、不折不扣地执行到位。地方政府的政策，需要银行、房地产开发商、消费者、中介机构执行到位。中央政府强化对地方政府的监督，监督评价作为考核地方政府的指标之一，地方政府强化对房地产开发商、消费者和中介机构的监督。

三　构建保障性住房与商品房二元结构

政府和市场在保障性住房建设和商品房建设方面各自发挥主导作用。单靠市场并不能很好地解决所有人的住房问题，特别是低收入群体的住房问题，政府负责解决中低收入人群的保障性住房建设，商品房市场在政府的有效监管下，充分发挥市场的调节作用，减少对商品房的限制，市场的问题让市场解决。构建保障性住房与商品房市场二元结构，政府和市场结合才是保证房地产业健康发展的有效途径。

转换政府职能，管好政府该管的事。借鉴新加坡、中国香港特区的经验，保障性住房建设就是政府应该管好的事情，而商品房市场由市场管理，商品房价格变化由市场确定，没有必要过度地限制。只是地方政府为促进地方经济的发展，更多关注能带来更大收益的商品房土地的供给，忽

视保障性住房土地的供给。目前我国不同地区经济发展水平不统一，依据当地经济发展的水平、居民的收入和对房价的承受能力，制定不同的保障性住房与商品房之间的数量比例，商品房市场让市场决定其发展，减少对商品房市场的过度人为干涉。

四　建设房地产业信息化共享平台

信息化是李克强总理提出的"新四化"之一，房地产业信息化建设和应用，可以为中央政府、地方政府以及各行各业提供准确、及时和全面的信息。全面推进、实施房地产业信息化，有利于为政府准确地制定各项政策提供准确的信息，有利于政府监控政策的实施，有利于提升政府的管理效率和水平，有利于缓解房地产业结构性矛盾，有利于建立房地产业预警体系，防止风险。自 2003 年以来系列房地产调控政策大量出台，但房价越调越高，其中原因之一就是在各种政策出台前没有全面、及时、准确地掌握房地产业以及相关产业的信息，因此我国应从国家层面推进房地产业信息化建设，建设房地产业信息化共享平台，促进房地产业健康、平稳地发展。

（一）充分认识信息化和数据准确性的重要意义

人类历史上有三次重要的技术革命，其中第一、第二次技术革命以蒸汽机和电力为主导，解决了人类体力的不足，第三次技术革命以信息化为主导，解决了人类脑力的不足。房地产业信息化共享平台可以及时、全面和准确地获取房地产业以及相关产业的信息，为房地产业的健康、平稳发展制定相关的政策提供依据，并监督各项政策的实施。由于中央政府和地方政府在调控目标上的不一致性，导致行为差异性，中央房地产调控政策没有达到预期效果，地方政府往往会对各种房地产数据进行加工和修饰，造成数据不准确，从而影响中央政府的决策。因此，应该加强对地方政府有关房地产上报数据的监管，杜绝虚假信息的传播，保证房地产信息和数据的准确性，为中央政府制定正确的决策提供真实、准确的信息。

（二）构建跨部门房地产业信息化共享平台

建立房地产统一登记制度和房地产信息全国联网。目前涉及房地产业方面的信息，分别存于各个不同的部门，如国土、交易中心、金融、税务、审计、开发管理局、建委、房地产企业等，但各部门没有实现信息连接，各自成为"信息孤岛"，各部门各自为政，采用不同的标准、不同的数据库存储、不同的开发平台和语言，造成各部门之间的信息无法兼容对接。完整、准确的房地产业信息化需要由多部门联合完成，共同构建统一平台、统一标准、统一语言、统一数据库、统一身份认证体系的房地产业信息化共享平台，实现网上申报、网上审批和网上监督。

建立国家级、省级、市级和县（市）级房地产业信息化共享平台，四级平台联网，信息共通，为中央和各级地方政府监控房地产业健康、平稳、有效发展提供准确的基础数据。

由土地信息、开发信息（含开工信息、竣工信息、投资信息）、二手房交易信息、一手房交易、人口信息（含家庭成员信息）、银行信息（含个人收入信息、银行信用信息、外资流动信息等）、房地产企业信息七个子系统构建房地产业信息化共享平台。

（三）加强房地产业安全预警系统建设，统一评估标准

房地产业安全评估涉及国土、交易中心、金融、税务、审计、房地产企业等部门，亟须建立统一的统计标准，统一语言。目前各部门统计标准不统一，如空置率的统计，目前就没有统一的标准，还在讨论中，为使统计数据有效，需要统一空置率的统计标准。

（四）加强网络安全，保障房地产业信息化共享平台运行

随着信息化技术的发展，网络黑客、网络攻击等危害信息化的技术也不断提升，网络安全隐患不断增加，加强网络安全保护工作，防止大量信息流失和篡改。对房地产信息化共享平台的大量信息，设计授权管理体系，该公开的数据对外公开，涉及保密数据用授权的方式，限制在一定范围内使用，既保证信息的透明度，又保证信息的保密性。

（五）重视专业人才的培养

由于信息化要求专业人才素质较高，目前各级政府和企事业单位中，信息化专业人才较少，不能完全满足房地产业信息化共享平台建设的需要，这需要各级政府和企事业单位，重视专业人才的培养力度，满足信息化建设对人才的需求，为房地产业信息化共享平台建设提供保障。

（六）加强房地产市场监测分析

建立健全房地产信息化共享平台和统计制度，完善市场监测分析机制，准确把握房地产市场走势，及时发现市场运行中的新情况、新问题，提高调控措施的预见性、针对性和有效性。

五　规范房地产业投资行为

房地产业不同于一般消费品，它兼具消费和投资两大特性，满足人们

居住的需要，具有消费属性，房地产投资是以获取预期收益为目的，又具有投资属性。既有实体经济的属性，又有虚拟经济的属性。房地产业的发展服务于实体经济的发展，既体现了房地产业的保障功能，又体现了房地产业的支持功能。实体经济的发展促进房地产业发展，房地产业发展又服务于实体经济。

房地产业与其他实体经济之间存在竞争关系，由于房价持续上涨，造成大量主业不是房地产的实体企业进入房地产业，如以生产服装为主业的雅戈尔、牛仔布行业的江苏黑牡丹、生产电缆的新潮实业、以农业为主业的顺鑫农业、海尔以及海信、青岛啤酒等，这些企业将有限的资金投向回报更丰富的房地产业，导致流向实体经济的资金严重不足，房地产业成为巨大的"吸金池"，造成实体经济"失血"，给实体经济的复苏埋下隐患。

（一）准确监控资金流向

在实施积极财政政策和适度宽松货币政策的同时，要对实体经济企业的资金流向保持密切监管、监控，确保资金能最大限度流入实体经济，而不是投向非主业范围，尤其是房地产业。

（二）税务政策调节

企业需要追求利润的最大化，如果房地产业的利润持续较高，就无法阻止实体经济企业进入房地产业，也无法阻止实体经济企业的长期资金抽逃到房地产业，可以通过税收的调节作用，实行减税政策，减少实体经济企业税务负担，政府要引导、鼓励实体经济企业的发展，帮助实体经济渡过难关。

（三）政策引导资金流向实体经济

政府出台一系列政策，引导民间资本投资实体经济，引导金融业服务于实体经济。政府引导的核心是通过各种手段减轻实体经济的负担，增加实体经济的收益，通过政策引导、利益引导等方式引导资金投向实体经济。

六　减少对土地财政的依赖

1994 年分税制改革后，地方政府事权扩大而财权减少，导致地方政府财政支出增加，财政收入减少。土地收益归地方政府，而且属于预算外收入，导致地方政府依靠"土地财政"来维持地方政府的职能。我国目前房价偏高，甚至局部存在房价泡沫，需要从商品价格的基本规律入手，分析由于高房价而形成的既得利益链条的各个环节，制定符合经济规律和市场规律的政策，防止房地产业泡沫的产生和加剧，保障房地产业健康发展。

1994 年分税制改革后，地方财政收入占全部财政收入的 44%，地方政府财政支出占全部支出的 70%，造成地方政府财权比例下降，但事权却增加。地方政府为发展当地的经济，需要大量的资金，靠"土地财政"的方式获取发展资金成为地方政府的选择。买卖土地收益占地方财政收入的 37%，有的地方甚至达到 60%，成为地方政府真正的"第二财政"。出现了政府炒地、社会资本炒房的现状。在地方政府的推动下，土地价格不断升高，在"招拍挂"中"地王"频现，在房价的价格组成中，土地价格占房价的 40%，甚至 50%。土地价格的不断升高，造成房价的不断升高，需要从源头抓起，改变目前地方政府对土地财政的依赖。

（一）给予地方政府更多财政自主权

1994 年分税制改革后，地方政府的财权减少，而事权增加，造成地方政府依靠土地财政的方式获取地方发展资金。因此，要进一步完善分税制，增加地方政府税收享受比例，给予地方政府更多的财政自主权。

（二）开源节流，减少地方政府对土地财政的依赖

增加财政收入使用的透明度，减少重复投资，减少为形象工程而造成的铺张浪费，减少不必要的财政支出；完善房地产业税收，增加房产税等税种，增加地方政府财政收入。

（三）调整地方政府考核标准

房地产业对上下游经济的带动作用巨大，房地产业的发展能促进当地的经济增长，能提升 GDP 等经济指标。目前对地方政府的考核和政府官员的提拔标准是国家为主体、上级对下级的考核，是自上而下的体制内的一种考核体系，主要有 GDP 等指标，房地产业是增加投资和获取财政预算外收入的主要途径，是增加 GDP、提升形象的主要手段，这就导致地方政府对发展房地产业积极性和对土地财政的依赖。借鉴美国、德国、日本等发达国家经验，以公民权利为基础，以社会为评价主体，建立国家对地方政府科学、合理的评价体系和指标，由非政府组织完成对政府的评价，加强媒体等舆论的监督。每届政府、每任领导班子借了多少债、还了多少债、留下多少债务需要经过审计部门的审计，对当任政府领导班子的考核，不仅要审核干了哪些事，还要看花了多少钱，给后来者留下多少债务。

（四）完善"招拍挂"土地出让方式

2002 年 4 月 3 日出台的《招标拍卖挂牌出让国有土地使用权规定》和"招拍挂"方式的具体实施，使房地产开发企业获取土地的方式更加透明，减少了"暗箱操作"，但"价高者获地""招拍挂"方式和地方政府为获取高额的土地出让金，减少土地供应量，推高了地价，造成各地"地王"频现，导致房价升高，在局部地区导致房地产泡沫产生，甚至有加剧的趋势。目前需要对"招拍挂"土地出让方式进行完善，可以实行对建设保障性住房的土地和建设商品房的土地区别对待，对建设保障性住房的土地采取综合评估"招拍挂"方式，不是单纯以价高者获地，价格仅仅是一个指标，增加开发企业的信誉、既往工程情况等指标。对建设商品房土地，完全市场化，采用"招拍挂"土地出让方式，价高者获地。这样既可以满足保障性住房建设需要，合理控制保障性住房开发成本，又满足商品房建设，还可以完善政府职能，政府管好政府该管的事，市场的问题由市场解决，对市场问题政府只加强监督和指导。

（五）加强地方政府对土地出让金的监控

通过行政手段、社会舆论手段加强土地出让金的使用监控，建立科学合理的收支管理，将土地出让金管理纳入地方预算，强化地方政府公开土地出让金的预算管理，建立科学、合理的收支管理，增加土地出让金收支管理的透明度，接受行政、社会舆论的监督。

七　优化住房结构

优化住房价格主要是优化保障性住房与商品房住房结构，政府主要关注保障性住房建设，商品房建设问题由市场解决。改善城市中低收入居民的居住条件，是重要的民生问题，加快建设保障性住房，对于改善民生、促进社会和谐稳定具有重要的意义。

1998 年 23 号文件出台以后就提出了商品房建设归市场，保障性住房建设归政府的要求，由政府建立保障性住房体系，但没有落实执行。为强化建设保障性住房的政府职能，1999 年出台了《城镇廉租住房管理办法》、2007 年修订了《经济适用住房管理办法》、2010 年颁布了《关于加快发展公共租赁住房的指导意见》，但各地政府在执行中没有重视保障性住房建设，政府职能缺位，没有管好政府应该管好的事，造成商品房与保障性住房建设脱节，保障性住房建设远远落后于商品房建设，造成低收入人群住房困难，出现不和谐声音，导致社会矛盾产生。

（一）优化住房结构，促进和谐社会发展

充分发挥政府保障机制，合理配置资源，优化住房结构。中低收入人群由政府建设保障性住房解决其居住需求；高收入人群由市场（商品房）来解决其居住需求；中间人群通过经济适用房解决其居住需求，建立我国保障性住房和商品房住房体系，满足居者有其屋的需求。我国各个地方经济发展不平衡，存在很大差异，不易制定全国统一的标准，各地政府可以根据当地的经济发展水平、个人收入、当地的消费水平等具体情况，制定保障性住房和商品房的建设比例。

（二）强化政府职能，推进保障性住房建设

政府在管好保障性住房的基础上，由市场决定商品房的基本估值与定价。我国地域广阔，各地经济发展水平不一样，保障性住房与商品房的比例，不易制定全国标准，各地可以根据当地的经济发展水平、人均收入水平等指标，制定不同的标准，核心是满足中低收入家庭的居住需求。

（三）建立健全保障性住房分配机制设计和监督

保障性住房分配过程中，加强监督，建立在执行过程中允许甚至鼓励政府部门、大众与社会舆论等多种渠道的监督体系，防止出现类似武汉的"六连号"事件。

（四）设计合理的保障性住房准入和退出机制

建立明确、清晰的准入条件。设计合理、可操作性强的退出机制，当原购买保障性住房的业主，有购买商品房需求时，设计好退出机制，满足改善性需求。随着收入的增加，原居住保障性住房对象，如何退出，退出时产生的溢价收益如何分配等，建立明确、可执行的政策。

（五）强化监管，加大处罚力度

加大对骗取保障性住房资格者的惩处力度，如罚款、终身不再受理其住房保障申请，尤其是国家公务员，执法犯法，可以加大惩罚力度。

八　实现人口城镇化与房地产业协调发展

（一）人口城镇化视角下的房地产业健康发展

一是系统规划保障人口城镇化与房地产业协同发展，房地产是城镇化的载体，实现人口城镇化是目标，房地产的发展是手段，手段要为目的服务。在城镇化建设中，房地产业是一个先导性、基础性产业。城镇化是发展经济的最大引擎，房地产业需要与城镇化建设同步，要与当地经济发展水平协调，既要为相关产业的发展提供平台，又要解决居民的住房问题。

二是充分认识和理解人口城镇化的重要性。人口城镇化是以人为核心的城镇化，不仅要实现土地城镇化，也要实现人口城镇化，防止"穿新鞋走老路"。城镇化是一项长期的国策，当一个国家的城镇化率达到30%以后，城镇化进入快速发展的渠道，当达到75%以后，进入相对稳定期。目前我国城镇化率因各地区发展不均衡，如北京、上海、广东、深圳达到75%以上，而二、三线城市和中西部地区城镇化率在35%—50%，进入快速发展期，按0.9%的增长速度，需要15—20年的时间才能达到70%的城镇化率的目标，发展空间巨大。消费、投资、出口是拉动经济增长的"三驾马车"，城镇化建设既可以增加投资，也可以扩大内需，改变我国目前主要依靠投资来促进经济增长的模式，促进地方经济健康、合理地发展，人口城镇化建设具有重大意义。三是保障性住房与商品房协调发展。目前保障性住房建设还停留在解决城市中低收入人群的住房问题，没有涉及农民工住房问题，随着城镇化水平的不断提高，大量的农村人口进城，而且这些新进入人员收入水平不高，需要政府解决住房问题，所以中国真正的保障性住房建设才刚刚开始，保障性住房建设任务还很艰巨。四是集约化利用土地，减少土地浪费。随着政府推进城镇化建设的提速，城镇化需要房地产业提供大量的住宅和城市配套设施。房地产业发展史上第二次"刚需"人群被唤醒，不仅仅是住宅地产，而且工业地产、商业地产、旅游地产等会有进一步的发展，这些地产的发展需要大量的土地来支撑。我国人多地少，完成城镇化建设需要大量的土地，需要政府利用政策来约束房地产的发展，充分利用现有土地的改造，提高容积率等指标，提高土地的使用率，减少土地资源的浪费。五是全面提升房地产开发企业的综合能力。城镇化一方面给房地产业带来机遇，另一方面也对开发企业和从业人员提出更高的要求。城镇化不是房地产化，房地产业虽然能参与城镇化建设，但还要有配套的服务业、相关产业的带动，要求开发企业和从业人员具有更加专业的城市政府开发能力，对城市区域进行整片开发，需要有规范化、标准化和高效化的能力满足城镇化建设的需要。开发企业需要根据城镇化的要求调整企业的开发模式、业务布局和产品线。在参与城镇化建设过程中，开发企业在追逐利益的同时，要更多地考虑社会效益和环境效益，增强自身的社会责任感，争取使有限的资源得到最大化利用，在建筑上多采用绿化、低碳、节能、环保的产品。房地产开发企业根据自身创新能力强等特点，结合自身状况进行转型创新，通过转换思维方式，以高科技、文化创意、旅游度假、养老产业、生态农业等新兴产业为先导，以房地产业作为平台，跨界整合资源，做好服务和运营，创造出各种房地产业与城镇化互动发展的新模式，推动房地产业和城镇化的发展。

（二）构建人口城镇化评价体系，指导房地产业健康发展

城镇化承担着增加投资和扩大内需的重任。人口城镇化是核心，农民离开农村到城市落户，由农民变市民，农民不仅要进得来、住得下，而且还要能发展、能富裕。

党的十八大提出了"新型城镇化"，李克强总理提出"新型城镇化是以人为核心的城镇化，人口城镇化"。在过去十几年，我国一直在依靠"土地财政"进行城镇化建设，旧城镇化存在的主要问题是推进了土地城镇化，但没有实现人口城镇化。土地城镇化是可以挣钱的，而人口城镇化是要花钱的，地方政府对推行人口城镇化缺乏主动性和积极性。在新型城镇化建设时期，如何在进一步推进人口城镇化建设的同时，加快房地产业协同发展，同时如何评价人口城镇化建设，引导、指导和考核地方政府进行人口城镇化建设，是摆在各级政府和房地产业从业人员的重要课题。人口城镇化的发展，需要建立人口城镇化建设评价体系。人口城镇化指标选择包括经济发展、公共服务、基础设施和个人发展四个方面，共计24项指标。

（1）经济发展指标。含建成区常住人口密度、城镇单位二三产业从业人员占社会人员从业比重、人均生产总值、人均公共财政预算收入4项指标。

（2）公共服务指标。含人均教育财政支出、千人拥有医生数、人均拥有的公共文化设施面积、城镇养老保险常住人口覆盖率、城镇基本医疗保险常住人口覆盖率、千人拥有养老床位数、保障性住房覆盖率7项指标。

（3）基础设施指标。含人均城市道路面积、城市20M及以上宽带覆盖率、万人拥有公交车数量、建成区绿化覆盖率、城市管道燃气率、污水集中处理率、生活垃圾无害化处理率7项指标。

（4）个人发展指标。含人均可支配收入、人均消费性支出、万人拥有大学生数、城镇登记失业率、人均住房建筑面积、社会归属感满意率6项指标。

以上指标采取目标值法设定指标标准值和权重。

九　完善优化税收体系

房屋的销售价格是在房地产开发企业缴纳的税费、土地出让金、建安成本和财务成本基础上，再加上开发企业的利润的合计。房地产开发企业的税费是房屋销售价格的一部分，税费的变化最终将由开发商转嫁到消费者身上，导致房价的变化。

房地产税收在房地产开发、交易和保有三个环节设置，目前中国房地产税收体系中有十多个相关税种。开发环节税收主要有印花税（0.5%）、契税（最高5%）、企业所得税（20%）、土地增值税（从30%到60%四级累进税率）、城市维护建设税（营业税的7%）、教育费附加（3%）、耕地占用税（定额征收）、另需支付土地开发费等相关费用。交易环节税收分为一手房交易和二手房交易，一手房交易环节主要的税收有契税（最高5%）、印花税（0.5%）；二手房交易环节，卖房人要交个人所得税（20%）和营业税（5%），买房人则要缴契税、印花税等。保有环节税收有房产税、城镇土地使用税（0.2—10元/平方米），到目前为止，在保有环节房地产居住行为基本处于无税负状态。

减少交易环节征税，增加持有环节征税。也就是说，减少房产交易成本，增加房产保有的成本。借鉴韩国抑制房地产投资（机）的经验，调整了对房屋综合不动产税的征收来抑制投机和投资性需求。

（一）房地产开发环节

我国当前的房地产市场是典型的卖方市场，税收的后转性强，开发商容易将增加的税款向消费者转嫁，反而会造成房价上涨。在房地产开发环节，对开发企业所开发的不同住宅采取区别对待的税收政策，对建设符合国家政策和导向的住宅实行减税，对建设不符合国家政策和导向的住宅实行增税。对满足居民基本需求的中小户型商品房减少税收，降低房地产企业的开发成本，达到降价的目的，也达到鼓励房地产开发企业开发符合国家政策和导向的住宅，而对高端改善型住房增加税收，限制高端消费，从政策上有效限制大面积住宅的开发，这也是节约极其有限的土地资源和促使社会长期和谐发展的必然要求。

（二）一手房交易环节

在这一环节主要有契税和印花税，而且税率较低，针对消费性需求和投机性需求设计不同的税收政策作用有限，因而这一环节并非税收政策调控的重点，可以针对购买第一套住房而且是中小户型的消费者，给予最大的税收优惠甚至免税，满足普通居民"居者有其屋"的住房需求。对购买大户型（面积超过 150 平方米）、高档住宅（别墅）的消费者增加契税，同时征收消费税，增加高档住宅的销售成本，也适度抑制了高档住宅的需求。

（三）二手房交易环节

通过税收调节，抑制投资（机）需求。一是严格执行"房地产转让收益个人所得税"征收，减少交易频次。即对有偿转让房产产生的利润征税：对购买房产五年内的转让所得征收 25% 的所得税，五年至十年的转让所得征收 15% 的所得税，十年以上的免征。开征房地产转让收益个人所得税可以在保护真实购房需求的同时，有效地抑制投机性需求，降低泡沫风险。二是对购入未满五年的商品住房转让征收 5% 营业税及附征税费，五年至十年减半征收，十年以上的免征。

（四）房产保有环节

通过税收调节增加房产的持有成本，主要通过开征房地产税，增加房产的持有成本。加强房地产评估机构的建设，以准确、合理的房产价格的评估作为计税依据，客观地反映房地产价值；将农村纳入房地产体系，建立和设计好城市、农村一体的房产纳税体系，适时扩大征税范围，对农村房产可以暂时不征收，待条件成熟时再征收；以满足基本居住需求为目的，区别对待，采取多占多收的原则，现阶段对农村非高档自住房全部免税，对城区的房产以人均面积或者套数为征税条件，如第一套非高档自住房免税，第二套自住房征税，第三套以上加成征收；房地产税应逐步发展成为地方主体税种，因此应在法律层面上对房地产税征收范围、基本税率确定、浮动幅度等方面赋予地方相应的立法和管理权限。

第二节　控制金融风险

一　防止货币流动性过剩

流动性过剩是造成房价不断上涨的深层次原因，有效地控制货币流动性过剩，消除房价上涨货币基础。从日本、美国和东南亚房地产泡沫产生的原因分析，存在货币流动性过剩的问题，货币流动性过剩，在投资渠道较少的情况下，大量的闲置资本就会选择最有利的投资方向。自 1998 年以来，房地产价格持续上升，导致房地产投资成为较好的投资方式，这导致了中国的房地产价格进一步上涨。流动性过剩通过房地产升值带来的财富效应，扩大了房地产市场的需求，尤其是投机需求。

二 加强金融监管

美国、东南亚房地产泡沫破裂，导致金融危机，引发经济危机，因此房地产金融市场稳定，关系到整个金融市场、国家经济安全，加强对房地产金融市场的监控，尤其是涉及房地产的金融创新，如次级贷款、房地产证券化等，采取有效的措施稳定房地产金融市场，保证房地产金融市场的健康发展。对房地产金融进行强力的监管，采取定期或不定期地对房地产金融业务进行现场、非现场检查，建立房地产金融风险预警体系，及时发出预警报告，果断采取相应措施，对金融机构进行调控和引导，防范和控制金融风险。

三 完善银行内控机制

银行信贷机构需要加强风险意识，强化信贷人员的培训，提升信贷人员的综合素质和风险辨别能力，抓好信贷流程、制度建设和落实，对房地产开发企业和个人按揭贷款建立风险评估机制，提前分析、及时判断和控制风险，减少因房地产市场波动给金融企业造成的损失。

四 拓宽融资渠道

在政府干预和银行监管体系逐步完善的基础上，建立和完善多层次房地产业金融体系。房地产业健康发展离不开金融资本的支持，借鉴国外经验，拓宽房地产业的融资渠道，建立多元化的房地产金融体系，在满足房地产开发企业对资本的需求的同时，加速银行资金周转，分散银行信贷企业的风险，促进房地产业健康发展。

房地产业融资渠道单一，对银行的依赖程度过大，目前我国房地产业融资渠道主要靠银行贷款。由于房地产业的资金来源主要是银行，导致房地产业遇到风险，往往都是由银行承担。据统计房地产开发资金约80%直接或间接地来自银行信贷，房地产开发的各个环节，房地产资金需求主要由银行提供，包括土地款、房地产开发贷款、流动资金贷款、消费者按揭贷款等。因而银行要独立面对开发商、建筑商与个人消费者三个方面的信贷风险。任何的违约或三者之间的交叉违约都会产生还贷的风险。

（一）丰富和发展多元化直接融资渠道

一是培育房地产信托融资，建立和培养一批真正意义上的房地产信托投资机构，加强对房地产信托监管的同时，通过完善房地产金融市场，规范和发展信托融资方式，使之成为房地产业融资的一条主要通道；二是培育房地产金融二级市场，在严格监管的条件下推动住房抵押贷款证券化；三是发展房地产基金。

（二）探索组合式融资模式

根据房地产企业的不同条件和不同时期，采取股权融资、信托融资、银行融资、基金融资、债券融资等融资方式进行组合式融资模式。

第三节　规范房地产开发企业行为协同创新提升核心竞争力

一　规范房地产开发企业行为

将企业内部组织与治理问题纳入产业组织的研究范围内，市场结构和市场行为受到企业内部活动的影响，企业内部的组织治理也成为新产业组织理论中的重要部分。要进一步完善相关法律法规，规范房地产企业的市场行为。建立科学合理的房地产行业的市场集中度，促使房地产行业内房地产企业的大、中、小比例合适，市场集中度合适。同时，进一步引导房地产企业的竞争行为，促使房地产开发企业建设行为规范，严格执行房地产开发项目审批程序，杜绝违规开发、超级开发等问题。另外，加强房地产行业协会的作用，以行业自律的管理方式，规范房地产开发企业的行为，加强对房地产企业违纪的处罚力度。房地产开发企业只有规范运行，依法依规办事，规范各自企业行为，满足消费者和社会需求，才能促进房地产业健康发展。

二　协同创新提升核心竞争力

如图 7-1 所示，房地产业健康发展需要以房地产开发企业为主体，以满足消费者的需要为导向，以高校和科研机构的联合创新为基础，以政府、资金和中介机构的联合支持为辅助，形成企业、客户、高校、科研机构、政府、资金、中介七位一体的多主体协同创新网络，促进房地产业健康发展。

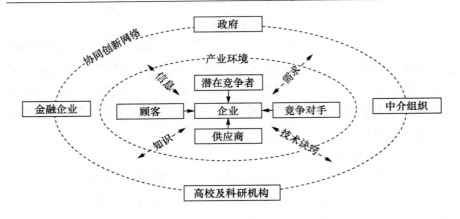

图 7 - 1 外部层面：多主体协同创新网络

房地产开发企业依据市场动态、竞争动态提出创新需求，需求信息流动到协同创新网络的所有相关主体，包括高校、科研机构、政府、金融企业和中介机构，各创新主体通过综合运用人才、资金、技术及知识等各种创新资源，通过协同，进行技术创新以及初试、中试，最终投放市场。在这个协同创新过程中，各主体依据自身的优势产生不同类型的分工协作和创新活动，从而在体系中产生协同创新。

如图 7 - 2 所示，通过协同创新目标、资源、职能和文化，促进房地产开发企业内部协同创新。

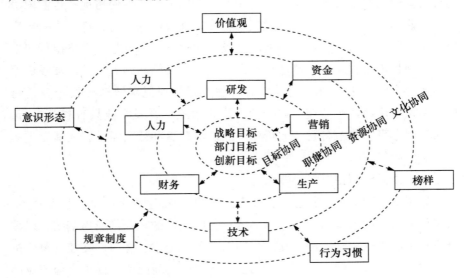

图 7 - 2 内部层面：创新目标下的内部协同创新体系

如图 7 - 3 所示，一个有效的协同创新网络，需要内外驱动力量间的协同。房地产开发企业由于自身创新力量不足或者创新资源有限，现有创新知识和创新活动处于一种无序状态而无法满足消费者需求或者在竞争中处于劣势，这些信息通过协同网络进行扩散、组织和融合，促使企业与协同创新网络其他主体对此目标具有一致性，从而进行创新活动。当企业在协同网络的创新目标与企业内部的创新目标一致时，内外驱动力量就会形成合力，而内外目标的契合程度，就是企业协同创新系统中的序参量。当序参量不断加强时，即内外目标契合程度越来越高，序参量就会产生巨大的聚合作用，企业的无序创新活动就会在内外驱动力下进而逐渐变为有序自组织创新活动，最终完成创新活动，产生巨大的创新绩效。内外创新目标的契合度，就是协同创新体系中的序参量。

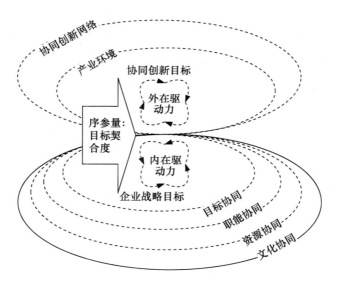

图 7 - 3　综合视角：基于协同创新企业可持续发展结构模型

（一）强化创新目标的序参量作用

在房地产企业开发协同网络建设和协同创新活动中，房地产开发企业是房地产业健康发展的主体，应充分发挥房地产企业在协同创新中的主体作用。房地产开发企业是与消费者最紧密的，也是对消费者需求和产业发展最能准确把握的主体，准确把握协同创新的需求，明确创新的目标，才能将外部创新驱动力和内部创新驱动力有效结合起来，实现创新的有效协同。一方面，吸引各个创新主体参与到协同创新中来，汇集政府、企业、高校、科技机构、金融和科技中介等各方面的力量，集体攻关产业核心技术，加快推进技术成果产业化。另一方面，有效发挥企业各个部门的职能，提高资源利用率。

（二）加强各主体间的协同合作，强化外部驱动力

发挥政府引导和监督作用，建立健全相关的政策、法律、法规，政府应为协同创新创造良好的宏观环境，加强协同创新、统筹协调机制和政策落实，统一进行合理规划和布局，建立有效引导和激励机制，增加资金投入，优化区域创新资源配置。充分发挥政府组织、协调、服务和宏观管理的作用，完善协同创新的运行机制。高校以及科研机构应科学定位自身及其他协同创新系统组成部分在创新链上的功能及作用，积极地发挥人才培养、科学研究及社会化服务功能，并重视科技成果的转化，建立起面向企业需求的研发体系。充分发挥中介服务组织的服务能力，积极进行金融服务科技的方式方法创新，提升银行、证券、保险等金融机构对科技创新的金融服务水平。除此之外，开发各种金融衍生工具，满足协同创新的各个主体的资金需求，促进企业可持续发展。

（三）进行创新文化建设，加强部门协调和沟通，强化内部驱动力

房地产开发企业在强化外部协同创新网络的同时，进行企业创新文化建设，形成企业创新的价值观、思维意识、行为习惯以及规章制度等；强化各部门间的沟通，形成创新的内在合力；有效利用创新资源，统一规划，合理分配，提高创新资源的利用率。

第四节　引导消费者消费理念
拓宽民间资本投资渠道

一　正确引导消费者消费理念

中国人与西方人，在对房屋的认识上存在很大不同，由于西方国家的人群流动性较高，认可租房的形式满足其居住的要求，而中国人几千年来形成的"家"的意识，所谓"家"的主要承载物是其居住的房屋，是自己的房屋，而不是租赁的房屋，在自己的房屋内有安全感和归属感，在租赁的房屋内有"漂泊"的感觉，而且房屋面积越大越好，在我国大部分

地区，房屋是年轻人结婚必备的条件之一，这就造成中国人对房屋特殊的需求。导致自有房比例明显高于国外水平。美国的住房产权率是68%，英国为56%，欧洲其他国家为30%—50%。中国在城市住房产权自有率上已经高达82%，远远超过世界比例。

房地产有消费（居住）属性和投资属性两个方面。从消费属性来看，满足消费者的居住功能；从投资属性来看，满足投资者的获利功能。消费者对房地产收益的预期，增加了房地产投资（机）需求，政府需要建立科学的消费目标和消费模式，增加房屋的持有成本和交易成本，抑制投资（机）需求，引导消费者树立正确的消费理念。

（一）建立科学的居民住房消费目标和消费模式

房屋的主要功能就是满足人的居住功能。根据我国土地资源实际情况、人口数量和人口结构、收入水平、城镇化建设进程等因素，结合中、低收入人群住房需求的实际需要和对价格承受能力，设计针对中、低收入人群住房面积要求。房屋面积上，90—100平方米住房能基本满足中、低收入人群的住房需求。随着城镇化水平的提升、人口流动性的增加，树立租赁、小面积自住房、大面积改善房逐步过渡梯度住房消费理念，引导消费者根据不同的年龄和不同的收入水平，选择不同层次住房消费方式。建立租购并举的消费模式，消除一次性到位的住房消费误区。

（二）根据居民的收入水平，选择生活区域

大城市有大城市的优势，小城市有小城市的优势，大城市配套齐全，就业机会多，但大城市生活消费水平高，尤其是一、二线的大城市，居民根据自己的能力，量体裁衣，选择适合自己的生活区域，不要盲目地追求大城市。

（三）完善房屋租赁政策和制度

目前房屋租赁市场存在地下租赁市场管理真空，房屋租赁双方不签订《房屋租赁合同登记》，房主对房租租金随意涨价，甚至部分出租屋作为犯罪作案场所和犯罪分子的避难所，为了保护租房者和出租者的合法利益，加强对房地产租赁市场中介机构的监管，严格资格和资质管理，完善房屋租赁相关的政策与制度，加强执行房屋租赁登记备案制度的检查，严把中介关，加大对违规出租房屋的处罚力度，加强对租赁市场的管理。各地根据不同情况，适当降低房屋租赁税率，鼓励自有房屋进行租赁，积极发展租赁市场。

二 拓宽民间资本投资渠道

改革开放以来，民间积累了大量的财富，根据国家工商总局的资料，截止到 2008 年年底，实体性民间资本大概有 11 万亿元，2012 年民间资本存量高达 20 万亿元，也有报道为 30 万亿元，不管具体数据如何，到目前我国民间资本的数量已经很大，是一支不可忽视的力量。但是目前民间资本投资渠道狭窄，可以参与的投资不外乎银行储蓄、股票、期货、外汇、贵金属、艺术品、房地产等方面，再加上银行储蓄收益率低，其他投资品种存在专业性不足和风险较大等因素限制了民间资本投资意向。民间资本追求增值保值，虽然房地产投资流动性较差，但选择资产属性较好的房地产投资是民间资本主要选择之一，但目前很多民间资本不是参与房地产投资，而是短期行为，存在投机行为。

打击投机炒房，是房地产调控的重要一环，社会上大量资金由于缺乏投资渠道也是国内投资客炒房的原因之一，对社会资金应该采取疏导的方式，正确引导社会资本进行投资。

（1）拓宽投资渠道。给予民间资本和国有资本相同的地位和平等待遇，允许民间资本在金融业、交通运输、仓储和邮政业、水利、环境和公共设施管理业、公共管理和社会组织等领域的固定资产投资。

（2）金融创新，增加金融产品。应该拓宽投资渠道，建立多元化、多层次、多品种的金融体系，短期、中期、长期的产品相结合，让包括普通百姓在内的投资者可以灵活选择，提供可靠的投资品种，通过投资品种的稳定收益，吸引民间资本参与。

（3）规范投资公司管理。规范天使投资、风险投资、股权投资等投资公司管理，构建多层次资本市场。美国等发达国家有规范的投资公司，如巴菲特等投资公司，吸收民间资本，增加民间资本收益。

（4）综合运用经济手段、行政手段，引导民间资本投资，限制房地产投机行为，从短期炒作变为长期投资，从租金和房屋长期升值中获取稳定、保值性收益。

第八章　结论与展望

一　结论

本书界定和分析了房地产业健康发展的内涵、内容及其特征，同时对国外（境外）房地产业健康发展经验、教训以及我国房地产业发展存在的问题进行了对比分析，剖析影响房地产业健康发展的因素。将房地产业健康发展评价分为三个方面，即从内部上进行房地产业效率评价；从外部表现上进行房地产泡沫评价；从关联性上进行房地产与国民经济以及其他产业关联程度评价，同时明晰了评价指标构成、权重设计和评价方法。

房地产业主体主要包括政府、金融企业、房地产开发企业以及消费者。通过构建房地产业健康发展系统结构模型，分析了房地产业健康发展系统构成，明晰了房地产业健康系统的主体和各主要子系统构成，提出了房地产业具体包括调控子系统、信贷子系统、生产子系统以及消费子系统四个子系统，这四个子系统行为决定了系统是否能有效运行。同时进行了房地产业健康发展的系统动力学研究，得出房地产业健康发展的核心是组成房地产业健康发展的四个主体行为科学、有效良性互动，房地产业运行与产业泡沫的平衡以及房地产业与相关产业和整个国民经济协调发展。为此需要平衡各主体利益，协调和约束政府调控行为、信贷支持行为、生产行为以及消费行为，以促进房地产业有效运行。

根据以上分析，提出了房地产业健康发展的对策建议：结合国内外（境外）经验和教训，在综合分析基础上，提出完善政府调控政策，控制金融风险，规范开发企业行为以及正确引导消费者消费理念对策建议。

二　展望

中国房地产业健康发展将引起越来越多的关注，今后将借鉴系统理论、系统动力学、博弈理论及产业安全的理论和方法对中国房地产业健康发展进行深入的系统分析：

（1）深入分析中国房地产业健康发展的影响因素，并现有的政策对中国房地产业健康发展的影响，并对影响的效果进行科学的评价。

（2）如何根据不同区域的经济社会情况，从促进区域经济可持续发展的视角出发，建立不同区域房地产业健康发展的评价指标、评价模型并且进行实证评价，以便为现状分析和对策建议提供理论依据。

（3）进一步完善中国房地产业健康发展系统结构模型，探讨中国房地产业健康发展系统中各子系统的非线性关系。同时，进一步借鉴系统动力学和博弈论的理论和方法，分析中国房地产业健康发展系统的演变趋势。

（4）根据不同区域的经济社会情况，提出切实可行的促进中国房地产业健康发展的对策建议。

参考文献

[1] 《国民经济业分类》（GB/T4754—2002），2003 年。

[2] H. 钱纳里、卢宾逊·M. 塞尔奎因：《工业化和经济增长的比较研究》，吴奇、王松宝译，上海三联书店 1989 年版，第 52—87 页。

[3] W. A. 刘易斯：《劳动无限供给条件下的经济发展》，商务印书馆 1984 年版，第 76—92 页。

[4] 鲍丽香：《房地产价格影响因素研究评述》，《边疆经济与文化》2005 年第 9 期。

[5] 贝塔朗菲：《一般系统论》，社会科学文献出版社 1987 年版，第 8—44 页。

[6] 陈劲、王方瑞：《中国企业技术和市场协同创新机制初探》，《科学学研究》2006 年第 8 期。

[7] 陈景同、冉京：《我国房地产业的发展现状、问题及对策研究》，《产业经济》2012 年第 11 期。

[8] 陈静、张文红：《城市房地产业生态系统安全研究》，《现代城市研究》2007 年第 9 期。

[9] 陈前鹏、程琳：《房地产市场调控：经验借鉴与逻辑思考》，《北方经贸》2012 年第 12 期。

[10] 陈少英：《启示与借鉴——以发达国家和地区房地产保有阶段税收法律制度为视角》，《河南省政法管理干部学院学报》2011 年第 1 期。

[11] 陈晓红、解海涛：《基于"四主体动态模型"的中小企业协同创新体系研究》，《科学学与科学技术管理》2006 年第 8 期。

[12] 邓洪涛：《国外房地产税制的特点、经验及启示》，《特区理论与实践》1999 年第 9 期。

[13] 董琦：《房地产业泡沫对我国经济的影响及防范》，《产业经济》

2013 年第 5 期。

[14] 窦尔翔、何小锋：《国际经验借鉴及我国房地产金融市场优化的经济效应》，《工业技术经济》2007 年第 2 期。

[15] 杜兰英、陈鑫：《政产学研用协同创新机理与模式研究》，《科技进步与对策》2012 年第 11 期。

[16] 杜莉、姚毓春：《中国房地产市场中的经济学悖论及分析》，《首都经济贸易大学学报》2002 年第 1 期。

[17] 《房地产信托叫停，中小型房企面临危机考验》，http：//money. 163. com/11/0809/11/7B0T1BF700253B0H3. html. 2011。

[18] 弗里德里希·李斯特：《政治经济学的国民体系》，商务印书馆1961 年版，第 152 页。

[19] H. 哈肯：《协同学》，原子能出版社 1984 年版，第 260 页。

[20] 韩继云：《我国房地产金融改革发展的新思考》，《宏观经济管理》2004 年第 8 期。

[21] 何维达、宋胜洲等：《开放市场下的产业安全与政府规制》，江西人民出版社 2003 年版，第 73 页。

[22] 何雄浪、马永坤：《中国房地产税改革及其优化发展探讨》，《当代经济管理》2012 年第 9 期。

[23] 何泽源、靳晓婷：《新加坡房地产业发展模式对我国的启示与借鉴》，《经济观察》2012 年第 1 期。

[24] 赫希曼：《经济发展战略》，曹征海等译，经济科学出版社 1991 年版，第 67—71 页。

[25] 洪鹏飞：《宏观调控背景下的房地产税收政策变革》，硕士学位论文，厦门大学，2008 年。

[26] 胡恩华、刘洪：《基于协同创新的集群创新企业与群外关系研究》，《科学管理研究》2007 年第 6 期。

[27] 胡挺：《房地产业的监管效益分析及其有效监管区》，《番禺职业技术学院学报》2007 年第 6 期。

[28] 霍夫曼：《工业化的阶段和类型》，中国对外翻译出版公司 1980 年版，第 48—56 页。

[29] 解学梅：《中小企业协同创新网络与创新绩效的实证研究》，《管理科学学报》2010 年第 8 期。

［30］ 景玉琴：《产业安全概念探析》，《当代经济研究》2004 年第 3 期。

［31］ 科林·克拉克：《经济进步的条件》，华夏出版社 1978 年版，第 136 页。

［32］ 库兹涅茨等：《各国的经济增长》，商务印书馆 1985 年版，第 127—132 页。

［33］ 李建民、叶继涛：《德国科研机构布局体系研究及启示》，《科技政策与管理》2005 年第 11 期。

［34］ 李琳：《当前我国房地产业存在的问题及对策》，《湖北经济学院学报》2006 年第 6 期。

［35］ 李孟刚：《产业安全理论的研究》，博士学位论文，北京交通大学，2006 年。

［36］ 李鹏、刘彦：《德国科研体系的发展及对我国创新基地建设的启示》，《科学管理研究》2011 年第 2 期。

［37］ 李玉杰、王庆石：《国外房地产业与国民经济协调发展的经验及其启示》，《东北大学学报》2011 年第 3 期。

［38］ 梁云芳、高铁梅、贺书平：《房地产市场与国民经济协调发展的实证分析》，《中国社会科学》2006 年第 3 期。

［39］ 刘洪玉、郑思齐、许宪春：《房地产业所包含经济活动的分类体系和增加值估算》，《统计研究》2003 年第 8 期。

［40］ 刘华：《欧盟科技政策对协同创新的启示》，《科学技术哲学研究》2013 年第 4 期。

［41］ 刘力：《走向"三重螺旋"：我国产学研合作的战略选择》，《北京大学教育评论》2004 年第 3 期。

［42］ 刘秀萍：《房地产泡沫与泡沫经济》，《山西经济管理干部学院学报》2011 年第 19 期。

［43］ 刘燕江、王淑香：《房地产业发展现状及对策》，《经济视角》2003 年第 7 期。

［44］ 刘阳：《国外典型财政政策分析与我国财政政策选择》，《经济纵横》2004 年第 12 期。

［45］ 龙英锋：《国外房地产立法制度和政策的介绍与借鉴》，《广西社会科学》1995 年第 1 期。

［46］ 罗斯托：《经济成长的阶段》，中国社会科学出版社 2001 年版，第

28—52 页。

[47] 吕晨钟、秦洁：《房地产业波动和国民经济发展关系实证检验》，《商业时代》2013 年第 10 期。

[48] 吕华：《房地产估价理论与实务》，同济大学出版社 1990 年版，第 2 页。

[49] 吕政：《自主创新与产业安全》，《中国国情国力》2006 年第 8 期。

[50] 孟履巅：《房地产业发展的回顾及思考》，《经济师》2005 年第 12 期。

[51] 孟晓苏：《中国房地产业发展的理论与政策研究》，经济管理出版社 2002 年版，第 44—45 页。

[52] 欧阳强、李祝平：《我国房地产业现状与产业升级问题研究》，《建筑经济》2004 年第 12 期。

[53] 潘和平、吴正文：《我国房地产业健康发展的问题与对策研究》，《安徽建筑》2004 年第 1 期。

[54] 潘丽丽、韩继云：《大力借鉴国外经验发展我国房地产金融》，《中国房地产金融》2005 年第 3 期。

[55] 潘艳：《我国房地产业发展的现状、问题及趋势分析》，《贵州大学学报》2003 年第 4 期。

[56] 钱学森、于景元、戴汝为：《一个科学新领域——开放复杂巨系统及其方法论》，《自然杂志》1990 年第 1 期。

[57] 乔晓刚、阮连法：《浅析我国房地产业发展现状》，《中国市场》2011 年第 9 期。

[58] 芮明杰：《产业经济学》，上海财经大学出版社 2005 年版，第 69—86 页。

[59] 申盼、毛莹莹：《湖南省房地产业产业安全研究》，《时代经贸》2012 年第 24 期。

[60] 苏东水：《产业经济学》，高等教育出版社 2006 年版，第 179 页。

[61] 苏长和：《从国家安全到世界安全——现实主义及其后》，《欧洲研究》1997 年第 1 期。

[62] 隋学深、李孟刚：《房地产市场非理性繁荣的成因及其影响》，《中国流通经济》2010 年第 11 期。

[63] 孙骞、欧光军：《房地产业发展影响因子分析》，《科技创业》2012

年第 7 期。

[64] 孙启明、白丽健：《我国房地产业发展问题研究述评》，《经济学动态》2010 年第 7 期。

[65] 唐茂华：《房地产业发展的制度约束与政府管理》，《建筑经济》2005 年第 7 期。

[66] 佟克克、蒋志敏：《中国房地产业健康发展现状及成因》，《管理现代化》2007 年第 2 期。

[67] 托马斯·孟：《英国得自对外贸易的财富》，袁南宇译，商务印书馆 1978 年版，第 60—71 页。

[68] 王安国：《政产学研用协同创新模式研究》，《中国地质教育》2012 年第 4 期。

[69] 王发明、傅旭东：《国外产业安全理论研究：脉络、前沿与启示》，《重庆大学学报》（社科版）2008 年第 6 期。

[70] 王国军、刘水杏：《房地产业对相关产业的带动效应研究》，《经济研究》2004 年第 8 期。

[71] 王进富等：《产学研协同创新机制研究》，《科技进步与对策》2013 年第 16 期。

[72] 王述英、白雪洁、杜传忠：《产业经济学》，经济科学出版社 2006 年版，第 337—361 页。

[73] 王小迪等：《企业协同创新研究观点综述》，《经济纵横》2013 年第 6 期。

[74] 威廉·配第：《政治算术》，商务印书馆 1978 年版，第 65 页。

[75] 卫青、浦晓天：《基于 ESDA 的中国省域房地产发展水平研究》，《现代经济》2008 年第 B07 期。

[76] 魏润卿：《中国房地产周期与宏观调控》，《房地产市场》2008 年第 1 期。

[77] 吴国培、郑竑竑：《国外保障性住房建设的若干经验》，《中国金融》2011 年第 18 期。

[78] 吴兆华：《我国房地产业发展现状、问题与对策》，《浙江经济》1994 年第 11 期。

[79] 肖元真、吴红兵：《我国房地产发展的长效机制和互动格局正在形成》，《中国住宅设施》2006 年第 5 期。

[80] 小岛清：《雁行型经济发展论——赤松原型》，《世界经济评论》2000 年第 3 期。

[81] 筱原三代平：《产业结构论》，中国人民大学出版社 1990 年版，第 38—42 页。

[82] 辛冲：《企业组织与技术的协同创新研究》，《研究与发展管理》2011 年第 2 期。

[83] 熊浩宇：《我国房地产业健康发展预警系统建模及其实证研究》，硕士学位论文，北京交通大学，2011 年。

[84] 许铭：《中国产业安全问题分析》，博士学位论文，复旦大学，2005 年，第 86—90 页。

[85] 颜春梅、黄汉江：《中国房地产业的发展现状与前景》，《上海理工大学学报》2002 年第 3 期。

[86] 《央行遭遇调控尴尬：房地产业与银行成难兄难弟》，http：//business. sohu. com/20051111/n240698253. shtml，2005，中国地产金融年会。

[87] 杨治：《产业经济学导论》，中国人民大学出版社 1985 年版，第 66—73 页。

[88] 易宪容：《我国房地产业的现状、前景与对策》，《经济学动态》2005 年第 7 期。

[89] 于景元、钱学森：《关于开放的复杂巨系统的研究》，《系统工程理论与实践》1992 年第 5 期。

[90] 余凯：《论我国房地产宏观调控的长效机制的构建》，《城市发展研究》2008 年第 5 期。

[91] 喻汇：《基于技术联盟的企业协同创新系统研究》，《工业技术经济》2009 年第 4 期。

[92] 袁贤祯：《房地产业监测预警系统构想》，《房地产市场》1998 年第 4 期。

[93] 张碧琼：《国际资本扩张与经济安全》，《中国经贸导刊》2003 年第 5 期。

[94] 张建新：《国外房地产投资信托发展的经验与启示》，《经济与管理》2006 年第 12 期。

[95] 张立：《经济全球化条件下的中国产业安全问题》，博士学位论文，

四川大学，2002 年。

[96] 张农科：《中国房地产业安全问题研究》，博士学位论文，北京交通大学，2011 年。

[97] 张琪、陈铭新：《国外房地产调控的经验与启示研究》，《环渤海经济瞭望》2012 年第 11 期。

[98] 张永岳：《中国房地产业与国民经济的互动效应及其协调发展》，《华东师范大学学报》2008 年第 6 期。

[99] 张宇祥、曾赛星：《国外房地产市场体系建设的经验与启示》，《宏观经济研究》2007 年第 4 期。

[100] 赵龙节、张辉、张吉法：《日本房地产业与国民经济周期波动对我国的启示》，《经济科学》2007 年第 1 期。

[101] 中国工商银行上海市分行信息部课题组：《房地产金融风险影响宏观经济安全的相关研究》，《金融论坛》2010 年第 3 期。

[102] 周景彤：《外部冲击与我国房地产政策调整》，《经济学动态》2008 年第 1 期。

[103] 周天勇：《产业安全的三个重大问题》，《财经界》2008 年第 1 期。

[104] 周霆：《房地产业发展的现状及对策研究》，《特区经济》2002 年第 7 期。

[105] 周霞、周晓静：《试论外资并购对我国房地产业健康发展的影响》，《建筑经济》2007 年第 12 期。

[106] 周中元：《国外房地产宏观调控政策借鉴与启示》，《特区经济》2007 年第 1 期。

[107] 朱敏：《当前我国房地产市场调控中存在的五大问题》，《中国经贸导刊》2011 年第 3 期。

[108] 朱之鑫主编：《国家统计报表制度主要指标解释》，中国统计出版社 2001 年版，第 86—91 页。

[109] Kiyotaki, N, Moore, J., Credit Cycles, *Journal of Political Economy*, 1997, 105 (2): 211 –248.

[110] Drobetz, W., Wanzenried G., What Determines the Speed of Adjust – ment to the Target Capital Structure? *Applied Financial Economics*, 2006, 16 (13): 941 –958.

[111] Twigg, D., Voss C. A., Managing Integration: CAD/CAM and Simula-

tion Engineering: A work - book, UK: Chapman & Hall, 1991, 26.

[112] Bhagat, S., Bohon, B., Coroprate Governance and Firm Performance, *Journal of Corporate Finance*, 2008, 14 (3): 257 - 273.

[113] Brandt, L., Li, H. B., Bank Discrimination in Transition Economies: Ideology, Information, or Incentives?, *Journal of Comparative Economics*, 2003, 31 (3): 387 - 413.

[114] Carhart, M., On Persistence in Mutual Fund Performance, *The Journal of Finance*, 1997, 52: 57 - 82.

[115] Chava, S., Purnanandam, A., The Effect of Banking Crisis on Bank Dependent Borrowers, *Journal of Financial Economics*, 2011, 99: 116 - 135.

[116] Coles, J. L., Lemmon, M. L., Meschke J F., Structural Models and Endogeneity in Corporate Finance: The Link between Managerial Ownership and Corporate Performance, *Journal of Financial Economics*, 2012, 103 (1): 149 - 168.

[117] Cook, D. O., Tang, T., Macroeconomic Conditions and Capital Structure Adjustment Speed, *Journal of Corporate Finance*, 2010, 16 (1): 73 - 87.

[118] Demsem, H., Villalonga, B., Ownership Structure and Corporate Performance, *Journal of Corporate Finance*, 2001, 7 (3): 209 - 233.

[119] Fama, E. F., French, K. R., Common Risk Factors in the Returns on Bonds and Stocks, *Journal of Financial Economics*, 1993, 33: 3 - 53.

[120] Faulkender, M., Petemen, M. A., Does the Source of Capital Affect Capital Structure?, *Review of Financial Studies*, 2006, 19 (1): 45 - 79.

[121] Flannery, M. J., Rangm, K. P., Partial Adjustment toward Target Capital Structures, *Journal of Financial Economics*, 2006, 79 (3): 469 - 506.

[122] Freeman, C., Networks of Innovators: A Synthesis of Research Issues, *Research Policy*, 1991, 20: 499 - 514.

[123] Garber, P. M., Famous First Bubbles, *Journal of Economic Perspectives*, Vol. 4, No. 2, 1990: 35 - 54.

[124] Ge, Y. , Qiu, J. P. , Financial Development, Bank Discrimination and Trade Credit, *Journal of Banking & Finance*, 2007, 31 (2): 513 – 530.

[125] Grigsby, W. , *Housing Market and Public Policy*, Philadephia: University of Pennsylvania Press. 1963: 246 – 257.

[126] Holmstrom, B. , Timle, J. , Financial Intermediation, Loanable Funds, and the Real Sector , *Quarterly Journal of Economics*, 1997, 112 (3): 663 – 691.

[127] Hovakimian, A. , Hovakimian, G. , Tehranian, H. , Determinants of Target Capital Structure: The Case of Dual Debt and Equity Issues, *Journal of Financial Economics*, 2004, 71 (3): 517 – 540.

[128] Kahn, A. E. , *The Economics Regulation: Principles and Institutions*, New York: Wiley: 1970, 155 – 167.

[129] Nivorozhkin, E. , The Dynamics of Capital Structure in Transition, *Economics of Planning*, 2004, 37 (1): 25 – 45.

[130] Stephen, A. , Pyhrr, Stephen E. Roulac, Waldo L. Born, Real Estate Cycles and Their Strategic Implications for Investors and Portfolio Managers in the Global Economy, *Journal of Real Estate Research*, 1999, Volume 18, Number 1, 7 – 68.

[131] Wikipedia, Collaborative Innovation Network, http: //en. wikipedia. org / wiki/ Colla – borative Innovation Netwo.

上海大学社会学丛书　　主编／张文红

生活方式与价值观研究

以上海为例

袁　浩◎著

中国社会科学出版社

图书在版编目（CIP）数据

生活方式与价值观研究：以上海为例／袁浩著. —北京：中国社会科学
出版社，2022.10

（上海大学社会学丛书／张文红主编）

ISBN 978 – 7 – 5227 – 0283 – 4

Ⅰ.①生…　Ⅱ.①袁…　Ⅲ.①生活方式—研究—上海②价值论（哲学）—
研究—上海　Ⅳ.①D669.3②D018

中国版本图书馆 CIP 数据核字（2022）第 091548 号

出 版 人　赵剑英
责任编辑　冯春凤
责任校对　张爱华
责任印制　张雪娇

出　　版　中国社会科学出版社
社　　址　北京鼓楼西大街甲 158 号
邮　　编　100720
网　　址　http://www.csspw.cn
发 行 部　010 – 84083685
门 市 部　010 – 84029450
经　　销　新华书店及其他书店

印　　刷　北京君升印刷有限公司
装　　订　廊坊市广阳区广增装订厂
版　　次　2022 年 10 月第 1 版
印　　次　2022 年 10 月第 1 次印刷

开　　本　710×1000　1/16
印　　张　16.5
插　　页　2
字　　数　250 千字
定　　价　99.00 元

目　　录

第一章

收入分层的界定和研究现状

"中等收入者"这个概念来自党的十六大报告："以共同富裕为目标，扩大中等收入者比重，提高低收入者收入水平。"[①] 党的十八届三中全会进一步指出，要"扩大中等收入者比重，努力缩小城乡、区域、行业收入分配差距，逐步形成橄榄型分配格局"。2016 年 5 月，习近平总书记在中央财经领导小组第十三次会议上指出，"扩大中等收入群体，关系全面建成小康社会目标的实现，是转方式调结构的必然要求，是维护社会和谐稳定、国家长治久安的必然要求"[②]。党的十九大报告进一步将"中等收入群体比例明显提高"列为 2035 年基本实现社会主义现代化目标的重要建设内容。这说明，从收入水平的角度对社会结构进行分析有着重要的现实意义。

目前，学术界对收入分层的划分标准和现状进行了广泛的研究。根据一定的标准将社会成员划分为低收入群体、中等收入群体和高收入群体是社会各界普遍接受的一种认识和分析社会结构的方式。不同的收入群体通常也面临着不同的生存和发展的问题，他们对于生活和工作的需求层次也存在明显的差异，因而他们所关注的生命价值和意义也存在着一定的异质性。为了充分发挥各收入群体在经济发展和社会建设中的作用，我们需要深入了解各个收入群体的生活方式和价值观的主要特征，正确认识各收入人群在社会中的角色和定位，引导和提倡各个收入人群

---

① 江泽民：《全面建设小康社会，开创中国特色社会主义事业新局面》，《人民日报》2002 年 11 月 8 日。

② 习近平：《坚定不移推进供给侧结构性改革　在发展中不断扩大中等收入群体》，《人民日报》2016 年 5 月 17 日。

正确认识当下社会状况和国情民意，积极认同和践行社会主义核心价值观，促进社会的和谐发展。因此，本研究试图以 2008 年发生的金融危机为背景，运用实证调查的方法，重点考察 2008 年到 2018 年以来上海的各个收入群体的生活方式和幸福感的构成特征、影响因素和变化规律，为当下收入分层研究提供有价值的参考。

一　收入分层的界定

所谓收入分层，顾名思义就是指根据经济收入水平的高低将整个社会的成员划分为不同群体的一种分类方法。各个收入群体在文化程度、生活方式、价值观念等多方面都存在着不同程度的差异性。但是学术界对于收入分层的划分标准还存在着比较大的争议。在狄煌（2003）看来，收入水平是收入分层划分的唯一标准，其中的中等收入者就是指在一定时期内达到中等收入水平的城乡居民，相应的低收入群体则是收入水平处于低于中等收入者最低标准的群体。从概念上看，收入分层与社会阶层划分有着比较大的差异。与收入分层使用收入作为唯一的划分标准相比，社会阶层带有一定的意识形态特征，其判别标准是多重的。社会阶层的划分不仅涉及经济收入和家庭财富，还与房屋产权、教育程度、职业类型和单位性质等因素紧密相关。例如，学术界经常讨论的中产阶层是既非富豪又不掌握很大权势的白领阶层，而中等收入人群不一定是中产阶层，但中产阶层一般都属于中等收入人群。

如果单纯地从收入方面来看，国际上通常采用绝对收入或相对收入两类划分标准。绝对收入标准是通过特定的收入水平或消费支出范围来确定不同的收入群体，这样有利于进行跨地区和跨国间的比较研究。而相对收入标准主要以特定社会当中的收入中位数为中心，并把中位数附近一定比例作为中等收入群体的上下限，而低于其下限的归为低收入群体，高于其上限的则是高收入群体。例如，普瑞思曼的研究选取了中位数人均收入的 0.75 倍和 1.25 倍作为中等收入群体的上下限，从而划分出高、中、低三个收入群体（Pressman，2007）。

根据 2005 年中国国家统计局的研究表明：以家庭平均 3 口人计算，

年收入达到 6 万—50 万元人民币就是中等收入人群家庭，低于 6 万元的家庭则属于低收入群体，超过 50 万元的则是高收入家庭。这一标准"并不是一个单向的推导，也是用结果验证了的"（国家统计局城调总队课题组，2005）。国家统计局将初始的转换标准定为家庭年均收入下限 6.5 万元，上限是 18 万元左右。后来，国家统计局考虑到中国的实际情况和研究的便利性，最终确定了 6 万—50 万元这个标准。按照这个标准推算，到 2020 年，中等收入人群的规模将由现在的 5.04% 扩大到 45%。

国家发改委宏观经济研究院课题组（2005）根据人口和家庭的从业特征提出了划分收入层级的标准。他们认为中等收入群体的收入区间为：就业人口的个人年收入为 3.4 万—10 万元、家庭人均可支配收入 1.8 万—5.4 万元、家庭年收入为 5 万—16 万元。其划分标准考虑因素有目前城乡居民收入水平、达到全面小康时的城乡居民收入水平、城乡居民收入差距——城市化进程及国际参照标准（世界银行）。其预测是以 2020 年人均年收入作为现阶段中等收入标准的基础。具体测算过程如下。

（1）以 2002 年城镇居民人均可支配收入 7702.8 元和农民人均纯收入 2475.6 元为基础，城乡均以年均增长 6.5% 的增幅外推，到 2020 年将分别达到 22500 元和 7200 元。当年城市化水平可达 60%，经过城乡加权计算，城乡居民平均收入可达 16380 元。

（2）以全面小康社会为标准，测算出到 2020 年城镇居民人均可支配收入为 18000 元，农村居民人均纯收入为 8000 元，经过加权（城市化 60%）得出，城乡居民中等收入者年收入为 14000 元。

（3）全球中等收入阶层的人均收入起点标准为 3470 美元，经购买力平价调整，约合人民币 14500 元。综合分析显示，现阶段我国城乡居民中等收入者的收入标准其"下限"为人均年收入 15000 元左右，"上限"为 2.5 倍即 37500 元左右，在 37500 元以上，则为高收入者。

但是，宏观经济研究院经济和社会发展研究所课题组（2004）认为，由于我国的城乡二元结构差异、相关政策法规的不完善等原因，我国中等收入人群的界定不仅要根据经济收入，而且还要对例如家庭成员的职业特征、受教育程度、生活水平等相关的其他因素进行综合考虑才更符合客观的状况。在他们看来，中等收入者指的是"一定时期收入及生活水平稳定保持在中等或相对平均水平的居民群体"。在他们看来，除了经济收入以外，家庭财产和家庭生活水平也是界定中等收入者的重要标准。他们认为，家庭财产达到 15 万—30 万元人民币就可以算是中等收入人群。按照这个标准，目前我国城市居民中有 49% 的家庭符合中等收入人群的标准。

2017 年，梁理文（2017）在广东省城镇地区的研究采用的是动态的相对收入标准来划分收入分层。他基于 2005 年到 2015 年间广东省城镇居民家庭平均每人可支配收入的中值变动情况，将收入分层中的中等收入群体划分的标准定为：下限为 2005 年的 16371.79 元到 2015 年的 32836.45 元，上限为 2005 年的 28489.80 元到 2015 年的 51074.73 元。

在现代社会，一个人所从事的职业能够反映出他的收入水平、生活质量以及社会地位等。所以有些学者立足于职业来界定不同的收入群体。李正东（2001）用职业类别的特征归纳出四大领域来概括中等收入人群的构成，他认为中等收入人群包括"社会管理领域：国家机关及工作机构中初级负责人及初级办事人员、国家中小型企事业单位的负责人及办事人员、城镇集体企业负责人、中小型私营企业负责人、三资企业中方初级管理人员；知识领域：中级知识分子，一般知识分子；服务领域：金融、贸易、商业人员、邮政、电信人员、传媒、演艺和咨询人员；其他领域：国家公务员、经济业务人员、政治保卫人员、个体工商户、知识工人"。徐泗河（2001）也指出，"在当代资本主义国家中，人们把那些生活既不富有也不贫困，处于整个国家中游水平的群体称为中等收入人群，而我国鉴于社会主义性质的特殊国情，为了研究和表述的方便，把生活水平和生活质量的中间状态称为中间阶层"。

宋清波（2014）则主张，一般的社会分层研究根据职业地位、教育水平、财产水平、生活方式和政治态度来划分社会阶层的方法并不适用于收入分层研究。收入分层应该考虑的划分标准是在一定时期内在一定地区达到社会特定收入水平或消费水平的单一性指标。其中的中等收入群体可以看作中产阶层的后备军，而中产阶层可以看作中等收入群体的成熟形态。

从上述几方面的界定来看，虽然众多学者研究的角度不同，但是他们基本上都按照经济收入、生活水平以及其他综合因素来界定我国的收入分层。"收入人群"概念的提出，淡化了相关研究的意识形态色彩，是一个指向明确、易判断的划分方式，具有一定的科学性。目前，在官方文献中，只有"中等收入者"一说，本研究的收入分层所划分的各收入人群是相对应的各类收入者的集合群体。其中处于中间位置的收入者群体在基本含义上等同于官方文献中的"中等收入者"。

学术界认为，在社会的不同发展时期，各收入人群有着内在的规律可以追寻，并且在一定程度上决定着社会的发展方向和人民生活的总体趋势。李培林指出，对各收入人群的研究并不应该仅局限于用"收入"的单一指标来定义、说明和描述，而更应该包括收入水平、生活质量、职业、收入分配制度和社会结构特征的综合分析。一般来说，我国中等及高收入人群成员一般有较高的社会地位、稳定的经济收入、良好的教育背景、多姿多彩的生活方式等。

本研究经过对比和权衡之后决定遵循"收入人群"这一概念字面上的含义，采用操作上比较简便的家庭经济总收入这个单一指标来界定各收入人群。也就是说，在给定一个收入范围的情况下，低于这个范围下限的人群属于低收入人群，在这个范围以内的属于中等收入人群，而高于这个范围上限的人群则属于高收入人群。同时，在分析的时候我们还会重点考察不同收入人群在职业、教育、财产等方面所表现出的特点，在一定程度上综合考虑社会地位的相关指标对生活方式和价值观的影响。

本研究选取收入作为划分不同人群的唯一标准，并结合上海这座特大型城市的实际城镇居民可支配收入的情况设定划分范围。在确定中等收入人群的平均家庭人均年收入的下限时，我们综合考虑了2007—2017年上海市的统计年鉴所反映的城镇居民家庭收入分类的情况。表 1 - 1 - 1 报告了从 2007 年到 2017 年上海统计年鉴中记录的低收入户、中低收入户、中等收入户和中高收入户的平均家庭人均可支配收入的情况。

表 1 - 1 - 1　　　　上海市家庭人均可支配收入（2007—2017 年）　　　（单位：元）

	总平均	低收入户	中低收入户	中等收入户	中高收入户	高收入户
2007 年	23623	10297	15131	20249	27286	47149
2008 年	26675	11593	17550	22675	30239	53733
2009 年	28838	13205	19320	24717	32212	57726
2013 年	43851	20766	30221	36989	48141	87676
2015 年	49867	21086	34370	45454	59403	97276
2016 年	54305	24204	37786	50174	65148	103219
2017 年	58988	26058	41527	54631	70723	111644

资料来源：上海统计年鉴 2008 年、2009 年、2010 年、2014 年、2018 年。

　　本研究取 2015 年低收入家庭的人均可支配收入的 2.1 万元加上中低收入家庭的人均可支配收入的 3.4 万元再除以 2 作为中等收入人群的家庭人均年收入的下限 2.75 万元，再乘以 2015 年上海的平均家庭规模 2.6，就得到了中等收入人群的下限在 2015 年的家庭总收入为 7 万元。也就是说，在 2015 年，上海家庭的年收入合计低于 7 万元的人群属于低收入人群，等于或高于 7 万元的人群属于中等收入人群或高等收入人群。

　　上表中上海市统计局所调查的高收入城镇居民的家庭人均年收入在各年度中都没有超过 12 万元。这主要是因为在统计局的收入调查中一般很难有效覆盖到足够数量的真正的高收入人群。上海的家庭人均年收入在 12 万元左右并不能算非常富裕。考虑到家庭规模平均是 2.6，因此家庭年收入总和在 30 万元以上并不能归入真正的高收入家庭。在确定高收入人群标准时我们综合考虑了国家统计局和麦肯锡公司提出的划分标准，将中等收入人群划分标准的上限定为 2015 年的家庭年收入为 50 万元。我们之所以这样设定，主要考虑的是上海的总体收入和实际生活成本都比较高，我们参照以往国家统计局和麦肯锡公司的通常做法，将中等收入人群的上限提到 50 万元，以便对中等收入人群中相对比较富裕的群体进行比较研究。而家庭年收入超过 50 万元将被划入高收入人群。

　　鉴于 7 万元至 50 万元这个中等收入人群的划分标准的跨度比较大，我们根据上海市的城镇居民家庭人均可支配收入的分布情况设置了一个中间标准，用以划分中等偏下收入人群和中等偏上收入人群。根据表 1-1 所呈现的不同收入人群中人均家庭可支配收入的情况，我们可以估算出来 2015 年中等收入人群的家庭人均年收入在 4.5 万元左右，而平均家庭规模在 2.62 左右。因此，上海市的中等收入人群的平均家庭总收入是 12 万元。有鉴于此，我们将上海市的中等收入人群根据 12 万元的标准再分为中下收入水平和中上收入水平两组。

2015 年家庭年收入在 12 万元至 50 万元（含 50 万元）之间的人群界定为中上收入人群，而家庭年收入在 7 万元以上，12 万元及以下的人群界定为中下收入人群。采用这样一个上下限之间跨度较大的设定可以更全面地考察各类社会群体的生活状况。单从总体规模和人口比重等方面来看，这样的设定可能会高估上海的中等收入群体的规模。然而，我们提出的收入分层的测度方法同时考虑了各收入群体的规模、强度和平等性三个方面，并且进一步区分了中上和中下两个子群体，因而不存在过高估计的顾虑。

此外，考虑到本研究所用的早期对比数据来自 2008 年、2010 年、2014 年、2016 年和 2018 年的调查，因此在对比 2008 年金融危机的影响时将中等收入人群的界定标准按同期城镇家庭人均收入增长率进行折算。将 2016 年中国家庭动态调查中询问的上一年度（2015 年）家庭年收入 7 万元、12 万元和 50 万元分别折算为 2007 年的 3.8 万元、5.5 万元和 25 万元；2009 年的 4.6 万元、6.7 万元和 30 万元。也就是说，2008 年调查数据中在上一年家庭总收入低于 3.8 万元的归入低收入人群，而高于 25 万元的归入高收入人群。2014 年的调查数据中各收入人群在 2013 年全年的家庭收入情况以此类推，即低收入群体的最高家庭年收入标准为 6.2 万元，中低收入群体的最高家庭年收入标准为 10.6 万元，中高收入群体的最高家庭年收入标准为 44 万元，高于 44 万元则是高收入家庭。鉴于 2016 年和 2017 年上海市城镇居民收入增长率分别达到了 8.9% 和 8.6%（上海统计年鉴，2018 年），2018 年的调查数据中各收入人群的划分标准调整为：低收入群体的最高家庭年收入标准为 8.3 万元，中低收入群体的最高家庭年收入标准为 14.2 万元，中高收入群体的最高家庭年收入标准为 59.1 万元，高于 59.1 万元则属于高收入家庭。

通过这一标准界定的各收入人群与各社会阶层之间存在着比较大的区别，主要表现在：一是划分的核心标准不同，收入分层依据的唯一标准是收入水平，不必区分居民在受教育程度、资产规模、职业种类、价值观念、社会地位等方面的差别。而社会阶级、社会阶层划分的依据是职业、财产、教育等综合性的标准；二是由于界定的标准不同，中等收入人群不一定是中产阶级或中间阶层，而中产阶级、中间阶层一般都属于中等收入人群。低收入人群则是指在一定时期内没有达到中等收入下限水平的城乡居民。而对于社会阶层的划分标准来说，各个阶层在拥有住房、汽车等物品的数量方面存在明显的差异，各阶层的财产或资产，受过高等教育的比例，从事较好的商业或专业性工作（如经理、律师、医生、会计师等）等方面都有所差异。社会阶层之间的构成更加稳定，而各收入人群的构成会受到经济环境更多的影响。

二　各收入人群的构成特征

目前学术界的许多研究者都对各收入人群进行了广泛而深入的研究。这些研究从多个方面反映出各个收入人群的构成特征和发展趋势。这些研究成果为本研究的开展提供了丰富的参考资料和分析模型，主要揭示出以下三个方面的特征。

1. 低收入人群规模较大，中等收入人群占人口总量比重偏小

改革开放以后，特别是党的十四大以后，我国经济体制从计划经济向社会主义市场经济体制转变，物质利益重组迅速扩大了我国居民的收入差距，经济利益矛盾逐渐凸显出来。一方面计划经济下长期形成的分配上的平均主义仍未完全消除；另一方面又出现了收入差距过大和不合理的分配现象。不同所有制领域、不同地域、不同行业及城乡之间存在着较大的收入差距。除收入差距外，包括房产、金融资产和储蓄在内的社会成员的"财富差距"将随房改、私营经济和股份制的发展进一步扩大，加剧了我国已经十分严重的贫富分化，与贫富分化加剧和大量贫困人口存在密切相关的是我国中等收入人群占人口总量比重偏小。

目前我国还处于"洋葱头形"社会结构，这样的社会结构是低收入

人群比重占大多数，中等收入人群比重明显不足，还没有达到一定数量，没有成为社会结构的主体。中等收入人群在我国目前的社会结构中仅占18%左右，而合理的社会结构中等收入人群所占比例应达到38%左右（李成，2013），因此，居于中间的中等收入人群无论在人口比例上还是在社会结构中的地位作用和影响力上都显得非常弱小。这种结构对于社会稳定是很不利的。

中等收入人群占人口总量比重偏小会造成一系列的社会问题。首先，中等收入人群的规模过小会导致社会高收入人群和低收入人群之间缺少缓冲层，容易爆发直接的、激烈的冲突；其次，温和的、稳健的价值观和意识形态无法成为社会主流，而极端的、激进的思想就可能占领市场；再次，社会保障和公共服务负担大，扶贫任务重，容易引起低收入人群的不满，恶化社会冲突；最后，社会消费能力不足，居民消费市场发展有限，进而影响社会经济的有效增长，最终损害社会政治稳定的经济基础。因此，构建社会主义和谐社会就是要把中等收入人群"做大做强"，向"橄榄形"社会结构努力奋斗。

2. 中等收入人群的构成呈现多样化特点

新中国成立以后到改革开放初期的很长一段时间里，全社会的收入差距都控制在比较小的范围里。社会结构主要由农民、工人和干部三种类别组成。计划经济和人民公社的制度设置使得民众之间的生活差距更多地来源于工作单位而不是职业类型。

在改革开放以后，市场经济和全球化推动了收入差距的扩大。中等收入人群的规模开始逐渐上升。不同于白领阶层和中产阶层，中等收入人群中其中既有脑力劳动者也有体力劳动者。中等收入人群的职业多样化有四个来源：第一，从原计划经济体制下的职业分化，经过企事业单位的改革以及国家政策的扶持，产生了像航空、金融、保险、电信、外贸、房地产、旅游、烟草、电力等垄断行业。第二，在现有的市场经济体制下的职业分化，产生了私营企业主以及个体工商户群体，他们逐渐成为中等收入人群的重要组成部分，并且为国家的税收做出重大的贡献。第三，在高科技的迅猛发展以及全球一体化下的职业分化，培养了各行各业的专业技术人才，他们成为新型的中等收入人群。第四，国家政策鼓励第三产业的发展体制下的职业分化，推进了服务行业的发展，为社会的全面进步提供保障。从本研究的调查数据来看，中等收入人群当中专业技术人员的比例要比低收入人群高，而农民的比例相对低一些。

以广东为例，近些年该地区的职业结构变化非常明显。根据广东省统计局的信息，从1990年到2015年的25年里，从事农林牧渔生产的劳动者数量迅速减少，在就业市场上的比重从超过60%大幅减少到不足20%。而从事第二产业和第三产业的劳动者人数迅速上升，特别是从事商业服务业的劳动者从8.41%大幅增加到31.8%。

田丰（2017）认为，2000年以来中国的收入水平和教育水平的相关度越来越大。收入等级越高，平均受教育年限也越高。这说明受教育程度较高的群体更有可能进入中等收入群体和高收入群体。尤其是高校扩招以来，接受过高等教育的人群规模不断扩大，这部分人当中大部分都成为了中等收入者或高收入者。

中等收入群体的规模和实力都有了明显的增长，这说明我国全面小康社会建设目标的实施取得了重大的突破。同时，大量低收入居民的生活水平也得到了极大的改善和提升。但我们也要看到，中等收入群体的总体实力还很薄弱，低收入群体的绝对数量还比较大。特别是在北京、上海等特大型城市生活的低收入群体和中等收入群体还面临着许多的生活困难，离富裕的生活水平还有很大差距。

第二章

收入分层视角下的生活方式研究

　　早期社会学家如马克思、韦伯、桑巴特、凡勃伦等都对生活方式有相关的论述。《中国大百科全书·社会学卷》将生活方式定义为"不同的个人、群体或社会全体成员在一定的社会条件制约和价值观指导下，所形成的满足自身生活需要的全部活动形式与行为特征的体系"。（中国大百科全书出版社编辑部，2004）其中价值观是制约人们的生活方式的主要因素。价值观是指社会成员用来评价行为、事物以及从各种可能的目标中选择自己合意目标的准则。价值观通过人们的行为取向及对事物的评价、态度反映出来，是世界观的核心，是驱使人们行为的内部动力。它支配和调节一切社会行为，涉及社会生活的各个领域。人们的生活方式受到价值观的影响，同时生活方式也是价值观的体现。

　　不同收入水平的人群会形成各自独特的生活方式。低收入人群对于"好的生活"的想象通常会以温饱和基本生存条件为主。但对于中等收入人群来说，生活不再是维持基本的生计，而是身份的彰显、价值观的表达。这个群体的生活方式和价值观逐渐凸显出来许多独特的性质，也吸引着越来越多的学者投身于相关的研究之中。本章将主要从收入分层的视野来考察各收入人群的生活方式存在哪些特点，相互之间存在哪些方面的关联性。接下来我们将回顾国内外对生活方式和价值观研究的基本状况，并探讨收入水平的差异可能会对人们的生活方式和价值观产生哪些方面的影响。

一 生活方式的概念界定与测量

马克思、恩格斯（2003）在《德意志意识形态》中把"生活方式"作为与历史唯物主义的中心概念——"生产方式"具有紧密联系的概念提了出来。他们区分了这两个概念，将生活方式与生产方式、生产力等范畴一起进行论述。他们指出了阶级的属性并非仅仅指生产关系和经济关系，而生活方式也被视为辨别阶级的一个重要指标。他们分析法国农民阶级就是从生活方式着手，农民的生活条件相似，他们的关系较单一，并且生产方式使它们互相隔离。当时法国农民阶级与其他阶级不同，一方面是由它们的生产关系和经济条件决定；另一方面，我们也可以发现他们的生活方式、受教育程度等成为区分阶级的一项指标。这对后来的研究者起了一定的指引性作用。

在社会学的研究中，韦伯是最早将生活方式的概念引入分层研究中的学者。他提出了用"生活方式"这一概念来分析社会阶层和"地位群体"的观点。他认为，"阶层"是按照人们所具有的不同的产品生产与获得方式进行的分类，但是"地位群体"是按照产品的消费原则，也就是按照特有的"生活方式"来进行的一种分类。他提出了共同体内权力分配的另一来源是基于生活风格和社会声望的等级或身份群体。虽然韦伯认为身份群体与经济情况有很大关系，但是他更强调依据社会声望和生活方式来区分不同类型的地位群体，并认为特定地位群体之所以能够发展起来，最重要的就是发展出一套特定的生活方式来（韦伯，〔1946〕2005）。

学术界对生活方式的定义有着比较多的分歧。阿胡维亚和阳翼（Ahuvia、阳翼，2005）认为生活方式可以定义为人们花费时间和金钱的类型，它反映了一个人的活动、兴趣和意见。人们会根据自己喜欢做什么事情，如何打发时间和如何花销可支配收入，把自己归入一个特定的群体当中。从社会心理学的角度，费尔德曼和蒂尔巴（Feldman and Thielbar，1971）将生活方式看作是一种群体现象，反映出人们的核心生活利益，在行为上表现出较强的连贯性，受其所在的社会群体以及与其他人之间的关系的影响。生活方式在不同人口统计变量上表现出差异，包括年龄、性别、民族、社会阶层、宗教和社会变迁都会导致生活方式的改变。

而对于生活方式的研究，不得不提到布迪厄。他对于文化资本和惯习的阐述，让我们对生活方式的研究更推进了一步。文化资本的概念包括高等地位的消费行为、"优雅举止"和享有特权的生活方式等。这种实践、举止和生活方式是长期以来逐步形成的，教育的成功大多数情况下取决于个人吸收的这些主流文化或者获得这些文化资本的程度，因此，具有这些文化资本的阶层自然在与其他不具有这些文化资本的阶层竞争时，就先天地占据了有利的位置。所以，在布迪厄看来，教育制度的功能就是再生产统治阶级的文化，并且保证他们的继续统治。[2]

社会学家格伦斯基（Grusky，2001）则从另一个视角出发，强调现代社会中个人主义的盛行对社会结构和社会分层研究的挑战。他认为，社会不平等越来越多地表现出个人主义的趋势，客观的社会位置不再是社会分层的决定因素。特定的生活方式、个人品位、选择和承诺等文化的因素更重于传统的结构因素。生活方式的概念具有独立的意义，完全不同于布迪厄基于客观社会位置的生活风格概念，在这个意义上，格伦斯基实际上已经摒弃了"传统的"阶级概念，从文化的视角来解释日益个人主义化的生活方式和态度。

芝加哥学派则从城市社会学的角度对都市生活方式的特点进行了研究。都市性作为一种生活方式，是指所谓一种有明显特征的与都市增长相联系的生活模型（帕克等，2012）。精神崩溃（mental breakdown）、无序、自杀、罪错行为（delinquency）、犯罪、腐败等现象在都市比农村更为普遍；社会控制典型地通过正式的有组织的群体来进行，人与人的沟通处于初始水平，即建立在普遍的或大众利益的基础上，人们之间缺乏深入全面的交往；都市居民变得理性、自利、专门化，有时还有些含蓄冷淡和高度容忍的特性。

在社会变迁的过程中，生活方式也随之发生了变化。国内学者关于生活方式的研究文章也比较丰富。黄平（2003）回顾了马克思、韦伯、桑巴特等学术大师关于生活方式的理论贡献。他指出，我国应该在文化、历史的视野下去看我们的生活方式和消费主义文化，去看我们的可持续发展问题。王雅林（2006）通过对马克思唯物主义社会理论的重新诠释，提出了"生活/生产互购"的社会理论研究方式，深刻揭示了生活方式在整体系统中的功能和地位，为生活方式研究确立了重要的理论地位；王治河（2006）讨论了后现代生活方式的主要内涵，其中包括对虚无主义的挑战，对偏执的拒绝，对多元的尊重，对向他者开放的欣赏，对"踏实的存在"的追求，对创造性的推崇。他相信，后现代生活方式有助于医治包括消费主义和"划一思维"在内的各种现代病。

本研究对于生活方式的定义遵循比较简约的思路，将其界定为人们长期受一定的文化、民族、经济、社会、风俗、规范等影响而形成的一系列消费行为模式、时间分配方式和生活制度安排，它反映了人们对于生活的价值观、兴趣和态度。生活方式的内涵包含了相互联系的多个维度，接下来，我们将对目前比较主流的生活方式测量指标进行回顾，并从收入分层的视角对消费行为模式、社会交往和休闲活动安排等方面的现有相关研究进行讨论。

学术界对生活方式的测量也使用了很多有特点的指标。广义的生活方式的测量应该涵盖政治生活、宗教生活、物质消费生活、闲暇和精神文化生活方式等广阔领域。而狭义的生活方式则通常把分析的边界限定在日常生活领域：物质消费、闲暇和精神文化、家庭生活方式，也就是我们经常说的老百姓生活中的"衣、食、住、行、乐"（王雅林，1997）。

首先，社会学家通常将生活方式视为社会分化的可观察现象（高丙中，1998）。也就是说，各个群体在社会分层系统中的定位以生活方式为依据。布迪厄（Bourdieu，1984）从社会学的角度，描绘了一个社会空间，也就是日常生活中的行动空间，从而引申出了惯习。惯习主要指的是后天获得的思想、行为和口味的模式，这个概念将社会结构与生活实践或社会行动联结起来。布迪厄在探讨生活方式与阶层分化的关系时，将生活方式操作化为不同群体的生活品味。他将生活品味看作一个"阶层"的标记。同时，它也是该群体与同阶层的其他群体横向联系以及与其他不同阶层群体纵向区隔的标记。他还从饮食习惯和运动偏好两个方面研究了专业技术阶级（中上层阶级）和工人阶级之间的区隔，他发现工人阶级更注重维持体能，而专业技术阶级更注重保持身型。有学者从韦伯和凡勃伦的理论出发，将生活方式转化为消费方式来研究。对生活方式的测量就转化为对消费方式的测量。这样，调查对象就变成了更加具体的消费者及其行为（Earl，1986）。

其次，在市场营销学和管理学领域，使用比较多的生活方式测量方法是 AIO 法（Gonzalez and Bello，2002）以及"价值观和生活方式量表"（Mitchell，1983）。AIO 测量法指的是对活动（activities）、兴趣（interests）和观点（opinions）的三个维度的测量。具体说来，该方法测量以下三个方面的内容：（1）活动：人们如何花费时间和金钱；（2）兴趣：人们认为生活中最重要的事情；（3）观点：人们如何看待他们自己和他们周围的世界。普鲁默（Plummer，1974）将这三个维度与人口统计变量相结合，形成了包括四个层面、三十六个子项目的量表。问卷一般采用李克特的五分点量表。然而，这一方法的弊端是问卷往往有几百个问题，无法在大规模的社会调查中使用。

由于 AIO 方法过于复杂，斯坦福研究所的米歇尔（Mitchell，1983）提出了"价值观和生活方式量表"（VALS，Values and Life Styles）。该量表关注的更多的是与消费观念和消费偏好有关的心理因素。他在美国调查了 1600 个样本，问卷涉及 800 多个问题，包括人们的衣食住行及闲暇时间的消费状况、社会价值观及政治态度等内容。他的研究归纳出 4 大类共 9 种美国生活方式。这四个大类包括需要驱动类、外向类、内向类、外向与内向混合类等生活方式。

鲍尔斯（Bowles，1998）将英国消费者的生活方式概括为自我意识型、时尚导向型、关注健康型、中立型、价格敏感型和追求舒适型六种。李等人（Lee，et al.，2009）将生活方式分为时尚意识、休闲导向、网络介入和电子购买偏好四个因子。国内的学者借鉴了这几种分析方法，从主观态度方面对生活方式进行了分类。例如，王海忠（2002）从时尚意识、家庭观念、价格意识、社区意识和领导意识五个维度测量了生活方式。但这种测量方式主要关注的是人们对生活的态度和价值观，而不是实际的行为和活动。

此外，也有学者依据研究对象和研究目的的特点建立了自己的测量体系。罗斯利用芬兰 100 名居民的自传资料，建立了一套以四个主要指标为基础的生活方式测量体系。这四个指标包括生活控制、基本生活印象、个人（家庭）生活的社会领域和私人领域的区别程度、主要生活定向的总和。他根据这些指标把生活方式分成四种类型：真正幸福的多面型、普通传统型、现代的无内容型、十分不幸型（罗斯，1982：63—65）。

对生活方式的测量主要采用自编问卷式调查，并没有统一的内容和标准。国外常用的生活方式量表有生活方式评估问卷（Lifestyle assessment questionnaire，LAQ）、个人生活方式问卷（Personal Lifestyle Questionnaire，PLQ）、健康促进生活方式问卷（Health-promoting Lifestyle Profile，HPLP）等。国内生活方式的研究工具相对不成熟，有研究者把HPLP翻译成中文并进行修订。内容包括自我维护健康动机、健康责任、锻炼、营养、人际关系支持和紧张自我调节几个部分（曹文君等，2016）。符明秋（2006）编制了重庆市居民的生活方式问卷，内容包括行为和心理两个层面。其中行为层面包括工作与睡眠、性生活、饮食状况、卫生习惯、体育锻炼、药物及烟酒使用6个方面。

吴焕文（2002）认为生活方式指标体系应该包括主观指标（生活满意度）、客观指标（生活活动条件）和行为指标（生活合理度）。生活活动条件反映了一定时期的生活水平，是一定生活方式形成的客观前提。生活满意度是指人们"对于生活及其各个方面的评价和总结"。客观指标虽然是一定的社会生活的物质基础，但我们的最终目的是满足人们的物质精神生活需要。需要的满足与否是一种主观感受。这些主观感受与客观条件有关，但并不是完全吻合的。在某些相同的客观条件下，这种主观感受可能仍会有差异。生活合理度是指生活主体在一定的价值观念指导下如何有效地利用社会提供的生活资源，促进人的全面发展的过程。

张芳芳和高文斌（2010）使用"青少年生活方式问卷"调查了全国15000名在校学生的情况。他们将生活方式操作化为49个问题，涉及客观行为、饮食习惯、睡眠状况、卫生习惯、学习习惯、体育锻炼、娱乐活动、人际关系、应对方式和生活满意度等十个方面。也有医学健康领域的研究者仅从一个或几个方面来测量生活方式，例如吸烟、饮酒和体育锻炼（黄洁萍，尹秋菊，2013，王甫勤，2012）。纪韶和李舒丹（2010）在调查北京农民工的生活方式现状时，主要包括他们的家庭生活、社会交往、消费方式等几个维度。

综合国内外学者的研究成果来看，生活方式的测量涉及客观指标和主观指标两大类。本研究将从狭义的角度来界定生活方式，因此对生活方式的测量主要涉及人们实际发生的与生活有关的各类行为及主观感受。这些行为涉及衣、食、住、行、乐等方面。而对于主观感受的测量将放在价值观部分进行讨论。与上述衣、食、住、行、乐等方面有关的行为可归为两个大类，即消费行为和休闲社交行为。

二　收入分层与消费行为模式

生活方式在很大程度上是通过人们的日常消费行为表现出来的。恩格斯（2014）将人的需求分为生存、发展和享受三个阶段，人类为满足这三种需求而进行的消费分别被称为生存型消费、发展型消费和享受型消费。生存型消费是为了维持人们的基本生存需要和恢复劳动能力所必需的消费，包括衣、食、住、行等方面的基本消费。这种类型的消费需求的刚性比较大，是人们生存的重要前提条件。发展型消费是为了发展人们的劳动能力、提升劳动效率所必需的消费，例如文化消费和教育消费。而享受型消费是指人们在满足了基本需求和发展需求后，为了提高生活水平，满足舒适和闲暇方面的需要而进行的消费，如高档服装类消费、旅游、美容美发、休闲健身等。

中等收入人群是介于高收入人群和低收入人群之间的人群，是具有现代消费理念的倡导者和实践者。西方的研究非常关注社会当中不同社会地位的群体在消费方面所表现出的异质性。本研究对西方消费行为模式的文献回顾将同时包括收入分层和社会阶层两个方面，并在总结文献研究时将两者看作基本类似，可相互替代的概念。

中等收入人群通常会将消费作为他们建构自我认同的一种策略。福塞尔（1998）认为中间阶层的成员在社会中不具有明显的可识别性，"由于害怕淹没在人群里"，所以他们会刻意地追求一些能够证明他们身份的装扮或者是消费一些物品来证明他们的存在。

　　韦伯与凡勃仑则是生活方式与消费领域的代表，他们把生活方式转为消费方式来研究。在生活方式的研究中，生活方式总是和社会阶层联系，其可以追溯到马克思主义的经典理论。在马克思那里，由经济条件决定的一定的生活方式，是区分不同阶级的一个标志。而韦伯认为，收入一定，消费形式不同，生活方式就可能表现出不同的形式。因此从生活方式认识社会地位，根据消费规律认识生活方式，把生活方式转化为消费方式来研究。随后韦伯区分了阶级和地位，阶级的定义和马克思理解大致相同，但对地位群体则是指依靠特定"生活方式"体现的。一个阶级就是经济上共享同一类型的生存机会，但是这些人并不了解他们相同的状况，一旦这些人认识到他们是同等的，便会发展出共同追求利益并联合行动的共同体，从而形成了地位群体。换句话说，"地位群体"就是按照特定的"生活方式"体现的商品消费原则来划分的。

　　凡勃仑也被认为是研究生活方式的早期代表。他主要从消费的角度来认识生活方式与阶层的关系（凡勃仑，2009）。在原始社会，尊荣的标志就是掠夺战利品。进入工业化社会后，财产代替勇武成为尊贵的标志，而其最主要的表现方式就是"有闲"的生活方式，有闲并不是指无所事事，而是指非生产性的消耗时间。有闲阶级的人，对于生产性工作是蔑视的，并且他们有足够的金钱让他们衣食无忧。他们讲究礼仪，注重优雅，来炫耀有闲阶级的地位。随着城市化的发展，有闲阶级就会"炫耀性消费"即把钱花在能代表他们高人一等的物品上。当这种炫耀性的消费构成整个生活方式的时候，它才与有闲阶级合二为一。凡勃仑和韦伯一样，对生活方式都产生了极大的学术兴趣，然而生活方式只是作为区分阶级地位的描述性工具，它仍旧处于边缘地位。

　　文化的消费是"有倾向性的、有意识的——来履行将社会差别合法化的社会功能"，因此，不同的阶级或者阶层有不同的生活方式和文化上的不同嗜好（口味）。布迪厄（1984）阐述了专业人员有着高收入和高资质，能够得到和消费大量的物质和文化产品，他们几乎在各方面都与那些办公室的工作人员截然不同，后者素质低，一般出身于工人和中产阶级，能得到和消费的产品较少，他们得把大部分时间花在挂念生计和改善家庭生活上。

布迪厄详细研究了教师、专业人员、制造业和商业雇主三种职业身份的消费支出。在消费支出中又分为了三种消费分配结构：食品、文化和外表形象。雇主在食物上的支出意外的高（37%），文化上的低消费和在外表形象和印象上的中等支出；教师的总花销比平均水平低，在食品上支出低（比体力劳动者相对较少），在外表形象上的支出有限（虽然它们在健康上的支出是最高的消费者之一），而在文化上的支出相对较高。与这两类人不同的专业人员，在他们的预算中，食品的支出比例与教师相同（24.4%），但是总支出基数高，并且在外表形象和印象中的支出比其他所有人都高，特别是如果再包括家庭服务的支出，而他们的文化支出比教师低。进一步观察食物的支出模式，差别体系变得更加清楚。富人（暴发户）、专业人员或高级行政官员的品位决定了流行的品位。不同职业的人们在每周工作时间、休闲时间的分配以及支出模式都存在明显的差异。就此他进而引申出生活方式、惯习和文化资本的再生产问题。

中国自20世纪70年代以来，进入了长达二十多年的改革开放进程。在这个过程中，我国的经济体系逐步完成了从计划经济体系到市场经济体系的转型，并且在其他领域也发生了变化，其中最突出的是生活方式的变迁。随着计划经济到市场经济转型的逐步完成，多元的所有制结构、有序的市场竞争环境、政府角色的转变等方面的深刻变革让中国的生产力得到了解放，为消费者提供了多样性的选择，为生活方式的变迁提供了物质基础，并刺激了人们的消费欲望和生活方式偏好。20世纪90年代中期开始实施的社会福利保障制度，尤其是在住房、医疗等相关领域所进行的市场化改革，打破了原本以"单位制"为基础的社会福利保障供给体制，让个人承担了更多的社会福利保障责任。因此，人们在消费行为方面逐步走向了更加长期化和理性化的阶段。此外，全球化促使了消费社会的产生，在物质和精神交流碰撞中，人们对中西方生活方式的选择和认同趋向多元化。

在社会分层研究框架下也有很多有关生活方式的研究。刘能

（2003）提出了一个建立在中国各代人社会经历基础之上的代际框架，对各代人在家庭生活、日常消费取向、职业生涯、社会关系、科技产品消费、娱乐、时尚和社会意识 8 个重要生活方式维度方面的态度和行为，进行了简单的描述性分析。其中得出结论是当代的中国人的生活方式还没有完全定型，进入一个明显分化的趋势，基本还处于形成和分化的初期阶段。

刘精明、李路路（2005）通过居住空间、生活方式、社会交往与阶层认同 4 个方面对城镇的社会阶层化问题进行了实证研究。作者主要通过 5 个生活方式因子和对西方生活方式的偏好共 6 个变量来测量生活方式。通过因子分析获得的 5 个因子分别为消费品位因子、生活感受因子、高雅休闲因子、通俗娱乐因子和焦虑因子。他们的研究表明居住、社会交往和社会认同等维度上存在比较明显的阶层化趋势；但是在消费品位因子、高雅休闲因子和通俗娱乐因子等方面，阶层之间的差异还比较模糊。总的来说，生活方式和社会分层之间的界限还不是很明确，还没出现明显的阶层化趋势。如今十多年过去了，是否这种边界模糊的情况产生了变化？这也是有待我们验证的问题。

社会学家对我国社会中间阶层的一个评价是"消费前卫"（周晓虹，2005），大多数人也认为"消费前卫"是中产阶层的重要特征（王建平，2004）。然而这种"前卫"不能简单地表现在消费支出量的水平上，更多地需要体现在消费结构当中。例如，这个群体中教育消费和旅游消费的支出占总消费的比重不断增加，普遍接受分期付款和透支信用卡等现代消费方式。他们通过消费来实现自我的更高追求，并且消费品位不断上升，是我国理性消费和超前消费的代言人。

夏建中、姚志杰（2005）通过对白领群体的生活方式进行实证研究，分析了城市白领群体的构成特征以及该群体生活方式的一些特点。他们主要从 8 个维度来进行研究。这 8 个维度包括个人基本状况、日常消费、日常休闲活动的选择、消费观、以工作为中心的白领生活、对自身地位的评价、对生活方式的评价、对社会的关注。从分析的结果看，白领群体主要以工作为中心，他们会积极锻炼身体并提高自己的知识水平。一方面他们既保存着我国传统的生活方式，例如重视储蓄、重视对父母赡养；另一方面体现时代性，进行金融投资以及炫耀性的消费。并且相对来说他们是具有较强的社会责任感和责任心的。在今后个性化和炫耀性消费将成为白领群体生活方式的主要方面。

在物质层面上，李春玲（2011）发现中产阶级在日常消费如购买衣服和去餐馆的场所选择上与其他阶层不同。中产阶级最青睐的购买服装的场所依次为大商场、普通服装店和品牌专卖店，半中产阶级偏好的场所依次为普通服装店、大商场和批发市场。略超过三分之一的中产阶级经常光顾品牌专卖店，表明他们热衷于名牌服装消费，而其他阶层光顾品牌专卖店的比例只有约十分之一，农民则极少光顾品牌专卖店（李春玲，2011：216—217）。

人们可能认为，在流水线大批量生产的今天，一般消费品的价格对于低收入人群来讲也不再是天文数字。每一个人都享受着科技进步带来的便利，对于科技产品的消费也变得普遍，但殊不知这其中也隐含了清晰的中等收入与低收入人群之间的差异。李春玲（2011）的研究表明，作为现代通讯工具的电话或手机是人们进行社会交往和工作联系的必要设备，而对于中等收入人群而言，手机的消费通常不仅仅是为了沟通，同时也是享受科技进步的一种方式。这个群体也往往是使用和体验最新款手机的群体，同时也是比较热衷于将手机作为休闲娱乐的一种工具的群体。微波炉代表了一种方便、快捷的生活方式，电脑体现了家庭的文化生活层次，摄像机则体现了家庭生活的丰富性和娱乐性，并且在某种程度上也反映了略微的奢侈或高消费倾向。她的研究数据显示，各阶级/阶层的固定电话和手机的拥有率差异不大，但中产阶级家庭拥有微波炉、电脑和摄像机的比率远远高于其他阶层。这表明，中产阶级在追求一种舒适、享受和高效率的生活方式（李春玲，2011：215）。

对于低收入人群而言，科技的绚丽夺目离他们较远，对于一般科技产品的拥有也出于完全不同于中等收入人群的动机，科技产品对他们来说并不具有同样的"享受"的意涵。朱虹（2011）考察了手机对于低收入人群中的意义以及他们消费手机的动机。她的研究发现，对于低收入人群而言，他们使用手机的目的并不单纯是为了与人沟通，而是为了谋生。即便是为了沟通，这种沟通也不过是他们谋生的一部分，也就是说他们为了谋生而进行单纯的信息沟通。这两个群体之间的共同点在于面对着同样的现代性的冲击，都能从科技的进步中获利。不同的是，科技对于中等收入人群能切实地起到使生活更加便捷安逸，而对于低收入人群而言，科技发展对于他们仍然是谋生的手段。

中等收入人群在消费方式上，讲究独特品味，亲近西方文化格调（张宛丽，2003）。不仅如此，在消费观念更是具有西化的色彩，与传统消费观念渐行渐远。薛求知、诸葛辉（1999）在对跨国企业中的中国雇员的研究中发现中等收入人群在生活方式上超前，具有独特的消费特征。首先，他们改变了以储蓄为主的生活态度，甚至开始认同赊账购买、分期付款等西方常用的消费方式，住房与汽车消费对他们而言已经不是天方夜谭；其次，他们的消费习惯也有所变化，以前人们提倡"新三年，旧三年，缝缝补补又三年"，勤俭节约是一致的社会认同，而现在的年轻人普遍追求时尚与新潮，身上穿几件名牌成为事业成功的标志；最后，他们的消费对象也有所转移，从物美价廉转向物有所值，价格高一点可以接受，关键是买到的东西要能够体现品位与价值，使自己有愉快的享受（薛求知、诸葛辉，1999：174）。

周晓虹（2002）则指出，这种刻意地想要表明自己身份的消费是由于当下社会中的中等收入人群没有占据丰厚的生产资料。中等收入者通过在他人公司或国家公务机构中工作获取收入的人生模式，决定了他们的消费一般不会在生产资料领域，而只能在生活资料领域（所以，有房、有车常常是他们有"产"的重要标志）。加之他们看重社会声望，用米尔斯的话说，存在着强烈的"地位恐慌"；同时又常常是时尚性传播媒介的主要受众。因此他们同其他阶层的群体相比，消费上的前卫性是十分明显的。因为中等收入者多数接受过良好的教育，所以他们在消费方面还表现出明显地追求生活品味和格调的趋势。

在中等收入人群的消费超前的问题上，李春玲却持有疑议。她的研究发现，虽然中等收入人群在消费水平和消费行为偏好方面显示出明显特征——追求舒适、享受和有文化层次的生活方式以及对住房、汽车和其他中高档家庭耐用品的强烈拥有欲望，但注重感观和物质享受的消费偏好并未促使他们走向超前消费和炫耀消费。他们的收入与消费支出比例说明大多数中等收入家庭保持着适度的、可持续的或逐步提升的消费水准（李春玲，2011：218）。

三 各收入人群的休闲社交活动

布迪厄认为，中等收入者与低收入人群之间在社会交往方面存在着非常显著的差别。这种差别不仅是物质财富占有上的差距，更是文化资本和社会资本方面的差距。而这两个群体之间存在的区隔在社会的再生产过程中没有办法达成弥合，只能在各自的环境中越来越加深之间的鸿沟（Bourdieu，1984）。

当前的研究给我们呈现的是中等收入人群是亲近现代化与西方文明的一方，而低收入人群则是距离传统较近的一方。他们由于教育、物质财富的不同而各自在社会中处于不同的位置，彼此形成了各自的、风格迥异的休闲娱乐方式。由于物质财富拥有的不同，中等收入人群在物质之外追求着更高的精神享受，而低收入人群仍旧在温饱线徘徊，停留于物质层面，对于精神层面翘首企盼。因此，两者形成了"区隔"，各自的品位形成了高雅与低俗、精致与粗劣、独特与平庸、新奇与陈腐等各种类型的区分。

在休闲娱乐方式的差异上，布迪厄提出"品味"这一造成阶级区隔的重要概念。布迪厄将人们从事的休闲娱乐方式按照趣味的标准分为了三种，它们都与教育水平和社会阶级高度相关：合法性品味（Legitimate taste）、中等品味（Middle brow taste）、流行品味（popular taste）。合法性品味指的是在社会上获得支配地位的阶级认可的高雅艺术品味。中等品味指的是次于合法性品味的，主要是在社会中间群体中最为流行的休闲品味。流行品味指的是"轻音乐"或经过流行化以后的古典音乐，例如《蓝色多瑙河》（布迪厄，1998）。布迪厄他以大量的调查材料说明，在法国，品味是判断你属于哪一阶级的最佳尺度，暗示着人们曾为此付出昂贵的代价：大量的时间与经济资本的投入。因此，一个人对合法性品味的崇尚程度，比如他所欣赏的文学、艺术、学术著作、体育运动，甚至是他所希望拥的体形、服装风格、家庭装潢风格、饮食偏好、旅游目的地与方式等等都反映出他的社会阶层属性。

　　对于中等收入人群的社会交往活动的研究，有代表性的是吕大乐、刘硕（2010）对一个中等收入者聚居社区的研究。他们采用民族志的方法对该住宅小区的住户进行了访谈，从如何恰当饲养宠物到区内居民的着装问题，由业主之间讨论的话题，了解到中等收入者如何在社区内打造一种新的社会交往方式，如何在公共与私人生活之间以不影响他人为原则，尊重他人的生活方式为条件而寻找平衡点。他们发现，中等收入人群在社区的交往互动中不断试图发展出他们自己的一套文化与社交方式，一种如何在小区内优雅生活的方式，而不是乡村院坝中的休闲方式。他们在社会交往中不断尝试着消除尊重他人与践行自身生活方式之间的张力。如此看来，中等收入人群在居住区内的社会交往活动中发展出了专属于他们的生活方式，在小区内践行着他们对于好的生活的想象。

　　而对于低收入人群的研究不自觉地在整个过程中呈现出了与中等收入人群两极化的区分。由于低收入人群的收入仅够满足生活上的温饱需求，家庭消费以食品为主，储蓄较少，无须谈论休闲生活问题。胡飞、周坤（2008）对于城市的低收入人群的研究揭示出，低收入人群的社会交往方式与中等收入人群形成了显著的差异。以下岗工人为例，他们居住在相对集中的老住宅区，社会交流的范围很小，一般以血缘、地缘、业缘为主，很少会进行跨社会阶层的交往，十分缺乏以意缘关系为主形成的各种政治、文化、教育、体育等高级社会群体组织（胡飞、周坤，2008：126）。

　　中等收入人群在休闲支出方面也与低收入人群存在着较大的差异。中等收入人群有更多的闲暇以及富余的财富来满足更高的精神需求。一般说来，中等收入人群拥有一定程度的经济资本和文化资本，他们能够运用这些资本，使自身成为日常生活审美化的积极制造者、引领者，成为大众的追随与模仿的对象（朱静燕，2004）。

　　中国的中等收入人群在日常生活中也热衷于全方位地实施他们所制定的审美的标准。他们在文化上有着较高的鉴别力，他们有钱有时间有兴致去从事他们所认为的高尚休闲生活。他们对身体的塑造和包装（如穿时尚品牌、用高级化妆品、到健身中心瘦身）、他们业余的休闲娱乐方式（如泡吧、泡咖啡馆、开车去越野兜风、打网球）、他们对文化娱乐方式的选择（如阅读安妮宝贝、村上春树的作品，如欣赏蓝调爵士乐、大型交响乐，如观看毕加索、凡·高的画展等）等都反映着他们所拥有的经济资本和文化资本，也反映着他们对自身的文化定位和欣赏品味（朱静燕，2004：88）。

孟蕾（2007）也指出，中等收入人群比较强调对自己身体的关注，对于形体美的追求。平民一般在社区空地上锻炼（如跳广场舞），而中产则是去健身房，因为他们已经开始接受"你的身体成为你社会等级的宣言"的观念。对于中等收入家庭的女性而言，包括化妆品、香水、服饰、美容等在内的"美丽消费"则尤其重要。有些白领丽人每年在"美丽"上的消费相当可观，她们拥有信用卡、银行卡以及各种商场、美容院的金卡、贵宾卡或打折卡，成为名副其实的"卡通人"（孟蕾，2007：23）。

中等收入人群成为了社会的领头羊，而低收入人群就是其追随者，甚至不具有追随模仿的资格，而是滞后者。胡飞、周坤（2008）对于城市的低收入人群生活方式进行了研究，发现这一群体在教育、文化、娱乐方面的活动较少且活动单调，精神生活贫乏，精神文化消费明显偏低，农民工和下岗工人的娱乐活动多为打扑克，而拾荒者几乎没有任何娱乐活动。这表明，中等收入人群和低收入者群体之间在休闲娱乐方式等方面存在着非常显著的差异。

通过对国内外学者的相关文献的梳理，我们可以看到，在西方发达国家，不同收入人群的生活方式存在着诸多的差异。处于中高收入人群的人们和低收入人群比较起来，他们的消费支出的重点已经不在于维持生存的基本需求，而是更趋向于拥有一定生活品位、比较舒适、引领时尚潮流的消费模式。对于国内而言，自改革开放以来，我国经济发展迅速，人民生活水平提高，人们的生活方式也随之发生了天翻地覆的变化。但是，很多研究表明，中国的中等收入人群与低收入人群之间的差别还不是很明显。这可能与中等收入人群的规模比较小，生活方式还停留在传统的生存需求阶段，住房压力和医疗社保压力大等因素有关。本研究想了解的是，在金融危机和经济新常态的背景下，大都市居民的生活方式到底发生了怎样的转变，各个收入人群在生活方式上到底出现了怎样的差异？

四 收入分层与生活价值观研究

价值观是指社会成员用来评价行为、事物以及从各种可能的目标中选择自己合意目标的准则。价值观通过人们的行为取向及对事物的评价、态度反映出来，是世界观的核心，是驱使人们行为的内部动力。它支配和调节一切社会行为，涉及社会生活的各个领域。学者们从不同的理论视角出发对价值观包含的内容作出了各自的界定。美国心理学家奥尔波特和弗农所制定的价值观研究量表将价值观分为经济、理论、社会、审美、宗教、权力六个方面（转引自岑国桢、顾海根、李伯黍，1999）。20世纪80年代以来，以施瓦茨为代表的心理学家开始从需要和动机等心理因素出发来构建具有普遍文化适应性的价值观结构。这一理论流派主张价值观可以看作一般的信念，是与个人和社会紧密联系的现象。价值观反映的是合乎需要的超越情境的目标，指导着人们的生活或其他社会存在（Schwartz and Bilsky，1987）。

对于价值观的研究，一般存在着文化、社会、个体三种研究取向（金盛华、辛志勇，2003）。文化取向的价值观研究主要涉及的是国家、民族层面的文化积淀和文化模式。社会取向的价值观研究主要是反映某个时代或者阶段中，体制、政策、环境等宏观因素对社会各个群体的价值观的冲击和改变。个体取向的价值观研究则更多关注个体自身的特征对价值观的形成所产生的共性作用，而将文化、时代的因素放在相对次要的位置。

价值观的形成过程伴随着知识的增长和生活经验的积累。人们的价值观一旦确立，便具有相对的稳定性，形成一定的价值取向和行为定式，一般不会轻易改变。但就社会和群体而言，由于人员的更替和环境的变化，社会或群体的价值观念又是不断变化着的。中国社会科学院社会学所于1993年研究了当代青年价值观的演变，揭示出改革开放对中国青年传统价值观念的影响和挑战。他们的研究指出，青年人价值观念的变化为社会改革提供了一定的条件，同时也是社会改革的必然结果（中国社会科学院社会学所"当代中国青年价值观念演变"课题组，1993）。

本研究试图以 2008 年以来发生的金融危机和经济新常态为背景来研究各收入人群的生活方式与价值观。因此，本研究的分析路径选择上既不是从国家或民族层面上来分析中国社会的文化模式，也不是从个体的层面上来分析人们独立于时代和社会特征的价值观特征，而是从社会取向来研究人们的生活价值观。

起源于美国的金融危机实际上是一场美国价值观风暴。美国的主流价值观是以个人为中心的，以满足个人无限制的贪婪欲望为最终目标的。美国政府和社会倡导的是无节制的消费和享乐主义价值观。此次金融危机使得世界顶尖投行的破产、发达国家的实体经济大滑坡，其社会文化的根源都在于美国的核心社会价值观在本质上的扭曲和错位。在本研究中，我们将综合考虑美国金融危机这一时代背景，对比不同收入人群之间的生活价值观方面的差异。因此，本研究所使用的价值观主要是反映人们对自身生活方式的态度和价值倾向，而并不会涉及太多以往很多哲学家、心理学家和政治学家所讨论的关于认知、道德、政治和宗教等方面的价值观（廖小平，2014）。

许多社会心理学家都采用大规模的社会调查来进行社会层面的价值观调查。例如英格尔哈特教授自 1981 年开始在全世界 100 余个国家和地区进行的世界价值观调查就是比较典型意义的社会层面的价值观研究（Welzel，2013）。根据目前学术界从社会层面所进行价值观研究来看，在大规模的社会调查中应用复杂的价值观量表比较少见，同时也会带来成本上升、问卷回答质量下降等问题。

生活价值观是人们对待生活的一种态度和观念，主要表现在人们对生活本质、生活方式、生活目的的一种理解、看法和追求（李春玲，1991）。它是一个日常生活中的普通人都具有的、根植于常新的社会实践生活之中的意识形态。生活价值观的一个重要内容就是关于人们如何看待生活当中各个组成部分的重要性，其中比较关注的是家庭、子女、父母、金钱、快乐、朋友、配偶、成功、社交等方面在生活当中所扮演的角色。中国传统的生活价值观非常强调家庭在个体生活中的核心位置。

费孝通（1985）所提出的"差序格局"的理论认为，中国人是以己为中心，根据家庭组员的血缘关系的远近亲疏来"一圈圈推出去，愈推愈远，也愈推愈薄"。这种有中国特色的传统价值观看重维护和促进以家族为基本单位的社会生活的和谐与稳定（金盛华、辛志勇，2003）。在这种价值体系中，因血缘、婚姻关系连接起来的夫妻、子女、父母、亲属等家庭成员之间具有一种特殊的和自然的亲密关系，也就是要"上对得起祖宗，下对得起子孙后代"（孟宪范，2008）。父母和子女在人们的生活当中是一体的共生关系，父母通常把子女看作自我生命的延续，子女则要回报父母的养育之恩（费孝通，1985）。

现代化理论认为，现代人的生活价值观更加注重个体的幸福、强调核心家庭的情感联系，而不是家族的传承。个人主义和平等主义逐渐代替了家族的集体主义和长老权威。自中国改革开放以来，市场经济背景下个体主义价值和经济理性对中国传统的以家庭为重的生活价值观也产生了巨大的冲击，造成了"自我中心式个人主义的发酵"，侵蚀了家庭原本"关爱、互惠乃至利他"的核心价值，导致离婚率上升、家庭不稳定，青年人日益"为追求个人快乐而躲避家庭责任义务，缺乏牺牲、容忍精神"（孟宪范，2008）。李春玲（1991）在1988年和1990年所进行的青年生活价值观调查中发现，青年人对个人价值的追求大大上升，已经成为这个群体普遍认同的价值观念。甚至有不少青年人选择了更加极端的个人主义价值观，即四分之一的青年表示赞同"人不为己，天诛地灭"这种观点。

工业化的推进和市场经济的发展使人们摆脱了小农经济以家庭为基本生产单位的限制，逐渐走出家庭，走向社会。人们通过参加工作来获得薪酬、社会地位和成就感。正是这种"将劳动从其他生活活动中分离出来，并使之受制于市场规律"，强调个体就业和竞争的职业模式改变了以家庭为中心的传统生活方式和价值观。西方的研究表明，经济收入水平的提高会促使个体逐渐摆脱家庭的约束，转而在生活中更加注重自我价值的实现和个体福利效益的增值（Abrahamson、Inglehart，1995）。劳动力市场中的个人就业、薪酬和提升主要依靠人力资本和工作绩效，而人力资本的提升需要时间和精力的投入。因此，在个体时间和精力的有限性方面，工作和家庭就成为两个相互竞争的领域。

　　大量的研究表明，当工作压力使家庭成员在工作与家庭间产生角色压力和冲突时，通常会造成家庭成员情绪低落和抑郁，从而影响婚姻质量。中国自改革开放以来，市场经济的发展和体制机制改革所带来的工作压力陡增，工作在时间和精力上对家庭的挤压更加明显，工作偏好就成为个体基于对家庭和工作价值权衡的结果。实证研究显示，已婚者和为人父母者更看重工作的外在价值，如收入、效益和工作的稳定性等，而年轻人和受教育程度高的人更看重工作的内在价值，如兴趣、挑战、权力、责任和成就等（中国社会科学院社会学所，1993）。20 世纪 90 年代初的调查显示，当时的青年人比较看重获得事业成功和建立一个温暖舒适的小家庭这种工作和家庭双丰收的生活状态，只有不到 15% 的青年人认为金钱是最重要的人生目标（李春玲，1991）。黄盈盈（2001）的文献综述表明，在社会转型时期，家庭对于个人的价值并没有下降。多数人对自我需求的认知既包括事业和工作的成功，也包括家庭的幸福美满。家庭价值与个体自我实现价值是相一致的，至少是在笼统的价值观念中家庭不是与个体主义价值相矛盾的领域。

　　刘汶蓉（2011）利用 2006 年的全国调查数据和 2008 年在上海和兰州的调查数据分析了人们在生活当中对个人利益和家庭利益的权衡。她重点分析了人们对家庭与个人的权衡、家庭责任观念、对子女的义务和个人幸福来源观四个维度与收入水平之间的相关关系。她的研究发现，家庭与个人的权衡和家庭责任观念在不同年龄群体之间并没有明显的波动，这说明当代中国人仍高度重视家庭在个体生活中的核心地位，强调家庭利益高于个人利益。但是，调查中也发现年轻人明显比年龄大的人更不认同父母为子女牺牲、子女达成父母心愿，也不太认同家庭是个体幸福的来源等几方面的传统价值观。

　　同时，她的研究也发现，收入分层与传统价值观之间也存在一定的关联性。具体来说，随着收入的上升，人们对传统价值观的认同程度也逐渐下降。中等收入人群比低收入人群更趋个人中心主义，更关心自身的经济利益和生活的快乐水平，而更不认同传统的家庭内部亲子两代之间的权利责任关系和"工作比家庭更要"的观念。经济水平的提高会促使个体对自我价值的追求，强调自我实现而不是束缚于家庭，拥有后物质主义家庭观的人显示出拒绝传统价值观、性别观和性观念的特征（Abrahamson and Inglehart，1995）。如果我们有理由相信收入越高的人物质基础越优越，越有可能持有后物质主义价值观念，那么，我们可以认为，收入越高的人越重视家庭价值不是因为对传统家庭主义价值观的秉承，而是将家庭幸福的追求视作自我实现的需要。

与收入分层密切相关的生活价值观还包括对社会不平等和社会资源分配等方面的态度。中国人普遍接受价值观是能力主义、勤力主义，而关系主义、权力主义是大家所普遍排斥的（石秀印，2008）。对于导致社会不公平的因素和影响社会和谐的因素等观念也都属于生活价值观的范畴。

美国社会学家怀默庭在研究中国社会不平等问题时对人们的价值观进行了深入的分析（怀默庭，2009）。2004 年他和同事在中国进行了有关价值观与社会公平的全国性调查。这次调查涉及的关于价值观和认知方面的问题很广泛，包括民众对当前不平等程度的认知、社会公平观念、成功归因和贫困成因等。他们采用了"国际社会公正调查"中的问题，询问受访者在多大程度上认为导致了富人的成功或穷人的失败是个人绩效的因素还是外部的或结构性的因素。如果贫富的分化更多地被归因于基于个人绩效（merit-based）的因素（如个人天赋、才干、教育程度、勤奋与否）而不是外部因素（如机会不平等和歧视），那么这样的不平等就被认为是公平的，是可以接受的。也就是说，如果人们变穷是因为他们受到歧视或者没有机会，那么这种贫困比由于能力不足而造成的贫困会更让人觉得不公平。他们的调查结果显示，能力和才干、工作勤奋和高学历三个个人绩效方面的因素被认为是能够解释人们成为富人的主要原因。而像社会上存在的偏见和歧视、经济体制不公平等结构性因素并没有被人们所强调。这说明，中国民众倾向于用个人绩效而不是外部或结构性的因素来认识贫富的分化问题。他的回归模型还揭示出这种倾向在中等收入人群和低收入人群之间并没有显著差别。

怀默庭（2009）还将中国的情况和前社会主义国家及西方发达国家进行了对比。结果显示，61.3% 的中国受访者认为没有能力和才干是人们贫穷的重要原因，而在其他前社会主义国家则仅为 17.6% 到 39.5% 不等。尤其是在"社会关系"的作用方面，在前社会主义国家中高达 72.7% 到 89.3% 的受访者认为富人是通过操控关系而取得成功的，在中国则仅有 60% 的受访者认同这一观点。即使与美国、英国和西德等发达国家比起来，中国仍然有更高比例的受访者强调个人绩效因素，同时更少强调结构性因素。这说明中国民众对于社会资源配置的认识已比发达国家的民众有更强的个人主义倾向。

不同于怀默庭的研究，国内许多学者的研究发现，在价值观问题上中等收入人群与低收入人群呈现截然不同的两极化趋势。稳定与不稳定，可以很好地概括这种两极化趋势。低收入人群在生活质量的各个方面都远远低于中等收入人群。他们更倾向于将自身的不得意归于"体制的原因，尤其当收入差距更多地与权力介入捆绑在一起的时候，更加大了低收入人群对社会公平状况的不满，形成对执政党价值认同的阻滞因素"（赵光侠，2011：41）。

一般来说，中等收入人群可以看作是现存秩序的受益者，他们具有较高且稳定的收入，具有可供自行调配的休闲时间，从事脑力劳动，属于社会秩序的得益群体。他们无论对自己的物质生活还是精神生活都相对比较满意，他们是现存秩序的得利者，这就决定了他们对社会主流价值与现存秩序有着较强的认同感。中等收入人群的社会价值观趋向于温和的改良主义和道德相对主义，他们通常不会支持极端的、激进的社会运动（如革命、暴力、造反等），而是主张渐进的改革模式，对新事物和新变化采取开放的、宽容的、相对主义的态度（何玲璐，2007：31）。

沈明明（2008）在北京的调查对不同收入人群的价值观进行了比较。他的研究中对价值观的测量是通过人们对公平、平等、社会道德、国家与个人关系、对市场经济的价值取向来进行的。他通过对 1995 年、1998 年和 2002 年三次调查数据的对比，揭示出不同收入人群的北京市民在收入平等方面的观念有重大的差异，即收入越低，越认同在收入上应该尽可能平等分配的价值观，而且也更认同限制最高收入的做法。而在性别平等方面则不存在收入人群之间的差异。人们对于竞争的态度也基本持肯定的态度，在这三次调查中没有明显的波动。他的调查还涉及坚持个人原则和坚持团体一致原则的价值观。调查显示，大多数人认同的是坚持个人原则而不是与团体保持一致。对于一些个人道德方面的问题人们也比较一致持反对的态度，这些道德方面的问题包括逃票、乱扔果皮、说谎、贪钱等行为。对于行贿和受贿的态度在这三次调查中则出现了一些变化。人们似乎越来越不能接受上述这两类腐败的行为。

王绍光（2008）利用史天健于2002年在全国进行的一个调查数据，对价值观中的人际关系观、社会整体观和社会群体观等方面进行了研究。首先，对于社会上大多数人是否可以信任这个问题，年长的人比较认同，而年轻人认同的比例则低得多。对于集体利益与个人利益的关系，大多数人还是认同集体利益优先的观点。而对于"大多数会想方设法占别人便宜"这个问题，基本上是有一半的人表示认同，另一半的人表示不认同。他的研究表明，中国社会从熟人社会转型到陌生人社会，人们的价值观体系并没有发生根本性的改变。但是，像羞耻感这种用来维护道德的机制却在不断弱化，因此，要提升人们的道德水平，重塑社会价值观，加强道德实施的外在约束机制。

大量经验研究也表明，中等收入人群对于现实的社会问题往往表现出政治冷漠的特点（巫肇胜，2007）。中等收入人群具有强烈的自我保护意识，注重相互尊重彼此的个性，不干涉他人利益，这造就了中等收入人群的道德冷漠和公共意识淡薄。因而他们在公共事务或是政治事务上表现出漠不关心，在价值观上往往持比较消极的态度。孙秀林和雷开春（2012）的研究也发现中等收入人群中的新白领移民在社会参与方面没有很高的积极性，价值观方面倾向于明哲保身，随大流。

中等收入人群更多强调个人生活，倾向于个人主义而非关注公共生活，因而在价值观方面并没有表现出更多的公共关怀。张宛丽（2003）认为，中等收入人群较为强调个性，强调对个性的张扬。他们关注自我的社会形象，追求社会成就，并具有一定的"精英化""贵族化"心态。虽然关心并投身于一定程度的公益事业，但是对于社会政治生活淡漠。衢州市国家税务局课题组（2012）调查了当今中国中等收入人群的价值观，发现大多数中等收入人群对政治的关心仅仅是一种自我保护的意识，并没有形成一种自觉的政治热情，在面对现实社会时往往表现为只关注和自身联系紧密的事件，对于和自己无关的事件往往会视而不见，这样就造成社会参与度较小，很难对公共事务的决策形成大的影响和推动。

无论社会制度如何，东亚社会相比西方社会，更倾向用个人绩效而不是结构因素去解释贫富的获得。2011 年中国社科院的中国社会调查同样显示多数人认可目前存在的收入差距，相信机会平等，抱有通过努力拼搏和接受教育就能成功的乐观态度（刁鹏飞，2012）。城乡居民的成功归因影响他们的公平感，城乡居民越是把成功归因为权势背景关系，他们的公平感就会越低，也越少赞同分配结果公平（刁鹏飞，2013）。

第三章

收入分层与幸福感研究

一 国外的收入分层与幸福感研究

主观幸福感（Subjective Well-being，SWB），尽管已是众多学科涉足研究的重要领域，但并没有就其本质形成统一的界定，其含义在不同学科各不相同。如经济学家伊斯特林（Easterlin，2003）认为主观幸福感的概念类似于幸福感、生活满意度或主观生活质量等概念。而迪纳尔（Diener，2000）则认为主观幸福感是一个广义的概念，涵盖了人们对其生活做出评价的不同方式，包括总体满意度（对个人生活的整体判断）、领域满意度（如工作满意度）、愉快情感、实现感和意义感以及低水平的不愉快感。

迪纳尔（Diener，2000）认为主观幸福感这一概念具有主观性（Subjectivity）、整体性（Integrantion）、稳定性（Stability）三个方面的特点。主观幸福感主要依赖于评价者本人的主观性标准而非外在的客观的标准，因此具有很强的主观性。同时，主观幸福感是对评价者生活状况的一种整体性评价，是对其整个生活评价后的总的体验，包括认知和情感等多个维度，具有整体性的特征。最后，主观幸福感不同于情绪体验或快乐心情等短期情感性因素，而更多体现出不随时间或环境的改变而发生重大波动的认知性评价，是一个相对稳定的值。

大多研究更常采用的方法是就人们的幸福感进行直接提问，"综合考虑，您感觉最近是——非常幸福、比较幸福、不太幸福还是一点也不幸福"？答案一定程度上反映了人们对其生活的评价，但对于大多数人而言，仅仅是幸福感还不足以构成对其生活的完整评价，对主观幸福感的测量还理应包括其认知的维度，亦即满意度，而不仅仅是作为情感方面的幸福感。

传统经济学的核心概念工具是效用和偏好。早期功利主义者认为幸福感的本质是最大化幸福并最小化痛苦。近几十年的幸福感研究结合了经济学、心理学和社会学等相关学科，超越了经济理性和效用最大化的经济学概念，开创了幸福感研究的新路径（Diener, et al. , 1999）。学术界对于收入与主观幸福感关系的研究主要包括以下几个方面。

1. 收入差异与幸福感

就特定的时间地点而言，收入与幸福感之间存在正相关关系，这一发现与新古典主义的效用理论是一致的，并且已为大量的实证研究所证实（Easterlin, 2003）。然而，收入与幸福感之间的关系似乎是非线性的：边际效用随着绝对收入增加而递减。也就是说，当收入达到较高水平时，同等比例的收入增长只引起主观幸福感较低水平的增长。例如，世界价值调查（The World Values Survey）就提供了边际效用递减的证据。该调查在 1980 年到 1982 年、1991 年到 1992 年、1995 年到 1997 年进行，涵盖了 18—30 个国家（总共 87806 个观察个案）。推测表明，一个人从家庭收入分布的第 4 个十分位移动到第 5 个十分位，其主观幸福感增加了 0.11（十分制量表，1.0 为最低满意度，10.0 为最高满意度）。与之形成对比的是，从第 9 个十分位移动到第 10 个十分位，主观幸福感仅仅增加了 0.02（Helliwell, 2002）。并且，尽管主观幸福感在不同收入群体之间的差异是显著的，但在控制了就业地位、职业等社会经济地位时，收入不平等只能解释人们主观幸福感差异的很小一部分：高收入并没有简单地转化为高主观幸福感。

孔子在《论语·季氏》中指出："闻有国有家者，不患寡而患不均，不患贫而患不安。盖均无贫，和无寡，安无倾。"受"不患寡，而患不均"传统思想的影响，人们与生俱来地厌恶不平等。人们倾向于减少社会不平等，期望社会均等。当社会财富分配不均等问题日益严重时，人们就可能会表现出不满和焦虑。因此，不平等的社会现实会直接损害人们的幸福感。相对剥夺理论认为收入不平等程度的提高会导致相对剥夺感的上升，从而降低幸福感；收入差距能够改变收入预期进而影响人们的幸福感，收入差距可以促进收入流动性增强，其作为一种信号，作用于个人对自己未来收入的预期，从而改变个人的幸福感。而间接影响效应主要指收入差距会带来许多的社会问题，诸如健康恶化、暴力犯罪、社会信任危机等，而这些社会问题又直接影响着人们的幸福感。

（2）相对剥夺理论。伦奇曼（Runciman，1966）提出了相对剥夺理论，即人们通过与其自选的参照群体的比较而发现自己处于劣势时所产生的一种被其他群体剥夺的负面心理体验，进而产生消极感受。当收入成为比较的对象时，收入不平等程度的提高就导致相对剥夺感的上升，从而损害幸福感。伊查克（Yitzhaki，1979）通过收入差距阐述了这一概念，提出了使用与所有收入人群中高于自己收入的人数的总和来度量相对剥夺感，而且证明这种度量事实上就等价于绝对基尼系数。该理论预言不断扩大的收入差距增加了相对剥夺感，从而降低了人们的幸福感。

2. 收入增长与主观幸福感

"二战"后美国人均收入显著上升，然而平均主观幸福感实际上却保持恒定（Easterlin，1974）。尽管有强劲的经济增长，但自"二战"以来法国、英国、比利时、日本的平均幸福感并没有显著的提高（Diener and Oishi，2000）。

对此，人们提出了两种解释：第一种解释认为人们可能经历的一个过程就是对过去经历的适应，人类总是从过去或从对将来的预期而不是从收入的绝对水平进行比较，额外的物质产品和服务起初提供了额外的快乐，但这通常只是暂时性的，对物质的较高满足感会逐渐减弱，满足感依赖于变化，并随着继续消费而消失。

第二种解释认为对收入增长的满意度也依赖于他人生活方式的变化，只要经济增长或多或少地改善了总体中大多数人的生活境况，人们的期望和评价标准也会相应提高。收入增长是中性的，不会带来任何主观幸福感的净增长。在一些社会流动性比较高、不确定性比较大的社会中，他人的收入状况通常被看作一种对自己未来收入的信息或信号，从而对人们的幸福感产生影响。在这种情况下，其他人收入的提高可能会预示着自身收入将会提高。赫希曼和罗斯柴尔德（Hirschman and Rothschild，1973）最早提出了隧道效应（tunnel effect）的概念。当人们在隧道中碰到堵车时，会根据旁边车道的移动情况来预期自己车道前方的交通状况。如果看到旁边车道的车开始向前移动，那么人们会预期自己所在车道的拥堵情况会很快有所改善。也就是说，当人们发现周围其他人的收入增长比较明显时，也会乐观的预期自己的未来收入有所增长。这就是"正向隧道效应"。反之，如果经济增长只是惠及小部分人，大部分中低收入者如果长期没有获得预期的收入增长，那么这部分群体的乐观预期就会消失，同时还会产生不满、愤怒、沮丧和焦虑的情绪，这可能会大幅度降低人们的幸福感。

当然，并非所有发现都与上述观点相一致。20 世纪 70 年代和 80 年代，其他西方国家，诸如丹麦、德国和意大利，在经历巨大的实际人均收入增长的同时，其报告的生活满意度也有小幅增长（Diener and Oishi，2000）。奥斯瓦尔德（Oswald，1997）也发现主观幸福感不是单一形式地向上移动，大多数欧洲国家，如西德、丹麦、意大利、卢森堡和荷兰，都经历了生活满意度的提高，而英国却报告了生活满意度的下降趋势。

3. 国家间的国民生产总值与主观幸福感

第三种分析是某个时间点拥有不同人均国民生产总值的国家间的比较。事实上，由于数据的限制，对国民生产总值与主观幸福感平均水平之间关系的研究不及对收入与主观幸福感之间的关系的研究。大多数大范围调查都是在发达国家有限的情境中进行的，这使得结果难以比较（Inglehart 1997）。因此，需要谨慎地接受对这一关系的研究结果，因为结果可能会由于是否计算外籍移民而发生改变。

不同研究提供的证据显示，平均而言，国家富有将给国民带来更高的主观幸福感。人均国民生产总值和个人收入的层级间互动经检验也是显著的：穷国的穷人对生活的满意度要低于富国的穷人。英格哈特和克林格曼（Inglechart and Klingemann，2000）利用 65 个国家世界价值调查（World Values Surveys）的数据，发现主观幸福感的平均水平与人均 GNP 之间的简单相关系数为 0.70，说明经济发展对国家主观幸福感水平的提高至关重要。此外，跨国比较中人均国民生产总值对提升主观幸福感的边际效用递减，表明韩国、中国台湾等新兴的发达社会比富国能从经济发展中获益更多。

尽管收入与主观幸福感在跨国比较中存在正相关，但这两个变量之间似乎并不存在实质性的因果关系。相反，这种相关似乎主要（如果不是完全）受到文化和历史等第三变量的影响（Inglehart and Klingemann，2000）。还有不少学者研究了经济转型与主观幸福感之间的关系。研究发现高速的经济转型急剧地改变了前社会主义国家主观幸福感的平均水平。在这些国家，收入的流动性使所有收入群体都对其经济成就做出了否定性评价，因为国家财产集中在人数甚少的高收入群体中。尽管获得了更好的经济形势，但这些国家中"失落的成功者"，却因此而感到沮丧和不满（Graham and Pettinato，2002）。

威尔金森和皮克特（2010）分析了联合国的相关数据后指出，国家内部收入不平等还和一系列社会问题联系在一起。他们考察了社区生活和社会关系、精神健康和药品的使用、身体健康与寿命预期、肥胖、教育表现、青少年怀孕、暴力犯罪、监禁与惩罚等社会问题与收入不平等的关系。他们发现，如果国家内部存在严重的不平等，则国民会更容易产生焦虑感和社会不安全感，进而对幸福感产生消极的影响。

总之，就目前的研究而言，我们可以得出如下结论：主观幸福感不同于经济效用，但它很好地反映了人们对其物质处境的判断。国外的大多数经济学家认为高收入可以带来更高的主观幸福感。对主观幸福感的实证研究既提供了支持这一假设的证据，也提供了推翻这一假设的证据。收入与主观幸福感之间的关系似乎在国家之间和在一国之内有所不同。与常识一致，在特定的时间和特定的国家内，较高的收入与较高的个人主观幸福感相联系。但在西方一些国家中，较高的收入似乎并不会带来更强的生活满意度。

二　中国的收入分层与幸福感研究

"幸福感"是习近平总书记在中央全面深化改革领导小组第十次会议上提出的重要概念，幸福感是衡量改革发展成败得失的基本指标。中国要实现"中国梦"就必须不断地为人民造福。为人民造福最根本的就是要提升居民的幸福感。如何有效提升居民幸福感是实现"中国梦"的基础。我国社会主要矛盾已经转化为人民日益增长的美好生活需要和不平衡不充分的发展之间的矛盾。随着社会总体的生活质量水平的不断提升，人们越来越关注主观的幸福感和满足感。我国主要矛盾的转变源于人民对于美好生活的不懈追求。当然每个人的世界观、价值观不同，人们对于幸福感的理解各不相同。有的人认为欲望能得到满足就是幸福；有的人觉得事业成功就是幸福；有的人说幸福就是一种感觉。正所谓"知足者常乐"，幸福感的体会在于个人。个人的性格和所处环境的不同也会影响幸福指数。

自 20 世纪 80 年代以来，国内学者围绕幸福感问题在多个学科领域展开了大量的研究。尤其是在 2008 年的金融危机以来，学者们围绕幸福感与经济收入之间的关系进行了广泛的讨论，积累了一些新的研究成果。邢占军和刘相（2008）基于西方的测量指标开发了一套适合中国文化特点的主观幸福感量表。整个量表由 10 个分量表、54 个问题组成，采用六级评定的方法。这 10 个分量表分别为知足充裕体验，心理健康体验，成长发展体验，社会信心体验，目标价值体验，自我接受体验，人际适应体验，身体健康体验，心态平衡体验，家庭氛围体验。此量表后来被发展成包含 20 个项目的版本，并对北京、沈阳、昆明、西安、广州和杭州 6 个城市的居民做了幸福感调查。但是，这一系列的量表仍然比较复杂，难以在大规模的社会调查中进行推广，因而只是在一些心理学相关的调查中得以应用。

田国强和杨立岩（2006）基于攀比理论和"忽视变量"理论建立了一个个人效用模型。在存在攀比效用时，收入增长在一定阶段内可以提升效用水平，而超过一定临界水平之后则可能降低效用。罗楚亮（2009）根据中国社会科学院收入分配课题组 2002 的全国城乡居民所做的住户调查数据，分析了绝对收入和相对收入对中国居民主观幸福感的影响。他认为绝对收入和相对收入都对中国居民的 SWB 有显著影响，相对收入对主观幸福感具有更为重要的作用。朱建芳和杨晓兰（2009）将我国居民划分为高、中、低三个收入阶层，并对其幸福感进行分析，其结果也显示收入分层是影响幸福感的重要因素。谢识予等（2010）对上海市市民的主观幸福感及其决定因素进行了分析，他们发现在控制了性别、婚姻、人际关系、健康、医疗保障等因素后，绝对收入对主观幸福感并没有显著影响。

近些年来，随着全国性大规模调查的日益增多，学者们通过对CGSS、CFPS、CADLS 等数据的分析，对收入分层与幸福感之间的关系进行了多角度的研究。首先，基于 2006 年中国综合社会调查的数据，巫锡炜，肖珊珊（2013）采用分层线性模型分析了区县层面的经济发展和收入不平等对主观幸福感的影响。该研究的结果表明，主观幸福感一方面直接受到收入水平的影响；另一方面也受到基于社会比较而形成的相对社会经济地位的影响。收入不平等会使个体在社会比较中产生相对剥夺感，进而降低主观幸福感。而区县层面的经济发展水平还会显著地减弱收入水平对主观幸福感的正向影响。

王鹏（2012）采用 2006 年中国综合社会调查的数据，发现收入差距与主观幸福感的关系非常显著。而且，区县层面的收入不平等对主观幸福感的影响具有倒"U"形的性质。倒"U"形的临界点在基尼系数为 0.4 左右，即当区县收入不平等的基尼系数低于 0.4 时，收入不平等的扩大会促进主观幸福感水平的提升；而当其超过 0.4 时，继续扩大的基尼系数将导致主观幸福感下降。这种倒"U"形关系在城镇内部和农村内部也同样成立。此外，他还发现在给定收入不平等状况时，倾向于应得原则公平观的居民相比倾向于平均原则公平观的居民其幸福感更高。而那些自认为其自身收入分配是公平合理的居民其主观幸福感要显著比那些认为自身收入分配不公平不合理的居民的幸福感更高。

徐晓昱（2016）采用中国综合社会调查（CGSS）2005 年、2006 年、2008 年、2010 年的数据探讨了收入不平等对我国居民主观幸福感的影响。基于多元线性回归和多层线性回归模型的结果，他发现在早期较低收入阶段，绝对收入对主观幸福感的影响较强。随着经济收入的普遍增长，绝对收入对主观幸福感的正向提升作用正在不断减弱。在地区层面上，在经济发展较好的地区，绝对收入对主观幸福感的影响则较弱。

王健（2017）利用 2013 年 CGSS 数据从多个维度评估了居民主观幸福感的情况。他使用基于向量夹角余弦的组合评价法测算出居民主观幸福感水平。然后，他以收入和收入差距为核心，对主观幸福感的影响因素进行了回归分析，他的研究结果显示，绝对收入对主观幸福感只有微弱的提升作用，而相对收入对主观幸福感有较强的提升作用。在综合考虑了绝对收入、相对收入以及收入差距对居民主观幸福感的影响后，他发现收入差距的不断扩大使得不少的人产生失败感和沮丧感，最终会显著损害人们的主观幸福感。

黄嘉文（2016）使用中国综合社会调查（CGSS）的数据，考察了区域层次的收入不平等对居民幸福感的影响及其机制。他发现，低收入群体比高收入群体更容易受到收入不平等的负向影响，而且相对剥夺和关系信任构成的社会心理过程在一定程度上会改变这种负向关系的强度。

程超，温兴祥（2018）基于CGSS2012年的调查数据从家庭内部夫妻收入差异的角度研究了相对收入对主观幸福感的影响。他们的研究结果表明，妻子相对收入的增加对夫妻双方的幸福感会产生负向作用，而且对丈夫的主观幸福感的削减效应更大。另外，人们在性别身份认同方面越传统，则相对收入的提高对生活幸福感的削减程度也会更大。

朱欢（2018）基于中国综合社会调查（CGSS）2015年的数据，利用有序Probit模型实证检验了互联网使用对居民主观幸福感的影响。他的研究发现，"是否使用互联网"和"互联网使用频率"两个变量与居民幸福感的估计系数均显著为正，表明互联网的使用能够促进居民幸福感的提升。除此之外，相对收入也会对居民幸福感产生促进作用。

苏华山等（2018）使用北京大学"中国家庭追踪调查（CFPS）"2014年数据开展研究，他们发现，虽然女性平均的个人收入要低于男性，但是男性和女性的主观幸福感并没有明显的差异。而且，家庭平均收入比个人收入更可能显著的提升主观幸福感。

桑林（2018）依据中国社会科学院完成的中国社会调查在2015年所获得的数据，从社会医疗保险参与和社会医疗保险满意度两个角度研究社会医疗保险对居民主观幸福感的影响。结果表明，社会医疗保险和社会医疗保险满意度的提高都能显著增强居民的主观幸福感。

程超，温兴祥（2018）研究了家庭内部相对收入对我国居民生活幸福感的影响，结果表明，妻子相对收入的增加对男女双方的幸福感均有负向影响，但对男性的影响程度更大，另外，相对收入的提高对生活幸福感的负向影响程度更大。

李芳芝和张荣荣（2019）从社会经济地位角度出发，研究中国城乡居民幸福感的影响因素，得出城乡居民感知的社会经济地位越高，幸福感越高。父母收入水平或父母受教育水平较高的个体更容易形成对自己社会地位的积极认知，在获得高主观社会地位的同时，也更倾向于对自己做出积极的评价和肯定，从而体验到高的主观幸福感（阎达仁，2017）。张心怡和郝勇强（2016）的研究发现，处于"中下阶层"与"下层"的大学生在各方面的主观评价均显著低于中层偏上的阶层，深深体现出一种"心理落差"，进而产生"相对剥夺感"的心理机制。家庭资本对"相对剥夺感"心理的产生具有显著性影响，家庭资本拥有量越低，产生"相对剥夺感"的心理程度越强烈。

三 收入分层视野下的生活方式与主观幸福感研究

幸福感反映的是人们对自身生活状况和生活方式的主观评价。前文有关生活方式的讨论主要是围绕消费行为、文化休闲活动、交通出行行为和生活价值观等几个方面来展开。遵循这一分析框架，我们将进一步讨论各个收入水平的群体或者地区中生活方式的这几个维度与主观幸福感之间的关系存在何种程度的差异。

（一）收入分层视野下的消费与主观幸福感

个人和家庭的生活质量并不是只受收入的影响，而是最终由他们所购买的物品和服务来决定的（Noll and Weick，2014）。人们的消费有多种目的，除了满足基本的生理需求，其次就毫无疑问是为了获得心理上的满足感。更多的消费是否就意味着更高的幸福感呢？现有的研究也表明，生活方式的各个方面对主观幸福感的影响在不同收入群体之间存在一定的差异性。朱迪（2016）的研究表明，集体消费与主观幸福感的关系往往与收入的影响交织在一起。当控制了收入的影响后，消费的某些方面的影响程度就会下降。低收入群体往往受教育程度也不高，一般从事农业或蓝领工作，家庭财富的积累也有限。他们会面临较强的消费预算约束，因而物质消费等因素对这一群体的影响或许更大。随着消费水平的提高，他们的幸福感会有比较显著增加。而对于比较富裕的群体来说，非物质性的消费和健康的生活方式可能对他们的幸福感影响更大。

在收入水平比较低的国家中，消费对幸福感的提升作用是独立于收入水平的（Guillen-Royo and Wilhite，2013）。而德国学者的研究表明，收入低的群体比消费低的群体更不满意他们的生活状况，出于自愿而降低消费水平的群体并不会损害他们的主观幸福感（Noll and Weick，2014）。人们如果愿意花更多的钱用于服装和休闲娱乐的话就会有更高的主观幸福感，而食物和住房方面的消费则不会显著改变人们的主观幸福感。这说明为了满足基本的生活需求而进行的食品和住房消费与人们的主观幸福感关联度不大，而与文化型、享受型和体验型生活需求有关的文体、服装和休闲消费具有启蒙和教化、享受和愉悦身心、益智和发展个性等功能，是提升主观幸福感的重要途径。

李小文和陈冬雪（2016）也发现，看电视碟片、购书、看报、读杂志等文化学习型休闲活动对主观幸福感有着显著的促进作用，而玩牌、打麻将及经常到体育馆健身房锻炼则与幸福感无关。看电视、玩棋牌等休闲型消费对主观幸福感的影响不显著，但是阅读和旅游等发展型消费则对居民主观幸福感具有显著的正向效应。饶育蕾、冀希和许琳（2019）从雇用保姆小时工、文化娱乐消费、旅游消费和美容消费等四个方面测量了享受型消费对于主观幸福感的影响。他们发现，在控制了家庭资产、家庭其他消费、个人收入等经济因素和性别、年龄等人口统计学特征后，家庭的享受型消费水平对主观幸福感有着显著的正影响，而且这种对幸福感的影响程度要比其他消费类别大一些。尤其是在收入差距较大的省份，享受型消费对幸福感的提升作用在高收入人群中更加显著。

这些研究结果表明，不同类型的消费行为会产生不同的功能。各收入群体的消费者在进行消费时的目标动机也呈现出多样化，对主观幸福感的感受、判断和评价标准都存在着差异，因而消费给其带来的主观幸福感也存在着较大差异。因此，在研究人们的消费行为与主观幸福感的关系时，考虑各类经济收入群体的异质性特征及其群体预期的差异性就显得尤为必要。

（二）收入分层视野下的文化休闲活动与主观幸福感

"休闲活动是人们内在需要并自愿选择参与的——能提供更多的快乐机会，从而提高主观幸福感"（Reich and Zautra，1983）。总体来看，西方大量研究证实，文化休闲活动对主观幸福感有正面影响。恰当的文化休闲活动能够给人们提供放松身心、满足各种追求的机会，从而提高其主观幸福感。借助文化休闲活动，人们不仅能够获得身体健康，而且以文化休闲为媒介，不同的思想观点得以自由交流，从而获益匪浅（埃廷顿和乔顿，2009）。

同时，也有研究发现，休闲能否带来满足感、以何种机制带来满足感、不同类型的休闲活动和休闲体验对主观幸福感的贡献度到底有何差异在很大程度上取决于社会人口变量乃至个体的价值观特征（宋瑞，2014）。她的结构方程模型进一步揭示出，阅读、上网和体育锻炼等休闲活动的参与频率对人们的主观幸福感都有着积极的提升作用。

此外，诺斯等学者（North，et al.，1990）基于1969年至1989年的80多个研究进行元分析发现，不论是短期运动还是长期运动对减缓人们的抑郁状况都具有积极的作用。一项对某信息技术公司的312名员工的研究表明，体育锻炼通过提高身体素质和提升工作热情对主观幸福感产生间接的正面影响（Thøgersen-Ntoumani，Fox and Ntoumanis，2005）。

李光明和徐冬柠（2019）基于中国综合社会调查的数据，采用"看电视或者看碟""出去看电影""读书/报纸/杂志""参加文化活动""参加体育锻炼"及"上网"六个题项测量了城市移民群体进行文化休闲活动的频率，并考察了这个群体当中的文化休闲活动与主观幸福感之间的关系。他们的研究发现，通过教育、投资、转干等自致型途径获得城市户籍的群体会比外致型群体更多地参与文化休闲活动，也有更好的文化休闲的惯习。参与文化休闲活动不仅可以提升他们的主观幸福感，还可以通过提升阶层认同间接对其主观幸福感产生促进作用。然而，文化休闲活动的参与度与主观幸福感之间的相关性在外致型城市移民当中则不显著。

（三）收入分层视野下交通出行方式与主观幸福感

交通出行是城市生活方式中"衣、食、住、行"中非常重要但又被学术界长期忽视的一个方面。城市快速发展使得人们的交通出行方式和出行时间有了巨大的变化。城市人口的不断上升，私家车数量的爆发式增长给城市交通带来了巨大的挑战。虽然近年来许多大城市投入巨资进行公共轨道交通的建设，但并没有从根本上改变道路拥堵程度不断增加的趋势。特别是在北京、上海、广州这样的特大型城市当中，城市职业空间结构的分散化使得城市居民往往需要每天长距离或长时间的往返于居住地和工作地之间，而平时的走亲访友等社交活动也会面临空间上的挑战。同时，拥堵的交通带来更恶劣的出行体验，更大的能源消耗，更严重的环境污染，并可能对城市居民造成实质性的身体和精神方面的伤害。

在国外，主观幸福感与交通出行的相关研究较多，也开发了出行幸福感量表等分析工具。出行幸福感量表是埃特摩（Ettema, et al.，2011）等人提出的，包含认知层和情绪两方面的内容。交通运输系统影响主观幸福感主要是通过两个途径来发挥作用（Reardon and Abdallah，2013）。首先，经济的增长会提高交通基础设施水平，进而影响城市中的经济活动、社会关系、城市环境等非交通因素，从而改变城市居民的主观幸福感。其次，交通政策以提升交通可达性为目标，对人们的交通出行行为进行干预，从而间接地影响主观幸福感。交通所引起的经济增长、空气质量、噪声、社会排异、出行感受等方面的变化都可能对主观幸福感产生影响。居民的出行行为由实质性的活动需求衍生而来，而居民选择何种出行方式是受到出行时间和出行预算的约束。低收入群体这样的社会弱势群体更可能遭受交通不便带来的社会排斥感，从而损害他们的主观幸福感水平。因此，交通出行政策应该根据出行者的出行感受和出行者心理状态的演变来进行，那么由此制定的干预政策就能成功地提高个人幸福感。

德沃斯等人（DeVos, et al.，2016）总结了交通出行对主观幸福感影响的四种可能机制：

（1）出行者在交通工具上进行的活动能影响其幸福感。人们在出行期间进行的各种活动并不能直接对其交通满意度产生影响。然而，在出行时进行的工作或学习活动则可能提高人们对其他生活领域的满意度，从而提升总体的主观幸福感。

（2）以参加活动为导向的出行可以通过出行者成功抵达活动地点并完成活动所获得的满足感和快乐感来影响其主观幸福感。交通运输的主要作用即将人们成功地送达活动目的地。

（3）出行行为可以降低社会排斥水平，从而提升主观幸福感。外出活动的行为可以增加与社会的联系、增强对环境的掌控力并提升自我接纳水平，进而影响个体的心理健康。

（4）不同出行方式会影响人们的幸福感。奥尔森等人（Olsson，2013）研究了不同种类的公共交通对于出行者主观幸福感的影响，并使用交通满意度量表量化了其不同的服务体验。结果显示不同公共交通方式的服务质量能够影响主观幸福感的主观认知维度以及情绪维度。活动性出行模式（走路或骑自行车）所获得的主观幸福感最高，小汽车次之，公交最低。圣路易斯等人（St-Louis，et al.，2014）探讨了步行、自行车、小汽车、公共汽车、地铁和火车等不同的出行方式对于出行者的出行满意度的影响。研究结果表明，行人和自行车出行者的出行满意度最高，即可持续交通出行能给出行者带来更高程度的满足感和幸福感。然而，火车乘客比汽车以及公共汽车使用者的出行满意度更高。莫里斯和古拉特（Morris and Guerrat，2015）利用美国个人时间分配调查的13000个调查样本，发现了自行车出行仍是所有交通方式之中最令人愉快的一种。并证明自行车出行可以增强出行者在旅途中的体验感和积极情绪。由于公共交通一直以来给人的负面形象以及关于工作压力的联想，它被普遍证明为令人最不愉悦的出行方式。爱里克森（Eriksson，2010）的研究表明小汽车出行者比公共汽车出行者的生活满意度更高，而且证实了交通方式能通过影响个人的情绪影响通勤者的主观幸福感。由此可见，交通出行的行为作用于主观幸福感的途径主要通过交通工具上进行不同的活动、以活动为导向的出行的实现、交通可移动性、不同出行方式体验这四方面直接地或间接地影响个人主观幸福感。

而国内有关交通工具与幸福感的研究则还不多见，也没有形成成熟的本土化理论框架。孟斌等人（2013）对北京居民的调查研究发现，一般平民和年轻打工族的通勤满意度相对较高，而高收入阶层和年轻白领的通勤满意度相对较低。吴江洁和孙斌栋（2016）采用中国家庭追踪调查的数据，对于城市中的通勤时间与主观幸福感之间的关系进行了研究。他们的实证结果显示，通勤时间越长，则人们的主观幸福感越低。也就是说，随着个人通勤时间的增加，个人对生活的不满情绪也随之加强。通过进一步考察通勤时间负面影响的异质性发现，通勤时间对主观幸福感的负面影响在收入高、教育程度高、家庭收入高的群体中更大。也就是说，中等收入人群和低收入人群比较起来，选择不同的交通工具和通勤距离会对主观幸福感产生更大的影响。

朱菁、范颖玲、樊帆（2018）以2016年在西安的调查数据为基础，发现在八种通勤模式中，班车的通勤幸福感最高，步行的通勤幸福感次之，公交车的通勤幸福感最低；私人自行车、公共自行车、电动车、地铁的通勤幸福感与私家车没有显著区别；通勤时间越长，通勤幸福感越低。

（四）收入分层视野下的社交网络与主观幸福感

在过去的三十年中，学者们对社会资本和收入在幸福感和生活满意度方面的前提和影响进行了大量的研究。感知性社会资本，如信任、社会支持和群体规范等，对主观幸福感的影响得到了充分的论证（Lin and Peek 1999）。理论和实证争论的中心是，社交网络如何影响个体的主观幸福感，使社会关系和经济状况与主观幸福感相联系的结构性机制是什么。社交网络是幸福的重要来源（Lim and Putnam 2010），但也有研究表明社交网络也可能对主观幸福感产生负面影响（Ingersoll-Dayton et al.，1997；Yip et al.，2007）。基于社会交换理论，英格索尔戴顿等人（Ingersoll-Dayton et al.，1997）认为，社会关系可能会影响社会经济资源，引发负面情绪，从而降低幸福感和生活满意度。但他们的研究并没有研究社会经济资源在塑造社会资本与主观幸福感之间的关系方面的作用。

家庭收入能影响主观幸福感与社会资本的关系吗？虽然对主观幸福感与收入以及社交网络之间的关系有相当多的学术研究，但很少有研究探讨收入对这种关系可能产生的调节效应（Yip et al.，2007；Yuan and Golpelwar, 2013）。在中国，像关系网这样的社会关系对人们的生活产生了重大影响，研究社会资本、家庭收入和主观幸福感之间的关系尤为重要。中国人经常交换人情来建立和维持良好的人际关系（Luo，1997）。从这个意义上讲，社会资源比如高收入，对于个人在交换礼物并在关系网中提供物质帮助中具有重要作用。另外，收入较低的人可能更依赖关系网来获得帮助和支持。因此，家庭收入可能作为结构社会资本与主观幸福感之间关系的调节者。

社交网络是指社会关系的结构特征。它反映了社会互动和社会相互依赖，包含例如友谊、亲属关系、讨论网络、邻里互动和社会参与度等（Lin 1999；Lin and Peek 1999）。基于以自我为中心的网络数据，社会资本的结构可以通过网络规模、社会关系的来源、成员的异质性、联系的数量、社会参与的频率、互惠性和多重性来测量（Berkman and Glass，2000）。

在过去的 30 年里，学者们研究了一种机制，在这种机制里社交网络可以直接或作为压力缓冲器来改善身体和心理健康（Lin and Peek 1999）。结构社会资本的各个方面对主观幸福感有不同的益处。在接下来的部分中，我将会讨论社交网络的这些方面如何与中国人的主观幸福感相关。

以往的研究表明，网络规模是社交网络的良好指标（Roberts，et al.，2009）。通过网络的大小，我们能够知道被调查者的社会化程度。范德沃特（Vandervoort，1999）报告说，网络规模，即被调查者的子女、亲属和朋友的总数，与抑郁和焦虑有很大关系。因为一个更大的社交网络可能为他们提供实质性支持、情感支持和积极评价。

此外，更大的社交网络往往表明，由于亲属和家庭成员的数量有限，人们会有更多的除其家庭成员之外的朋友和其他社会联系。家庭成员、亲戚、朋友和其他社会来源可能在维持心理健康方面扮演着不同的角色。那些与配偶、孩子和兄弟姐妹关系密切的人，但与朋友和社会组织交往很少的人比那些拥有较多朋友的人更不快乐（Litwin and Shiovitz-Ezra 2011）。在以色列，有着牢固家庭关系但朋友很少的人，他们面临的死亡率高于那些与朋友和邻居有着更广泛社会关系的人（Litwin and Shiovitz-Ezra 2006）。在香港，多样化的网对老年人的幸福非常有利，因为他们更有可能为老年人提供实际性帮助和物质性支持（Cheng et al. 2009）。北京和香港这两个中国大城市的实证研究也表明，网络规模越大，老年人的主观幸福感就越高（Chan and Lee 2006）。因此，随着社交网络规模的扩大，人们对生活的满意度可能会更高。

中国有句老话，"远亲不如近邻。"《圣经》中也有类似的说法："与其相隔千里，不如近邻。"邻里互动被广泛认为是反映一个居住环境的和谐度和健全程度的重要指标。普特南（Putnam，2000）认为邻里关系是社区层面社会资本的重要组成部分，有利于个体的主观幸福感。研究表明，与社区里的邻居互动，能够提高居民的健康和主观幸福感，这主要表现为：帮助居民获得资源、信息、安全感和社会支持；发起社区的集体行动来提高社区环境和设施；增强社会规范、归属感和社区身份认同（Vemuri et al.，2011）。

中国传统文化突出了社区环境对个人主观幸福感的重要影响。在向市场经济转型的过程中，单位制度的解体和生活方式的变化极大地削弱了中国城乡社区邻里关系的作用。一方面，商业化的住房制度和个性化的社会关系可能打破了单位制下居民之间的紧密联系，削弱了社区环境与主观幸福感之间的关系（Knies 2012）。另一方面，它可能会鼓励不同背景的人与他们的邻居发展和谐的关系，并在变化的环境中参与社区活动。自20世纪90年代末以来，"社区建设"政策的目的是加强邻里沟通，使邻里互动在当地生活中更有意义。因此，人们期望邻里互动和主观幸福感之间有显著的联系。

社会参与度反映了个人是如何积极地参加正式和非正式的社会团体以及个人所属不同区域的社团活动（Hyyppa et al.，2008）。参与社会活动与主观幸福感之间存在着较强的相关性（Lim and Putnam 2010；Putnam 2000）。研究发现，参加社交活动的频率，包括团队运动、外出就餐和参加宗教活动都与主观幸福感和社区凝聚力有关（Lim and Putnam 2010）。

例如，参与志愿活动和获得文化休闲设施的机会与幸福感是正相关的。在香港，参加像玩游戏和唱京剧这样的社会活动，对中国老年人的主观幸福感有积极的影响（Cheng et al.，2009）。此外，山冈（Yamaoka，2008）的描述性结果显示，北京和上海的社会参与度与主观幸福感之间存在正相关关系，但在回归模型的结果中却没有显示这种关系。另一项在厦门和深圳的研究也显示，在控制其他社会人口因素后，正式社会组织的成员资格与主观幸福感呈正相关（孟祥斐，2015）。这些研究表明，社会参与在高度城市化和发达地区更为普遍，社会参与度可能与主观幸福感呈正相关。

众所周知，经济收入和主观幸福感在一定程度上是相互关联的（Brockmann et al.，2009；Pinquart and Sorensen 2000）。收入较高的家庭为其成员提供了更好的生活条件和更高的社会地位，从而给他们带来更多的幸福感。与此同时，大量的研究表明，社会资本在获得好工作方面扮演着重要的角色，而这通常会提供较高的薪酬（Lin，1999）。另外，大量的证据表明，个人倾向于和与他们相似的人交朋友。也就是说，个人的收入和职业地位也会影响他们的社会资本（Lin，1999）。此外，社会资本对其所有者的益处可能会被建立和维持社会资本的巨大成本所抵消（Adler and Kwon 2002）。考虑到社会资本与收入的显著相关性，这些变量的交互作用是否会改变社会资本对主观幸福感的影响？到目前为止，几乎没有研究解决这个问题。在中国，大多数中国人和家人一起生活，与家人分享经济资源，经常和其他家庭成员一起参加社会活动（费孝通，1985）。因此，研究家庭收入是否会加强或削弱社交网络与主观幸福感之间的关系，是一件有趣的事。随着家庭网络规模的扩大，工具性交往将会在中国社交网络中更加普及（Yan，1996）。在家庭收入较高的家庭中，个人的主观幸福感更有可能受到社交网络的影响，因为这些人更有可能通过工具性交往来满足他们的需求（Bian，2001）。另外，由于有限的经济资源，人们可能无法从更大的社会网络中得到更好的主观幸福感，在社会网络中过度的礼物花费和人情交往可能会减少或抵消交往网络所带来的好处，甚至会导致一些消极影响，例如，额外的压力、痛苦和消极情绪（Ingersoll-Dayton，et al.，1997）。因此，人们可以期望家庭收入将加强社交网络与主观幸福感之间的联系。

对于那些收入水平较高的人来说，他们可能更容易参与到社交活动中，例如旅行、聚会和外出就餐等（Diener and Oishi 2000）。也就是说，家庭收入可能会影响参加社会活动的可能性。George（1992）回顾了许多研究，指出社会参与（如参与自愿组织，参与休闲活动的程度）可能是收入与主观幸福感之间的重要中介。也就是说，较高的收入水平与社会参与呈正相关，从而提高主观幸福感。除了这种中介关系外，人们对经济收入和社会参与对主观幸福感的交互作用知之甚少。在一项有关中国城市的相关研究中，山冈（Yamaoka，2008）在对日本、韩国、新加坡和中国大陆、中国香港和中国台湾的横向调查数据进行比较后，报告了组织成员关系与主观幸福感的复杂关联。来自富裕家庭的人可能更容易受到社会参与度的影响，因为较高的家庭收入会帮助他们支付社会参与所需要的费用。因此，我认为家庭收入可能是社会参与和主观幸福感之间关系的中介者。也就是说，较高的家庭收入可能会增强社会参与和主观幸福感之间的联系。

综上所述，现有的研究比较多的讨论了社会网络规模、邻里互动、社会参与预测主观幸福感的有效性。而本研究将建立一种考虑家庭内部特征的多元主观幸福感影响模型，以此来测试上海居民的社交生活方式与家庭收入分层之间的交互效应，即网络规模、邻里互动和社会参与在不同家庭收入群体中对主观幸福感的影响是否存在差异。

（五）收入分层视野下互联网行为方式与主观幸福感

互联网的发展给人们的生活带来了前所未有的变化，同时也在改变人们的生活方式和精神状况。互联网对于普遍民众来说，主要的用途包括新闻和信息的获取、在线社会交往与互动、在线购物和消费、在线娱乐休闲等方面。这些网上活动每天占用网民的时间越来越多，成为了很多人生活中不可或缺的一部分。互联网一方面给人们的日常生活提供了便利；另一方面也在一定程度上改变了人们的思想交流方式。因此，人们的互联网使用行为与其幸福感之间关系逐渐引起了学术界的关注。

不同群体对使用社交软件的目的不同，普遍情况下人们借助社交平台进行工作交流和关系的维护（Ryan and Xenos，2014）。有差别的是不同性格和年龄的人对社交软件的使用目的不同，具体来说，年轻人更喜欢在社交软件上发布内容，对社交软件的使用有更强烈的欲望，这部分人群更希望在社交软件上寻找朋友、听众和爱慕者。

在过去已有大量的研究对互联网和幸福感之间的关系进行探索，但由于互联网的出现是一个较新的现象，对互联网的使用是否真的会给用户带来有害后果仍然存在争议。近年来，随着互联网的兴起，国内外学者越来越多的关注互联网对人们的心理状态的影响机制以及对人们主观幸福感的影响。在当今高度信息化的时代，家庭成员之间以及家庭与外界之间越来越脱离面对面的交流方式而转为通过互联网进行互动。随着互联网的发展而成长起来的青年群体更多地依靠虚拟的网络世界去发展和维持他们的社会关系。而在网络化的社会中，人们的个人主义倾向将更加突出，从而不断重构个人、家庭、社会三者之间的联系。

有学者认为，使用互联网会增加人们的负面情绪，显著的损害积极情绪的正常发挥。大量的关于网络成瘾的研究表明，过度的依赖于互联网会造成个人严重的身心健康方面的损害（高文斌、陈祉希，2008）。虚拟的网络社会为与现实世界之间的频繁切换可能会导致许多人的精神紧张甚至精神分裂。在线的社交行为容易产生社会攀比，尤其是向上攀比的问题，从而导致家庭成员相互埋怨和责备，进而削弱幸福感。除此之外，互联网的使用也会占用人们大量的时间和精力，减少人们与家庭成员之间的亲密交往行为和日常互动，从而导致人们的精力被分散，焦虑情绪上升，破坏家庭和社会的稳定（袁浩、陶田田，2019）。也有学者提出，对互联网的使用报以消极态度的群体更容易产生比较情绪和嫉妒情绪。当这种消极的情绪在心底沉积压抑就会对个人幸福感产生自卑感，甚至可能产生抑郁症状，对生活充满焦虑（Labrague，2014）。乔纳（Joiner，2017）提出社交软件成瘾和6个心理因素有关：精神焦虑、精神抑郁、个人身体形象、饮食紊乱、对酒精和饮酒的认知。同时，对互联网的过度使用，也预示着现实生活中面对面的社会关系和社会互动的减少，不利于长期的社会资本的维护（Verduyn，et al.，2017）。

但是，我们也要看到，随着互联网在社会生活中的广泛应用，人们不可避免地会与各种互联网有所接触。虽然网络成瘾现象对心理状态的消极影响非常明显，但从总体上讲，绝大多数互联网使用者并没有严重的网络成瘾问题，因此不能过于夸大互联网的消极影响。实际上，大部分情况下互联网是可以为人们的精神生活带来积极的影响。有很多青年人对互联网的使用保持积极的态度，他们将互联网平台作为增强社会融入和社会资本的工具，在交往中建立起新的社会联系，使用互联网能让他们变得更快乐。在互联网平台上青年群体能够找到更多的志同道合的群体，也能一定程度上减轻生活中的压力。当线上的交流和线下的社会关系网络结合起来时，特别是在家庭成员和亲密朋友之间可以通过互联网平台联系起来时，由此而产生的社会支持会对人们的心理状态产生有益的影响（Keles，et al.，2020）。同时，互联网也为社会成员之间的沟通与交流提供了便利的工具，极大地促进了社会成员之间的情感联系。互联网还为社会成员相互之间获取信息和交换信息，共同进行社会交往和休闲娱乐提供了平台，大大丰富了社会生活的内容和层次，成为增进幸福感的重要途径（郑路鸿，2015）。在互联网平台上，用户能更多更有效的向他人展示优化后的自我，有更多的时间来选择、强调和展示他/她的个性、气质，对个人精神状态产生积极影响。也有许多研究表明，互联网的使用往往可以显著的提升人们的生活满意度和婚姻幸福感，增加社会参与度，减少孤独感和精神问题（冷凤彩、曹锦清，2018）。

卡斯泰尔（2001）指出，在虚拟的网络世界中，信息和资源的流动同样受到社会中权力精英的控制。网络社会中的流动精英成为决定信息和资源流动的主要力量，客观世界中的社会结构和权力结构也会被复制到网络社会中去。在网络化的社会中，"数字鸿沟"既是社会不平等的后果，同时又会进一步扩大社会群体之间的差异。

而且，不同经济水平和社会地位的家庭对互联网的使用程度会有所不同，而在那些经济状况比较好的家庭中，互联网对幸福感的积极作用可能会更加明显。在经济状况比较好的家庭中，家庭成员拥有的各类资源和知识也会比低收入家庭更多。他们往往可以运用互联网的各类工具和渠道，为其他家庭成员提供更好的情感性和工具性的支持。同时，对于这些经济状况和社会地位较好的家庭来说，互联网的使用将可能为他们获得更多的社会资源，为家庭成员提供更多的帮助，解决更多的困难。也就是说，高收入家庭的成员可以从互联网中获取更多的社会资源、社会资本和信息来促进幸福感的提升。

而低收入家庭往往面临着比较拮据的生活状况，其成员不得不花更多的精力在维持生计等问题上。这类家庭的成员受到自身能力和资源的限制，在使用互联网方面可能会面临更多的成本约束，他们对于合理运用互联网的认知程度和控制能力也会相对较低，他们在互联网上的活动比较难以动员有效的社会资源，也比较难以获得更有价值的信息。有不少家庭成员还有可能陷入不正确的互联网使用困境中，甚至沉溺于网络游戏之中，成为网络成瘾问题的受害者。因此，在这类家庭中互联网的使用状况对幸福感的发挥所产生的积极作用就会有所减弱（袁浩、陶田田，2019）。

第四章

金融危机以来各收入群体的生活方式

肇始于 2007 年的美国次贷危机，其影响逐步蔓延至世界其他国家，并最终于 2008 年形成全球性质的国际金融危机。因此，本文选取 2008 年作为度量本轮国际金融危机对中国中等收入人群影响的分水岭，即 2008 年及以前是"前金融危机"时期，而将 2009 年到 2011 年的三年时期看作是国际金融危机影响中国的主要时期，并将 2012 年以后看作是国际金融危机之后的"经济新常态"时期。

经济新常态是由习近平总书记于 2013 年 12 月 10 日在中央经济工作会议上首次提出的："我们注重处理好经济社会发展各类问题，既防范增长速度滑出底线，又理性对待高速增长转向中高速增长的新常态；既强调改善民生工作，又实事求是调整一些过度承诺；既高度关注产能过剩、地方债务、房地产市场、影子银行、群体性事件等风险点，又采取有效措施化解区域性和系统性金融风险，防范局部性问题演变成全局性风险。"

此后，习总书记在多次讲话中阐述了"新常态"的内涵。2014 年 11 月 9 日，习总书记在亚太经合组织工商领导人峰会开幕式上的演讲上全面准确的概括了中国经济新常态的几个主要特点：一是从高速增长转为中高速增长。二是经济结构不断优化升级，第三产业、消费需求逐步成为主体，城乡区域差距逐步缩小，居民收入占比上升，发展成果惠及更广大民众。三是从要素驱动、投资驱动转向创新驱动。在国际金融危机和经济新常态的影响下，上海经济发展的速度也有一定程度的下降，围绕"四个中心"及科创中心建设进行的经济结构调整和城市创新发展也正稳步推进，相应的消费需求转型和居民生活质量提升也不断取得新的成果。接下来，本研究将考察在金融危机和经济新常态背景下上海居民的生活方式所发生的变化，以及对主观幸福感所产生的影响。

一 国际金融危机爆发及其影响

自 2008 年金融危机在美国首先爆发以来，世界经济受到了巨大的冲击，严重影响了世界各国人民的日常生活。《新帕尔格雷夫经济学大辞典》将金融危机定义为："全部或大部分金融指标——短期利率，资产价格（证券、房产、土地）、商业破产数和机构倒闭数——的急剧、短暂和超周期的恶化"。2007 年年初美国次级房贷市场出现大量金融坏账，有一些企业甚至因此而濒临破产。众多收入不高的购房者无力偿还贷款，面临住房被银行收回的困难局面。到 2007 年下半年，次贷危机的影响进一步扩散，次级抵押贷款债券的信用评级不断下降，许多次级抵押贷款机构由于收不回贷款遭受严重损失，甚至被迫申请破产保护。一些关于次贷损失的披露还使得全球股票市场出现剧烈波动。2008 年年初一些大的金融机构纷纷宣布了因次级贷款出现的巨额亏损，投资者信心遭受重创。9 月中旬作为华尔街五大投资银行的雷曼兄弟公司宣布破产，这标志着次贷危机升级为全球性的金融危机。

这次金融危机对全球的金融市场产生了严重的负面影响。欧洲的许多投资基金买入了大量由次级抵押贷款衍生出来的证券投资产品，它们也受到了重创。欧洲各国和日本、韩国等先后发布了数千亿美元的应对金融危机的政府干预计划。2009 年底希腊主权债务的信用等级被下调，随后希腊债务危机扩散到爱尔兰、葡萄牙和西班牙等国。欧元大幅度下跌、股市暴挫、财政赤字不断攀升。可以说直到 2015 年欧债危机的阴影仍然没有消散，随后爆发的利比亚难民潮等问题又使欧洲各国面临更为严峻的考验。

金融危机对拉美地区各国的负面影响也比较明显。20 世纪 80 年代以来，拉美国家就受到经济危机的困扰。这些国家的经济波动很大，国民的生活水平下降较多，社会问题层出不穷。具体体现在真实工资下降、失业率上升、贫困问题恶化、居民生活水平下降、社会发展指标下滑等方面。1995年墨西哥金融危机和2001年阿根廷金融危机就已经给这些国家造成了严重影响，各项社会指标均出现不同程度的恶化，虽然收入分化状况有所缓和（基尼系数下降），但这种缓和却是在各社会阶层尤其是中产阶级生活水平大幅度下降的情况下实现的（黄志龙，2008）。这使积累多年的社会问题和各项社会发展指标进一步恶化。

本轮国际金融危机对美国和拉美国家的劳动力工资的购买力产生了巨大的冲击，贫困人口大规模增加。金融危机以来的美国，虽然各大经济指标好转，但低水平就业却比比皆是。中等收入人群的规模严重缩水。根据美国皮尤研究中心的统计数据，美国中产阶层占总人口的比例从2000年的55%缩减至2014年的51%。中产阶层家庭收入占美国家庭总收入的比重也从1970年的62%降至2014年的43%。① 李强对《每日经济新闻》记者说："与高收入者和低收入者相比，金融危机发生时，股票、房产价值下跌对中等收入人群的冲击最明显。"金融危机导致许多国家的正规部门员工的失业增多和市场对非正规部门服务需求的减少，从而使这两部门的劳动力收入下降。同时，金融危机还使企业开工不足，工人的工作时间减少，实际工资下降，这都将减少工薪阶层等中低收入人群的收入来源。

另外，金融危机所带来的利率和汇率的变化将使各种资产和不动产的价格和实际价值发生变化，对不同收入人群产生不同的影响。高收入人群的资产投资和转移渠道丰富，在危机期间可通过购买外币资产和不动产来保值增值；中等收入阶层由于资产规模有限，其多数人是银行存款或股票等本币资产的持有者，这类资产在危机期间必然贬值；低收入阶层由于银行存款额有限，其存款损失和政府实施的高利率政策对其影响相对有限。因此，金融危机对墨西哥和阿根廷两国的冲击就造成了中等收入人群损失惨重，而对高收入人群和低收入人群的直接影响则相对较小。这使得有些国家的收入不平等状况有所改善。例如，1990年巴西爆发经济危机时其基尼系数却下降了0.02（由0.61降至0.59）。但需要注意的，这种基尼系数的减小是在收入水平普遍下降中实现的（Nora

---

① 参见 http：//finance. sina. com. cn/roll/2016 - 06 - 06/doc-ifxsuypf5016040. shtml。

and Walton, 1998)。

同时，金融危机爆发后这些政府都不同程度地采取了紧缩的财政政策，而首先削减的是对医疗和教育等的社会支出，这导致社会救助、社会安全网等公共项目减少，不可避免地影响到社会中低层人民的生活水平和基本社会保障水平。拉美国家遭受的历次危机使拉美的贫困问题不断恶化，贫困率普遍上升。墨西哥在 1995 年金融危机期间，贫困率由 36.3%（1994 年）升至 48%（1996 年）。阿根廷在 2001 年经济危机期间贫困率由 1998 年 5 月的 28% 急升至 2002 年 10 月的 57.5%（Nora and Walton, 1998）。这使得拉美国家的贫困人口和生活困难人群的规模明显扩大，给这些国家的社会稳定和经济复苏带来了巨大的挑战。为了应对经济危机，拉美各国的中低收入人群不得不采取一系列的措施来维持基本的生活水平。例如，阿根廷的国民消费支出在经济危机期间出现了大幅下降（75% 的家庭降低了食品消费支出），或更倾向于以廉价消费品作为替代品（92.3% 的家庭以廉价食品或二手商品作为替代品）。（Nora and Walton, 1998）特别是对于中等收入人群和最贫困人群来说，大幅削减开支是不得不做出的选择。换言之，大多数家庭希望通过更廉价的商品替代以降低消费水平的策略来应对危机。然而，对于低收入家庭而言，由于收入水平有限，加上消费品价格持续上涨，它们不得不通过直接降低消费水平来应对危机。

国际金融危机对中国的经济也产生了深远的影响。第一，全球性的金融危机对中国的出口贸易及外商直接投资产生了巨大的冲击。出口作为拉动中国经济增长的"三驾马车"之一，在中国经济中占据的地位十分重要。美国、日本和欧盟是中国最主要的出口流向国家，金融危机导致这些国家的消费需求下降，直接影响中国的出口商品总量。中国海关总署公布的数据显示，2007 年以来，由于美国和欧洲的进口需求疲软，我国月度出口增长率已从 2007 年 2 月的 51.6% 下降至 12 月的 21.7%。2008 年 1 月份我国出口额较上年同期增长了 19.2%，增速进一步减小。2009 年 1 月份和 2 月份，我国的出口增长与去年同期相比分别下降了 17.5% 和 25.7%。而自 2011 年以来，中国的进出口总金额的增速逐年下降，甚至出现了负增长。

　　尽管本轮金融危机对中国经济并没有产生像美国、欧洲等地区那样严重的直接冲击，但从出口、进口以及外商直接投资所受冲击的表现来看，国际金融危机对中国经济的影响是长期的负面影响。根据国家统计局的数据，中国 GDP 的增速由 2007 年的 14.16% 下降为 2008 年的 9.63%。2009 年国家开始实施了四万亿的经济刺激计划，2010 年 GDP 增速又回升到 10% 以上，但很快跌到了 8% 以下，2014 年仅为 7.4%（国家统计局，2015）。而且，在未来的若干年里，中国经济将会经历比较长的 L 形发展趋势，即 "经济新常态"。经济增长速度在对外贸易和外资部门增长乏力的情况下，将更多地依赖于房地产和国内消费的拉动。

　　第二，国际金融危机对中国金融市场和股票市场也产生了强烈的冲击。国际金融危机对全球经济的冲击，减少了国际资本市场对中国的资本供给，导致外商直接投资减少。此外，国际金融危机期间，原材料价格上涨使中国企业的生产成本加速上扬。除人民币相对升值外，国际金融危机为企业在金融市场投融资带来巨大困难，成为中国外商直接投资剧减的另一个重要原因。我国资本市场受金融危机的影响发生剧烈震荡。由于金融危机带来的对市场的负面预期，对未来经济增长信心下滑，在我国股市由高点向下调整的过程中，加剧了下跌的幅度，并可能通过资本市场的 "羊群效应" 进一步放大。另外，尽管我国在资本账户上有所控制，但由于全球股市动荡，也会对我国股市产生消极的传导作用，加剧了动荡。直接导致上证指数从 2007 年 11 月份最高的 6124.4 点下跌到 2009 年 3 月份的不到 2400 点。

　　第三，国际金融危机致使中国实体经济增速放缓，企业外部融资环境恶化，并对企业的持续生产经营造成严重影响。金融市场的动荡导致对实体经济的投资者的资金流动性变差，因此消费者会缩减耐用品支出；而股市的下行也使得投资者的预期财富下降，会通过财富效应，对消费产生消极影响，而消费下降对产出有直接的消极影响。另外，企业倾向于减少投资，从而对实体经济产生消极影响。在金融危机爆发以后，中国企业对固定资产投资的热情逐渐消退。特别是民营企业的固定资产投资下降得非常厉害，这对中国经济的可持续健康发展提出了比较大的挑战。

第四，中国面临严峻的就业形势的压力。实体经济尤其是工业面临巨大压力。而大量的中小型加工企业的倒闭，也加剧了失业的严峻形势。从 2007 年到 2009 年中国失业率出现了连续三年的上升，到 2009 年已达 4.3%，这是 1981 年以来的最高值（国家统计局，2010）。虽然与其他高失业国家相比中国失业率水平并不高，但与一些国家（如韩国等）相比失业水平仍然不低。另外，由于中国统计的唯一失业率指标是城镇登记失业率，因此这一指标受到了广泛的质疑。一方面这一指标没有考虑占中国人口 80% 的农民的就业状况；另一方面对失业人口的统计也仅仅局限于在当地就业服务机构进行登记的失业人员，而那些没有登记的城镇失业人口并不包含在内。在这种情况下，很多学者和机构都运用不同的方法对失业率进行估算，如中国社会科学院 2009 年《社会蓝皮书》估算的失业率高达 9.4%（汝信、陆学艺、李培林，2009）。2008 年的金融危机使得国际需求迅速萎缩，这对我国一些出口企业造成了较大的冲击，一些中小企业纷纷倒闭。由于在这些出口企业中农民工数量庞大，因此这次危机对中国就业的影响要远大于失业率所反映的幅度。据学者估计，珠三角和长三角大量的出口企业倒闭或裁员导致了约有 6000 万农民工失业。

第五，金融危机对中国物价水平的影响更加显著，2008 年 4 月 CPI 增长率达到了最高的 8.5%，创造了 10 年来的新高。虽然 2009 年 CPI 回落比较明显，出现了 0.7% 的负增长，但 2010 年 10 月 CPI 的增长率又迅速攀升至 5.1%，2011 年上半年进一步升至 6% 以上。金融危机爆发后，发达国家的"双宽松"政策使得通货膨胀源源不断地向新兴市场国家输入，货币流动性泛滥。这不仅造成了大量货币超发，还推高了房价等资产的价格，进而造成中国国内的通货膨胀加剧。另外，美国政策释放的流动性向国际市场的涌入推高了原油等国际大宗商品的价格，而中国作为"世界工厂"对大宗商品的依赖性极强，成本的进一步提高导致了通货膨胀的上升。这些都对中国居民的日常生活带来了深刻的影响。

二　经济新常态下中国经济发展的趋势

在 2013 年 12 月 10 日的中央经济工作会议上，习近平总书记指出：
"我们注重处理好经济社会发展各类问题，既防范增长速度滑出底线，又
理性对待高速增长转向中高速增长的新常态；既强调改善民生工作，又
实事求是调整一些过度承诺；既高度关注产能过剩、地方债务、房地产
市场、影子银行、群体性事件等风险点，又采取有效措施化解区域性和
系统性金融风险，防范局部性问题演变成全局性风险"。

此后，习总书记又多次对经济新常态的特点和内涵进行了全面深刻
的阐述。他指出，经济新常态包含着经济增长速度转换、产业结构调整、
经济增长动力变化、资源配置方式转换、经济福祉包容共享等全方位转
型升级在内的丰富内涵和特征。习总书记指出，当前我国经济发展呈现
出从高速增长转为中高速增长、经济结构不断优化升级、经济从要素驱
动、投资驱动转向创新驱动三大特点。首先，经济增长速度由高速向中
高速转换。国内生产总值（GDP）从平均 10% 左右的高速增长开始出现
一定的回落。2012 年、2013 年、2014 年增速分别为 7.7%、7.7%、
7.4%，而 2015 年、2016 年、2017 年和 2018 年则分别为 6.9%、6.7%、
6.9%、6.6%。[①] 而从 2018 年世界经济发达国家的增长速度来看，美国
是 2.9%、法国 1.5%、德国 1.5%、日本 0.7%、英国 1.4%、韩国
2.7%、俄罗斯 2.3%。而我国 2018 年的 GDP 增速为 6.6%，相对于其他
经济大国来说仍然是"高速增长"。

经济新常态的第二个特点是国家经济的产业结构由中低端向中高端
转换。国际金融危机并没有改变中国产业结构调整的步伐。2007 年至
2018 年，中国的第三产业增加值占国内生产总值的比重从 42.9% 上升为
52.2%，而同期第二产业增加值的比重则从 46.9% 下降到 40.7%。2012
年中国产业结构出现历史性的变化——第三产业（服务业）增加值占
GDP 比重达 45.5%，首次超过第二产业的 45.4%。而美国等发达国家服

---

① 数据来源：中国统计年鉴 2018 年。

务业已占 GDP 的 80% 以上。这说明在经济新常态下，我国产业结构中服务业比重不断上升将是长期的趋势。

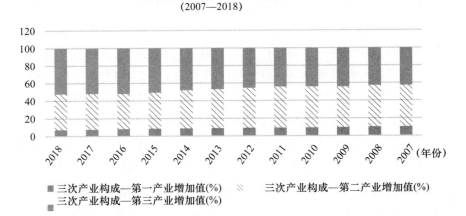

中国国内生产总值三次产业构成情况
（2007—2018）

■ 三次产业构成—第一产业增加值(%)　　　三次产业构成—第二产业增加值(%)
■ 三次产业构成—第三产业增加值(%)

图 4.2.1　中国国内生产总值三次产业构成情况（2007—2018 年）

数据来源：中国统计年鉴 2018 年。

经济新常态的第三个特征是经济发展方式由规模速度型粗放增长向质量效率型集约增长转变。从下图中我们可以看到，经济增长的三驾马车是投资、消费和出口。其中投资对经济增长的贡献率在 2009 年金融危机爆发后达到最大值 86.5%，而当年净出口的贡献率则为 -42.6%，反映出 2008 年国际金融危机对中国经济增长的影响以及我国应对外贸出口下降所采取的经济刺激政策的后果。随着世界经济形势的变化，中国的对外出口贸易对于经济增长的贡献率波动幅度有所增大，但消费对经济增长的拉动作用正在不断加强。随着经济发展方式向质量效率型集约增长的转变，投资对经济增长的影响从 2009 年达到峰值 86.5% 后就开始回落，近两年更是只有 30% 多一点。这说明中国经济增长的驱动力已经转换为以消费为主的模式。

在经济新常态下，中国的消费方式和消费结构正在发生根本性的变化。习总书记多次强调，要着眼于全局性、根本性、方向性和长远性问题，强化综合治理导向，妥善处理好经济发展各类问题。坚持创新、协

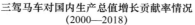

三驾马车对国内生产总值增长贡献率情况
（2000—2018）

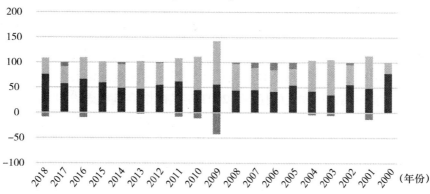

■ 货物和服务净出口对国内生产总值增长贡献率 (%)
资本形成总额对国内生产总值增长贡献率 (%)
■ 最终消费支出对国内生产总值增长贡献率 (%)

图 4.2.2　三驾马车对国内生产总值增长贡献率情况（2000—2018 年）

数据来源：中国统计年鉴 2018 年。

调、绿色、开放、共享的新发展理念。

2014 年 5 月，习近平总书记在河南考察工作时指出："我国发展仍处于重要战略机遇期，我们要增强信心，从当前我国经济发展的阶段性特征出发，适应新常态，保持战略上的平常心态。"2014 年 12 月 5 日，习近平总书记主持召开中央政治局会议时强调，中国进入经济发展新常态，经济韧性好、潜力足、回旋空间大。他在会议上强调，创新发展理念要求我们把创新作为引领发展的第一动力，不断推进理论创新、制度创新、科技创新、文化创新等各方面创新，切实增强自主创新能力。

2017 年 11 月 5 日中央政治局会议提出"主动适应经济发展新常态"后，"经济发展新常态"成为人们关注的焦点。会议从"消费需求""投资需求""出口和国际收支""生产能力和产业组织方式""生产要素相对优势""市场竞争特点""资源环境约束""经济风险积累和化解""资源配置模式和宏观调控方式"等九大方面，全面阐述了经济发展新常态下的九大趋势性变化。其中，尤其强调了"消费需求"从过去的"模仿型排浪式特征"变为"个性化、多样化消费渐成主流"。在劳动力市场上，"生产要素相对优势"从过去的"劳动力成本低是最大优势"转向为"必须让创新成为驱动发展新引擎"。

在国际金融危机和经济新常态的背景下，上海的经济发展和产业结构调整也在稳步推进。上海作为我国改革开放的排头兵和先行者，肩负着探索中国特色的自主创新和科技进步道路，为实现经济转型升级、新旧增长动能转换先行先试的任务。2008年国际金融危机爆发以来，在国内外市场需求低迷的双重压力影响下，上海原来以土地、劳动力、资本等要素投入推动经济增长动力出现了明显的衰减，亟须通过供给侧改革，优化供给结构，着力发展以技术创新、商业模式创新和业态创新为驱动力的新型发展模式。从图4.2.3中我们可以看到，上海市的国内生产总值增长率从2007年的15.2%回落到2018年的6.6%，12年间走出了一个明显的L形，这说明在国际金融危机的冲击下，上海的经济发展将进入一个相对稳定的中高速发展阶段。

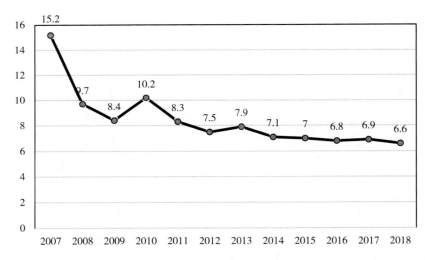

图4.2.3　上海市国内生产总值增长率（2007—2018年）

数据来源：上海市统计局。http://www.stats-sh.gov.cn/html/sjfb/ydsj/ydsj2/。

近年来，上海加快落实习近平总书记交给的三项新的重大任务，加快建设现代化经济体系，加快提升城市能级和核心竞争力，进一步稳就业、稳金融、稳外贸、稳外资、稳投资、稳预期，经济发展总体平稳。

2018 年上海市国内生产总值达 32679.87 亿元，其中农业占比仅为0.3%，工业占比为 30%，而服务业占比为 70%。[1] 2019 年上半年，上海市国内生产总值为 16410 亿元，其中农业生产值仅为 37 亿元，工业生产值为 4700 亿元（占比为 28.6%），而服务业生产值为 11673 亿元（占比为 71.1%）。[2] 这说明，上海的经济已经形成了以现代服务业为主的经济发展模式，工业生产总体稳定，服务业发展态势良好，特别是反映城市能级和功能提升的金融业、信息服务业、商务服务业、科研服务业等领先增长。新能源汽车、生物医药、半导体存储盘、服务器、3D 打印设备等高技术产品增长显著。工业投资增长强劲，平台经济和网上消费较快增长。这说明，制造业仍然是上海经济的基石，是实现创新驱动、转型发展的关键因素之一，同时也是上海打造全球科创中心的重要载体，是科技创新的主力军。

上海正加快建设"五大中心"、全力打响"四大品牌"，以高质量发展的目标引领经济社会稳步发展。上海已经初步具备了建设国际消费城市的基础。2018 年，上海全市居民人均可支配收入达 58988 元，人均消费支出达 39792 元[3]，在全国各大城市中处于领先的地位。上海在深入推进供给侧结构性改革的过程中借力国际贸易中心与旅游城市建设，不断丰富完善生活性服务业和生活性消费品与服务的供给，努力控制物价上涨幅度，降低消费成本，大力推进国际消费城市的建设。从经济增长动力来看，上海的经济增长动力中消费的贡献率从 2008 年就达到 50%，而投资在国内生产总值中的占比在 2009 年以后出现了比较明显的下降，在2017 年仅为 39.8%（参见图 4.2.4）。2016 年以来，消费对上海经济增长的拉动力也出现了一定的衰减的情况，这说明上海未来需要进一步采取措施，更有效的提升市民的生活质量，在医疗、教育、文化等生活服务业方面产生更关键的拉动作用。经济发达的全球性城市往往也是国际消费大都市，而上海历史上就是一个商业非常发达的城市，城市自身的

---

[1]　数据来源：上海市统计局，http：//www.stats-sh.gov.cn/html/sjfb/201901/1003031.html。

[2]　数据来源：上海市统计局，http：//www.stats-sh.gov.cn/html/sjfb/201907/1003694.html。

[3]　数据来源：上海市统计局。http：//www.stats-sh.gov.cn/tjnj/nj18.htm? d1＝2018tjnj/C1001.htm。

消费能力和对全国的辐射能力在中国大城市中也是首屈一指。这也凸显出深入研究上海各收入群体的生活方式与消费习惯的重要性。只有根据上海市民的消费能力和消费需求来制定相关经济社会发展战略，才能真正推动消费的快速增长，让经济福祉在社会成员之间得到广泛的共享，最终提升市民的主观幸福感和获得感。

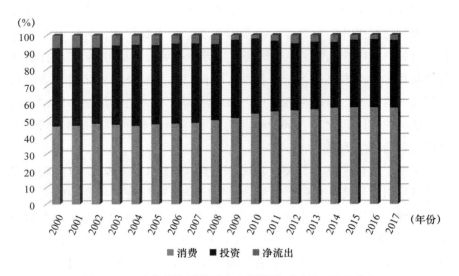

图4.2.4 上海经济增长动力来源情况（2000—2017年）

数据来源：上海市统计局。http：//www. stats-sh. gov. cn/tjnj/nj18. htm？ d1 = 2018tjnj/C0412. htm。

三 金融危机与经济新常态对各收入群体生活方式的冲击

国际金融危机给中国带来的风险和危害主要体现在经济发展方面：如经济增速放缓、失业和不充分就业率上升、物价和房价大幅上涨、股市动荡、民营经济萎缩等方面。而其对中国民众的生活方式和价值观的冲击则是长期的、潜移默化的。从拉美国家和发达国家的情况来看，经济危机对社会底层的损害主要是体现在失业率的快速上升，工资收入和家庭财产的逐步缩水。这些问题在中国相对不是特别严重。为了应对国际金融危机的挑战，保持经济平稳较快的发展，2008 年底中央政府出台了四万亿的经济刺激计划，其中一半以上资金投入了铁路、公路、机场、地铁等重大交通基础设施建设项目中。通过大规模的固定资产投资和扩张性的财政政策，中国经济增速下滑的态势有所减缓。

中国应对金融危机冲击所采取的经济刺激政策主要是将资金投向了国有经济实体，而民营经济从中获得的资金支持则相对较少。长三角和珠三角的民营外贸企业出现了大量的倒闭和裁员，这主要是对部分城市的中低收入人群和外来务工人员产生了较大的负面影响。对于上海的市民来说，国际金融危机的冲击还不是非常明显。2008 年以来，上海地区城乡家庭的可支配收入仍然保持了比较好的上升趋势，这说明上海在应对金融危机所实施的一系列政策取得了一定的效果，发生在其他国家的经济衰退、收入下降和失业骤增的悲剧并没有在上海上演。

但是，国际金融危机所产生的风险也为中国的消费者敲响了警钟。欧美国家所提倡的信贷消费、信用消费、透支消费等超前消费的方式成为反面教材。通过信贷刺激形成的消费力只是一种虚拟的、不确定的、充满金融风险的需求。现代社会容易使人们迷失在商品拜物教的世界里，个人完全认同和融入了商品体系及相应的社会文化体制。

国际金融危机在很大程度上体现的是现代风险社会中蕴含的全球性风险和不确定性集中爆发的结果。所谓的风险社会是指由于某些局部或是突发事件可能导致或引发的社会灾难。风险社会理论的代表人物是德国的贝克（Ulrich Beck）和英国的吉登斯。贝克（2004）认为，传统社会与现代社会在风险结构和认知上存在着根本的区别。在现代性中，财富和权力是其标志性概念，而风险和不确定性则是反思现代性的概念。早期现代性解决的是传统社会的风险，但也产生了新的风险，并且这些风险的累积构成晚期现代性的特征。"风险社会"是现代性的一个阶段，即人类社会步入晚期现代性后，人类实践所导致的全球性风险成为这个时代和社会的主导性特征的社会发展阶段（贝克，2004）。在这个阶段的风险具有以下几个方面的特点：风险造成的灾难通常超越发生地而经常产生波及全球的影响；风险的严重程度和后果的多样性超出了预警检测和事后处理的能力，同时也很难对风险进行计算。在贝克看来，工业社会的核心问题之一是财富分配以及不平等的改善与合法化，而工业社会文化中的"集体的或具体组织的意义之源"（如阶级意识或价值观）逐渐走向消亡。因此，我们必须把伤害的缓解与社会资源的合理分配作为核心问题认真对待。他特别强调了风险社会中存在三个层面的全球性危机，即生态危机、全球经济危机以及跨国恐怖主义网络所带来的危险（贝克，2004）。

吉登斯对风险社会的理解更关注的是其可能对个人日常生活的冲击（吉登斯，2000：47）。在吉登斯看来，世界资本主义经济可能产生的经济危机会在全球化的过程中产生后果严重的风险。而对这样的全球性的风险，我们"无法用旧的方法来解决这些问题，同时它们也不符合启蒙运动开列的知识越多，控制越强的药方"。然而，这些新风险的出现并不意味着现在的社会生活比以前的更为危险了，而是人们的自我保护意识增强了。在风险社会的环境中，人们对风险的态度日趋相似，风险意识的分布趋于均匀，许多风险被广大公众所了解变得熟视无睹。同时公众也意识到专业知识具有局限性。变化了的风险环境带来了风险的个人化。每个人的任何一种选择都会产生风险，并且选择的数量不断增加，例如，国际金融危机就是源于美国大量没有资质的中低收入人群盲目购买个人住房并获得房屋贷款，最终却无力偿还银行贷款所引起的。

风险意识是吉登斯等人所说的反思的现代性的核心。随着个人、制度以及社会的反思性提高，简单现代性也在向反思的现代性转变。这种转变反映在政治上就是从解放政治向生活政治的转变。生活政治是以个人为基础的，关注的是个人的选择和决策。如果解放政治是一种生活机遇的政治，那么生活政治便是"生活方式的政治"。它不仅包括个人生活，还包括社会生活的各个方面。它要解决的是"集体人面临的挑战"。尽管风险的个人化也意味着风险意识和风险认识水平的提高，但是个人在风险认知上遇到了双重困境。第一个困境是：尽管个人的风险意识提高了，对许多风险的了解加深了，但是在某些后果严重风险面前常常反应过度，做出非理性的反应。吉登斯对此的解释是，"高后果的风险具有一种独特属性。它们所包含的灾难危险越多，我们对于所冒风险的任何真实经验就越少，因为如果事情'出错'的话，那就已经是太晚了。"

第二个困境是：个人在风险判断上越来越信任专家系统，但是专家系统本身也在风险的认知和解决上存在着内部争议，权威性受到了质疑，因此个人应对风险的方式更加个人化。

风险社会理论为我们深刻理解国际金融危机对中国社会所产生的影响提供了一个冷静、理性的分析工具。风险社会理论认为，当今的全球风险突出地表现为经济风险。全球化造就了世界市场，但这个市场缺乏有效的治理和调控机制，容易出现不可预期的经济动荡。西方发达国家的经济停滞甚至衰退等经济风险和金融风险的日趋国际化，对包括中国在内的发展中国家的经济发展也造成了严重的影响。当代中国正处于全球化进程中，同时也处于从传统社会向现代社会转型的过程中。当代中国社会的风险呈现出多元性特征，表现为全球性风险、传统社会风险和现代社会风险三者交织作用，难以区分（田国秀，2007）。这就使中国社会进入了风险多发期和"阵痛期"。中国社会风险呈现出高度复杂性，超出了传统的专家系统可以提供解释和控制的范围。

另外，风险社会并不只是一个消极的因素，他也带来了机遇、创新和发展（吉登斯，2000）。随着市场改革的不断深入，中国民众对于风险的预防、识别和抵抗的能力也在不断增长。面对风险社会中例行化和有序性的消退，人们更有可能正视自己的局限，克服自己的不足，转换价值观，积极的应对风险的挑战。在风险社会中，社会的构成逐渐从等级式的、垂直的结构转向网络型的、平面型的结构。风险社会的结构不再主要由阶级、阶层等要素组成，而是由个人作为主体组成。这就为社会中下层的群体提供了更多改变自身社会位置的机会。当人们习惯于因循守旧的生活方式时，风险的冲击会促使人们重新思考并检讨自身的价值观，从而发现自身优势，采取更为积极的生活态度，以新观念、新思维、新方式面对生活，通过自己的努力来获得向上流动和超越自我的可能性（田国秀，2007：116）。其次，风险意味着未来具有发生危机的可能性，提醒着人们不断的思考人与自然、人与社会的关系，这就会唤起人们更多的责任意识，反思人类片面追求经济发展和物欲满足所导致的不良后果，促使他们更多的关心社会正义和人类的可持续发展。

中国民众在面临金融风险加剧的环境中将会在消费方面越来越谨慎，

对于信贷消费、超前消费等容易产生风险的消费方式持相对保守的态度。2008 年以来北京、上海、深圳等国内一线城市的房地产价格出现了快速上涨。北京的商品房的成交均价由 2007 年的 11647 元/平方米[①]上涨到 2014 年的 26853 元/平方米[②]；上海的商品房成交均价也从 2007 年的 10434 元/平方米上涨到 2014 年的 26980 元/平方米。[②] 房价的快速上涨势加剧了人们对房地产领域风险积累的担心，也对准备购房和希望改善住房条件的中等收入人群产生了较大的经济压力，并形成对消费和休闲的挤压效应。高房价对已经有房甚至是多套住房的高收入人群来说往往意味着资产的增值，而低收入人群则会有社会保障房或公租房等其他途径来缓解压力，因此对这两个群体来说房价的上升并不会有太大的负面影响。但是，高房价对中等收入人群就意味着他们不得不面对大量的住房贷款和长期的还贷压力。在房屋供给紧缺的情况下，房产商和房产中介成为操纵市场的主角，房产消费者成为房产市场的附属品。政府和房产商通过各种宣传和政策来促进居民的购房消费，这使得中等收入人群通过大规模的借贷和超前消费来解决基本的居住问题。这势必对该群体的日常生活消费和教育休闲等其他方面的消费产生较大的影响。人的生活屈从于房价上涨的逻辑而不断被异化。房地产成为社会驯化的场所，以自由选择、个性需求的方式掩盖了其内在的强制性，各种销售手段以夸张的、诱人的话语来掩盖真正的交换逻辑（鲍德里亚，2008）。

　　从以上对金融危机的影响所进行的分析中可以看出，国际金融危机对中国的外贸行业和金融行业所造成的直接冲击在一定程度上减少了相关行业从业者的收入和资产总额。但是，对于上海的大多数居民来讲，他们的收入并没有出现明显的下降。但是，他们的消费水平和消费模式可能出现了一定的变化。高房价和高房租迫使中低收入人群中需要购房及租房的家庭不得不削减休闲娱乐和日常生活开支来偿还房贷或交房租。因此，对于他们来说，住房方面的开支在总体的消费支出中的比例将会

---

① 数据来源：新浪网，链接：http://hn.house.sina.com.cn/news/2015 - 12 - 27/09236 086687690370373373.shtml。

② 数据来源：地产人网，链接：http://www.dichanren.com/News/1267493。

上升，而休闲娱乐等方面的非必要性开支在总消费支出中的比例则会下降。而对于某些工薪群体来说，国际金融危机和经济新常态的影响使得一般性制造业和外贸企业的用工减少，低端劳动岗位向内地转移，劳动力市场上的失业率和被动换工作的频率上升，这会在一定程度上影响到他们的收入。同时，他们的收入将更加难以负担日益上涨的城市生活成本。因此，在经济新常态背景下，中低收入人群的日常生活消费支出将可能被动的上涨，而他们的休闲娱乐消费支出将被迫压缩，甚至对某些群体来说变得无足轻重。

与此同时，一些大额的消费品如私人小汽车，商品住宅等将在人们的生活中扮演更加重要的角色。居住在自己拥有产权的住宅中将会极大提升人们的生活品质和生活感受。而且，快速的房价上涨也会给那些希望改善居住条件的高收入群体和中等收入群体带来更大的压力和焦虑。低收入人群本身对居住条件的期望相对较低，他们在更换住房和改善居住条件方面的需求也不如其他收入人群那样强烈，因此在此轮房价上涨的过程中所受到的冲击也会小很多。

由于国际金融危机对人们长期收入增长和工作稳定性的影响，人们对大宗消费品的购买需求会出现一定的下降。在本研究所关注的2008年到2017年之间，上海开始实行在市区限制小汽车通行的政策。那些已经拥有小汽车并且出行时能够使用小汽车的群体将从该政策中受益。而城市交通的拥堵和停车难、养护成本高等问题与公共交通设施的落后和拥挤比较起来并不算太严重。因此，那些没有能力购买小汽车或因为收入预期变化而没有购买小汽车的中等收入人群将可能面对交通出行的不便而产生心理上的不满情绪。也就是说，他们的幸福感将会比拥有小汽车的人群更低。

经济增长方式的转变除了会改变人们的生活方式以外，还可能会对人们的价值观产生一定的影响。例如，上海市的"白领"群体在整体上存在着一种焦灼感与压力感；从社会经历和价值观念的分享上存在着一种断层；尚未形成稳定的行为规范、公共知识体系和价值认同（李友梅，2005）。经济危机的现实案例将可能在一定程度上改变人们对生活各方面重要性的态度、成功归因、经济不平等、生活满意度、工作满意度、生活信心等诸多方面的主观态度和观念。

从上述欧美国家和拉美国家的情况来看，经济危机的爆发将增加人们对经济收入的焦虑情绪和无法阻止生活水平下降的无力感。促使人们重新认识金钱、家庭、成功等因素对生活的重要程度。中国在传统上非常注重家庭在个人生活中的核心地位，而对金钱拜物教等观念持批判的态度。国际金融危机和经济新常态的宏观经济环境促使人们更多地考虑金钱在生活中的重要性。特别是在面临失业裁员、工资下降、物价上涨等结构性风险的时候，人们对个人物质财富的重视程度将会有所上升，而对传统的家庭价值观则会有所忽视。这种情况尤其可能发生在中等收入人群当中。这个群体的生活水平较高，承受的社会压力更大，对住房、大宗消费品、休闲消费的欲望更强烈，因此可能在经济危机来临时更加倾向于对金钱、财富和成功的偏好。这也会在一定程度上损害他们的生活满意度和对未来的信心。

经济增长方式的转变对人们的价值观的冲击还可能体现在很多中等收入人群开始不相信通过自己的努力工作和自身的聪明才智可以获得成功这一价值观念，反而更多地将个人的成功和事业的发展归因于宏观经济结构等方面的因素。相应地，人们如果将能否取得事业的成功归因于自身的努力工作或聪明才智的话，宏观经济因素的变化并不会对个体的生活信心和生活满意度产生决定性的影响。相信自身的原因才是成功关键的人群将更可能对他们的个体生活有较强的控制力和信心，也更可能满意他们的生活状况。

对于经济发展与社会公平两者的关系，不同收入人群的人也会有各自的看法。低收入人群在社会结构中的地位较低，在金融危机和经济新常态的背景下通常会面临生活成本上升，就业机会减少等问题的威胁，因而他们会变得更加倾向于支持社会公平和缩小贫富差距的价值观。而且，他们面对社会结构的固化似乎无能为力，对于改变自身状况的诉求也相对较弱。因此，对低收入人群来讲，如何看待社会不平等扩大的问题可能并不是决定他们如何看待生活状况的关键因素。

虽然中等收入人群在金融危机之后也面临着房价上涨、税负过重、工作竞争激烈等方面的问题，但是他们一般受过良好的高等教育，有一定的工作技能，在劳动力市场上具备了一定的竞争力，同时也对生活品质有一定的追求。因此，当面对经济新常态下的经济增速放缓的局面时，他们将会更加倾向于支持经济发展而不是通过牺牲经济发展来缩小社会不平等。对于中等收入人群来说，是否认同经济发展的重要性和不平等扩大合理性将可能影响到他们对社会生活状况的态度。在当前的宏观经济条件下，认同这一观点的人也就更可能对他们生活状态持比较积极的评价。另外，2008年以来中国的社会不平等状况进一步恶化，社会冲突和贫富差距日趋严重，那些支持缩小贫富差距的人群则可能会感到更多的挫折感，也越来越不满意他们的生活状况，对未来的生活表现出失望的情绪。

然而，目前学术界关于国际金融危机及经济新常态时期的研究基本上都是对价值观和生活方式的各个维度的描述性研究。而对于受国际金融危机冲击之后又进入经济新常态时期的中国社会生活的变迁与民众的主观幸福感的研究尚不多见。当前中国学术界比较多的是在讨论各收入人群参与政治活动以及在政治活动中所发挥的作用等问题。由于中等及以上收入人群往往是改革开放的受益者和支持者，自身社会经济地位较为稳定，拥有良好的生活条件，对现状满意度较高，而且他们的发展与改革开放的进展息息相关，这些因素使得他们珍惜既得的利益，反对社会动乱。孙秀林和雷开春（2012）的研究也发现，白领群体对于权威主义的认同会促使这个群体更可能参与社会活动，而对自由主义的认同会降低他们对社会事务的参与程度。他们将自身对于好的生活，好的社会的理解切实落实到了行动中，就会更多的积极参与社会治理，促进社会公平的实现。他们出于反映和维护自身利益的需要，既渴望经济快速发展，又希望维护公平竞争，防范社会风险。这个群体在社会位置上介于社会上层和下层之间，能够缓冲社会的利益矛盾，他们拥护在既有政治体系的基础上支持渐进的社会改革。

总体而言，学术界对于国际金融危机以来经济发展转型和产业结构调整的新特征和新规律有了比较系统的研究。但是，这些经济方面的深刻变化对于不同收入群体的都市生活会产生何种影响？城市居民的生活方式和消费行为会在新的经济形势下发生哪些方面的改变？这些改变又会最终对城市居民的主观幸福感产生什么样的影响？针对这些问题，本研究以上海的调查数据为基础，结合上述已有文献的研究成果，从消费行为、文化休闲、社会交往、交通出行和生活价值观等多个视角来考察生活方式与主观幸福感在经济新常态下的内在规律。

第五章

研究设计与数据描述

一　数据来源

本研究采用的数据来源于由北京大学社会科学调查中心联合国内诸多高校和科研院所进行的"中国家庭追踪调查"于 2008 年、2010 年、2014 年、2016 年和 2018 年在上海获得的调查数据。"中国家庭动态追踪调查"的试调查开始于 2008 年 5 月。该次调查在北京市、上海市和广东省以多阶段随机抽样的方法，选取了 2375 户家庭户进行入户调查，完成有效的样本（16 岁以上）总数为 6093 个，其中在上海完成有效样本 1771 个。2010 年，该项目组在全国展开了第一轮的基线调查。其中在上海进行了有代表性的抽样调查。删去包含缺失信息的无效样本后，最终获得了个有效样本为 3081 个。此后，"中国家庭动态追踪调查"在 2012 年、2014 年、2016 年和 2018 年在上海又进行了四次追踪调查。2012 年的调查使用的问卷比较短，所以不在本研究的讨论范围内。2014 年完成 2274 个样本，其中成功追踪到的基线调查受访者 1875 名，有效的追踪调查比率为 60.9%，另有 399 名新增样本。2016 年完成调查样本 1978 个，其中来自第一次基线调查的追踪样本为 1209 个，占比仅为 39.2%。该年的调查还包括另外 769 个样本，其中有 326 个样本不在 2014 年的样本中。2018 年完成有效调查样本 1980 个，其中只有 1351 个样本在 2016 年接受过调查。

表5-1-1 2008年、2010年、2014年、2016年与2018年调查样本的分布特征

变量名	2008年		2010年		2014年		2016年		2018年	
	频数	百分比	频数	百分比	频数	百分比	频数	百分比	频数	百分比
性别										
女	855	48.4	1576	51.2	1154	50.8	989	50	1012	51.11
男	913	51.6	1505	48.9	1120	49.3	989	50	968	48.89
教育程度										
小学以下	427	24.2	935	30.4	769	36.9	754	38.1	686	34.77
初中	550	31.2	914	29.7	601	28.8	552	27.9	532	26.96
高中/技校	472	26.7	631	20.5	401	19.2	340	17.2	357	18.09
大学及以上	316	17.9	593	19.3	313	15	332	16.8	398	20.17
户口情况										
非农业户口	1265	71.4	2159	70.1	1647	73.8	1442	73	1289	70.17
农业户口	506	28.6	922	29.9	585	26.2	534	27	478	26.02
婚姻情况										
单身	383	21.6	620	20.1	449	19.7	205	10.4	352	19.17
已婚	1388	78.4	2461	79.9	1825	80.3	1773	89.6	1417	77.14
住房产权										
无	429	24.2	675	21.9	463	20.5	379	19.2	327	16.52
有	1342	75.8	2406	78.1	1791	79.5	1599	80.8	1651	83.38
政治面貌										
党员	213	12	296	9.6	221	9.7	221	11.2	222	11.35
非党员	1558	88	2785	90.4	2053	90.3	1756	88.8	1734	88.65
年龄										
40岁以下	576	32.5	966	31.4	663	29.2	572	28.9	530	27.76
40—59岁	679	38.3	1220	39.6	784	34.5	609	30.8	536	28.08
59岁以上	516	29.1	895	29.1	827	36.4	797	40.3	843	44.16
收入										
低收入	722	40.77	1118	36.29	907	40.24	352	17.8	471	23.79
中低收入	324	18.29	649	21.06	664	29.46	461	23.3	478	24.14
中高收入	654	36.93	1260	40.9	636	28.22	1060	53.6	969	48.94
高收入	71	4.01	54	1.75	47	2.09	105	5.31	62	3.13
总样本数	1771		3081		2274		1978		1980	

从表 5 - 1 - 1 中我们可以看到，2008 年的调查样本中性别的比例非常接近 1∶1。就教育程度而言，小学以下的低教育水平的人数为 427 人，占比为 24.2%；初中毕业水平的人数最多，达到了 550 人，占比为 31.2%；高中和高职的毕业生也有 472 人，占比为 26.7%；而接受过大学教育的人数为 316 人，占比仅为 17.9%。这表明 2008 年上海成年居民的受教育程度仍然处于相对较低的水平。这一年接受调查的人中有 28.6% 的是农业户口，而另外 71.4% 的样本是非农业户口。在年龄分布方面，老中青三个群体的占比都比较接近于三分之一。其中在 40 岁到 59 岁的中年组的人数最多，达 679 人。60 岁以上的人数占比稍微低一点，为 29.1%。最后，我们可以看到，属于低收入群体的比例相对较高，达到了 40.8%。而中低收入水平的群体占比为 18.3%，中高收入群体占比为 36.9%，合计超过了 50%。这表明在 2008 年上海的中等收入群体才刚刚超过半数，而低收入群体的规模还比较大。

在 2010 年的调查中，总样本扩大到了 3081 个，其中女性比男性多 71 个样本。小学以下的低教育水平的人数为 935 人，占比达到了 30.4%，小幅高于 2008 年的调查样本中的比例；初中毕业水平的人数达到了 914 人，占比为 29.7%，与 2008 年的占比差不多；高中和高职的毕业生有 631 人，占比为 20.5%，低于 2008 年的占比情况；而接受过大学教育的人数为 593 人，占比仅为 19.3%，略高于 2008 年的水平。2010 年接受调查的人中有 29.9% 的是农业户口，与 2008 年的占比差不多。在年龄分布方面也与 2008 年的情况比较相似。其中在 40 岁到 59 岁的中年组的人数最多，达 1220 人。最后，我们可以看到，属于低收入群体的比例有所降低，为 36.3%。而中低收入水平的群体占比为 21.1%，中高收入群体占比为 40.9%。这表明在 2010 年上海的中等收入群体的规模有所扩大。

2014 年的调查样本中性别比例仍然非常接近 1∶1。而总体的受教育程度则出现了一定程度的下降。小学及以下的群体在总样本中的占比达到了 36.9%，而大学及以上的群体只占了 15%。总样本中拥有非农业户口的受访者达到了 73.8%，已婚人士的占比则为 80.3%。住房产权的拥有情况和党员占比则与前两次调查的情况都差不多。但是，低收入群体的占比出现了一定程度的上升，达到了 40.2%。而中低收入水平的群体占比为 29.5%，中高收入群体占比为只有 28.2%。这表明在 2014 年上海的中等收入群体的规模出现了一定的收缩，特别是中上收入群体的占比出现了较明显的下降。

2016 年的调查样本总数只有 1978 个，其中性别比正好是 1∶1。户籍分布、教育程度分布、住房产权的分布和党员比例与 2014 年的调查情况基本一致。而已婚群体所占比例达到了 89.6%，明显高于上一次调查的情况。收入群体的分布则出现了比较大的波动。其中低收入群体的占比从上一次调查的 40.2% 下降为 17.8%，而中高收入群体的占比出现了大幅度的上升，达到了 53.6%。而且，高收入群体的人数为 105 人，占比为 5.3%。这表明在 2016 年的调查中，上海的中等收入群体的规模出现了比较大的增长，而且高收入群体的规模有明显的上升。考虑到这是一个历时多年的追踪调查，像这样在短短两年的时间里，家庭收入出现了如此大幅度、普遍性的上升，反映出近些年来上海居民的经济收入水平有了比较大的改善。特别是上海城市中的低收入群体在近些年的经济社会发展中获得了较大的收益，他们的客观生活条件有了比较大的提升。

2018 年的调查样本总数变为了 1980 个。这一年的样本当中，男性的占比为 48.89%，稍微比女性的数量要少一点。但是，60 岁以上的老年人占总体样本的比例上升到了 44.16%。这个比例不仅显著高于 2016 年，也比 2008 年的数据高出 15 个百分点，这反映出上海常住人口的老龄化程度正在快速的上升。户籍分布和党员比例与 2016 年的调查情况基本一致。而已婚群体所占比例从 89.6% 下降到了 77.14%。住房产权的分布也比 2016 年明显高出 3 个百分点。收入群体的分布与 2016 年比较起来相似度较高。这表明 2016 年以来，上海的收入水平的总体分布情况没有出现明显的变化，中等收入群体的规模比较稳定的连续两次超过了 70%。虽然低收入群体的占比稍微有些上升，但仍然远低于 2008 年、2010 年和 2014 年的情况。这说明上海的低收入群体的规模也已经显著的在缩小。

二　分析变量

本研究紧密围绕各收入者人群的生活方式与主观幸福感进行分析。在本研究的前期研究中，我们对各收入人群进行了典型个案的研究，从这些个案中总结了各个收入人群中比较典型的生活方式的具体内容。这些具体内容主要是关于家庭、经济、社会等方面的生活价值观和社会交往、休闲娱乐方式等方面的生活方式。依据这些典型个案的分析结果，结合现有对价值观和生活方式的测量方法，综合考虑了各个收入人群的实际特点、研究的便利性、主流社会价值观等因素，最终确定了主要进行定量研究的分析路径。依靠从北京大学社会调查中心提供的数据，从社会转型和文化变迁的角度来分析金融危机和经济新常态背景下上海市各收入人群的生活方式与主观幸福感的变化。

本研究的主要研究变量是家庭收入水平，是用所有家庭成员在前一年所获得的总收入（包括工资、奖金、退休金、津贴和其他收入）来测量的。没有收入的情况将记为 0。这个变量是用于划分中等收入人群、低收入人群和高收入人群的主要指标。划分标准为 2015 年家庭年收入低于 7 万元（含 7 万元）的属于低收入人群，介于 7 万元至 12 万元（含 12 万元）之间的是中低收入人群，介于 12 万元至 50 万元之间的是中高收入人群，高于 50 万元的是高收入人群。

本研究对生活方式的测量主要借鉴的是社会学家布迪厄等人的研究，关注的是与"衣、食、住、行、乐"等方面直接相关的领域。因此，本研究选用以下几方面的指标来反映人们的生活方式特征。消费支出包括以下几个指标：家庭消费总支出、日常消费支出（含食品支出、服装支出、交通通信支出等方面）、休闲文化支出、医疗健康支出；交通出行方式包括以下几个指标：步行、自行车、公共交通（公共汽车和地铁）、摩托或电瓶车、私家车或出租车；休闲文化活动包括体育锻炼频率、阅读书籍频率、是否使用互联网。住房状况包括住房面积和是否拥有住房所有权。

本研究对价值观的测量主要关注的是可能受到金融危机和经济新常

态趋势影响的一些观念和态度，包括生活价值观和社会价值观两个方面。生活价值观涉及的是人们认为生活中哪些因素比较重要，包括"很有钱""生活有乐趣""不孤单""有成就感""家庭美满和睦"等方面。受访者可以从 1（不重要）、2（不太重要）、3（中立）、4（比较重要）、5（非常重要）五个选择项中进行选择。社会价值观包括对成功的归因和经济与平等的平衡两个方面。成功归因涉及的是人们认为家庭背景、个人天赋、努力工作、受教育程度等因素对于成功或事业发展的重要程度，受访者可以从 1（不重要）、2（不太重要）、3（中立）、4（比较重要）、5（非常重要）五个选择项中进行选择。经济与平等的平衡涉及的是人们认为应该如何平衡经济发展与社会不平等之间的关系。受访者可以选择 1（支持应该控制社会不平等，甚至可以牺牲经济发展）、2（中立）、3（支持发展经济而允许让社会不平等适当扩大）。

主观幸福感的测量是通过直接询问受访者对过去一年的生活状况的整体性评价以及对未来生活的信心两个方面。受访者可以选择 1（非常不满意/完全没信心）、2（不太满意/没信心）、3（一般或中立）、4（比较满意/有信心）、5（非常满意/完全有信心）五个选择项。虽然复合性指标的测量方法可能提供对个体主观幸福感更准确、更丰富的信息，但大量的社会学和心理学研究也证明，用上述这两个独立的问题在规模较大的社会调查中可以比较好地反映出人们的主观幸福感水平（Diener，et al.，1999；Lim and Putnam，2010）。

本研究采用三个指标来衡量个体或家庭层面的社交网络，即网络规模、邻里互动和社会参与。

网络规模在 2008 年和 2010 年的调查中是用"中国新年亲友网络"（拜年网）来测量的。中国新年，又称春节和农历新年，是全年最重要、最流行的中国传统节日（边燕杰，2004）。在为期两周的春节期间，中国家庭会亲自拜访他们有密切社会关系的人，加强他们的社会关系和关系网。拜年网是在春节期间的相互拜访中形成的，以个人作为中心（Lin 2008）。因此，与"友谊网络"和家庭层面的"讨论网络"相比，拜年网的指标是测量社会网络特征的一种更好的方法。网络规模在这里是指在春节期间拜访被访者家庭的亲友的总数。这个数字越大表示网络的规模越大。考虑到网络大小呈高度偏斜分布，本分析采用其对数。

邻里互动反映了家庭成员和邻居在前一个月的社会互动频率。这个变量包含四个子指标：与邻居一起娱乐，互赠礼物或提供食物，互助和其他互动活动。每个子指标的值在 0 到 3 之间，0 表示互动次数为 0，1个月一次，2—3 次一个月，3 次一个月超过 4 次。这四个子指标的总和代表邻里互动的总值。这个值越大，邻里互动的频率就越高。

社会参与是指在前一年参加各种社会活动的频率，包括四个子指标（体育锻炼、打牌和游戏、外出就餐和参加宗教活动）。每个子指标的值都在 0 到 4 之间，0 表示不参与，1 表示一年几次，2 表示一个月，3 表示一周一次，4 表示几乎是一天一次。这四个子指标的总和是社会参与的总值，该值越大，受访者的社会参与频率越高。

本研究还控制了一些个人背景的变量，包括年龄、性别、婚姻状况、教育程度、就业状况、地区和家庭规模。该样本分为 3 个年龄组：40 岁以下、40—59 岁和 59 岁以上。性别是一个虚拟变量（0 = 女性，1 = 男性）。受访者的婚姻状况被编码为未婚、已婚、离婚、分居或丧偶。这一变量被分为两部分：已婚（1）和未婚（0）。教育水平是由两个虚拟变量来衡量的：中等教育（初中和高中教育）和高等教育（大学教育）。低教育（低于中学教育）是参照组。就业状况是由一组虚拟变量——城市劳动人口、农民、外来务工人员、失业人员和未就业人员（失业人员）来测量的，未就业人员包括家庭主妇和学生。退休人员是参照组。家庭规模是指被调查者的家庭成员的数量，包括成人和儿童。在多层回归模型中，所有的自变量，包括虚拟变量，均围绕总平均数进行了对中变换。

三　分析方法

本研究基于北京大学社会调查中心在 2008 年、2010 年、2014 年、2016 年和 2018 年在上海进行的随机抽样调查所获得的数据，重点考察高收入人群、中等收入人群和低收入人群之间在生活方式和主观幸福感方面所存在的总体性差异和历时性的变化。特别是考察在金融危机前后及经济新常态背景下各收入群体之间的各项指标是否发生了明显的变化。这部分的研究主要是运用描述性统计分析方法，重点考察中等和低收入人群的主观幸福感和生活方式的均值差异是否在统计意义上显著，并以此来反映各收入人群的生活方式在哪些方面存在着独有的特征和结构。同时，通过这次调查数据的比较，本研究可以考察经济波动背景下生活方式是否有显著的差异，从而揭示出经济环境的长期波动可能会对各收入人群的主观幸福感和生活方式产生哪些方面的冲击。

基于以上描述性的统计分析结果，本研究将调查数据汇总后引入逻辑回归模型和线性回归模型来检验生活方式和价值观的各个变量对主观幸福感的影响程度。并加入年份与各个自变量的交互影响来检验生活方式和主观幸福感的影响是否会在不同时间段里存在显著的变动。我们首先对比了 2008 年和 2010 年来自中国家庭动态调查的横截面数据，以考察国际金融危机可能造成的影响。而中国家庭动态调查在 2010 年、2014 年、2016 年和 2018 年的调查数据的主体部分包括了大量的追踪调查数据，这为本研究考察新经济常态下上海居民的生活方式变化提供了很难得的机会。

在后续研究中，我也将因变量生活满意度和生活信心作为线性变量，应用于多层线性回归模型。我也使用多级有序逻辑回归，得到了非常相似的结果。在多层线性回归模型中，受访者居住在若干个家庭中，这可以解释家庭层面上的群集现象。本文利用最大似然估计方法对模型参数进行了线性回归分析。Schyns（2002）简要地介绍了多元线性模型，并阐明了它们如何应用于幸福感研究。他坚持认为，多层模型可以更好地用于幸福感研究，这个模型能将家庭环境或群体变量对主观幸福感的影响同对主观幸福感的产生影响的个体变量分开来。

在本研究中，对于每个在家庭 j 中的个体 i，家庭收入、网络规模、邻里互动、社会参与和控制变量都可以用来预测主观幸福感的高低。我将具体阐释四种随机截距模型和一个随机斜率模型：第一种模型只包含网络规模和控制变量；第二种模型包含邻里互动和控制变量；第三种模式包含社会参与和控制变量。然后，第四个模型对所有变量进行预测。下面是用于预测的通用回归模型的表达式：一种两级的随机截距模型和家庭中的个体的连续性反映。所有变量除虚拟变量以外都根据样本均值进行了对中处理。运用统计软件 Stata 13.0 对调查获得的数据进行分析。其中的多层线性回归模型设定如下（王济川等，2008）：

第一层模型：

$$y_{ij} = \alpha_{0j} + \alpha_{1ij}X_{1ij} + \alpha_{2ij}X_{2ij} + e_{ij}$$

第二层模型：

$$\alpha_{0j} = \gamma_{00} + \gamma_{01}W_j + \mu_{0j}$$

$$\alpha_{1j} = \gamma_{10} + \gamma_{11}W_j + \mu_{1j}$$

其中，Y_{ij} 表示第 j 个家庭中第 i 个成年个体的生活满意度或未来生活信心。α_{0j}、γ_{00}、γ_{10} 分别为三个方程的截距，e_{ij}、μ_{0j}、μ_{1j} 表示残差，是第一层模型水平变量 X_{1j} 和 X_{2j} 及第二层水平变量 W_j 不能解释的部分。α_{1j} 是 X_{1ij} 的系数，α_{2j} 是 X_{2ij} 的系数，γ_{01} 是 W_{1j} 的系数，γ_{11} 是交互项 $W_{1j} * X_{1ij}$ 的系数。X_{1ij} 代表个体层面的互联网使用变量；$X2_{ij}$ 代表个体层面的控制变量组成的向量，主要包括性别、年龄、受教育程度、职业类型、身体疾病、户口等；W_{1j} 代表家庭层面经济状况的向量，由家庭经济收入和家庭主观地位组成。将第二层模型带入第一层模型，得到混合公式：

$$y_{ij} = (\gamma_{00} + \gamma_{01}W_j + \gamma_{10}X_{1ij} + \gamma_{11}W_jX_{1ij} + \alpha_{2j}X_{2ij}) + (\mu_{0j} + \mu_{1j}X_{1ij} + e_{ij})。$$

第六章

金融危机背景下各收入人群的
生活方式与主观幸福感

本章所使用的数据来自中国家庭追踪调查 2008 年和 2010 年在上海的调查数据。通过对这两次调查的数据进行对比，我们着重分析金融危机前后不同收入人群在价值观和生活方式上所发生的变化。本章所使用的分析方法主要是描述性统计分析和卡方检验，以反映各群体的生活方式和价值观的总体分布情况和均值波动情况。

一 上海各收入人群的生活方式比较分析

本研究所研究的生活方式主要是参照布迪厄等人的成果，重点关注各个群体日常生活中的时间分配情况、消费支出情况、休闲娱乐情况（主要包括阅读、健身、旅游等方面）等几大类别。

（一）各个收入人群的消费支出

中国经济高速增长导致了各个收入人群消费意愿的增长。在中国的社会、经济、文化和政治领域，消费力快速增长的各个收入人群正在显示出它的影响力。尤其在消费领域，社会各个收入人群已经展示出了它的巨大能量，吸引了大量学者、分析家、政府决策者及企业家的关注。然而，在国际金融危机的冲击下，上海各个收入人群的消费现状及其特征出现了一定程度的变化，值得人们进行深入细致的分析。接下来我们将基于这两次调查的数据资料，对各个收入人群的支出状况进行分析。

表6-1-1　　　　　　上海各收入人群的消费支出情况　　　　　　（元）

年份	群体	饮食	服饰	交通通信	文化休闲	医疗健康	总消费
2008	中高收入人群	17298	4543	10202	6851	4385	128950
	中低收入人群	13375	2348	3946	3768	2612	56034
	低收入人群	10100	1326	2605	3643	1715	29876
2010	中高收入人群	21316	3857	10423	8585	5397	85819
	中低收入人群	15988	1962	5162	4246	4319	42405
	低收入人群	10220	975.5	2607	2861	4542	25678

　　从上表中可以看出，对于消费支出中的各类具体的细目的支出情况，2008年和2010年的调查进行了比较细致的询问。从上表中我们可以看到，上海各个收入人群的饮食支出都在上涨，其中的中高收入人群的饮食支出上涨明显提高。

　　从上表中我们可以看出，上海整体的平均服饰支出有明显的下降。这可能反映出金融危机的冲击会比较多地促使人们削减服饰方面的开支，而在饮食方面的开支则具有比较大的刚性。由此可见，服装行业可能是在面对经济不景气时最可能受到损害的行业。

　　从表中我们可以看出从2008年到2010年之间，上海各收入群体的交通通信支出有一定的上升，总体上维持了比较稳定的水平。其中上海中高收入人群和低收入人群的平均交通通信支出上升并不明显，而中低收入人群的平均交通通信支出上升幅度较大，由2008年的3946元上升为2010年的5162元。从总体上看，不同收入人群在交通和通信支出方面的差异比较明显，这也可能反映出不同收入人群在选择使用不同类别的交通通信工具出行时存在的差异性。那些较高收入的人群更可能使用昂贵的小汽车、出租车等交通方式，而且也可能花更多的钱在手机通信方面。

　　从表6-1-1中我们可以看出，上海的中高收入人群的文化休闲支出基本上增长明显，并维持在比较高的水平。但是低收入人群的文化休闲支出在金融危机后却出现了明显的下降，并与中高收入人群之间的差距越来越大。这样的结果反映出国际金融危机对上海低收入人群的冲击主要体现在对文化休闲支出的挤压方面。这需要社会各界共同采取措施，为社会的中下层民众提供更多适合该群体特征和喜好的文化休闲产品，切实提升他们的生活品质。

各收入人群的医疗健康消费支出情况则呈现出与上述几类消费支出项目不同的发展趋势。从表6-1-1中我们可以看出，上海的中高收入人群的医疗健康支出基本上保持平稳。但是中低收入人群和低收入人群的医疗健康支出在金融危机后却出现了明显的上升。这样的结果反映出经济出现较大波动的背景下中等收入及以下的人群在医疗健康生活方面面临着越来越大的负担。这需要社会各界共同采取措施，为社会的中下层民众提供更多的医疗保障和健康设施的支持，切实减轻他们的生活负担。

上海高中低三个收入人群的平均总支出从2008年到2010年总体上都在下降。这体现了上海的外向型经济特征明显，市民的生活容易受到国际经济波动的影响。但是，需要考虑的是这些收入人群的平均收入在2008年到2010年间仍然是在增长，而平均消费水平并没有出现与收入增长速度相适应的提升，这背后可能反映出在金融危机时期各个收入人群都出现了一定的消费能力减弱、消费意愿不强的问题。

（二）各收入人群的休闲生活状况

体育锻炼是一种利用计划性的、结构性的以及重复性的肢体活动来提高一个或多个身体部位的健康状况的体力活动。在现代生活中，脑力劳动成为人们劳动的主要形式，导致现代人普遍缺乏有效的锻炼。随着生活水平的提高和健康意识的加强，有计划地进行锻炼逐步成为现代人的生活方式，也成为评判生活质量的重要指标。本研究将体育锻炼的频率分为经常锻炼、偶尔锻炼和很少锻炼三个类别，分别赋给3，2，1三个值。

从表6-1-2中我们可以看到，从2008年到2010年间，上海各个收入人群的锻炼频率都保持比较稳定的状态。而且，低收入人群参与体育锻炼的频率虽然低于中等及中高收入人群的平均锻炼频率，但差距并不明显。这说明上海市民的体育锻炼参与度总体上处于比较高的水平，而且在各收入人群之间并没有太大的差异。

表6-1-2　　　　　　　　上海各收入人群文体休闲活动情况

		体育锻炼频率	阅读频率
2008	中高收入人群	1.97	1.926
	中低收入人群	1.871	1.96
	低收入人群	1.75	2.016
2010	中高收入人群	1.793	1.99
	中低收入人群	1.682	1.749
	低收入人群	1.628	1.547

　　阅读是从符号、文字和图片等视觉材料中获取信息的过程。阅读是由阅读者根据不同的目的主动加以调节控制的行为。这种行为可以增长知识，开阔眼界，陶冶情操，提升自我修养。现代社会对人的知识要求越来越高，终生学习的理念逐渐深入人心，自主阅读成为自我提升的重要手段。从表6-1-2中我们可以看到，将阅读锻炼的频率分为经常阅读、偶尔阅读和几乎不阅读三个类别，分别赋给3，2，1三个值。2008年的调查中各收入人群之间在阅读频率方面并没有明显的差距，而且低收入人群的阅读频率还稍稍高于中等收入人群。从2008年到2010年，上海的中等及以下收入人群的阅读频率有了明显的下降。低收入人群的阅读频率从2.016下降到了1.547。这说明在2008年金融危机后，中低收入人群的阅读习惯受到的影响更大，某些对时间和压力敏感的低收入人群会降低他们在阅读方面花费的精力。

（三）各收入人群的交通出行方式

　　在过去的单位体制下，城市居民的衣食住行都是由单位解决的，正所谓"单位解决一切"。同时在那个着重讲究效率的年代，居住地与工作地的距离也不会太远，因此，其交通出行方式主要是步行和自行车。而随着改革开放的快速发展，单位制的瓦解，城市居民在衣食住行方面则必须"自己解决一切"，再加上城市面积的不断扩大，人们居住地与工作地之间的距离大大增加。好在交通基础设施的不断完善，人们在交通出行方式上也有了更多的选择。在某种程度上可以认为，交通出行方式的选择既反映了人们的生活水平，也体现了人们的生活方式。在讨论具体交通出行方式前，我们先了解一下上海各类家庭中拥有小汽车的比例情况。

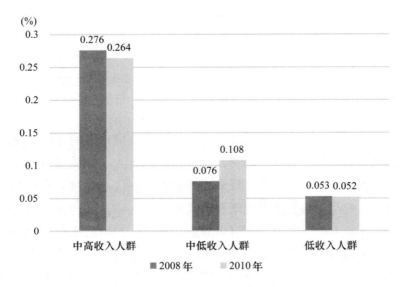

图 6.1.1　上海各收入人群家庭拥有小汽车比例

通过上图我们可以看出，从 2008 年到 2010 年，上海中高收入群体家庭拥有小汽车的比例稍有下降，而中等收入群体家庭的比例则有所上升，低收入群体家庭则基本持平。这可以说明，国际金融危机的冲击并没有对上海居民的汽车购买行为产生明显的影响。中低收入群体家庭拥有小汽车的比例还有所上升，这反映了经济的发展使人们有更多的经济能力用于提升生活品质。通过上述的分析可以看出，拥有小汽车家庭的比例都只是少数部分，而且呈现的是一个随收入分层而递减的模式，即收入越低的群体，家庭拥有小汽车的比例越低。因此，探讨其他未拥有小汽车的群体的交通出行方式是很有必要的，况且拥有小汽车的家庭也会选择其他的交通出行方式。接下来主要讨论的是上海不同收入群体所选择的交通出行方式的差异，包括电瓶车和摩托车、自行车、私家车和出租车、地铁和公共汽车以及步行。

表6-1-3　　　　　　　　选择自行车为主要出行方式的比例分布

年份		自行车	摩托车或电瓶车	私家车或出租车	公共交通	步行
2008	中高收入人群	0.232	0.237	0.309	0.601	0.311
	中低收入人群	0.321	0.288	0.129	0.609	0.311
	低收入人群	0.372	0.233	0.108	0.573	0.442
2010	中高收入人群	0.168	0.204	0.216	0.572	0.407
	中低收入人群	0.236	0.277	0.119	0.518	0.426
	低收入人群	0.269	0.281	0.066	0.412	0.478

中国是一个自行车的王国。长期以来，自行车在人们的交通出行当中扮演着非常重要的角色。从上表可以看到，2008年上海的中等收入人群和低收入人群当中以自行车作为主要出行工具的比例还是比较高的，分别达到了32.1%和37.2%。随着时代的变迁，城市建设规模的迅速扩张。自行车在应对日常交通需求时就显现出了较大的不足，而使用自行车的人数也逐年下降。到了2010年，即使是低收入人群当中也只有27%左右的人依靠自行车作为主要的交通工具。而中高收入人群中选择自行车的比例就只有16.8%。

通过上表可以看出，从2008年到2010年，上海中高收入群体选择摩托车或电瓶车作为主要交通出行方式的比例出现了下降。而低收入群体选择摩托车或电瓶车作为交通出行方式的比例出现了上升。结合前文关于自行车的分析结果，我们可以看到，自行车和电瓶车作为绿色交通出行方式，却逐渐被中高收入群体所放弃，而低收入群体则越来越依靠电瓶车作为出行工具。

通过上表我们可以看出，从2008年到2010年，上海的各个收入群体选择私家车和出租车作为交通出行方式的比例呈下降之势。相比于其他交通出行方式，选择私家车和出租车出行的花销更大，也更容易受到交通拥堵等问题的困扰。如果对比前文对汽车拥有情况的描述，我们可以看出，不少拥有私家车的人并没有选择开车作为出行的主要方式。这些人可能在平时更多使用轨道交通和其他公共交通工具。

通过上表我们可以看出，从2008年到2010年，从整体上来看，上海的居民选择地铁和公共汽车作为交通出行方式的比例有所下降。通过上表我们可以看出，从 2008 年到 2010 年，上海在选择步行作为交通出行方式的比例总体呈上升趋势。

（四）中等收入人群与低收入人群的住房状况

随着近年来大城市楼市的持续火爆，"地王频出"，房价快速上涨，住房问题也因此成为社会各界高度关注的话题之一。住房，作为生活在城市中的人们的基本落脚点，其住房位置的选择、住房面积的大小、住房产权归属等问题都在一定程度上反映了人们所处的社会经济地位，而个人生活方式的选择则主要依赖于其所处的这种客观地位。

表 6 - 1 - 4 　　　　　　上海各收入人群住房情况

年份	人群	房屋所有权 （比例）	拥有多套房屋 （比例）	家庭居住面积 （m²）
2008	中高收入人群	0.7587	0.376	92.18
	中低收入人群	0.8283	0.288	96.04
	低收入人群	0.7035	0.163	84.14
2010	中高收入人群	0.7994	0.336	115.6
	中低收入人群	0.7482	0.213	111
	低收入人群	0.722	0.173	104.8

从上表可以得知，上海的中高收入人群和低收入群体稍有上涨，而中等收入群体跌幅相对较为明显。从上表可以得知，在 2008 年到 2010 年之间，上海居民家庭住房面积出现较大幅度的上涨。可见，金融危机的冲击促使上海将房地产的发展作为刺激经济的重要措施之一。而城市更新和郊区扩张的政策也提升了城市居民住房条件的改善。从上表可以得知，在是否拥有二套以上住房的问题上，上海中等及以上收入群体呈下降趋势，但低收入群体出现小幅上涨。同时，各收入群体的家庭居住面积出现了比较明显的上升，其中中高收入群体的居住面积增长了 13 平方米，而低收入群体的家庭居住面积从 84.14 平方米大幅增长到 104.8

平方米，增长率为 24.6%。这也反映出上海居民的住房条件的改善取得了比较好的工作成效。

二　中等收入人群与低收入人群的主观幸福感和生活价值观比较

本书所考察的生活价值观主要是围绕经济危机可能造成的文化冲击所展开。参照以往对经济危机和金融危机的研究成果，本书重点关注的是各个收入人群的财富观、对成功归因的看法、对经济繁荣和社会公平的态度、各类因素对生活的重要性以及主观幸福感等方面。很多西方的研究发现这些主观性的观念和评价可能会在经济转型时期和经济危机时发生变化。

（一）各收入群体的主观幸福感情况

从表 6－2－1 中可以看出，2008 年、2010 年间不同的收入群体间对"对自己生活的满意程度"的评价存在着一定的差异。2008 年中高收入群体比中低收入人群和低收入群体的满意度都高，存在收入水平与生活满意度显著相关的情况。2010 年上海的中等收入人群和低收入人群的生活满意度水平都有所上升。

表 6－2－1　　　　　　各收入人群的主观幸福感水平

年份	人群	生活满意度	未来信心	幸福程度
2008	中高收入人群	3.433	3.433	3.433
	中低收入人群	3.37	3.37	3.37
	低收入人群	3.23	3.23	3.23
2010	中高收入人群	3.622	3.622	3.622
	中低收入人群	3.439	3.439	3.439
	低收入人群	3.334	3.334	3.334

（二）对公平和财富的看法

改革开放以来，中国的经济发展取得了举世瞩目的成就。2008 年的金融危机对中国的经济增速产生了一定的影响，但并没有改变持续增长的趋势。到 2012 年，中国的人均 GDP 已超过 6000 美元，迈入中等收入国家行列。金融危机以来，中国的国内生产总值增长出现了较为明显的减速，投资、消费、出口以及工业生产等指标均出现增速减缓。这种增速减缓，既有国际金融危机冲击等因素的影响，也有我国内部一些结构性、阶段性因素的影响。党的十八大报告明确指出，"以经济建设为中心是兴国之要，发展仍是解决我国所有问题的关键"。坚持发展是硬道理，保持经济持续健康发展，跨越中等收入陷阱，一直是广大人民群众广泛认同的发展理念。伴随着经济的飞速发展和贫富差距的不断恶化，社会公平逐渐成为人们所关心的议题。由于收入差距迅速扩大导致中低收入居民消费严重不足，消费需求对经济增长的拉动作用减弱，造成经济停滞不前。财富的分配不公问题还会导致社会矛盾激化，甚至出现社会动乱，成为严重影响社会稳定和经济增长的关键因素。因此，金融危机以来各个收入人群基于自身经济状况的变化会形成不同的有关财富分配和社会公平的价值观。

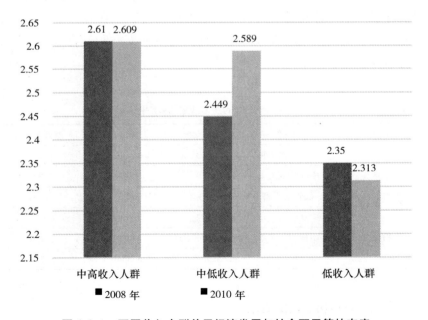

图 6.2.1　不同收入人群关于经济发展与社会不平等的态度

本书在调查中围绕经济发展与社会不平等的关系询问了受访者的态度。受访者的态度统一简化为不同意（1）、中立（3）和同意（5）三种态度。得分越高说明受访者越支持优先发展经济，适当扩大社会不平等这种观点。下表报告了三次调查的结果。我们可以看到，在三个年份的调查中，各个收入人群中支持这一观点的都比反对的人数少很多。在2008年，收入越高的人群更多支持发展经济时允许扩大社会不平等这一观点。而到了2010年这样的趋势则变得不再那样的明显。

（三）影响生活各因素的重要性情况

人们对生活中各方面重要性的判断是对生活价值观的体现。在2008年和2010年的调查中对生活中的诸多方面进行了询问。接下来我们将对其中比较重要的几个方面进行深入的分析。

首先，人们对于金钱的态度在不同收入人群之间存在一定的差异。上海的中高收入人群相对来说更看重有钱在生活中的作用。而到了2010年金融危机之后，上海的低收入人群对金钱的重视程度也有一定的提升，但幅度并不大。这也许说明人们对于金钱的重视程度与他们自身的经济状况和外部的经济发展状况并没有很大的相关性。

表6-2-2　　　　　**家庭金钱快乐对生活的重要性评价情况**

		很有钱	家庭和谐美满	快乐
	中高收入人群	4.216	4.756	4.216
2008	中低收入人群	4.068	4.73	4.068
	低收入人群	4.016	4.64	4.016
	中高收入人群	4.236	4.684	4.236
2010	中低收入人群	4.107	4.665	4.107
	低收入人群	4.113	4.642	4.113

对于家庭和谐的重要性，各个收入人群都给予了非常高的重视，而且在2008年和2010年之间也没有发生大的变化。这说明中国人对家庭和谐美满都是比较看重的。这样的重视程度在中等收入人群和低收入人

群之间存在着一些小的差别，但是并不影响总体的分布情况。这说明上海居民普遍都是比较认同传统的家庭价值观，而且这个价值观并不会受到金融危机或收入高低等外部因素的冲击。

从上表可以看到，人们对于快乐在生活中的重要性基本保持了稳定。2008年上海各个收入人群之间在对快乐的重要性认识上的差异并不大。收入越高的人平均来看稍微会比低收入者更重视快乐在生活中的作用。在2010年上海的受访者回答的结果和前一次调查的情况比较相似，只是低收入人群对快乐的重视程度有了一点上升，这说明上海居民都比较重视在生活中寻找快乐。金融危机和经济发展的变化并没有对人们的生活价值观产生明显的冲击。

三 金融危机前后各收入人群的主观幸福感影响因素分析

主观幸福感是指人们对目前生活状况的整体性评价和主观判断，是人们对自身生活方式和生活状态的综合评价，其深受前文所述的生活方式和价值观的影响。因此，本章将基于2008年至2010年间的调查数据，通过回归模型来探讨各收入人群的生活方式和价值观对生活满意度的影响程度，并将其与低收入人群进行比较，以考察各收入人群的主观生活感受存在哪些方面的特征和独特的作用机制。

金融危机爆发以前，中国长期处于经济高速发展时期。上海的人均国内生产总值的增速领先全国，人民收入增长显著，人民的生活质量经历了比较大的提升。在这种情况下，人们的生活满意度的决定因素是比较多的受经济因素的影响还是受生活品质的影响呢？表6-3-1报告了来自上海的受访者的生活方式和价值观对生活满意程度的影响。

从回归结果中可以看到，家庭收入和住房所有权在上海基本都没有显著的作用。消费支出的各个指标当中健康医疗支出、休闲文化支出、日常饮食、服装和通信交通等方面的消费支出并没有影响到人们的生活满意度。这说明消费支出与收入水平都不是影响生活满意度的因素。

在出行方式的选择上，主要以自行车为主要交通工具的居民要比步行的人更不满意他们的生活状况。这说明在 2008 年，使用自行车、公共交通出行会给人们带来一定的负面影响。这还不能很有把握地说使用私人小汽车或是出租车就会比其他的出行方式更能给人们带来积极的生活体验。

表 6 - 3 - 1　　2008 年和 2010 年各收入人群的生活方式和价值观
对生活满意度的影响

	2008 年		2010 年	
	中等收入	低收入	中等收入	低收入
家庭收入	0.095	0.006	0.207	0.010
	（0.073）	（0.023）	（0.156）	（0.024）
住房所有权	0.212	0.227	0.270	0.102
	（0.192）	（0.159）	（0.202）	（0.144）
消费支出（对数）				
休闲文化支出	0.018	－ 0.000	0.026	－ 0.007
	（0.023）	（0.020）	（0.021）	（0.014）
健康医疗支出	0.026	0.030	0.028	－ 0.007
	（0.026）	（0.021）	（0.029）	（0.017）
日常消费支出	0.004	0.022	0.031	0.045 **
	（0.030）	（0.026）	（0.023）	（0.015）
出行方式				
自行车	0.177	－ 0.433 **	－ 0.126	0.006
	（0.188）	（0.162）	（0.193）	（0.114）
公共交通	0.230	－ 0.043	0.022	0.030
	（0.161）	（0.154）	（0.172）	（0.133）
摩托电瓶车	0.258	0.180	－ 0.062	－ 0.106
	（0.176）	（0.178）	（0.182）	（0.116）
私家车	0.319 +	0.402 +	0.499 *	0.083
	（0.170）	（0.224）	（0.249）	（0.263）
锻炼	0.157 +	0.101	0.296 **	0.319 ***
	（0.082）	（0.091）	（0.111）	（0.080）
阅读	－ 0.129	0.023	－ 0.057	－ 0.014
	（0.084）	（0.079）	（0.087）	（0.066）

续表

	2008 年		2010 年	
	中等收入	低收入	中等收入	低收入
成功归因				
家庭背景	− 0. 104	0. 020	− 0. 284 *	− 0. 257 **
	(0. 105)	(0. 094)	(0. 141)	(0. 089)
努力工作	0. 011	− 0. 203 +	0. 649 ***	0. 256 **
	(0. 112)	(0. 111)	(0. 138)	(0. 080)
经济发展与 公平感	0. 060	0. 096 *	0. 100 *	0. 024
	(0. 047)	(0. 044)	(0. 042)	(0. 028)
生活重要因素				
财富	− 0. 329 ***	− 0. 278 ***	− 0. 234 ***	− 0. 185 ***
	(0. 067)	(0. 064)	(0. 071)	(0. 048)
快乐	0. 364 ***	0. 368 ***	0. 537 ***	0. 423 ***
	(0. 087)	(0. 077)	(0. 100)	(0. 059)
有人想念	0. 169 **	0. 143 **	0. 116	0. 128 +
	(0. 055)	(0. 055)	(0. 124)	(0. 073)
样本数	883	881	924	1953
bic	2354. 557	2530. 862	2466. 483	5410. 788

注：* $p < 0.05$；** $p < 0.01$；*** $p < 0.001$。

体育锻炼、阅读书籍和上网这三种文化健身活动是现代都市人群中普遍受到重视的生活方式。但是，在 2008 年这些活动对于生活满意度的直接影响并不是非常的显著。在价值观方面，最有影响力的是人们对生活中最重要的事物的判断。那些认为金钱和财富非常重要的人往往生活得不太满意。而那些认为生命中快乐很重要的人则会享受到更高水平的生活体验。家庭对生活的意义受到了受访者的普遍重视。

人们对经济发展与社会公平的态度也对生活满意度有着不同程度的影响。在上海这座特大型城市中，那些比较认同经济发展可以适当扩大社会不平等这一观点的人显得更有可能拥有较高的生活满意度。此外，家庭背景和努力工作这两个指标对于成功的重要性对于生活满意度的影响都非常不明显。

国际金融危机对中国的经济和社会都产生了多方面的影响。下表报告了 2010 年上海调查数据的回归结果。自金融危机爆发以后，中国经济增长模式的转变带来了人们的生活方式的变化，人们对此的看法和满意度是不同的。如前文所述，各个群体的客观生活质量并没有出现大幅度的下降，但在生活方式的许多领域发生了一些结构性的变化，人们是否认同这样的改变？人们对此的反映是如何的？是否满意目前的生活方式的变化？本节将对这些问题进行回答。

从回归结果中可以看到，家庭收入仅在上海的中等收入人群中发挥着正向的作用，这一点与 2008 年不一致。而住房所有权在各地仍然都没有显著的作用。消费支出的三个指标当中也只有日常消费支出在上海低等收入人群中发挥了比较显著的积极作用。这说明经济增速的降低可能会增加人们的日常饮食、服装和通信交通等日常消费支出对生活满意度的影响程度。同时，休闲文化支出和健康医疗支出并不会改变人们对生活的满意程度。

表 6 - 3 - 2   2010 年上海居民生活满意度的影响因素的线性回归分析

	中等收入	低收入
家庭收入	0.455 ***	- 0.036
	(0.117)	(0.029)
住房所有权	0.136	0.203
	(0.142)	(0.157)
消费支出（对数）		
休闲文化支出	- 0.020	0.001
	(0.015)	(0.017)
健康医疗支出	0.022	0.003
	(0.016)	(0.021)
日常消费支出	0.007	0.037 *
	(0.015)	(0.017)
出行方式		
自行车	0.051	- 0.043
	(0.131)	(0.148)

续表

	中等收入	低收入
公共交通	− 0. 255 *	− 0. 061
	(0. 117)	(0. 144)
摩托电瓶车	0. 157	0. 073
	(0. 128)	(0. 158)
私家车	0. 286 *	0. 392
	(0. 142)	(0. 241)
锻炼	0. 135 *	0. 331 ***
	(0. 066)	(0. 085)
阅读	− 0. 041	− 0. 114
	(0. 056)	(0. 078)
成功归因		
家庭背景	− 0. 387 ***	− 0. 179
	(0. 089)	(0. 110)
努力工作	0. 210 *	0. 324 *
	(0. 093)	(0. 128)
经济发展与公平	0. 090 ***	0. 072 *
	(0. 026)	(0. 033)
生活价值观		
财富	− 0. 156 **	− 0. 204 ***
	(0. 049)	(0. 058)
快乐	0. 445 ***	0. 594 ***
	(0. 070)	(0. 076)
家庭	0. 543 ***	0. 318 ***
	(0. 090)	(0. 089)
样本数	1891	1187
Bic	4874. 357	3403. 074

注：* $p < 0.05$；** $p < 0.01$；*** $p < 0.001$。

在出行方式与生活满意度方面，骑自行车所带来的负面效应已经消失了，这可能说明自行车在人们生活中的角色正逐渐减弱。然而，上海的中等收入人群中如果主要以公交车和地铁出行的话，会比步行的人更不满意他们的生活状况。这可能意味着对于中等收入群体来说，地铁和公交的乘坐舒适性和性价比等方面还达不到他们的预期。而以私家车和出租车为出行工具的中等收入人群则会更满意他们的生活，这可能说明小汽车所带来的出行便利对于提升中等收入人群的主观生活质量有一定的意义。

体育锻炼在人们生活中的地位开始变得非常重要。在 2008 年体育锻炼的频率并没有发挥对生活满意度的正面作用，而到了 2010 年则在上海开始变得非常重要。而阅读书籍则在上海没有显著的影响。这说明文化休闲活动的影响还有待进一步的研究。

在价值观方面，人们对生活中最重要的事物的判断仍然保持着非常重要的影响，而且是否有钱和是否快乐对于生活满意度的重要性与 2008 年比起来基本上没有出现太大的变化。人们对经济发展与社会公平的态度也对生活满意度的影响有所增强。那些比较认同经济发展可以适当扩大社会不平等这一观点的低收入人群和中等收入人群都更有可能满意他们的生活状况。

同时，在 2010 年的调查中，上海居民的生活满意度与他们看待成功归因的价值观紧密联系在一起。那些认为家庭背景对于取得较大成就比较重要的人同时也比较容易对生活持不满意的态度，而认为努力工作比较容易成功的人会更满意他们的生活状况。这两个指标对于生活满意度存在着相反的影响。这说明金融危机的爆发给我们提供了生动的反面教材。那些投机取巧，依靠不正当手段来获得超额利润的行为终将被市场所淘汰。而努力工作、诚实守信的人在金融危机中终将会受到尊重，成为大浪淘沙后涌现出的真金。这些活生生的案例在一定程度上极大地加强了生活满意度与成功归因之间的关系。

四　讨论与小结

本章使用 2008 年和 2010 年的横截面数据进行了趋势对比分析。通过这两次调查的比较分析，我们可以看到金融危机后中等收入人群与低收入人群比较起来在生活方式与价值观的很多方面都发生了一定的变化。这些变化在一定程度上反映出经济增速下滑后上海居民的生活所发生的改变。同时，我们也可以看到生活方式和价值观的不少指标在总体上保持了稳定的状态，在6年的时间里并没有出现大的波动。

通过这几年的比较研究我们可以发现，从总体上看在金融危机对中等收入人群和低收入人群的生活方式和价值观都产生了一定的冲击。首先，金融危机前后各个收入人群的消费水平和消费模式出现了一定的变化。上海的中等收入人群和低收入人群的总体家庭消费水平在金融危机的冲击下有所下降，但随后在2013年就恢复甚至超过了2008年的水平。但是，结合中等收入人群平均家庭收入增长情况，我们可以发现，在2008年到2013年之间中等收入人群的平均消费水平的上升速度远不如收入的增长速度。

具体到日常消费的各个小项，饮食方面的消费并没有下降，而中等收入人群和低收入人群在服饰方面的支出则出现了较明显的减少。在交通通信支出方面，中等收入人群和低收入人群的支出都没有大的变动。在金融危机爆发后，总体的日常消费支出水平出现了小幅的上升。这说明在进入经济新常态以后，中等收入人群的消费水平还有比较大的提升空间。中等收入人群在经济增速放缓的背景下将更多的资金用于储蓄和购买财产性物品，而用于生活消费方面的资金总额并没有出现大的增长。

在休闲文化消费和医疗健康消费方面，中等收入人群内部的差距呈现了比较明显的分化。中高收入人群的休闲文化消费保持了比较高的水平，平均家庭支出规模都在1万元左右。而在2008年到2010年间，中低收入人群和低收入人群中这类消费项目的支出情况却出现了明显的减少。另外，中低收入人群和低收入人群在医疗健康方面的支出却出现了大幅的上升。这说明在金融危机之后，中低收入人群和低收入人群的消费结构中用于休闲文化方面的支出在缩小，而医疗健康方面的支出在增加。中高收入人群在这两方面的支出都没有出现太大的变动。也就是说，虽然中高收入人群的家庭收入有所上升，但他们的消费水平和消费结构在2008年到2010年之间并没有出现比较明显的变动。

金融危机前后，不同收入人群的休闲方式在某些方面发生了一些变化。中等收入人群在阅读方面投入的精力明显上升，但是低收入人群的阅读频率则有所下降。这反映出不同的收入人群在面临宏观经济变动时所采取的不同行为方式。中等收入人群更偏好于通过阅读和学习来应对经济不确定性带来的风险。从事体育锻炼的频率在金融危机前后出现了下降。而且体育锻炼频率与收入水平存在一定的相关性，即中高收入人群从事体育锻炼的频率会比低收入人群高一些。而且这样的相关关系都保持了相对的稳定。这说明金融危机等因素对不同收入人群的体育休闲活动的发生频率并没有太大的影响。

在城市生活方式中，交通出行占据着非常重要的位置。大都市的居民通常拥有比较多样的出行方式选择。地铁、巴士、摩托车、自行车、私家车等交通工具给城市里的居民带来了多种多样的出行体验。从拥有汽车的比例来看，从 2008 年到 2010 年并没有出现明显的增长。从选择交通工具的情况来看，选择电瓶车或自行车出行的比例出现了断崖式的下降。这也许是由于上海对摩托车、电瓶车采取了比较严厉的限制措施，而自行车的使用也越来越不方便。人们更多的是采用自行车加上公交来出行。而人们使用私家车或出租车出行的比例在中高收入人群中更为普遍，而低收入人群中使用这类交通工具的比例则比较低。从选择公交系统作为出行方式的比例来看，多样化的趋势更为明显。这说明公共交通在中等收入人群的日常生活中的作用逐渐在下降，而私家车和出租车的比重在不断上升。

在个人成功归因方面，多数的指标在 2010 年出现了比较大的波动。在各收入人群之间则并不存在明显的差异。对于要获得成功的话是家庭背景还是努力工作更加重要这个问题上，中等收入人群和低收入人群之间并不存在差异。类似的情况也发生在如何看待对经济发展和社会平等这个问题上。各个收入人群之间并没有太大的差异，反而是北京与上海、广东之间存在着比较大的分歧。

在生活满意度方面，各收入人群之间的平均值呈现出非常明显的差别，即收入越高，生活满意度水平也会越高。而且中低收入人群和低收入人群的生活满意度水平在 2008 年至 2010 年之间也保持了比较强的稳定性。

本书分析的价值观还涉及生活中哪些因素比较重要。总体上看，人们比较看重家庭和谐对于生活的作用，而认为有钱很重要的人就少得多。并且，各收入人群之间在家庭和谐的作用方面不存在分歧，而对于有钱和快乐的重要性方面则存在不同程度的差异。具体来讲，低收入人群更加看重金钱在生活中的作用，而中高收入人群则比较重视快乐。

使用 2008 年、2010 年调查的横截面数据围绕生活满意度的影响因素进行了定序逻辑回归分析。通过这两次调查的独立回归分析和历时性比较回归分析，我们发现了金融危机的冲击对中等收入人群与低收入人群的主观生活评价都产生了一定的影响，而且对主观生活满意度有较大影响的生活方式与价值观的很多方面都发生了一定的变化。同时，我们也可以看到生活方式和价值观的不少指标对人们的生活满意度的影响程度在总体上保持了稳定的状态，在 6 年的时间里并没有出现大的波动。

首先，在 2008 年金融危机刚刚在美国爆发时，中国所受到的影响还相对比较微小。中国经济在此之前已经经历了一个比较长时间的高速增长时期，在上海的中等收入人群内部，家庭收入的差异和住房所有权的差异都不是非常重要的影响生活满意度的因素。

2010 年时上海的中等收入人群中家庭收入的影响就开始上升。2008年金融危机爆发之前长期的经济高速增长和人们收入水平的持续提升可能弱化了人们对稀缺经济资源的渴求，也减少了对就业市场的担忧。但是，金融危机后中国面临的严峻经济形势和快速的通货膨胀加剧了人们对未来自身经济处境的担忧。随着经济增长速度回落到 7% 以下，中等收入人群中家庭收入较高和有住房所有权的人就会更加满意他们的生活。而那些收入相对低一些的人或者是没有住房所有权而通过租房等途径获得住房的人则会面临更大的经济压力和房租不断上涨的局面，因此他们的生活满意度就会受到更大程度的负面冲击。

这一结果表明，在面临经济危机和不确定性风险时，中等收入人群中的相对弱势群体将会受到更大程度的冲击。他们的不满情绪会有更快速度的积累，因而需要在危机发生时重点考虑给予这个夹在中等优势人群和低收入人群之间的夹心层以实质性的支持和心理的疏导。而对于低收入人群来说，住房所有权的影响也日益上升。这说明房产价格的大幅度上升也加大了住房产权对低收入人群生活品质的影响。

在回归模型控制了家庭收入水平后，消费支出项目对生活满意度的影响就是有所下降。由于家庭总消费支出和家庭总收入相关度比较高，在回归模型里我们没有放入家庭总消费支出这一变量。

在出行方式上，使用自行车和电瓶车等轻便交通工具的人们更可能对生活不满意，而使用私家车和出租车的人群则在生活满意度方面有更大的优势。在2008年金融危机爆发前，上海的道路交通基础设施还落后于人们的实际需求。金融危机之后政府开始大力建设城市公共交通系统和道路网络，提升道路通行能力和公共交通设施水平。这些持续的基础设施建设提升了使用私家车和出租车的那些经济相对较宽裕的群体的出行体验，而对于公共交通设施的投入是一个长期的、系统的工程。目前巨大的公共交通投资所产生的积极效益还需要时间逐步显现。选择公共交通系统出行的人群还没有真正从这些巨大的基础设施投资中获得足够的便利度和舒适度。未来的城市交通建设还需要继续在公共交通方面加大投入，着力提升他们的满意度和舒适度。同时对使用私家车和出租车等交通工具的群体加强管制，提升他们出行的效率和可持续性，减轻其对城市交通形成的压力。

金融危机后，不同收入人群的休闲方式中只有体育锻炼这一项对生活满意度的影响发生了一些变化。随着时间的推移，人们从事体育锻炼而来的生活满意度方面的收益有所减少。而阅读行为对人们的主观生活体验并没有产生直接的影响，这一结果可能表明喜欢阅读的行为主要是通过间接作用于文化资本的方式对人们最终的生活评价产生影响。

价值观的几个方面对生活满意度的影响基本保持了时间上的稳定性。看重金钱和物质欲望的人更可能对生活不满意，而看重家庭和快乐的人则拥有更高水平的生活满意度。支持经济发展而容忍社会不平等适当扩大的群体也更可能对自身的生活表示满意的态度。而那些相信家庭背景对于获得成功非常重要的人往往会不满意他们的生活状况，而相信通过自身努力工作就可以获得成功的人则会更可能对他们的生活持积极的态度。

总的来看，在经济增速下降的背景下，收入的大幅增长似乎并没有对人们的主观幸福感产生积极的效果。人们对自身生活的主观判断不仅受经济因素的影响，生活方式的改变也在一定程度上影响到了人们对生活状况的看法。从回归结果来看，医疗健康支出的增加、体育锻炼的积极效果的减弱、公共交通出行的不适都可能成为损害主观幸福感的因素。这需要在城市管理和城市建设中采取有效措施予以改善。

第七章

经济新常态下各收入人群的
生活方式与主观幸福感状况

金融危机对中国的冲击并没有对人们的生活产生非常大的影响。但随后中国进入了经济新常态的阶段。在国际贸易增长动力不足的背景下，中国经济的新常态不仅在一定程度上改变了人们的生活方式和价值观，还会促使人们更多的关注生活中的社会风险状况。为了比较全面系统地考察上海各收入人群对社会风险的感知状况，本书运用中国家庭动态调查在 2010 年、2012 年、2014 年、2016 年和 2018 年五次追踪调查所收集的数据，重点考察经济新常态下上海居民的生活状况发生了何种变化。

一　经济新常态下各收入人群的生活方式比较分析

本章所使用的数据来自中国家庭追踪调查 2010 年到 2018 年在上海的调查数据。通过对这几次调查的数据进行对比，我们着重分析经济新常态下不同收入人群在家庭收入、家庭消费和生活方式方面所发生的变化。这几次调查当中以 2010 年为基线调查，之后的 2014 年、2016 年和 2018 年为追踪调查。但是，在每次追踪调查中都有一部分基线调查中的受访者无法被追踪到而导致样本流失，因此为了保证调查的代表性，历次调查又会加入新的调查样本，这导致了每次调查的样本数不一致，而参与了历次调查的受访者样本数为 1070 名，占所有受访者（＝3884）的 28%。本书将对比历次调查的样本情况以及其中参与五次调查的追访样本的情况，从而更好地反映历次调查具体情况以及 2010 年到 2018 年样本总体的变化情况。

（一）经济新常态下上海居民的家庭经济收入的变化

中国家庭动态调查在上海所获得的样本比较好地反映出上海居民家庭收入在 2010 年至 2018 年 8 年间的变化情况。将家庭总收入取对数后，其各年的中位数值呈现出逐年上升的趋势，在 25% 分位点的收入水平也呈现出上升的态势。类似地，2010 年家庭总收入对数的平均值为 10.64，而 2018 年则上升为 11.84。这充分反映出在这 8 年当中，上海居民的家庭总收入稳步上升，从家庭收入的分布情况来看，这 8 年间收入差距的变化也没有发生明显的恶化现象。

中国家庭动态调查在这 8 年间对受访者进行了持续追踪。下表报告了历次调查的家庭收入对数之间的皮尔逊相关系数。从样本数的变化我们可以看出来，2010 年的家庭收入水平与 2014 年的相关度仅为 0.16，与 2018 年家庭收入水平的相关度则回升到了 0.37。但总体而言，上一次调查所获得的家庭收入水平对本次调查的家庭收入水平的预测效应都低于 0.4。这也反映出上海家庭收入水平在这 8 年间的波动幅度是比较大的，这也表明如果采用横截面数据来研究上海家庭收入的变化则可能会造成较大的估计误差。

表 7 - 1 - 1　　　　2010 年至 2018 年历次调查中上海家庭收入
对数相关系数矩阵

	2010 年	2014 年	2016 年
2010 年	1		
	(3081)		
2014 年	0.160	1	
	(1770)	(2274)	
2016 年	0.220	0.260	1
	(1497)	(1614)	(1978)
2018 年	0.3698	0.5101	0.4977
	(1340)	(1424)	(1527)

注：括号中是样本数。

本书将 2010 年的调查对象划分出低收入人群、中低收入人群、中高收入人群和高收入人群这四个主要的收入群体。在随后的追踪调查中我们发现，这几个收入人群的家庭收入变动幅度存在一定差异。低收入人群当中有不少家庭可以上升到中高收入水平，而原来的中高收入人群当中也有不少家庭下降到了平均收入以下。这也充分反映出在经济新常态的背景下，上海居民的经济收入来源比较广泛，各个家庭的收入状况在不同的年份会出现较大的波动。

（二）经济新常态下上海居民的家庭消费支出的变化

与上一章类似，本书将重点关注总体的消费支出情况以及各个子项的消费情况。上海的各个收入人群的消费意愿和消费行为都随之出现了新的变化。需要说明的是，由于高收入人群的规模和占比比较小，在接下来的分析中我们将不会单独对其进行讨论。总体上家庭总消费水平与收入水平呈现非常强的相关性，收入越高，则消费支出水平也会更高。各个收入人群的消费支出均呈上涨态势。但是，本书也发现，低收入人群在 2010 年的消费支出达到了 33777 元，但到了 2016 年则下降为 28736 元，而 2018 年又重新上涨至 48660 元，低收入群体的消费支出的波动充分反映了上海近几年来各项社会政策和公共政策给予低收入人群的资助大大降低了这一群体的经济负担，也反映了低收入群体的生活条件以及生存状况得到了一定程度的改善，消费能力也随之得到进一步提升。从总体上看，上海居民的家庭消费总支出也从 2010 年的 57112 元上涨到 2018 年的 116010 元，上升幅度达到了 49%，这说明在经济新常态下，经济的发展动力切换到了以消费拉动为主。

表 7-1-2　上海各收入人群平均总消费支出的变化情况（2010—2018 年）　（元）

	2010 年	2014 年	2016 年	2018 年
低收入人群	33777	29538	28736	48660
中低收入人群	46299	60225	45116	94556
中高收入人群	73205	99560	98591	146380
总体平均值	57112	66971	83559	116010

对于消费支出中的各类具体的细目的支出情况，本书首先从饮食方面入手进行分析。从下表中可以看到，总体而言上海居民的饮食消费呈现出逐年上升的趋势，其中 2010 年到 2014 年饮食消费几乎增长一倍。2014 年到 2016 年的增长幅度不到 3000 元，2014 年到 2018 年饮食消费也只增长了 7000 元左右。这反映出上海居民在饮食方面的消费水平主要是在 2010 年到 2014 年间发生了比较显著的增长，2014 年到 2018 年增长速度有所放缓。

表 7 - 1 - 3　上海各收入人群全年饮食消费支出的变化情况（2010—2018 年）

（元）

	2010 年	2014 年	2016 年	2018 年
低收入人群	11105	20644	17704	21796
中低收入人群	16107	32439	27047	35338
中高收入人群	20852	41801	38866	48135
高收入人群	32604	52468	60091	63619
总体平均值	15998	31894	34553	39291

从表 7 - 1 - 4 中我们可以看出，上海整体的平均服饰消费支出呈现出明显的上涨趋势。这可能反映出经济新常态下人们在追求生活品质的过程中越来越注重衣着和服饰品质的提升。这和饮食支出有较大的不同，特别是对于低收入人群而言，政府对于基本的蔬菜、粮油、肉禽等食品价格的控制和补贴保证了饮食消费支出的稳定，而服装行业受市场经济和全球化的影响更大，服饰衣着的价格增长也因此更为迅猛，这也导致了 2010 年以来上海各收入人群的衣着服饰消费增长较快。但是，中高收入人群在 2016 年的衣着服饰支出较 2014 年出现了非常明显的下降，即从 7162 元下降为 5783 元。而中低收入人群的衣着服饰消费也从 3296 元下降到 2862 元。这可能反映出经济新常态下中等收入人群开始注重节约非必需品的开支，也有可能是近些年以来的网购经济在江浙沪地区的迅速发展所带来的购买成本下降导致的。2010 年到 2018 年虽然各收入人群衣着服饰消费支出存在一定波动，但是从总体来看，上海市人均衣着服饰消费支出，逐年稳步上升，说明经济新常态下随着人们经济水平的不断提高，人们对物质生活的追求也在不断上升。

表7-1-4　上海各收入人群衣着服饰消费支出情况（2010—2018年）　（元）

	2010年	2014年	2016年	2018年
低收入人群	1138	1757	2111	1775
中低收入人群	2047	3296	2862	3346
中高收入人群	3515	7162	5783	7744
总体平均值	2398	4076	5231	5423

　　从下表中我们可以看出从2010年到2018年之间，上海各收入群体的家庭邮电通信支出整体而言维持了平稳上升的趋势。中低收入人群和中高收入人群的平均通信支出呈现出先上升后下降的发展趋势，而高收入人群的家庭通信支出甚至出现了逐年下降的情况。2018年的数据显示，从总体来看，上海各收入群体的家庭邮电通信支出与2016年基本持平，低收入群体与高收入群体家庭邮电通信支出均出现了较大幅度的下降，而中等收入群体的家庭邮电通信支出却出现一定程度的上升。从总体上看，不同收入人群在邮电通信支出方面的差异比较明显，这也可能反映出不同收入人群在选择使用不同类别的通信工具时存在的差异性。那些较高收入的人群更可能花更多的钱在通信方面。在移动互联网快速发展的背景下，通信消费支出的这种明显的群体间差异也充分反映出不同收入人群在接入和使用网络方面存在的巨大差异。高收入人群会更多地使用现代的网络通信工具，而低收入人群则往往被排除在网络消费之外，其通信支出自然也就大大低于其他收入群体。

表7-1-5　上海各收入人群家庭通信消费支出情况（2010—2018年）　（元）

	2010年	2014年	2016年	2018年
低收入人群	122	150	163	134
中低收入人群	197	250	206	265
中高收入人群	266	361	315	353
高收入人群	551	544	511	440
总体平均值	196	258	280	282

从表 7 - 1 - 6 中我们可以看出，所有样本的文化旅游支出的平均值是逐年上升的，即从 2010 年的 1694 元上升到了 2018 年的 9181 元，这充分反映出上海居民在文化旅游方面表现出越来越强劲的消费能力。具体到各个收入群体来看，2010 年到 2016 年的低收入人群的文化旅游支出始终在 1000 元左右这种较低的水平上小幅波动，但是在 2018 年文化旅游支出迅速增长到 1500 元，这充分说明低收入人群在解决基本生存需要的同时也开始更多地关注文化消费。中低收入群体的增长幅度则比低收入人群大得多，2018 年休闲文化支出达到了 2010 年的 5 倍之多；中高收入群体的文化旅游支出的增长也较为显著，从 2010 年的 2511 元快速上升到 2018 年的 12766 元。高收入人群的文化旅游支出在 2010 年达到了 20000 元以上，而 2014 年下降为 10155 元，到 2018 年又回升到 40675 元，这样大幅度的波动可能与高收入人群的样本较少，容易受某些极值影响有关，但该群体的文化旅游支出在历次调查中均远高于其他各个收入人群。这表明，从文化旅游消费中所反映出的不平等要远大于饮食、服装和通信等方面的消费差距。这说明近年来文化旅游消费的主要增长群体是社会中的中高收入群体和高收入群体，这类群体的文化旅游消费需求将会越来越大，文化旅游消费的品质要求也会随之升高。而社会的中下层民众更倾向于选择免费的或低价的文化娱乐方式来丰富他们的休闲生活。

表 7 - 1 - 6   上海各收入人群家庭文化旅途支出情况（2010—2018 年）   （元）

	2010 年	2014 年	2016 年	2018 年
低收入人群	473	1306	949	1500
中低收入人群	1133	3304	2470	5441
中高收入人群	2511	9541	8198	12766
高收入人群	21327	10155	18326	40675
总体平均值	1694	4628	6439	9181

各收入人群的医疗健康消费支出情况也呈现出逐年上涨的发展态势。从下表中我们可以看出，从 2010 年到 2018 年，无论是样本总体

均值还是上海各收入人群的医疗健康消费支出均呈现增长态势,这样的结果表明人们在医疗保健方面面临着越来越大的负担。通过对比文化旅游支出不难发现,低收入群体以及中低收入群体的文化旅游消费水平较低,而大部分的支出都用在了医疗保健方面,这需要社会保障部门给予更多的政策指导和帮助,以减轻中低收入群体由医疗问题所带来的经济负担。而中高收入人群近年来也在医疗保健领域投入越来越多的资金,这类群体的消费取向将极大地影响上海医疗保健市场未来的发展方向。

表 7-1-7　上海各收入人群家庭医疗保健支出情况(2010—2018 年)　　　(元)

	2010 年	2014 年	2016 年	2018 年
低收入人群	4751	7242	6228	7571
中低收入人群	4442	6145	7444	9243
中高收入人群	5344	6450	9165	11316
高收入人群	4697	2947	5800	11776
总体平均值	4899	6519	8200	9938

(三) 各收入人群的互联网使用状况

近二十年以来,随着互联网的飞速发展,互联网对各个社会群体都产生了重大的影响,而互联网的普及也伴随着中国经济飞速发展和经济不平等明显加剧。随着互联网的普及,使用互联网的年龄群体呈现以青少年为主体逐步向中老年人扩散的趋势,中老年人使用互联网的数量也越来越多。互联网提供了表达民意、反映民情的平台,拓展了民主参与度,使人们获得更多的社会参与的机会。互联网给人们提供了信息获取、休闲娱乐、互动参与和网络消费等途径来提升生活品质,同时也对人们的主观幸福感产生了深刻的影响。当前,互联网不仅为人们提供了获取信息的新渠道,还提供了更多的休闲娱乐方式。同时,互联网作为社会交往媒介,有助于提高社会互动水平,提升个人自我效能感。此外,尤为重要的是,人们可以利用互联网进行网上购物、网上销售,使日常生活得到极大丰富。另外,互联网同样可能产生不良影响。由于网上信息的垄断、网络技术的滥用以及网络使用主体的不合理利用等，互联网可能导致网络成瘾，不仅会减少社交参与度，甚至可能诱发网络犯罪（袁浩、陶田田，2019）。

上海是网络电信基础设施和互联网经济相对比较发达的特大型城市。根据相关数据，上海城市居民当中网民的比例高达74%，在中国各大城市中名列前茅（中国互联网协会、中国互联网络信息中心，2017）。对互联网的使用已经成为大多数城市居民生活中不可缺少的一部分。从下表中我们可以看到，从2010年到2018年，上海居民当中上网的比例从32.5%上升为60.7%，总体来看，上海居民的使用互联网的情况总体上与收入水平有着较强的相关性，高收入群体的互联网使用比例最高，中等收入群体次之，低收入群体的互联网使用比例最低，这种差距也反映了不同经济水平的群体之间存在着数字不平等的现象，这种不平等尤其表现在互联网的接入方面，2018年低收入人群的互联网的接入比例只有30%左右，但是高收入人群的接入比例已经达到80%以上，这种数字不平等所带来的信息以及知识获取鸿沟会大大阻碍社会阶层以及社会财富的流动。

表7-1-8　　上海各收入人群上网比例变动情况（2010—2018年）　　（%）

	2010 年	2014 年	2016 年	2018 年
低收入人群	21.5	20.9	35.9	31.8
中低收入人群	32	42.2	42.5	58.8
中高收入人群	44.2	59.8	56.6	73.0
高收入人群	69.8	68.2	63.8	83.3
总体平均值	32.5	39.7	45.8	60.7

随着互联网的高速发展，很多学者担心人们阅读书籍的时间会受到互联网的影响而逐渐降低，同时，互联网中流行的快餐文化、碎片化的知识以及极端化价值观将会对主流文化形成冲击。从下表中我们可以看出，从2010年到2018年上海各收入人群中经常阅读书籍的人的比例大

幅下跌，这反映了互联网所带来的粗鄙化、大众化、娱乐化的快餐文化消费已经挤占了人们绝大部分的文化消费时间。同时，各收入人群之间在阅读书籍的比例上存在着较大的差距，即收入水平越高的群体，经常读书的人的占比就越高。2018年低收入人群当中经常读书的人的占比甚至已经不足两成，其他各收入人群中经常读书的人占比也处于一个较低水平。这说明在互联网的冲击下，各个收入人群的传统阅读习惯都受到了极大的影响，绝大多数人已经丧失经常阅读书籍的习惯。因此，如何在享受互联网带来的便捷性与可达性的同时，摒弃互联网所带来的碎片化、极端化、粗鄙化的知识以及信息这是我们需要面临和解决的挑战。同时，如何让书籍重新回到人们的生活中，让深度阅读重新占据信息以及知识的主要传播渠道也是我们亟待解决的重要问题。

表7-1-9　上海各收入人群经常阅读书籍的比例变动情况(2010—2018年)　　(％)

	2010年	2014年	2016年	2018年
低收入人群	32.8	18.4	24.6	17.1
中低收入人群	43.3	28.1	22.2	30.3
中高收入人群	55.2	37.9	33.7	42.0
高收入人群	71.7	46.3	43.8	44.8
总体平均值	43.5	28.2	30.3	33.6

在互联网兴起之前，看电视是中国人茶余饭后最重要的娱乐活动。但是，自2010年以来，互联网的使用人数已经有了较大规模的增长，电视的影响力则在逐步的下降。从表7-1-10中可以看到，在2010年女性明显比男性花更多的时间看电视，而且收入越低的人花在看电视上面的时间就越多。但是到2018年，男性整体看电视的时长要高于女性，而各收入群体看电视时长之间仍然存在差距，不论男女低收入群体花在电视上的时长往往高于高收入群体，这也说明低收入群体更偏好大众化、娱乐化的电视节目而不是知识密度较高的书籍。

表 7 - 1 - 10　上海各收入人群每周看电视时长的变动情况（2010—2018 年）（小时）

	2010 年		2014 年		2016 年		2018 年	
	女性	男性	女性	男性	女性	男性	女性	男性
低收入人群	14.86	14.03	11.72	12.02	12.36	12.3	14.1	15.6
中低收入人群	14.62	13.22	13.86	13.68	12.23	14.04	14.7	15.3
中高收入人群	14.13	12.67	13.79	12.2	14.23	14.6	12.4	13.1
高收入人群	11.92	10.49	19.3	11.38	10.74	14.96	11.1	10.6

（四）各收入人群的家庭生活状况

　　家务劳动是家庭生活的一个重要方面，是维持家庭成员生存、生活和发展的重要方式。家务劳动是家庭成员对家庭所承担的基本义务，需要家庭成员的积极配合和共同参与。以往的研究发现中国城镇家庭家务劳动分工是存在性别差异的，受长期的传统男主外女主内的性别观念影响，女性仍然是家务劳动的主要承担者。传统性别观念较强的男性倾向于少做家务劳动，而持传统性别观念女性则会更多地承担家务劳动。家务劳动对夫妻双方的经济收入都具有惩罚效应和门槛效应。家务劳动时长、日常家务劳动和照料型家务劳动对夫妻双方都存在减少经济收入的负面影响（肖洁，2017）。

表 7 - 1 - 11　　　　　上海各收入人群每天从事家务劳动时间　　　　　（小时）

	2010 年		2014 年		2016 年		2018 年	
	女性	男性	女性	男性	女性	男性	女性	男性
低收入人群	2.265	1.213	2.35	1.511	2.207	1.48	2.544	2.006
中低收入人群	2.218	1.15	2.279	1.201	2.339	1.459	2.728	1.790
中高收入人群	2.073	1.054	2.1	1.137	2.251	1.337	2.296	1.505
高收入人群	1.604	0.647	1.925	0.5	2.421	1.275	2.085	1.22

　　上海是经济相对比较发达的城市，同时也是女性进入劳动领域比例较高的地方。在经济新常态背景下，上海的经济结构调整和产业转型也带来了劳动力市场的深刻变化。大量与制造业有关的体力劳动岗位迁出了上海，而先进的生产性服务业和科技创新岗位给知识女性提供了丰富的工作机会，

同时也为家庭成员合理分配家务提供了新的契机。从表7-1-11中可以看到，上海的夫妻双方参与家务劳动的性别差异还是比较明显。女性仍然是家务劳动的主要承担者，但是各收入人群中男性参与家庭劳动的时长正在不断增加，这反映出上海的经济社会发展进一步促进了家庭内部的性别平等，从而让男性愿意投入更多的时间来承担家务劳动。

在经济新常态下，上海的经济发展动力切换为以消费和投资拉动为主。房地产也成为2010年到2018年之间推动上海经济增长的重要行业。上海的房价在2010年到2018年之间也出现了一定幅度的增长，房价过高问题也因此成为影响上海居民生活的重要因素之一。从下表中可以看到，上海居民家庭拥有的房产数量从2010年的1.037套上升为1.225套，说明总体上上海居民的住房条件正在不断改善。但是，低收入家庭平均拥有的房产数量则出现了下降的趋势。2010年低收入人群拥有的房产套数量为0.951，几乎可以达到户均一套房产。而到了2016年就下降为0.782套，降幅为0.169套，2018年这一数字又上涨至0.902套，虽然这一数字仍然低于2010年的水平，但较2016年还是提升了0.12，这表明了政府对房价的宏观调控政策特别是经济适用房等政策起到了一定的改善低收入人群住房问题的作用。中低收入人群拥有的房产数量增长幅度较小。而中高收入人群和高收入人群所拥有的房产数量则有了比较大的增长。高收入人群的家庭拥有房产数量从2010年的1.509套增加为2018年的2.258套，增幅为0.749套。这说明在这段时间里，上海房地产的发展主要惠及的还是高收入人群。因此，上海未来需要更多地考虑如何改善中等收入和低收入人群的居住质量问题。

表7-1-12　　　　上海各收入人群拥有的住房数量　　　　（单位：套）

	2010年	2012年	2014年	2016年	2018年
低收入人群	0.951	0.891	0.92	0.782	0.902
中低收入人群	0.962	1.011	0.978	0.912	1.107
中高收入人群	1.16	1.131	1.391	1.371	1.531
高收入人群	1.509	1.688	1.787	2.095	2.258
总体平均值	1.037	1.035	1.097	1.225	1.301

二 经济新常态下各收入人群的
主观幸福感变化情况

在 2010 年到 2018 年的几次调查都使用相同的问题询问了受访者的生活满意度和对未来的信心水平。接下来，我们将考察生活满意度和对未来信心这两个变量在时间上的变化情况。

（一）各收入人群的生活满意度变化情况

从下表中可以看出，2010 年到 2018 年间不同的收入群体间"对自己生活的满意程度"的评价存在着一定的差异。2010 年低收入群体的生活满意度仅为 3.348，而高收入群体则达到了 4.019。在随后的 2012 年，各个收入群体的生活满意度都有一些小幅的下滑。在 2014 年的样本中，各个收入人群的生活满意度又有了明显的回升。而到了 2016 年，各收入人群的生活满意度虽然有一定的下降，但基本上都高于 2010 年和 2012年的水平。2018 年上海各收入群体的生活满意度均出现了较高的增长，生活满意度的整体均值甚至达到了 4 左右，且各收入人群间的生活满意度几乎处于同一水平，差距明显缩小。虽然近几年来上海的经济发展速度开始进入中高速的新常态阶段，但城市治理水平日新月异，人们的生活状况也在不断改善，幸福感也得到了不断提升。

表 7 - 2 - 1　　上海各收入人群的生活满意度水平（2010—2018 年）

	2010 年	2014 年	2016 年	2018 年
低收入人群	3.348	3.693	3.597	3.998
中低收入人群	3.415	3.728	3.626	4.009
中高收入人群	3.612	3.944	3.743	4.057
高收入人群	4.019	4.263	3.876	4.138
总体平均值	3.466	3.791	3.703	4.034

　　以往的研究对于主观幸福感在各类人群中的差异也有比较多的分析。在西方的研究表明，男性和女性之间在主观幸福感方面的差别极其微小或根本不存在，女性更有可能经历悲伤、焦虑、恐惧、依赖等消极情感，但她们也经历了更高水平的积极情感（Diener et al.，1999），性别对主观幸福感的影响可能是间接的，依赖于其他变量的中介作用，如经历不同的生命事件和不同的社会化过程。

　　年龄与主观幸福感之间的相关性则比较复杂。早期的研究认为年轻人的主观幸福感比较高，而老年人的主观幸福感会随着年龄的增长而下降。近年来的研究则表明，在控制了经济和社会因素之后，主观幸福感与年龄之间的关系通常之间存在 U 形的关系，即在四十岁左右时处于主观幸福感最低的时期，而青年人和老年人的主观幸福感都比较高（Diener and Suh，1998）。

　　上海的这几次调查结果反映的情况则和上述西方国家的研究存在一定的相似性。首先，2010 年和 2016 年的调查中女性的平均生活满意度要稍高于男性，而在 2014 年、2018 年的调查中则是男性比女性稍高一点。从总体上看性别之间的差异并不是非常大，这也证明了生活满意度在男性和女性之间并没有太大的不同。

　　其次，不同的年龄群体之间对"对自己生活的满意程度"的评价存在着一定的差异。2010 年到 2018 年间，各个年龄群体的生活满意度总体上呈现出一个波动上升的趋势。其中，老年群体的生活满意度都高于其他两个年龄群体，而青年群体和中年群体之间的差异性并不大。这也反映出上海这座以老龄化程度较高的城市中，中青年群体的生活预期和生活压力都要高于老年人，所以老年人的生活满意度会明显高于中青年群体。随着上海经济发展和社会治理的完善，上海各个年龄群体的居民都变得越来越满意他们的生活，也越来越有生活的获得感和满足感。

表 7 - 2 - 2　　上海各收入人群的生活满意度水平的性别和年龄差异
（2010—2018 年）

		2010 年	2014 年	2016 年	2018 年
性别	女性	3.52	3.764	3.74	4.026
	男性	3.41	3.819	3.666	4.043
年龄	青年	3.392	3.742	3.596	3.916
	中年	3.347	3.772	3.629	3.964
	老年	3.711	3.849	3.837	4.157

（二）各收入群体的对未来的信心情况

2010 年到 2018 年的几次调查还询问了受访者对自己未来生活的信心情况。受访者可以从完全没有信心（1）到完全有信心（5）之间进行选择。从下表中我们可以看到，2010 年到 2018 年总体上呈现出上升的趋势。2010 年到 2012 年之间有小幅的上升，而 2012 年到 2014 年之间则出现了较大的增长，从 3.592 增长到了 3.916。从 2014 年到 2016 年各收入群体对未来的信心又有一点回落，但仍然明显高于 2010 年和 2012 年的水平，2016 年到 2018 年间各收入群体对未来的信心增长到了较高的水平。具体到各个收入群体之间的差异，2010 年上海居民的收入越低则对未来的信心也越差。然而，到 2014 年这样的收入差异性就小了很多。到 2016 年、2018 年则各收入人群之间在对未来的信心方面几乎不存在明显的差异性。这可能反映出经济新常态的背景下，上海的基层政府越来越关注民生问题和弱势群体的福祉，也越来越注重社会各阶层人民的和谐相处，从而让低收入人群和中等收入人群对未来的信心越来越足了。

表 7 - 2 - 3　　各收入人群对未来的信心水平（2010—2018 年）

	2010 年	2014 年	2016 年	2018 年
低收入人群	3.463	3.88	3.883	4.038
中低收入人群	3.539	3.833	3.764	4.005
中高收入人群	3.64	4.044	3.867	4.042

续表

	2010 年	2014 年	2016 年	2018 年
高收入人群	4.094	4.079	3.952	4.052
总体平均值	3.552	3.916	3.848	4.032

三　讨论与小结

本章使用 2010 年、2014 年、2016 年以及 2018 年的横截面数据及追踪数据进行了分析。通过这五次调查的比较分析,本书得出以下结论。

首先,在经济新常态下,上海家庭的家庭收入出现了一定的上升,通过对 8 年间各收入群体的家庭收入的追踪调查,我们发现,2010 年的家庭收入状况与 2014 年、2016 年以及 2018 年的家庭收入状况的相关系数并不是很高。各收入群体之间的收入差距仍然有待进一步缩小。同时,经济新常态时期各个收入人群的消费水平和消费模式出现了一定的变化,上海各收入群体家庭总体消费水平在 8 年间都出现了不同程度的增长,日常消费中的饮食消费在各个收入人群中都出现了不同程度的上升,总体的平均饮食消费支出增加了一倍多。其中,低收入人群的家庭饮食消费也增加了 70%。相似地,各收入人群在服饰、文化旅游、通信消费和医疗保健等方面的支出也出现了较明显的增加,尤其是文化旅游支出的占比也在逐年攀升,这充分说明在经济新常态下,各收入群体的消费需求已由基本的生存需要转向对高品质生活的追求。医疗保健支出的不断增长也要引起我们的注意,尤其是对于低收入群体而言医疗支出占总收入的比重较高。我们也可以发现日常消费的支出在不断增加,而中下收入群体低收入群体的非日常消费性支出出现了一定的收缩。

其次,在经济新常态时期,家务劳动的分配在男性和女性之间也出现了一定的变化。女性仍然是家务劳动的主要承担者,男性参与家务劳动的时长在不断增加,但整体上仍然低于女性。同时,家庭拥有住房数量的平均数有所上升,但低收入人群的住房拥有量仍然维持在一个较低的水平,而在中高收入人群和高收入人群当中住房的拥有数量增长比较明显。经济新常态下,各收入人群的社交生活和社会信任方面并没有出现实质性的差别。随着互联网在人们日常生活中的快速普及和扩散，各收入群体的互联网使用行为也出现了新的特征。2010 年至 2018 年互联网的普及程度有了大幅度的上升，但是，低收入人群的互联网使用比例仍然远低于平均水平，且各群体之间互联网使用比例的差距仍然不容乐观。与互联网的使用快速增长相对应的是人们阅读书籍的行为在新经济新常态的时期有所下降。而看电视的时长在女性群体中出现了比较明显的下降，而在男性的各收入群体当中则没有明显的变化。

再次，在生活满意度以及对未来生活的信心方面，总体的平均值在 2018 年达到最高值，且二者均达到一个较高的水平，更为重要的是各收入群体之间几乎不存在差距。这反映出在经济新常态时期，经济发展一直都在平稳运行，人们的生活满意度以及未来生活的信心都得到了一定的提升，上海市居民总体的幸福指数较高。

最后，通过这几次调查的比较分析，各收入人群在生活方式与价值观的很多方面都发生了一定的变化，这些变化在一定程度上反映出经济增速进入中高速发展后上海居民的生活所发生的改变。同时，也可以看到生活方式和生活价值观的某些指标在总体上保持了稳定的状态，例如身体健康和主观社会地位在这 8 年间一直保持平稳，并未出现较大波动。

第八章

经济新常态下各收入人群的
主观幸福感影响因素分析

接下来本书将 2010 年至 2018 年间四次调查的数据看作横截面数据，通过线性回归模型来探讨各收入人群的生活方式和价值观对生活满意度和未来生活的信心的影响程度。这几次调查的问卷内容不尽相同，能够进行比较的变量也有一定的限制，因此接下来我们首先建立一个相对简单的分析模型，只包括在四次调查中都有一致选项的变量，以方便进行各次调查之间的对比。

一 新经济常态下经济因素对生活
满意度的影响分析

从表 8 - 1 - 1 中我们可以看到，在这个相对比较简单的模型中，2010 年可以显著影响生活满意度的主要因素是性别、年龄、身体健康、房产数量、文化消费支出、党员身份和主观社会地位。具体来讲，收入水平与生活满意度呈现出显著的相关性，即高收入群体的生活满意度要高于低收入人群。消费支出里面，只有文化休闲消费的支出是与生活满意度正相关的，这说明在控制了经济收入等因素后，能花在文化休闲领域的支出才能给人们带来积极的影响。

从性别方面来看，男性的生活满意度平均要比女性低 0.153 个单位。年龄与生活满意度呈现出正相关关系，即年龄越大的人对生活状况的满意程度就越高。教育程度与生活满意度则为负相关，即高教育群体的生活满意度水平要低于低教育水平群体。毫无疑问，身体健康水平和房产的数量都与生活满意度正相关。这表明身体越健康的人也会更满意他们的生活状况。拥有房产越多的人也会有更高的生活满意度水平。党员要比非党员的生活满意度更高。而主观社会地位越高的人也会更满意他们的生活状况。

表 8 – 1 – 1　　2010 年到 2018 年生活方式对生活满意度影响的线性回归模型

	2010 年	2014 年	2016 年	2018 年
	b/se	b/se	b/se	b/se
性别（0 = 女性）	− 0. 153 ***	0. 011	− 0. 034	0. 032
	(0. 034)	(0. 038)	(0. 041)	(0. 041)
年龄	0. 008 ***	0. 004 **	0. 005 ***	0. 006 ***
	(0. 001)	(0. 001)	(0. 001)	(0. 002)
教育程度（0 = 低教育水平）				
中等教育	− 0. 071	− 0. 049	− 0. 027	− 0. 120 **
	(0. 046)	(0. 048)	(0. 056)	(0. 054)
高等教育	− 0. 185 **	− 0. 102	− 0. 149 *	− 0. 142 *
	(0. 061)	(0. 064)	(0. 063)	(0. 076)
身体健康	0. 213 ***	0. 199 ***	0. 161 ***	0. 107 ***
	(0. 022)	(0. 019)	(0. 021)	(0. 020)
房产数量	0. 067 *	0. 039	− 0. 003	0. 013
	(0. 028)	(0. 024)	(0. 021)	(0. 024)
文化支出对数	0. 022 ***	0. 011 +	0. 001	− 0. 010 **
	(0. 005)	(0. 006)	(0. 006)	(0. 004)
食品支出对数	0. 030	0. 045	0. 013	− 0. 010
	(0. 020)	(0. 030)	(0. 031)	(0. 027)
服装支出对数	− 0. 010	0. 011	0. 005	0. 009
	(0. 008)	(0. 011)	(0. 013)	(0. 008)
医疗保健支出对数	0. 007	0. 016 *	0. 010	0. 001
	(0. 005)	(0. 007)	(0. 007)	(0. 005)
总消费支出对数	0. 029	− 0. 019 **	0. 031 *	0. 091 **
	(0. 020)	(0. 006)	(0. 013)	(0. 041)
家庭收入对数	0. 032 *	0. 022	0. 035	0. 021
	(0. 016)	(0. 020)	(0. 030)	(0. 028)

续表

	2010 年	2014 年	2016 年	2018 年
	b/se	b/se	b/se	b/se
党员身份	0.121 *	0.082	0.020	0.134 **
	(0.055)	(0.146)	(0.059)	(0.064)
主观社会地位	0.368 ***	0.430 ***	0.335 ***	0.254 ***
	(0.021)	(0.027)	(0.023)	(0.022)
常数项	0.356	2.111 ***	1.139 **	1.475 ***
	(0.246)	(0.331)	(0.360)	(0.414)
样本数	2849	1871	1923	1478
R^2	0.223	0.257	0.195	0.143
bic	7495.485	4628.383	5042.150	3513.973

注：* $p < 0.05$；** $p < 0.01$；*** $p < 0.001$。

在 2014 年和 2016 年的调查中，影响生活满意度的因素又有所变化。年龄、身体健康和主观社会地位这三个因素与生活满意度的正相关关系一直都非常的稳定。而家庭经济收入已经变得不能明显改变生活满意度水平了。家庭总支出的水平在 2014 年甚至与生活满意度表现出负相关，而在 2016 年又转变为正相关。而家庭医疗保健支出仅在 2014 年表明出与生活满意度的正相关性。而文化休闲消费与生活满意度的关系在 2014 年只是在 0.1 的水平上显著，而在 2016 年则变得无足轻重。这说明家庭的消费支出对生活满意度的作用机制比较复杂，并不是简单的正相关或负相关关系，因此还需要更详细深入的研究。在 2018 年的调查中，年龄、身体健康以及主观社会地位这三个因素与生活满意度之间仍然存在稳定的正相关关系。文化支出与生活满意度之间的相关性在 2016 年的调查中并不显著，但在 2018 年又呈现负相关关系，性别之间在生活满意度上的差异也基本不再存在。消费水平越高生活满意度也越高。同时，党员要比非党员的生活满意度更高，说明政治身份差异在某种程度上仍然会影响人们的生活满意度。

从这四次调查的回归结果来看，消费水平对生活满意度的影响随时间的推移发生了一定的变化。但是，主观社会地位、身体健康和年龄这三个变量与生活满意度的正相关关系在各次调查中都保持了统计上的显著性，说明这三个因素是长期影响上海市居民生活满意度的重要因素。

为了进一步确认各个因素对生活满意度影响的稳健性，本书将几次调查中都成功追踪访问的样本提取出来再对模型进行了拟合。所得结果如下表所示。在追踪样本中，各年的回归结果与前文所得结果基本一致。年龄、身体健康和主观社会地位是三个比较稳定的影响因素。而性别的影响只在 2010 年的调查中比较显著，在之后的两次调查中则几乎可以忽略不计。各项消费支出对生活满意度的影响也与之前的横截面数据的回归结果基本一致。但是，受教育水平与生活满意度的相关性已经消失了。党员身份和家庭收入水平也仅在某些年份有一点不太稳定的影响，说明这两个变量对生活满意度的影响需要进一步的分析。

表 8 - 1 - 2　2010 年到 2018 年追踪样本中生活方式对生活满意度的影响分析

	2010 年	2014 年	2016 年	2018 年
性别（0 = 女性）	− 0. 128 *	− 0. 013	− 0. 053	0. 102 *
	(0. 052)	(0. 048)	(0. 052)	(0. 053)
年龄	0. 012 ***	0. 005 **	0. 007 ***	0. 004 *
	(0. 002)	(0. 002)	(0. 002)	(0. 002)
教育程度（0 = 低教育水平）				
中等教育	− 0. 013	− 0. 022	0. 072	− 0. 118 *
	(0. 069)	(0. 060)	(0. 076)	(0. 064)
高等教育	− 0. 132	− 0. 093	− 0. 046	− 0. 159
	(0. 095)	(0. 083)	(0. 088)	(0. 100)
身体健康	0. 227 ***	0. 182 ***	0. 147 ***	0. 083 ***
	(0. 034)	(0. 024)	(0. 026)	(0. 026)
房产数量	0. 039	0. 020	0. 003	− 0. 015
	(0. 047)	(0. 030)	(0. 031)	(0. 036)
文化支出对数	0. 019 *	0. 012	− 0. 007	− 0. 000
	(0. 008)	(0. 008)	(0. 008)	(0. 006)

续表

	2010 年	2014 年	2016 年	2018 年
食品支出对数	0.070 *	0.062	-0.021	-0.033
	(0.031)	(0.038)	(0.034)	(0.030)
服装支出对数	-0.014	0.000	0.022	0.003
	(0.013)	(0.014)	(0.016)	(0.010)
医疗保健支出对数	0.015	0.013	0.019 *	-0.003
	(0.010)	(0.009)	(0.009)	(0.007)
总消费支出对数	0.013	-0.020 *	0.054 **	0.043
	(0.038)	(0.008)	(0.017)	(0.056)
家庭收入对数	0.023	0.061 +	-0.020	0.029
	(0.035)	(0.031)	(0.033)	(0.047)
党员身份	0.138 +	0.333	0.103	0.115
	(0.079)	(0.507)	(0.071)	(0.080)
主观社会地位	0.400 ***	0.443 ***	0.343 ***	0.282 ***
	(0.031)	(0.032)	(0.028)	(0.028)
常数项	-0.038	0.370	1.464 ***	2.301 ***
	(0.419)	(0.431)	(0.437)	(0.574)
样本数	1141	1140	1178	881
R^2	0.271	0.264	0.206	0.140
bic	2991.586	2792.531	3119.608	2119.235

注：* $p < 0.05$；** $p < 0.01$；*** $p < 0.001$。

在追踪样本的回归中，收入水平与生活满意度的相关性并不显著。而年龄、身体健康以及主观社会地位在历年的追踪样本回归中，均与生活满意度呈现正相关关系。但是，消费支出里面的文化休闲消费和食品消费的支出是与生活满意度正相关的，这说明在 2010 年花在文化休闲领域和食品方面的支出能给人们带来积极的影响。而总消费支出的数额在 2014 年与生活满意度呈现出负相关关系。这与以往的研究不太一致。消费水平的增长并不是提升了人们的生活满意度，反而是恶化了人们对生活状况的评价。这需要进一步综合考虑更多的经济社会因素来理解这一现象。

二 新经济常态下经济因素对未来生活信心的影响分析

从下表中我们可以看到，在影响未来生活信心的因素中有不少变量的系数是有显著性意义的。2010年可以显著影响未来生活信心的主要因素是年龄、身体健康、房产数量、文化消费支出、党员身份和主观社会地位。具体来讲，消费支出里面，服装消费支出、文化休闲消费的支出和家庭总支出是与未来生活信心正相关的。这说明在控制了经济收入等因素后，文化休闲支出和家庭总支出都可以提升人们对未来的信心，但是服装消费支出却可以降低人们对未来的信心。服装消费支出往往与人们的日常基本生活需要相关，这方面的消费支出的增加可能会产生较大的经济压力和家庭矛盾。而文化休闲支出大多是在满足了基本生活需求之后的消费行为，也往往与更高的生活品质密切相关。这说明生活品质的提升更有助于提升上海居民的生活信心。身体健康水平与未来生活信心也是正相关。这表明身体越健康的人也会更有信心应对未来的生活。而主观社会地位越高的人也会更对他们未来的生活充满信心。

表 8 - 2 - 1　2010 年到 2018 年生活方式对未来生活信心影响的线性回归模型

	2010 年	2014 年	2016 年	2018 年
	b/se	b/se	b/se	b/se
性别（0 = 女性）	- 0.024	0.020	0.009	0.015
	(0.036)	(0.041)	(0.042)	(0.043)
年龄	- 0.007***	- 0.001	- 0.002	0.000
	(0.001)	(0.001)	(0.001)	(0.002)
教育程度（0 = 低教育水平）				
中等教育	- 0.120*	0.039	- 0.015	- 0.079
	(0.047)	(0.050)	(0.056)	(0.057)
高等教育	- 0.155*	- 0.034	- 0.159*	- 0.094
	(0.064)	(0.068)	(0.064)	(0.080)

续表

	2010 年	2014 年	2016 年	2018 年
	b/se	b/se	b/se	b/se
身体健康	0.196 ***	0.178 ***	0.182 ***	0.155 ***
	(0.022)	(0.020)	(0.020)	(0.021)
房产数量	−0.012	0.011	−0.020	−0.011
	(0.031)	(0.027)	(0.021)	(0.025)
文化支出对数	0.015 **	0.016 *	0.005	−0.003
	(0.005)	(0.007)	(0.006)	(0.005)
食品支出对数	−0.021	0.028	0.034	0.071 **
	(0.019)	(0.032)	(0.031)	(0.029)
服装支出对数	−0.016 *	0.003	0.005	0.008
	(0.008)	(0.012)	(0.013)	(0.009)
医疗保健支出对数	0.008	0.011	−0.000	0.006
	(0.006)	(0.008)	(0.007)	(0.006)
总消费支出对数	0.064 **	−0.011	0.029 *	−0.023
	(0.023)	(0.007)	(0.013)	(0.043)
家庭收入对数	0.024	−0.022	−0.019	−0.009
	(0.017)	(0.017)	(0.027)	(0.029)
党员身份	0.105 +	−0.097	0.009	0.035
	(0.055)	(0.199)	(0.054)	(0.067)
主观社会地位	0.282 ***	0.343 ***	0.287 ***	0.349 ***
	(0.021)	(0.026)	(0.023)	(0.023)
常数项	1.652 ***	2.214 ***	2.304 ***	2.142 ***
	(0.272)	(0.357)	(0.338)	(0.434)
样本数	2846	1862	1923	1477
R^2	0.143	0.166	0.150	0.183
Bic 值	7725	4883	5137	3648.027

注：* $p < 0.05$；** $p < 0.01$；*** $p < 0.001$。

值得注意的是，年龄与生活信心呈现出负相关关系，即年龄越大的人对未来生活的信心就越低。教育程度与未来生活信心也为负相关，即高教育群体对未来生活的信心水平要低于低教育水平群体。

在 2014 年和 2016 年的调查中，影响未来生活信心的因素仅剩下身体健康和主观社会地位这两个因素。而高教育群体只在 2016 年表现出比低教育群体更低的对未来生活的信心。而家庭消费总支出在 2014 年变得不能明显影响到人们对未来生活的信心，而在 2016 年又恢复了它的影响力。在 2018 年的调查中，身体健康和主观社会地位这两个因素与对未来生活信心之间仍存在正相关关系。而食品支出越高的家庭对未来生活的信心程度也越高，这种关系在前三次调查中均未出现。

从这些模型的结果来看，能够长期稳定地影响上海居民对未来生活信心的变量主要是自身健康、主观社会地位以及家庭消费总支出。在经济新常态的背景下，中国将更加重视促进和鼓励民众更多的消费，让民众的生活水平和生活品质有新的提升。从回归结果中可以看到，家庭消费总支出越高，则人们对未来生活的信心也越高。同时，家庭消费总支出的增长将从长远的角度提升人们的身体健康水平和主观社会地位，从而最终实现人们主观幸福感的增加。

为了进一步确认各个因素对未来生活信心影响的稳健性，我们将四次调查中都成功追踪访问的样本提取出来再对模型进行了拟合。所得结果基本上与前文所述比较一致。年龄、身体健康和主观社会地位是三个比较稳定的影响因素。

三　新经济常态下社交生活方式对生活满意度的影响

（一）2010 年社交生活方式对生活满意度的影响

本节采用 2010 年中国家庭追踪调查数据在上海的样本进行研究。下表给出了相关矩阵，说明了生活满意度与社会交往方式之间的简单关联强度。结果表明，网络规模和邻里互动这两个社会交往方式的测量指标都与生活满意度呈正相关。然而社交网络软件的使用频率和社会参与情况与生活满意度的关联度不显著。

表8-3-1 　　　2010年的生活方式与生活满意度的相关关系矩阵

	生活满意度	家庭收入	身体健康	锻炼频率	社交网络	拜年网规模	主观地位	邻居交往
家庭收入	0.052*							
身体健康	0.172*	0.088*						
锻炼频率	0.130*	0.015	0.03					
社交网络	0	0.085*	0.179*	0.048*				
拜年网规模	0.118*	0.102*	0.084*	0.032	0.049*			
主观地位	0.403*	0.087*	0.107*	0.102*	−0.01	0.124*		
邻居交往	0.081*	−0.071*	−0.01	−0.01	−0.038*	0.101*	0.001	
社会参与	0.02	−0.03	−0.01	0.074*	−0.059*	−0.03	0.013	0.019

注：* $p < 0.05$。

关于社会交往各变量之间的相关性，可以看出拜年网规模的大小与社交网络软件的使用以及邻里互动频率都有关联。这意味着社交网络和邻里互动可以帮助人们结交更多的朋友，从而扩大拜年网的规模，反之亦然。有意思的是，社交网络的使用与邻居互动频率和正式的社会组织参与都是负相关。这说明互联网的社交软件可能会减少人们与邻居及正式社会组织之间发生互动。

家庭收入、主观地位、锻炼频率和身体健康都与生活满意度有着重要的相关度。其中特别要注意的是主观地位与生活满意度的皮尔逊相关度达0.403，远高于其他社会交往变量或生活方式变量与生活满意度的相关度。这说明影响生活满意度的重要变量是人们对自身社会地位的判断。

下表展示了多层回归模型的估计结果。模型1是只包括因变量和家庭编号的多层基准模型。从基准模型的结果来看，没其他解释变量的情况下，各家庭层面之间在生活满意度上的方差为0.291，而剩余方差为0.726。家庭间的方差占总方差的比例达到了29%。这表明人们的生活满意度受到家庭层面各种因素的影响接近了三成，需要在回归分析中重点考虑家庭因素的各种影响效应。

模型2包括了基本的人口经济特征的控制变量。结果表明，性别的影响比较明显,即男性的生活满意度要显著低于女性达 0.7 个单位。而年龄与生活满意度之间的关系并不明显。教育与生活满意度则呈现出负相关关系,即中等教育水平和高等教育水平的群体对生活的满意程度要比低教育水平的群体低一些。家庭收入、房产数量和职业声望也与生活满意度有着正相关关系。这说明客观的经济生活条件和社会地位是生活满意度的重要积极因素。但是,退休和无业状态下的群体则比正在工作的群体更满意他们的生活状况。这说明就业和工作压力是上海居民生活满意度的重要消极影响因素。而农业户口和非农户口这两个群体之间在生活满意度方面并没有明显的区别。

表 8 - 3 - 2 2010 年社会交往对生活满意度影响的多层线性回归模型

	模型 1 (基准模型)	模型 2 (人口变量)	模型 3 (生活方式)	模型 4 (社会交往)
年龄		0.001	0.001	0.000
		(0.000)	(0.000)	(0.000)
男性		− 0.076 *	− 0.101 ***	− 0.100 ***
		(0.032)	(0.030)	(0.030)
教育程度				
中等教育		− 0.138 **	− 0.146 ***	− 0.152 ***
		(0.043)	(0.039)	(0.040)
高等教育		− 0.123 +	− 0.232 ***	− 0.235 ***
		(0.063)	(0.058)	(0.061)
家庭收入		0.024 *	0.011	0.011
		(0.010)	(0.009)	(0.009)
退休人员		0.301 ***	0.203 ***	0.214 ***
		(0.050)	(0.046)	(0.047)
房产数量		0.186 ***	0.138 ***	0.137 ***
		(0.036)	(0.032)	(0.032)
非农户口		0.029	0.013	− 0.011
		(0.046)	(0.041)	(0.042)

续表

	模型 1 （基准模型）	模型 2 （人口变量）	模型 3 （生活方式）	模型 4 （社会交往）
职业声望		0.006 **	0.002	0.002
		(0.002)	(0.002)	(0.002)
无业/失业		0.211 *	0.139 +	0.129 +
		(0.083)	(0.076)	(0.076)
身体健康			0.180 ***	0.175 ***
			(0.018)	(0.019)
锻炼频率			0.017 ***	0.017 ***
			(0.004)	(0.004)
主观地位			0.371 ***	0.367 ***
			(0.018)	(0.018)
社交软件				0.003
				(0.008)
拜年网规模				0.010 **
				(0.004)
邻里互动				0.030 ***
				(0.008)
社会参与				−0.011
				(0.046)
常数项	3.472 ***	2.808 ***	1.525 ***	1.458 ***
	(0.022)	(0.138)	(0.151)	(0.153)
家庭层面				
常数项方差	0.291	0.255	0.180	0.171
	(0.027)	(0.025)	(0.020)	(0.020)
剩余方差	0.726	0.711	0.611	0.612
	(0.025)	(0.024)	(0.021)	(0.021)
样本数	3078	3054	3054	3054
Bic 值	8621.985	8506.063	7961.900	7967.940

注：+ $p < 0.10$，* $p < 0.05$，** $p < 0.01$，*** $p < 0.001$。

模型 3 加入了锻炼频率、主观地位和主观身体健康状况。结果表明健康的生活方式也是有助于生活满意度的提高。而身体健康状况同样是生活满意度的重要影响因素。如前文所述，主观地位对生活满意度的影响是非常强的。在回归模型中，主观地位对生活满意度的积极影响效应在控制了其他变量后依然非常显著，说明人们对生活状况的评判与对自身社会地位的认知是高度相关的。另外，当这三个变量加入模型后，家庭经济收入和职业声望对生活满意度的影响消失了。这可能是由于家庭经济收入和职业声望这两个变量通过影响人们的主观社会地位来间接作用于生活满意度。

模型 4 包括社会交往方面的四个指标。邻里互动和拜年网规模这两个变量显示了显著的积极作用。家庭的拜年网规模每增加一个人，就会导致家庭成员的生活满意度平均上升 0.01 个单位（b = 0.01）。而邻里互动频率增加一个单位，会导致受访者的生活满意度也上升 0.03 个单位（b = 0.03）。社会参与和社交网络这两个变量对生活满意度的影响则不显著。

此外，在这些模型中，组间差异的值依次降低，从 0.291 逐步下降到 0.171。这些数值表明，在加入了家庭经济状况和社会交往状况的相关变量后，受访者的生活满意度的方差中仍然有 21.8% 的无法解释的差异来自家庭层面。这些结果也暗示了家庭层面的其他特征可能是决定生活满意度的重要变量。

本书进一步测试了社会交往方式相关变量对生活满意度的影响程度在各个收入群体中是否存在差异。从表 8 - 3 - 3 中我们可以看出，在各个收入群体内部，社会组织参与和社交网络使用情况都没有对生活满意度产生明显的影响。而拜年网的规模仅在中低收入群体中呈现出 0.1 水平上显著的积极影响。邻里互动频率和生活满意度的相关性则相对较为显著，说明邻里关系在上海各收入水平的居民生活中仍然发挥着稳定的积极作用。邻里互动表明个人在社区中融入社会的程度有多大。中国传统文化和当代主流价值观都强调和谐邻里关系在维持高质量生活中的积极作用。这些发现证实了一个具有高频率与邻居互动的紧密社区与生活满意度呈正相关。在计划经济中，中国城市居民分别与以工作为基础的社区相连，工作场所和生活空间的融合加强了邻里关系。自 20 世纪 90 年代末以来，城市化和单位系统的瓦解极大地改变了中国的住房格局，并打破了居住社区的牢固的社会关系。但这些变化并没有实质性地削弱邻里关系在改善人们生活满意度方面的重要性。进一步分析各收入群体中邻里互动对生活满意度的作用并没有发生大的变化。这表明与邻居的良好关系对富人和穷人的生活满意度都是有益的。

表 8 - 3 - 3　2010 年各收入人群中社会交往方式对生活满意度的影响

	模型 1 （低收入群体）	模型 2 （中低收入群体）	模型 3 （中高收入群体）
年龄	0.000	0.010 **	0.006 **
	(0.001)	(0.003)	(0.002)
男性	-0.137 *	-0.089	-0.080 +
	(0.055)	(0.066)	(0.043)
教育程度			
中等教育	-0.256 ***	-0.024	-0.054
	(0.067)	(0.092)	(0.068)
高等教育	-0.277 *	-0.071	-0.176 *
	(0.129)	(0.145)	(0.089)
家庭收入	-0.008	0.014	0.012
	(0.013)	(0.029)	(0.020)
退休人员	0.278 ***	0.114	0.007
	(0.081)	(0.117)	(0.078)
房产数量	0.088	0.062	0.141 **
	(0.061)	(0.066)	(0.045)
非农户口	0.084	0.090	-0.117 +
	(0.070)	(0.088)	(0.066)
职业声望	0.006	0.000	-0.001
	(0.004)	(0.004)	(0.002)
无业/失业	0.269 +	-0.021	0.076
	(0.157)	(0.162)	(0.109)

续表

	模型 1（低收入群体）	模型 2（中低收入群体）	模型 3（中高收入群体）
身体健康	0.179 ***	0.191 ***	0.193 ***
	(0.031)	(0.042)	(0.029)
锻炼频率	0.025 ***	0.017 *	0.012 *
	(0.007)	(0.008)	(0.005)
主观地位	0.358 ***	0.390 ***	0.336 ***
	(0.030)	(0.038)	(0.027)
社交软件	0.006	0.015	0.012
	(0.016)	(0.018)	(0.011)
拜年网规模	0.010	0.013 +	0.004
	(0.007)	(0.008)	(0.006)
邻里互动	0.042 ***	0.030 +	0.026 *
	(0.012)	(0.017)	(0.013)
社会参与	0.036	−0.066	−0.070
	(0.086)	(0.105)	(0.064)
样本数	1106	647	1247
Bic 值	3135.931	1775.654	3099.322

注：$^+ p < 0.10$，$^* p < 0.05$，$^{**} p < 0.01$，$^{***} p < 0.001$。

（二）2014 年社交生活方式对生活满意度的影响

在这三次调查中，社交生活方式中的拜年网和邻里互动只在 2010 年的调查中被纳入了问卷中。接下来，本书继续考察 2014 年的调查数据中有关社会交往的变量对生活满意度的影响。在 2014 年的调查中询问了受访者对邻居的信任程度和一般性的社会信任程度。同时，还询问了网民使用社交软件的频率。因此，我们参照 2010 年的多层线性回归模型，并加入了 2010 年家庭层面的拜年网规模和邻里互动的变量来对 2014 年的数据进行分析。

表 8 - 3 - 4　　2014 年社会交往对生活满意度影响的多层线性回归模型

	模型 1 （基准模型）	模型 2 （人口变量）	模型 3 （社会信任）	模型 4 （社会交往）
年龄		0.005 **	0.006 ***	0.006 ***
		(0.002)	(0.002)	(0.002)
男性		0.016	0.011	0.023
		(0.038)	(0.038)	(0.039)
教育程度				
初中教育		0.014	0.013	0.025
		(0.052)	(0.051)	(0.053)
高中教育		− 0.065	− 0.070	− 0.077
		(0.060)	(0.060)	(0.062)
高等教育		− 0.080	− 0.091	− 0.079
		(0.071)	(0.071)	(0.074)
家庭收入		0.035 *	0.035 *	0.033 +
		(0.016)	(0.016)	(0.017)
退休人员		− 0.043	− 0.057	− 0.074
		(0.053)	(0.053)	(0.054)
房产数量		0.069 *	0.067 *	0.065 *
		(0.030)	(0.029)	(0.030)
非农户口		0.018	0.010	0.016
		(0.051)	(0.051)	(0.053)
无业/失业		0.032	0.035	0.037
		(0.048)	(0.048)	(0.049)
身体健康		0.212 ***	0.212 ***	0.202 ***
		(0.019)	(0.019)	(0.019)
锻炼频率		− 0.001	− 0.002	− 0.002
		(0.006)	(0.006)	(0.007)
主观地位		0.280 ***	0.271 ***	0.261 ***
		(0.022)	(0.022)	(0.023)
一般信任			− 0.012	− 0.016
			(0.010)	(0.011)

续表

	模型 1 （基准模型）	模型 2 （人口变量）	模型 3 （社会信任）	模型 4 （社会交往）
邻居信任			0.022 *	0.019 +
			(0.010)	(0.011)
拜年网规模				0.008 +
				(0.004)
邻里互动				−0.003
				(0.009)
常数项	3.758 ***	2.903 ***	2.825 ***	2.836 ***
	(0.025)	(0.218)	(0.230)	(0.243)
家庭层面				
截距项	0.203	0.123	0.118	0.114
	(0.031)	(0.024)	(0.023)	(0.024)
剩余方差	0.795	0.627	0.617	0.617
	(0.032)	(0.027)	(0.027)	(0.028)

注：$^+ p < 0.10$，$^* p < 0.05$，$^{**} p < 0.01$，$^{***} p < 0.001$。

模型 1 是只包括因变量和家庭编号的多层基准模型。从基准模型的结果来，没其他解释变量的情况下，各家庭层面之间在生活满意度上的方差为 0.203，而剩余方差为 0.795。家庭间的方差占总方差的比例达到了 20%。这表明人们的生活满意度受到家庭层面各种因素的影响也是比较显著的。

模型 2 包括了基本的人口经济特征的控制变量。结果表明，性别的影响并不显著。而年龄与生活满意度之间的关系呈现出正相关关系，即年龄每上升一岁，生活满意度就会提升 0.005 个单位。教育、就业状况、户籍状况都与生活满意度没有明显的相关关系。家庭收入、房产数量、主观社会地位和身体健康与生活满意度则有着正相关关系。这说明客观的经济生活条件、身体健康水平和社会地位仍然是生活满意度的重要来源。

模型 3 加入了社会信任的两个变量。结果表明，一般信任对生活满意度的影响并不明显。而对邻居的信任则有助于生活满意度的提高。这说明邻里关系在 2014 年仍然是非常重要的生活满意度影响因素。

模型 4 包括 2010 年家庭层面的两个指标：邻里互动和拜年网规模。邻里互动频率并没有显示出显著的积极作用，说明邻居信任相对于邻里互动频率来说更为重要。而四年前家庭的拜年网规模仍然可以在一定程度上提升受访者的生活满意度，这说明拜年网规模作为中国传统社会交往行为的测量指标，在较长的时间跨度范围内仍然可以反映出家庭所拥有的社会资本的高低，从而在一定程度上决定家庭成员的生活满意度水平。

进一步测试了 2014 年社会交往方式相关变量对生活满意度的影响程度在各个收入群体中是否存在差异。从下表中我们可以看出，在各个收入群体内部，身体健康和主观地位对生活满意度的积极影响基本没有变化。一般信任在中高收入群体中可以显著提升生活满意度，即一般信任上升一个单位，则生活满意度可以相应增加 0.166 个单位。2010 年拜年网的规模仅在低收入群体中呈现显著的积极影响，而在中等收入群体中并没有明显的影响。在中下收入群体中，邻里互动频率和生活满意度甚至呈现出负相关关系。这说明邻里互动越多的受访者反而可能报告更低的生活满意度。这个现象背后的机制还需要进一步的研究来进行挖掘。

表 8 - 3 - 5　2014 年各收入群体中社会交往对生活满意度的影响

	模型 1 （低收入群体）	模型 2 （中低收入群体）	模型 3 （中高收入群体）
年龄	0.010 ***	0.002	0.004
	(0.003)	(0.003)	(0.003)
男性	− 0.014	0.112	0.015
	(0.068)	(0.069)	(0.066)
教育程度			
初中教育	0.095	− 0.088	− 0.050
	(0.087)	(0.091)	(0.103)
高中教育	− 0.145	− 0.259 *	− 0.023
	(0.116)	(0.107)	(0.106)

续表

	模型 1 （低收入群体）	模型 2 （中低收入群体）	模型 3 （中高收入群体）
高等教育	− 0. 026	− 0. 240 ⁺	− 0. 176
	（0. 179）	（0. 130）	（0. 117）
家庭收入	− 0. 004	0. 417	0. 181
	（0. 022）	（0. 269）	（0. 139）
退休人员	− 0. 113	− 0. 025	− 0. 038
	（0. 088）	（0. 099）	（0. 100）
房产数量	0. 028	− 0. 028	0. 088 [*]
	（0. 067）	（0. 058）	（0. 043）
非农户口	− 0. 040	0. 074	0. 110
	（0. 078）	（0. 095）	（0. 122）
无业/失业	− 0. 096	0. 201 [*]	0. 056
	（0. 081）	（0. 089）	（0. 089）
身体健康	0. 219 ^{***}	0. 196 ^{***}	0. 162 ^{***}
	（0. 031）	（0. 035）	（0. 037）
锻炼频率	− 0. 001	− 0. 006	0. 000
	（0. 011）	（0. 012）	（0. 011）
主观地位	0. 282 ^{***}	0. 224 ^{***}	0. 252 ^{***}
	（0. 035）	（0. 043）	（0. 044）
一般信任	0. 080	0. 003	0. 166 [*]
	（0. 073）	（0. 074）	（0. 073）
邻居信任	0. 018	0. 030	0. 000
	（0. 018）	（0. 019）	（0. 019）
拜年网规模	0. 016 [*]	0. 006	− 0. 002
	（0. 007）	（0. 008）	（0. 009）
邻里互动	0. 023	− 0. 031 [*]	− 0. 005
	（0. 014）	（0. 015）	（0. 017）
常数项	1. 793 ^{***}	− 2. 173	0. 326
	（0. 345）	（3. 057）	（1. 655）
Bic 值	1999. 241	1421. 703	1337. 040

注： ⁺ p < 0. 10 , [*] p < 0. 05 , ^{**} p < 0. 01 , ^{***} p < 0. 001。

（三）2016 年社交生活方式对生活满意度的影响

在 2016 年的调查中，社交生活方式的变量并没有涉及拜年网和邻里互动等问题，而只询问了有关社会信任的一些问题。本书在分析中使用了 2010 年的拜年网规模和邻里互动来预测 2016 年的生活满意度情况。模型 1 是只包括因变量和家庭编号的多层基准模型。从基准模型的结果来，没其他解释变量的情况下，各家庭层面之间在生活满意度上的方差为 0.222，而剩余方差为 0.734。家庭间的方差占总方差的比例达到了 23.2%。这与前两次调查的结果都比较相似，表明人们的生活满意度受到家庭层面各种因素的影响基本上占总变异的 20% 以上。

表 8 - 3 - 6　2016 年社会交往对生活满意度影响的多层线性回归模型

	模型 1 （基准模型）	模型 2 （人口变量）	模型 3 （社会信任）	模型 4 （社会交往）
年龄		0.006 **	0.006 **	0.006 **
		(0.002)	(0.002)	(0.002)
男性		− 0.033	− 0.046	− 0.030
		(0.038)	(0.038)	(0.040)
教育程度				
初中教育		− 0.100 *	− 0.094 +	− 0.111 *
		(0.051)	(0.051)	(0.055)
高中教育		− 0.150 *	− 0.137 *	− 0.152 *
		(0.062)	(0.062)	(0.066)
高等教育		− 0.176 **	− 0.163 *	− 0.181 *
		(0.068)	(0.068)	(0.076)
家庭收入		0.074 **	0.070 **	0.057 *
		(0.027)	(0.027)	(0.028)
退休人员		− 0.004	0.005	0.020
		(0.063)	(0.063)	(0.066)
房产数量		− 0.001	− 0.001	− 0.000
		(0.027)	(0.027)	(0.029)

续表

	模型 1 (基准模型)	模型 2 (人口变量)	模型 3 (社会信任)	模型 4 (社会交往)
非农户口		0.023	0.020	0.021
		(0.051)	(0.050)	(0.055)
无业/失业		0.201 $^+$	0.216 $^+$	0.266 *
		(0.114)	(0.114)	(0.125)
身体健康		0.151 ***	0.144 ***	0.142 ***
		(0.019)	(0.019)	(0.020)
锻炼频率		0.002	−0.000	−0.000
		(0.006)	(0.006)	(0.007)
主观地位		0.319 ***	0.303 ***	0.302 ***
		(0.020)	(0.021)	(0.022)
一般信任			−0.004	−0.004
			(0.011)	(0.011)
邻居信任			0.045 ***	0.046 ***
			(0.011)	(0.011)
拜年网规模				0.007
				(0.005)
邻里互动				0.002
				(0.009)
常数项	3.698 ***	1.302 ***	1.146 ***	1.270 ***
	(0.025)	(0.340)	(0.346)	(0.366)
家庭层面				
截距项	0.222	0.140	0.131	0.127
	(0.021)	(0.024)	(0.024)	(0.025)
剩余方差	0.734	0.630	0.630	0.618
	(0.031)	(0.027)	(0.027)	(0.029)

注：$^+$ p<0.10，* p<0.05，** p<0.01，*** p<0.001。

模型 2 包括了基本的人口经济特征的控制变量。结果表明，性别的影响并不显著。而年龄与生活满意度之间的关系呈现出正相关关系，即年龄每上升一岁，生活满意度就会提升 0.006 个单位。房产数量、就业状况、户籍状况都与生活满意度没有明显的相关关系。受教育程度、家庭收入、主观社会地位和身体健康与生活满意度则有着正相关关系。这当中的受教育程度在 2014 年并没有呈现出对生活满意度的显著影响，而房产数量的影响则在 2016 年消失了。这说明受教育程度和房产数量这两个变量对生活满意度的影响还有一定的波动性。

模型 3 加入了社会信任的两个变量。结果表明，一般信任对生活满意度的影响也不明显。而对邻居的信任则有助于生活满意度的提高。这说明邻里关系在 2016 年仍然是非常重要的生活满意度影响因素。

模型 4 包括 2010 年家庭层面的两个指标：邻里互动和拜年网规模。这两个变量都没有显示出显著的积极作用。这说明邻里互动和拜年网规模对生活满意度的积极提升效应在 2016 年有所减弱。

我们进一步测试了 2016 年社会交往方式相关变量对生活满意度的影响程度在各个收入群体中是否存在差异。从下表中我们可以看出，邻居信任在中高收入群体中可以显著提升生活满意度，即邻居信任上升一个单位，则生活满意度可以相应地增加 0.066 个单位。2010 年拜年网的规模仅在中低收入群体中呈现显著的积极影响，而在其他收入群体中并没有明显的影响。邻里互动频率和生活满意度的相关关系也并不明显。在各个收入群体内部，身体健康和主观地位对生活满意度的积极影响基本没有变化。年龄对生活满意度的正相关关系在中高收入群体中是显著的，而性别差异则只在低收入群体中有统计意义。教育、家庭收入、房产数量等经济文化因素与生活满意度的关系也不再显著。

表 8 - 3 - 7 　　2016 年各收入群体中社会交往对生活满意度

影响的多层线性回归模型

	模型 1 （低收入群体）	模型 2 （中低收入群体）	模型 3 （中高收入群体）
年龄	0.002	0.006	0.008**
	(0.005)	(0.005)	(0.003)
男性	− 0.220*	0.004	− 0.027
	(0.108)	(0.090)	(0.051)

续表

	模型 1 （低收入群体）	模型 2 （中低收入群体）	模型 3 （中高收入群体）
教育程度			
初中教育	-0.215	-0.187	-0.062
	(0.140)	(0.119)	(0.071)
高中教育	-0.387*	-0.067	-0.160+
	(0.196)	(0.144)	(0.082)
高等教育	-0.188	-0.149	-0.172+
	(0.281)	(0.184)	(0.094)
家庭收入	-0.134	0.101	0.112
	(0.124)	(0.066)	(0.076)
退休人员	0.110	-0.013	0.008
	(0.163)	(0.143)	(0.089)
房产数量	-0.119	-0.114	0.005
	(0.139)	(0.079)	(0.035)
非农户口	0.026	0.044	0.092
	(0.128)	(0.104)	(0.083)
无业/失业	0.179	0.403	0.309+
	(0.309)	(0.262)	(0.167)
身体健康	0.160**	0.150***	0.148***
	(0.049)	(0.045)	(0.027)
锻炼频率	0.008	0.013	-0.011
	(0.015)	(0.014)	(0.009)
主观地位	0.271***	0.279***	0.320***
	(0.053)	(0.045)	(0.029)
一般信任	-0.046	0.034	-0.007
	(0.031)	(0.023)	(0.015)
邻居信任	0.019	0.024	0.066***
	(0.032)	(0.024)	(0.014)
拜年网规模	0.001	0.039***	0.000
	(0.012)	(0.012)	(0.006)

续表

	模型 1 （低收入群体）	模型 2 （中低收入群体）	模型 3 （中高收入群体）
邻里互动	0.023	−0.006	0.005
	(0.023)	(0.018)	(0.012)
常数项	3.902**	0.827	0.335
	(1.449)	(0.864)	(0.914)

注：$^+ p < 0.10$，$^* p < 0.05$，$^{**} p < 0.01$，$^{***} p < 0.001$。

（四）2018 年社交生活方式对生活满意度的影响

在 2018 年的调查中并未涉及拜年网和邻里互动等问题，因此，本研究使用了 2010 年的拜年网规模和邻里互动来预测 2018 年的生活满意度情况。模型 1 是只包括因变量和家庭编号的多层基准模型，从基准模型的结果来看，各家庭层面之间在生活满意度上的方差为 0.118，剩余方差为 0.582。家庭间的方差占总方差的比例为 17.4%，这表明人们的生活满意度受到家庭层面各种因素的影响近两成左右。

表 8 - 3 - 8　　2018 年社会交往对生活满意度影响的多层线性回归模型

	模型 1 （基准模型）	模型 2 （人口变量）	模型 3 （社会信任）	模型 4 （社会交往）
年龄		0.008***	0.007***	0.005**
		(0.002)	(0.002)	(0.002)
男性		0.033	0.019	0.072*
		(0.037)	(0.037)	(0.042)
教育程度				
中等教育		−0.047	−0.037	−0.023
		(0.050)	(0.049)	(0.053)
高等教育		0.010	−0.014	−0.067
		(0.072)	(0.071)	(0.081)
家庭收入		0.052**	0.051**	0.047*
		(0.025)	(0.024)	(0.027)

续表

	模型 1 （基准模型）	模型 2 （人口变量）	模型 3 （社会信任）	模型 4 （社会交往）
退休人员		0.118	0.119	0.089
		(0.221)	(0.218)	(0.293)
房产数量		0.020	0.017	0.023
		(0.025)	(0.024)	(0.028)
非农户口		−0.061	−0.040	−0.039
		(0.047)	(0.047)	(0.054)
无业/失业		0.121	0.115	0.065
		(0.216)	(0.213)	(0.289)
身体健康		0.101***	0.098***	0.075***
		(0.019)	(0.019)	(0.021)
锻炼频率		−0.002	−0.003	−0.003
		(0.006)	(0.006)	(0.007)
主观地位		0.261***	0.238***	0.251***
		(0.020)	(0.020)	(0.023)
一般信任			−0.015	−0.012
			(0.010)	(0.011)
邻居信任			0.061***	0.065***
			(0.011)	(0.012)
拜年网规模				0.001
				(0.004)
邻里互动				0.005
				(0.005)
常数项	4.028***	1.819***	1.614***	1.713***
	(0.022)	(0.365)	(0.367)	(0.442)
家庭层面				
常数项方差	0.118	0.063	0.057	0.064
	(0.023)	(0.020)	(0.019)	(0.023)
剩余方差	0.582	0.541	0.528	0.517
	(0.027)	(0.025)	(0.024)	(0.028)

注：$^+$ p<0.10，* p<0.05，** p<0.01，*** p<0.001。

模型 2 纳入基本的人口经济特征的控制变量。结果表明年龄与生活满意度之间的关系呈现出正相关关系，即年龄每增加一岁，则生活满意度提升 0.008 个单位。房产数量、就业状况、户籍状况以及锻炼频率与生活满意度没有明显的相关关系。家庭收入、主观社会地位和身体健康与生活满意度则有着正相关关系，这三个变量在 2010 年、2014 年以及 2016 年的调查中均与生活满意度呈正相关关系，这说明这三个变量对生活满意度的影响较为稳定。

模型 3 加入了一般信任、邻居信任两个社会信任变量。结果表明，一般信任对生活满意度的影响不显著，但对邻居的信任程度越高则生活满意度越高，这与 2014 年、2016 年调查的结果一致，说明邻里关系是影响生活满意度的重要因素。

模型 4 包括 2010 年家庭层面的两个指标：邻里互动和拜年网规模。结果表明，这两个变量与生活满意度无显著的相关关系。这说明 2010 年的邻里互动频率与拜年网规模对 2018 年的生活满意度的提升效应已经不再显著。

本研究进一步探究了 2018 年社会交往方式相关变量对生活满意度的影响程度在各个收入群体中是否存在差异。从下表中我们可以看出，年龄对生活满意度的正相关关系仅在低收入群体中是显著的，而性别差异则在各个收入群体中并不具有统计意义。锻炼频率、家庭收入、房产数量等经济文化因素与生活满意度的关系不显著。邻居信任在各个收入群体中都可以显著提升生活满意度。2010 年的邻里互动仅在中低收入群体中呈现显著的积极影响，而对于其他收入群体的生活满意度并没有明显的影响，2010 年的拜年网规模与生活满意度的相关关系并不显著。在各个收入群体内部，邻居信任和主观地位对生活满意度的影响呈现显著的正相关关系，但是对于中低收入群体而言身体健康与生活满意度没有显著的相关关系，而对于低收入群体、中高收入群体而言，身体健康与生活满意度呈正相关关系。

表 8 - 3 - 9　　　　2018 年各收入群体中社会交往对生活满意度
影响的多层线性回归模型

	模型 1 （低收入群体）	模型 2 （中低收入群体）	模型 3 （中高收入群体）
年龄	0.013 **	0.002	0.004
	(0.006)	(0.004)	(0.003)
男性	0.080	0.108	0.076
	(0.096)	(0.082)	(0.057)
教育程度			
中等教育	- 0.086	- 0.203 **	0.117
	(0.117)	(0.095)	(0.079)
高等教育	0.119	- 0.248	0.045
	(0.258)	(0.181)	(0.106)
家庭收入	- 0.015	0.814 ***	0.085
	(0.051)	(0.309)	(0.101)
退休人员	- 0.280	0.097	0.132
	(0.873)	(0.423)	(0.425)
房产数量	0.061	- 0.043	0.022
	(0.095)	(0.059)	(0.035)
非农户口	- 0.002	- 0.051	- 0.093
	(0.107)	(0.104)	(0.082)
无业/失业	- 0.150	- 0.041	0.066
	(0.866)	(0.414)	(0.418)
身体健康	0.104 **	0.008	0.078 ***
	(0.046)	(0.040)	(0.030)
锻炼频率	0.003	0.001	- 0.005
	(0.014)	(0.013)	(0.010)
主观地位	0.283 ***	0.212 ***	0.264 ***
	(0.051)	(0.041)	(0.033)
一般信任	- 0.043 *	0.019	- 0.015
	(0.026)	(0.021)	(0.016)
邻居信任	0.075 ***	0.045 **	0.072 ***
	(0.025)	(0.023)	(0.017)

续表

	模型 1 （低收入群体）	模型 2 （中低收入群体）	模型 3 （中高收入群体）
拜年网规模	0.002	0.002	0.005
	(0.012)	(0.007)	(0.007)
邻里互动	−0.006	0.018**	0.008
	(0.011)	(0.008)	(0.006)
常数项	1.978*	−6.531*	1.146
	(1.072)	(3.630)	(1.294)
Bic 值	889.1013	802.2554	1508.658

注： $^+ p < 0.10$ ，$^* p < 0.05$ ，$^{**} p < 0.01$ ，$^{***} p < 0.001$ 。

四 讨论与小结

本章使用 2010 年、2014 年、2016 年以及 2018 年的横截面数据及追踪数据分析了经济因素和社会交往行为对主观幸福感的影响情况。通过四次调查的比较分析，我们可以看到经济新常态下各收入人群的经济状况和社交生活方式对主观幸福感都产生了不同的影响。

首先，在消费支出方面，通过这九年的比较研究我们可以发现，在控制了家庭收入水平和主观社会地位等相关因素之后，只有文化消费支出和总消费支出，会对生活满意度和未来生活信心产生一定的积极的影响，而消费的其他项目与主观幸福感的关联性都不是很大。

从回归结果中可以看到，2010 年到 2018 年的历次调查中生活满意度受社会交往特征的显著影响。具体来看，在 2010 年的调查当中，社会交往方式中的拜年网规模和邻里互动频率都对生活满意度有着非常积极的影响，在后继的调查中都没有再进行询问。邻里互动被广泛认为是反映一个居住环境的公共和谐度和健全程度的重要指标。但是在 2014 年、2016 年以及 2018 年的调查当中，邻里互动仅对生活满意度的影响仅在 2018 年的中低收入群体中显著。而邻里信任对生活满意度的影响在 2018 年的各个收入群体中均较显著，但是在之前的历次调查中并不十分显著。这说明在经济新常态时期，拜年网、邻里互动和邻里信任对生活满意度的影响并不是很稳定。总体而言，年龄、身体健康以及主观社会地位是影响生活满意度以及对未来生活信心的较为稳定的因素。

第九章

新经济常态下价值观对主观幸福感的影响

党的十八大提出，倡导富强、民主、文明、和谐，倡导自由、平等、公正、法治，倡导爱国、敬业、诚信、友善，积极培育和践行社会主义核心价值观。富强、民主、文明、和谐是国家层面的价值目标，自由、平等、公正、法治是社会层面的价值取向，爱国、敬业、诚信、友善是公民个人层面的价值准则，这 24 个字是社会主义核心价值观的基本内容。① 2017 年，习近平总书记明确指出，"要培育和践行社会主义核心价值观。要以培养担当民族复兴大任的时代新人为着眼点，强化教育引导、实践养成、制度保障，发挥社会主义核心价值观对国民教育、精神文明创建、精神文化产品创作生产传播的引领作用，把社会主义核心价值观融入社会发展各方面，转化为人们的情感认同和行为习惯。坚持全民行动、干部带头，从家庭做起，从娃娃抓起。深入挖掘中华优秀传统文化蕴含的思想观念、人文精神、道德规范，结合时代要求继承创新，让中华文化展现出永久魅力和时代风采"②。从中央的各项文件精神中我们可以体会到，弘扬和培育社会主义核心价值观，要充分发挥社会主义核心价值观的引领作用，把社会主义核心价值观融入贯穿于社会发展方方面面。要切实通过教育引导、舆论宣传、实践养成、制度保障等，贯穿于社会生活方方面面。

---

① 《坚定不移沿着中国特色社会主义道路前进　为全面建成小康社会而奋斗》，2012 年 11 月 8 日胡锦涛在中国共产党第十八次全国代表大会上的报告［引用日期 2014 – 06 – 10］。

② 习近平提出，坚定文化自信，推动社会主义文化繁荣兴盛，新华网［引用日期 2017 – 10 – 18］。

在 2010 年的调查中，关于价值观的测量变量包括生活中重要因素的判断，以及一些社会价值观的状况。在前文中出于比较金融危机影响的考虑，有一些价值观的变量并没有完全进行分析。接下来的分析中我们将围绕社会主义核心价值观对公民和社会的要求来考察上海居民的价值观现状，以及这些价值观在随后的两次调查中对生活满意度的时间滞后性影响。

一　经济新常态下生活价值观
对主观幸福感的影响

（一）2010 年生活价值观的主成分分析

2010 年中国家庭动态调查询问了受访者对于下列十个问题的重要程度，包括很有钱、不被人讨厌、生活有乐趣、与配偶关系亲密、不孤单、有成就感、死后有人念想、家庭美满和睦、传宗接代、子女有出息。重要程度的选项从不重要（=1）到非常重要（=5）。前文在对比 2008 年和 2010 年价值观变化时讨论了其中部分指标的分布状况。接下来，本研究将通过主成分分析来综合考虑这十个问题的分布情况。

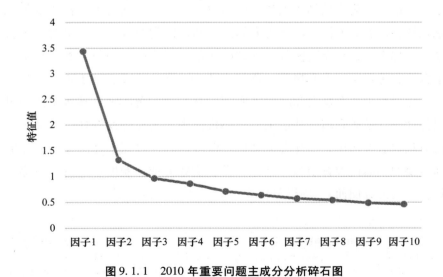

图 9.1.1　2010 年重要问题主成分分析碎石图

从上图中对这十个问题的主成分分析所获得的碎石图来看，有两个因子的特征值超过 1，说明这十个问题可以比较好的综合为两个有代表性的潜在因子。下表报告了经过转秩后的两个因子对这十个问题的因子载荷。因子 1 主要是和以下几个问题有较强的关系：不被人讨厌、生活有乐趣、与配偶关系亲密、不孤单、有成就感、家庭美满和睦；因子 2 主要是和以下几个问题有较强的关系：很有钱、死后有人想念、传宗接代、子女有出息。从这两个因子所对应的各个指标的意义来看，我们可以将第一个因子命名为"和睦快乐"因子，而第二个因子可以命名为"传统保守"因子。

表 9 - 1 - 1　　　2010 年生活价值观的主成分分析因子载荷情况

变量	因子 1	因子 2	唯一值
很有钱	0.099	0.479	0.761
不被人讨厌	0.664	0.098	0.549
生活有乐趣	0.749	0.007	0.438
与配偶关系亲密	0.683	0.18	0.501
不孤单	0.735	0.152	0.436
有成就感	0.539	0.261	0.642
死后有人念想	0.175	0.665	0.527
家庭美满和睦	0.665	0.194	0.52
传宗接代	0.045	0.823	0.321
子女有出息	0.272	0.618	0.544

这两个因子在各收入群体中的分布情况如下表所示。低收入群体的和睦快乐因子的平均得分仅为 - 0.061，是各收入群体中最低的。而传统保守因子的平均得分因子则达到了 0.143，是各收入群体中最高的。这说明低收入群体平均而言比较重视传宗接代、子女有出息、很有钱、死后有人想念这些观念，而不是很重视快乐、和睦、成就感等方面。中低收入群体的和睦快乐因子上的得分也较低，仅为 - 0.041，

而传统保守因子的得分为 0。这说明中低收入群体在传统保守的观点上基本处于平均值左右。中高收入群体的和睦快乐因子上的得分为0.066，明显高于低收入群体和中低收入群体的平均得分。这说明中高收入群体更重视追求生活中的美满和睦、快乐和成就感等类型的主观感受。这个群体在传统保守因子上的得分为 - 0.11，反映出该群体并不是很重视传统的传宗接代这样的观念。高收入人群的和睦快乐因子得分是各收入群体中最高的，而传统保守因子的得分是最低的。这样的结果表明和睦快乐因子的得分与家庭收入水平之间存在非常强的正相关关系，而传统保守因子与家庭收入水平之间则是较强的负相关关系。

表 9 - 1 - 2   2010 年各收入群体的和睦快乐因子和传统保守因子的分布

	和睦快乐因子	传统保守因子
低收入人群	- 0.061	0.143
中低收入人群	- 0.041	0
中高收入人群	0.066	- 0.11
高收入人群	0.216	- 0.417

（二）2010 年生活价值观对主观幸福感的影响

为了检验生活价值观的两个因子对主观幸福感的影响，我们首先，以生活满意度为因变量，将 2010 年的数据在线性回归中进行了拟合。回归结果如下表所示。在总样本的回归结果中，和睦快乐因子对生活满意度的影响是显著的，即和睦快乐因子每提升一个单位，则生活满意度可以上升 0.199 个单位。当人们越重视成就感、快乐、家庭美满和睦，那么他们就会更满意他们的生活状态。而传统保守因子与生活满意度的相关程度则只在 0.1 的水平上显著，这说明传统保守因子对生活满意度的影响并不是很强。

表 9 - 1 - 3　　　2010 年生活价值观对生活满意度影响的线性回归模型

	模型 1（全样本）	模型 2（低收入群体）	模型 3（中低收入群体）	模型 4（中高收入群体）
年龄	0.000	0.000	0.010 ***	0.005 **
	(0.001)	(0.000)	(0.003)	(0.002)
男性	- 0.108 ***	- 0.138 *	- 0.093	- 0.097 *
	(0.032)	(0.057)	(0.069)	(0.047)
教育程度				
中等教育	- 0.188 ***	- 0.291 ***	- 0.035	- 0.108
	(0.041)	(0.065)	(0.094)	(0.069)
高等教育	- 0.252 ***	- 0.321 *	- 0.122	- 0.181 *
	(0.058)	(0.136)	(0.139)	(0.086)
家庭收入	0.015	- 0.005	0.025	0.010
	(0.010)	(0.014)	(0.022)	(0.015)
退休人员	0.237 ***	0.291 ***	0.065	0.031
	(0.046)	(0.077)	(0.122)	(0.078)
房产数量	0.130 ***	0.093 +	0.063	0.126 ***
	(0.026)	(0.052)	(0.056)	(0.038)
非农户口	0.014	0.079	0.135 +	- 0.079
	(0.039)	(0.065)	(0.078)	(0.061)
职业声望	0.002	0.006	0.002	- 0.002
	(0.002)	(0.004)	(0.004)	(0.002)
无业/失业	0.115	0.253	0.040	0.030
	(0.077)	(0.161)	(0.157)	(0.117)
身体健康	0.163 ***	0.171 ***	0.178 ***	0.181 ***
	(0.020)	(0.033)	(0.045)	(0.031)
锻炼频率	0.015 ***	0.024 ***	0.013 +	0.010 *
	(0.004)	(0.007)	(0.008)	(0.005)
主观地位	0.357 ***	0.342 ***	0.382 ***	0.323 ***
	(0.020)	(0.031)	(0.042)	(0.033)
拜年网规模	0.009 **	0.011 *	0.011 +	0.002
	(0.003)	(0.005)	(0.007)	(0.005)

	模型 1 （全样本）	模型 2 （低收入群体）	模型 3 （中低收入群体）	模型 4 （中高收入群体）
邻里互动	0.027 ***	0.035 **	0.024 +	0.029 **
	（0.006）	（0.011）	（0.013）	（0.010）
和睦快乐因子	0.199 ***	0.192 ***	0.240 ***	0.180 ***
	（0.018）	（0.031）	（0.034）	（0.026）
传统保守因子	0.033 +	0.040	0.006	0.043
	（0.018）	（0.033）	（0.040）	（0.027）
常数项	1.514 ***	1.610 ***	0.752 +	1.577 ***
	（0.159）	（0.262）	（0.398）	（0.272）
样本数	3054	1106	647	1247
R^2	0.266	0.262	0.296	0.250

注：$^+ p < 0.10$，$^* p < 0.05$，$^{**} p < 0.01$，$^{***} p < 0.001$。

我们进一步将总样本分成四个收入子群体进行分析。其中高收入群体的样本数较少，没有进入群体比较的分析中。基于低收入人群、中低收入人群和中高收入人群这三个子群体，我们对比了各收入群体中生活价值观因子对生活满意度的影响情况。结果表明，各个收入群体中和睦快乐因子对生活满意度的提升作用都是显著的，这也再次证实了生活价值观中的和睦快乐因子的重要作用。而传统保守因子对生活满意度的回归系数在各个收入群体中都不显著。这也表明传统保守因子得分的高低并不会改变人们的生活满意度水平。

其次，我们以对未来生活信心为因变量，将 2010 年的数据在线性回归中进行了拟合。回归结果如下表所示。在总样本的回归结果中，和睦快乐因子对生活满意度的影响是显著的，即和睦快乐因子每提升一个单位，则对未来生活的信心可以上升 0.229 个单位。而传统保守因子与未来生活的信心的相关程度也非常显著，即传统保守因子上升一个单位，则对未来生活的信心就上升 0.139 个单位。这说明那些重视成就感、快乐体验和家庭和睦的人对未来生活的信心更足，而且那些拥有传统家庭观念的群体也会对未来的生活更有信心。进一步分收入群体的回归结果也表明，生活价值观的这两个因子在各个收入群体中都有显著的积极作用。这说明传统保守的价值观对未来生活的信心具有一定的稳定性。

表9-1-4　2010年生活价值观与未来生活信心的线性回归模型

	模型1 （全样本）	模型2 （低收入群体）	模型3 （中低收入群体）	模型4 （中高收入群体）
年龄	-0.001 +	-0.001 *	-0.009 *	-0.014 ***
	(0.001)	(0.000)	(0.004)	(0.002)
男性	0.020	0.021	0.094	0.054
	(0.034)	(0.059)	(0.076)	(0.052)
教育程度				
中等教育	0.005	-0.044	-0.111	-0.120
	(0.044)	(0.067)	(0.097)	(0.080)
高等教育	0.109 +	0.153	-0.165	-0.072
	(0.063)	(0.133)	(0.138)	(0.099)
家庭收入	-0.003	-0.017	0.065 +	-0.006
	(0.011)	(0.014)	(0.035)	(0.018)
退休人员	0.063	0.137 +	0.271 *	0.159
	(0.051)	(0.076)	(0.138)	(0.100)
房产数量	0.018	0.012	-0.025	0.034
	(0.029)	(0.057)	(0.059)	(0.041)
非农户口	0.085 *	0.118 +	-0.036	0.093
	(0.041)	(0.067)	(0.084)	(0.069)
职业声望	0.002	0.002	0.003	0.001
	(0.002)	(0.004)	(0.003)	(0.002)
无业/失业	0.048	0.062	-0.023	0.164
	(0.079)	(0.163)	(0.155)	(0.118)
身体健康	0.169 ***	0.162 ***	0.196 ***	0.106 **
	(0.021)	(0.031)	(0.049)	(0.034)
锻炼频率	0.013 **	0.013 +	0.005	0.023 ***
	(0.004)	(0.007)	(0.008)	(0.006)

	模型1 (全样本)	模型2 (低收入群体)	模型3 (中低收入群体)	模型4 (中高收入群体)
主观地位	0.259 ***	0.260 ***	0.257 ***	0.269 ***
	(0.020)	(0.033)	(0.042)	(0.034)
拜年网规模	0.008 *	0.007	0.006	0.009 +
	(0.003)	(0.006)	(0.007)	(0.005)
邻里互动	0.022 **	0.040 ***	− 0.006	0.032 **
	(0.007)	(0.011)	(0.015)	(0.012)
和睦快乐因子	0.229 ***	0.193 ***	0.288 ***	0.219 ***
	(0.020)	(0.030)	(0.043)	(0.032)
传统保守因子	0.139 ***	0.120 ***	0.154 ***	0.155 ***
	(0.020)	(0.033)	(0.042)	(0.032)
常数项	2.062 ***	2.073 ***	1.771 ***	2.998 ***
	(0.180)	(0.277)	(0.526)	(0.324)
样本数	3057	1106	649	1248
R^2	0.000 ***	0.000 ***	0.000 ***	0.000 ***

注: $^+$ $p < 0.10$, * $p < 0.05$, ** $p < 0.01$, *** $p < 0.001$。

(三) 2014 年生活价值观对主观幸福感的滞后影响

2014 年的中国家庭动态调查并没有询问有关生活价值观的问题。但是，这次调查追踪到了部分之前 2010 年调查中的受访者。这为本研究进行有关生活价值观的时间滞后性影响提供了有利的条件。我们可以假设人们的生活价值观相对比较稳定，因此在四年的时间里一般不会发生实质性的改变。接下来，本研究将依托 2010 年所获得的生活价值观数据，考察 2014 年这次调查中的主观幸福感受到的生活价值观的时间滞后性影响，并控制当年的人口经济学特征。

首先，下表报告了这次调查中生活满意度受生活价值观影响的回归模型的拟合情况。在 2014 年的总样本中有 1631 个样本是在 2010 年的调查数据中有相关生活价值观信息的。在下表的回归结果中，和睦快乐因子对生活满意度的影响是显著的，即和睦快乐因子每提升一个单位，则生活满意度可以上升 0.065 个单位。这表明，人们在 2010 年的生活价值观越倾向于追求快乐和成就感，那么他们就会在 2014 年更满意他们的生活状态。而 2010 年的传统保守因子与 2014 年受访者的生活满意度则不相关，这说明传统保守因子对生活满意度的滞后影响可以忽略不计。同时，在这个追踪样本中，回归系数比较显著的自变量是主观地位、健康、年龄和房产数量，基本与之前的社会交往模型的结果相似。但是邻居信任和一般信任的积极影响并不显著。

表 9 - 1 - 5　　2014 年生活价值观对生活满意度影响的线性回归模型

	模型 1（全样本）	模型 2（低收入群体）	模型 3（中低收入群体）	模型 4（中高收入群体）
年龄	0.007 ***	0.014 ***	0.001	0.003
	(0.002)	(0.004)	(0.004)	(0.004)
男性	0.021	- 0.004	0.093	0.007
	(0.044)	(0.076)	(0.081)	(0.079)
教育程度				
初中教育	0.055	0.153	0.001	- 0.084
	(0.059)	(0.095)	(0.106)	(0.125)
高中教育	- 0.061	- 0.117	- 0.173	- 0.079
	(0.068)	(0.129)	(0.115)	(0.133)
高等教育	- 0.033	0.035	- 0.081	- 0.280 *
	(0.077)	(0.175)	(0.129)	(0.142)
家庭收入	0.032	0.002	0.271	0.123
	(0.023)	(0.030)	(0.258)	(0.132)
退休人员	- 0.077	- 0.137	- 0.016	- 0.018
	(0.058)	(0.089)	(0.110)	(0.119)
房产数量	0.063 *	0.027	- 0.051	0.103 **
	(0.028)	(0.068)	(0.052)	(0.039)
非农户口	0.013	- 0.027	0.059	0.057
	(0.057)	(0.084)	(0.098)	(0.133)
无业/失业	0.006	- 0.179 +	0.239 *	0.033
	(0.061)	(0.099)	(0.106)	(0.117)

续表

	模型1（全样本）	模型2（低收入群体）	模型3（中低收入群体）	模型4（中高收入群体）
身体健康	0.200 ***	0.200 ***	0.199 ***	0.177 ***
	(0.022)	(0.034)	(0.041)	(0.043)
锻炼频率	-0.000	0.007	-0.004	-0.005
	(0.007)	(0.011)	(0.012)	(0.014)
主观地位	0.277 ***	0.292 ***	0.259 ***	0.262 ***
	(0.027)	(0.042)	(0.044)	(0.057)
一般信任	0.076	0.102	0.044	0.139 +
	(0.047)	(0.081)	(0.079)	(0.082)
邻居信任	0.017	0.012	0.038 +	-0.002
	(0.013)	(0.020)	(0.022)	(0.024)
和睦快乐因子	0.065 **	0.056	0.035	0.098 *
	(0.023)	(0.040)	(0.037)	(0.045)
传统保守因子	0.006	-0.000	0.038	-0.006
	(0.024)	(0.041)	(0.042)	(0.046)
常数项	1.657 ***	1.651 ***	-0.784	1.054
	(0.307)	(0.441)	(2.889)	(1.579)
样本数	1631	649	497	457
R^2	0.167	0.187	0.183	0.152

注：+ $p<0.10$，* $p<0.05$，** $p<0.01$，*** $p<0.001$。

我们进一步将总样本分成不同的收入子群体进行分析。基于低收入人群、中低收入人群和中高收入人群这三个子群体，我们对比了各收入群体中生活价值观因子对生活满意度的影响情况。结果表明，中高收入群体中和睦快乐因子对生活满意度的提升作用是显著的，而低收入群体和中低收入群体中这个提升效应并不明显。这表明和睦快乐因子的滞后性影响力在中高收入群体中保持得比较好，而在中低收入群体和低收入群体中消失得比较快。传统保守因子对生活满意度的回归系数在各个收入群体中都不显著。这也表明传统保守因子得分的高低并不会改变人们的生活满意度水平。

其次，我们以 2014 年的未来生活信心为因变量，将 2010 年的生活价值观因子加入线性回归模型中进行了检验。回归结果如下表所示。在总样本的回归结果中，和睦快乐因子对未来生活信心的影响是显著的，即和睦快乐因子每提升一个单位，则对未来生活的信心可以上升 0.063 个单位。而传统保守因子与未来生活的信心的相关程度则不显著。这说明只有和睦快乐因子对未来生活信心具有时间滞后性的影响。而且传统保守型家庭观念的时滞性影响并不明显。各收入群体的回归结果表明，和睦快乐因子只在中高收入群体中都有一定的积极作用，而在其他收入群体中已经不再有显著的影响。这一结果与前文有关生活价值观与 2014 年的生活满意度的滞后性关系比较相似。

表 9 - 1 - 6　　2014 年生活价值观与未来生活信心的线性回归结果

	模型 1 （全样本）	模型 2 （低收入群体）	模型 3 （中低收入群体）	模型 4 （中高收入群体）
年龄	− 0.003	− 0.006	0.004	− 0.005
	(0.002)	(0.004)	(0.005)	(0.004)
男性	0.035	0.138	− 0.070	0.018
	(0.050)	(0.084)	(0.098)	(0.081)
教育程度				
初中教育	0.120 +	0.077	0.252 *	0.026
	(0.064)	(0.097)	(0.127)	(0.133)
高中教育	0.062	0.012	0.085	0.049
	(0.070)	(0.127)	(0.139)	(0.133)
高等教育	− 0.026	0.041	0.095	− 0.212
	(0.079)	(0.174)	(0.152)	(0.146)
家庭收入	− 0.017	− 0.029	− 0.480	− 0.071
	(0.017)	(0.020)	(0.309)	(0.135)
退休人员	0.000	0.019	− 0.047	0.006
	(0.063)	(0.104)	(0.121)	(0.115)
房产数量	0.043	0.009	− 0.013	0.069
	(0.031)	(0.074)	(0.065)	(0.042)

续表

	模型 1 （全样本）	模型 2 （低收入群体）	模型 3 （中低收入群体）	模型 4 （中高收入群体）
非农户口	0.043	0.106	-0.073	0.129
	(0.066)	(0.096)	(0.118)	(0.142)
无业/失业	0.027	0.031	-0.083	0.077
	(0.065)	(0.101)	(0.128)	(0.120)
身体健康	0.175 ***	0.171 ***	0.152 **	0.184 ***
	(0.026)	(0.038)	(0.052)	(0.043)
锻炼频率	0.008	0.017	0.010	-0.010
	(0.008)	(0.013)	(0.015)	(0.015)
主观地位	0.241 ***	0.192 ***	0.298 ***	0.279 ***
	(0.031)	(0.047)	(0.067)	(0.049)
一般信任	0.127 *	0.124	0.108	0.201 *
	(0.051)	(0.089)	(0.087)	(0.086)
邻居信任	0.039 **	0.037	0.052 *	0.037
	(0.014)	(0.025)	(0.024)	(0.026)
和睦快乐因子	0.063 *	0.051	0.047	0.093 +
	(0.026)	(0.042)	(0.044)	(0.051)
传统保守因子	0.033	0.070	0.004	0.009
	(0.028)	(0.049)	(0.050)	(0.046)
常数项	2.759 ***	3.123 ***	7.556 *	3.478 *
	(0.261)	(0.383)	(3.469)	(1.599)
样本数	1631	649	497	457
R^2	0.126	0.118	0.143	0.180

注： + $p < 0.10$， * $p < 0.05$， ** $p < 0.01$， *** $p < 0.001$。

（四）2016 年生活价值观对主观幸福感的滞后影响

2016 年的调查中能够追踪到的 2010 年的样本数仅为 1458 个，成功追访率不足 50%。在下表中报告了生活价值观因子对生活满意度的回归结果。在总样本模型中，和睦快乐因子对生活满意度的影响是显著的，即和睦快乐因子每提升一个单位，则生活满意度可以上升 0.057 个单位。

而传统保守因子与生活满意度的相关程度不显著，这说明传统保守因子对生活满意度的影响较弱。

表 9 - 1 - 7　　2016 年生活价值观与生活满意度的线性回归模型结果

	模型 1（全样本）	模型 2（低收入群体）	模型 3（中低收入群体）	模型 4（中高收入群体）
年龄	0.012 ***	0.001	0.014 *	0.014 ***
	(0.003)	(0.006)	(0.006)	(0.004)
男性	− 0.089 +	− 0.247 +	− 0.042	− 0.098
	(0.049)	(0.140)	(0.107)	(0.063)
教育程度				
初中教育	− 0.144 *	− 0.277	− 0.167	− 0.126
	(0.067)	(0.177)	(0.143)	(0.089)
高中教育	− 0.234 **	− 0.512 *	− 0.175	− 0.236 *
	(0.078)	(0.234)	(0.185)	(0.099)
高等教育	− 0.122	− 0.383	− 0.053	− 0.122
	(0.087)	(0.363)	(0.203)	(0.115)
家庭收入	0.054 +	− 0.181	0.083	0.085
	(0.030)	(0.137)	(0.060)	(0.073)
退休人员	0.007	0.126	− 0.090	0.001
	(0.079)	(0.191)	(0.172)	(0.105)
房产数量	0.019	− 0.249	0.008	0.012
	(0.029)	(0.155)	(0.082)	(0.035)
非农户口	0.047	0.033	0.090	0.099
	(0.063)	(0.146)	(0.123)	(0.092)
无业/失业	− 0.292	—	− 0.095	− 0.378
	(0.380)	—	(1.051)	(0.233)
身体健康	0.165 ***	0.124 *	0.167 **	0.194 ***
	(0.024)	(0.061)	(0.053)	(0.032)
锻炼频率	− 0.001	0.008	0.009	− 0.012
	(0.008)	(0.020)	(0.017)	(0.010)

续表

	模型 1 （全样本）	模型 2 （低收入群体）	模型 3 （中低收入群体）	模型 4 （中高收入群体）
一般信任	−0.011	−0.061	0.027	−0.013
	(0.013)	(0.038)	(0.028)	(0.017)
邻居信任	0.090***	0.044	0.060+	0.117***
	(0.015)	(0.039)	(0.031)	(0.019)
和睦快乐因子	0.057*	−0.043	0.048	0.079*
	(0.026)	(0.067)	(0.054)	(0.034)
传统保守因子	−0.004	0.014	−0.011	0.015
	(0.026)	(0.094)	(0.060)	(0.033)
常数项	1.563***	5.429**	1.141	0.888
	(0.407)	(1.663)	(0.807)	(0.925)
样本数	1461	239	333	820
R^2	0.121	0.142	0.086	0.183

注：+ $p < 0.10$，* $p < 0.05$，** $p < 0.01$，*** $p < 0.001$。

我们进一步将总样本分成不同的收入子群体进行分析。其中高收入群体的样本数较少，没有进入群体比较的分析中。基于低收入人群、中低收入人群和中高收入人群这三个子群体，我们对比了各收入群体中 2010 年的生活价值观因子对 2016 年的生活满意度的影响情况。结果与 2014 年的情况类似，只有在中高收入群体中和睦快乐因子对生活满意度的提升作用是显著的，这也再次证实了生活价值观中的和睦快乐因子发挥着重要的时滞性影响作用。而传统保守因子对生活满意度的回归系数在各个收入群体中都不显著。这也表明传统保守因子的时间滞后性影响比较小，几乎可以忽略不计。

我们接下来分析了生活价值观对未来生活信心的时滞性影响。回归结果如下表所示。在总样本的回归结果中，和睦快乐因子对未来生活信心的影响是显著的，即和睦快乐因子每提升一个单位，则对未来生活的信心可以上升 0.086 个单位。而传统保守因子与未来生活的信心的相关程度却不显著。不同收入群体中的回归结果表明，和睦快乐因子在中低收入人群和中高收入群体中都有显著的时间滞后性影响。

表9-1-8　　　2016年生活价值观与未来生活信心的线性回归模型结果

	模型1（全样本）	模型2（低收入群体）	模型3（中低收入群体）	模型4（中高收入群体）
年龄	0.004	-0.003	0.001	0.006
	(0.003)	(0.006)	(0.007)	(0.004)
男性	-0.053	-0.061	-0.137	-0.033
	(0.050)	(0.133)	(0.115)	(0.064)
教育程度	-0.047	-0.047	-0.091	-0.089
	(0.067)	(0.161)	(0.164)	(0.090)
中等教育	-0.115	0.077	-0.219	-0.181 +
	(0.080)	(0.232)	(0.196)	(0.098)
高等教育	-0.189 *	-0.004	-0.300	-0.276 *
	(0.091)	(0.267)	(0.217)	(0.120)
家庭收入	0.044	-0.083	0.030	0.049
	(0.030)	(0.117)	(0.060)	(0.080)
退休人员	-0.020	-0.008	0.057	-0.079
	(0.085)	(0.186)	(0.224)	(0.106)
房产数量	-0.004	-0.338 *	0.020	-0.020
	(0.030)	(0.132)	(0.098)	(0.037)
非农户口	0.136 *	0.196	0.253 *	0.103
	(0.064)	(0.145)	(0.128)	(0.096)
无业/失业	0.505 *	—	0.678	0.502 *
	(0.220)	—	(0.565)	(0.227)
身体健康	0.193 ***	0.107 +	0.228 ***	0.212 ***
	(0.024)	(0.058)	(0.061)	(0.031)
锻炼频率	0.004	0.007	0.011	-0.004
	(0.008)	(0.021)	(0.018)	(0.010)
一般信任	-0.052 ***	-0.024	-0.065 *	-0.048 **
	(0.013)	(0.034)	(0.029)	(0.018)
邻居信任	0.058 ***	0.006	0.015	0.089 ***
	(0.014)	(0.036)	(0.035)	(0.018)
和睦快乐因子	0.086 **	0.012	0.099 +	0.089 *
	(0.027)	(0.069)	(0.050)	(0.039)

续表

	模型 1 （全样本）	模型 2 （低收入群体）	模型 3 （中低收入群体）	模型 4 （中高收入群体）
传统保守因子	0.023	0.050	0.022	0.028
	(0.027)	(0.091)	(0.062)	(0.034)
常数项	2.439***	4.836***	2.886***	2.153*
	(0.403)	(1.441)	(0.853)	(0.972)
样本数	1461	239	333	820
R^2	0.105	0.065	0.112	0.147

注：[+] $p < 0.10$，[*] $p < 0.05$，[**] $p < 0.01$，[***] $p < 0.001$。

（五）2018 年生活价值观对主观幸福感的滞后影响

下表报告了 2010 年的生活价值观因子对 2018 年生活满意度的影响。在全样本模型中，和睦快乐因子对生活满意度的影响显著，即和睦快乐因子每提升一个单位，则生活满意度可以上升 0.033 个单位。但是传统保守因子对生活满意度的影响显著性水平较低，这说明传统保守因子对生活满意度的影响较弱。

表 9 - 1 - 9　2018 年生活价值观与生活满意度的线性回归模型结果

	模型 1 （全样本）	模型 2 （低收入群体）	模型 3 （中低收入群体）	模型 4 （中高收入群体）
年龄	0.009***	0.019***	0.006	0.007**
	(0.002)	(0.006)	(0.004)	(0.003)
男性	0.052	0.074	0.062	0.061
	(0.046)	(0.107)	(0.087)	(0.064)
教育程度				
中等教育	−0.055	−0.176	−0.201*	0.092
	(0.056)	(0.123)	(0.103)	(0.085)
高等教育	−0.034	0.237	−0.159	0.046
	(0.086)	(0.293)	(0.195)	(0.115)
家庭收入	0.042	−0.028	0.819**	0.160
	(0.027)	(0.054)	(0.336)	(0.097)

续表

	模型1（全样本）	模型2（低收入群体）	模型3（中低收入群体）	模型4（中高收入群体）
退休人员	0.364	−0.382	0.488	0.189
	(0.294)	(0.952)	(0.401)	(0.463)
房产数量	0.030	0.079	−0.018	0.031
	(0.028)	(0.100)	(0.063)	(0.035)
非农户口	−0.005	0.024	−0.039	−0.049
	(0.056)	(0.113)	(0.114)	(0.085)
无业/失业	−0.326	0.331	−0.369	−0.132
	(0.288)	(0.941)	(0.389)	(0.456)
身体健康	0.106***	0.143***	0.013	0.112***
	(0.022)	(0.050)	(0.043)	(0.032)
锻炼频率	−0.007	−0.012	0.002	−0.002
	(0.007)	(0.015)	(0.014)	(0.011)
一般信任	−0.023*	−0.039	0.014	−0.034**
	(0.012)	(0.027)	(0.023)	(0.017)
邻居信任	0.072***	0.084***	0.063***	0.072***
	(0.013)	(0.027)	(0.024)	(0.018)
和睦快乐因子	0.033***	0.010	0.025	0.063***
	(0.013)	(0.027)	(0.023)	(0.020)
传统保守因子	0.042**	0.083	0.021	0.049
	(0.021)	(0.053)	(0.038)	(0.031)
常数项	2.331***	2.259***	−6.205	0.877
	(0.356)	(0.738)	(3.961)	(1.206)
样本数	1315	316	327	629
R^2	0.084	0.103	0.062	0.099

注：+ $p < 0.10$，* $p < 0.05$，** $p < 0.01$，*** $p < 0.001$。

　　本研究进一步按照不同的收入，对各个收入层次的对应群体进行分析。由于高收入群体的样本数较少，因而没有纳入群体比较的分析中。基于低收入人群、中低收入人群和中高收入人群这三个子群体，本研究对比了各收入群体中 2010 年的生活价值观因子对 2018 年生活满意度的影响。结果表明，只有在中高收入群体中和睦快乐因子对生活满意度的影响是显著的，这与前几次的调查结果一致，进一步证实了生活价值观中的和睦快乐因子发挥着重要的时滞性影响作用。而传统保守因子对生活满意度的回归系数在各个收入群体中都不显著，说明传统保守因子对生活满意度的并不存在时间滞后影响。

　　本研究进一步分析了生活价值观对未来生活信心的时滞性影响。回归结果如下表所示。在全样本模型的回归结果中，传统保守因子对未来生活信心的影响并不显著。而和睦快乐因子与未来生活的信心的相关程度较为显著，和睦快乐因子每提高一单位，对未来生活的信心程度提高0.029。但是，不同收入群体中的回归结果表明，和睦快乐因子在各个收入群体中并不存在显著的时间滞后性影响。

表 9 - 1 - 10　　2018 年生活价值观与未来生活信心的线性回归模型结果

	模型 1 （全样本）	模型 2 （低收入群体）	模型 3 （中低收入群体）	模型 4 （中高收入群体）
年龄	- 0.000	0.001	0.000	- 0.002
	(0.002)	(0.006)	(0.005)	(0.004)
男性	- 0.023	0.071	- 0.179 *	0.027
	(0.050)	(0.106)	(0.100)	(0.071)
教育程度				
中等教育	- 0.052	- 0.288 **	- 0.034	0.076
	(0.061)	(0.122)	(0.118)	(0.096)
高等教育	- 0.163 *	- 0.199	- 0.218	- 0.045
	(0.094)	(0.291)	(0.223)	(0.129)
家庭收入	- 0.003	- 0.001	0.484	0.244 **
	(0.029)	(0.054)	(0.386)	(0.109)
退休人员	0.276	- 0.596	0.269	0.247
	(0.321)	(0.944)	(0.460)	(0.518)
房产数量	- 0.006	0.010	- 0.007	- 0.013
	(0.030)	(0.099)	(0.072)	(0.039)

续表

	模型1 （全样本）	模型2 （低收入群体）	模型3 （中低收入群体）	模型4 （中高收入群体）
非农户口	0.054	0.198*	0.105	-0.052
	(0.061)	(0.112)	(0.131)	(0.095)
无业/失业	-0.308	0.494	-0.333	-0.236
	(0.315)	(0.933)	(0.447)	(0.510)
身体健康	0.167***	0.218***	0.058	0.175***
	(0.024)	(0.049)	(0.049)	(0.036)
锻炼频率	0.007	-0.013	-0.002	0.021*
	(0.008)	(0.015)	(0.016)	(0.012)
一般信任	-0.016	-0.012	0.019	-0.045**
	(0.013)	(0.027)	(0.026)	(0.019)
邻居信任	0.103***	0.149***	0.059**	0.093***
	(0.014)	(0.027)	(0.028)	(0.021)
和睦快乐因子	0.029**	0.039	0.021	0.032
	(0.014)	(0.026)	(0.027)	(0.022)
传统保守因子	0.038	0.122**	-0.037	0.062*
	(0.023)	(0.053)	(0.043)	(0.035)
常数项	3.026***	2.483***	-2.115	0.099
	(0.389)	(0.731)	(4.544)	(1.349)
样本数	1313	315	326	629
R^2	0.092	0.185	0.000	0.110

注：+ $p < 0.10$，$p < 0.05$，** $p < 0.01$，*** $p < 0.001$。

二 经济新常态下社会价值观对主观幸福感的影响

（一）2010 年社会价值观对主观幸福感的影响

2010 年的调查中就经济发展与社会不平等的一系列关系询问了受访者的态度，相关的问题包括"为了经济繁荣就要拉大收入差距"（收入差距），"有公平竞争才有和谐的人际关系"（公平竞争），"财富是个人成就的反映"（个人成就），"在当今社会，努力工作能得到回报"（工作回报），"在当今社会，聪明才干能得到回报"（聪明才干），"在当今社会，有社会关系比个人有能力更重要"（社会关系）。受访者的态度选项包括十分不同意（1）、不同意（2）、中立（3）、同意（4）、十分同意（5）。得分越高说明受访者越同意这些问题的表述。下表报告了2010年调查的结果。我们可以看到，各个收入人群中支持"为了经济繁荣就要拉大收入差距"这一观点的人比反对的人数少很多，平均值处于中立（3）以下。其中中高收入群体的平均值为2.609，是各收入人群中最低的。

表9-2-1　　　　　2010年各收入人群的社会价值观分布

	收入 差距	公平 竞争	个人 成就	工作 回报	聪明 才干	社会 关系
低收入人群	2.756	3.597	3.232	3.527	3.547	3.517
中低收入人群	2.746	3.703	3.267	3.555	3.559	3.646
中高收入人群	2.609	3.647	3.193	3.408	3.444	3.633
高收入人群	2.685	3.704	3.204	3.574	3.259	3.741
总样本	2.692	3.642	3.223	3.485	3.502	3.595

而其他五个观点的支持者要比反对者稍微多一点。对于"有公平竞争才有和谐的人际关系"这个观点，平均得分较低的是低收入人群，仅为3.597。得分最高的是高收入人群，其次是中低收入人群。中高收入人群的态度则在平均值附近。对于"财富是个人成就的反映"这个观点，各个收入人群之间并没有明显的区别，基本上都在中立（3）附近。对于"在当今社会，努力工作能得到回报"这个观点，中高收入人群中支持的比例反而要低于其他的收入群体。对于"在当今社会，聪明才干能得到回报"这个观点，高收入人群中支持的比例却是最低的，而中高收入人群的平均值也低于中低收入群体和低收入群体。对于"在当今社会，有社会关系比个人有能力更重要"这个观点，高收入人群中支持的比例是最高的，而低收入人群的平均值则明显低于其他收入群体。

下表的相关关系矩阵报告了主观幸福感的两个指标与社会价值观各指标之间的相关关系。首先，生活满意度与"在当今社会，努力工作能

得到回报"这一观点的正相关关系比较强，达到了 0.158。生活满意度
与"在当今社会，有社会关系比个人有能力更重要"这个观点是负相关
关系。也就是说，那些比较认同社会关系比个人能力更重要的群体会更
不满意他们的生活状况。

表 9 - 2 - 2　　　2010 年社会价值观与主观幸福感的相关关系矩阵

	生活满意度	未来生活信心	收入差距	公平竞争	个人成就	工作回报	聪明才干
未来生活信心	0.518*						
收入差距	0.062*	0.085*					
公平竞争	0.051*	0.091*	0.157*				
个人成就	0.006	0.033	0.237*	0.193*			
工作回报	0.158*	0.133*	0.178*	0.161*	0.233*		
聪明才干	0.086*	0.077*	0.184*	0.201*	0.231*	0.425*	
社会关系	-0.084*	-0.045*	0.006	0.050*	0.077*	-0.113*	-0.001

注：* $p < 0.05$。

其次，未来生活信心与"在当今社会，努力工作能得到回报"这一
观点的正相关关系也比较强，达到了 0.133。这说明认同努力工作就有
回报的观点会有助于提升人们的主观幸福感。这也说明在社会主义市场
经济改革背景下，越来越鼓励个人努力的社会主流价值观有助于人们的
主观幸福感的提升。未来生活信心与"在当今社会，有社会关系比个人
有能力更重要"这个观点也是负相关关系。也就是说，那些比较认同社
会关系比个人能力更重要的群体会对未来比较缺乏信心。

最后，社会价值观的各个指标之间的相关关系大多数是显著的，但
相关性特别强的只有"在当今社会，努力工作能得到回报"和"在当今
社会，聪明才干能得到回报"这两个观点。这两者的相关度达到了
0.425。而其他各个观点之间的相关度都没有超过 0.25，这说明进行因子
分析来提取公因子的方式是不合适的。同样，这也说明在回归方程中除
了两个有关回报的观点以外，其他的指标同时进入回归方程并不会导致
多重共线性。在后继的回归分析中，我们将"在当今社会，努力工作能

得到回报"和"在当今社会，聪明才干能得到回报"这两个指标相加后除以2，从而合并为一个指标，命名为"才能回报"。

接下来，我们以生活满意度为因变量来检验社会价值观的各个指标在线性回归模型中的作用。回归结果如下表所示。这五个有关社会价值观的指标对生活满意度的影响有所差异。收入差距和能力回报这两个变量与生活满意度是正相关。这两个变量都与市场经济所强调的发展才是硬道理的核心理念比较一致，都比较支持人们通过自身的努力和工作来获得更高的收入和发展。因此，在经济新常态的背景下，当人们更为认同这两个价值观时，他们也会更加满意他们的生活状况。其中如何受访者对拉大收入差距的认同度提升一个单位，则他对生活的满意程度就可以上升 0.057 个单位。而能力回报这一指标上升一个单位，则生活满意度就会提升 0.144 个单位。考虑到这两个指标的取值范围都是从 1 到 5，这说明人们的能力回报这一价值观影响生活满意度的程度要大于收入差距这一指标。而"在当今社会，有社会关系比个人有能力更重要"这个观点与生活满意度是负相关，说明人们认为能力不如社会关系重要时，他们的生活满意度也会相应地降低。这也再次证明了承认能力的重要性会有助于人们获得更高的生活满意度。而公平竞争和个人成就这两个指标与生活满意度没有明显的关联度。

表 9 - 2 - 3　2010 年社会价值观与生活满意度的线性回归模型结果

	模型 1 （全样本）	模型 2 （低收入群体）	模型 3 （中低收入群体）	模型 4 （中高收入群体）
年龄	0.001 +	0.001 **	0.009 **	0.009 ***
	(0.001)	(0.000)	(0.003)	(0.002)
男性	− 0.119 ***	− 0.116 +	− 0.086	− 0.156 **
	(0.034)	(0.060)	(0.077)	(0.054)
教育程度				
中等教育	− 0.194 ***	− 0.259 ***	− 0.041	− 0.087
	(0.043)	(0.069)	(0.105)	(0.079)
高等教育	− 0.111 +	− 0.150	− 0.129	− 0.053
	(0.060)	(0.135)	(0.150)	(0.097)

续表

	模型 1 （全样本）	模型 2 （低收入群体）	模型 3 （中低收入群体）	模型 4 （中高收入群体）
家庭收入	0.029 **	0.015	−0.017	0.032
	(0.010)	(0.018)	(0.036)	(0.036)
退休人员	0.281 ***	0.359 ***	0.182	0.042
	(0.049)	(0.084)	(0.129)	(0.088)
房产数量	0.166 ***	0.187 ***	0.098	0.111 *
	(0.029)	(0.057)	(0.062)	(0.047)
非农户口	0.041	0.121 +	0.050	0.020
	(0.041)	(0.067)	(0.086)	(0.071)
无业/失业	0.003	0.053	−0.102	0.039
	(0.043)	(0.070)	(0.094)	(0.076)
身体健康	0.197 ***	0.188 ***	0.209 ***	0.225 ***
	(0.021)	(0.036)	(0.045)	(0.037)
锻炼频率	0.022 ***	0.030 ***	0.013	0.011 +
	(0.004)	(0.007)	(0.009)	(0.006)
和睦快乐因子	0.239 ***	0.229 ***	0.277 ***	0.229 ***
	(0.019)	(0.034)	(0.038)	(0.028)
传统保守因子	0.043 *	0.080 *	−0.007	0.043
	(0.020)	(0.037)	(0.041)	(0.032)
社会价值观				
收入差距	0.057 **	0.063 +	0.080 *	0.051 +
	(0.018)	(0.034)	(0.038)	(0.029)
公平竞争	0.002	0.034	−0.018	−0.003
	(0.022)	(0.044)	(0.045)	(0.034)
个人成就	−0.025	−0.047	−0.033	0.014
	(0.019)	(0.035)	(0.040)	(0.029)
能力回报	0.144 ***	0.107 *	0.182 ***	0.150 ***
	(0.024)	(0.046)	(0.051)	(0.035)
社会关系	−0.076 ***	−0.056 +	−0.057	−0.095 ***
	(0.018)	(0.032)	(0.041)	(0.028)

	模型 1 （全样本）	模型 2 （低收入群体）	模型 3 （中低收入群体）	模型 4 （中高收入群体）
常数项	2.006 ***	2.085 ***	1.860 ***	1.566 **
	(0.196)	(0.315)	(0.557)	(0.506)
样本数	3054	1134	606	1066
R^2	0.172	0.166	0.201	0.183

注： + $p < 0.10$，* $p < 0.05$，** $p < 0.01$，*** $p < 0.001$。

我们进一步对比了各收入群体中社会价值观的 5 个指标对生活满意度的影响情况。结果表明，各个收入群体中能力回报对生活满意度的提升作用都是显著的，这也再次证实了认同能力和努力对于生活满意度的重要作用。收入差距的回归系数在各收入群体的回归模型中并没有大的改变，只是在显著性上有一些波动。而社会关系对生活满意度的消极影响在中高收入群体中更为显著。公平竞争和个人成就对生活满意度的回归系数在各个收入群体中都不显著。

接下来，我们检验了社会价值观对未来生活信心的影响。在总样本的回归结果中，收入差距和能力回报这两个变量与未来生活信心是正相关。这说明在经济新常态的背景下，人们的信心可能来源于他们对这两个价值观的高度认同。受访者对拉大收入差距的认同度提升一个单位，则他对未来生活的信心就可以上升 0.081 个单位。而能力回报这一指标上升一个单位，则未来生活信心就会提升 0.129 个单位。社会关系这个指标与未来生活信心也是负相关，说明人们认为能力不如社会关系重要时，他们对未来的生活信心也会相应地降低。而公平竞争和个人成就这两个指标与未来生活信心没有明显的关联度。

表9-2-4　2010年社会价值观与未来生活信心的线性回归模型结果

	模型1 （全样本）	模型2 （低收入群体）	模型3 （中低收入群体）	模型4 （中高收入群体）
年龄	-0.001	-0.000	-0.009 *	-0.012 ***
	(0.001)	(0.000)	(0.004)	(0.003)
男性	0.010	0.033	-0.005	0.031
	(0.035)	(0.059)	(0.080)	(0.057)
教育程度				
中等教育	0.013	0.012	-0.127	-0.128
	(0.045)	(0.068)	(0.099)	(0.086)
高等教育	0.239 ***	0.344 **	-0.122	0.010
	(0.062)	(0.131)	(0.140)	(0.108)
家庭收入	0.007	-0.013	-0.014	-0.004
	(0.011)	(0.018)	(0.030)	(0.032)
退休人员	0.089 +	0.174 *	0.311 *	0.220 *
	(0.052)	(0.081)	(0.144)	(0.108)
房产数量	0.047	0.104 +	-0.040	0.048
	(0.030)	(0.059)	(0.062)	(0.046)
非农户口	0.103 *	0.122 +	-0.062	0.207 **
	(0.042)	(0.066)	(0.087)	(0.076)
无业/失业	-0.046	0.035	-0.245 **	0.028
	(0.045)	(0.072)	(0.088)	(0.080)
身体健康	0.190 ***	0.192 ***	0.172 ***	0.141 ***
	(0.021)	(0.033)	(0.047)	(0.038)
锻炼频率	0.018 ***	0.014 +	0.016 +	0.024 ***
	(0.004)	(0.007)	(0.009)	(0.006)
和睦快乐因子	0.261 ***	0.237 ***	0.262 ***	0.299 ***
	(0.020)	(0.032)	(0.044)	(0.036)
传统保守因子	0.138 ***	0.144 ***	0.177 ***	0.148 ***
	(0.021)	(0.035)	(0.045)	(0.034)
社会价值观				
收入差距	0.081 ***	0.087 **	0.138 ***	0.064 *
	(0.018)	(0.032)	(0.039)	(0.029)

续表

	模型 1 （全样本）	模型 2 （低收入群体）	模型 3 （中低收入群体）	模型 4 （中高收入群体）
公平竞争	0.034	− 0.012	0.022	0.061 +
	(0.023)	(0.043)	(0.050)	(0.034)
个人成就	− 0.018	− 0.060 +	− 0.041	0.021
	(0.020)	(0.035)	(0.041)	(0.031)
才能回报	0.129 ***	0.102 *	0.114 *	0.149 ***
	(0.025)	(0.047)	(0.054)	(0.037)
社会关系	− 0.065 ***	− 0.065 *	− 0.062	− 0.073 *
	(0.019)	(0.033)	(0.043)	(0.030)
常数项	2.171 ***	2.508 ***	3.145 ***	2.905 ***
	(0.212)	(0.314)	(0.515)	(0.493)
样本数	3057	1134	608	1067
R^2	0.166	0.145	0.228	0.212

注：$^+ p < 0.10$，$^* p < 0.05$，$^{**} p < 0.01$，$^{***} p < 0.001$。

进一步分收入群体的回归结果也表明，收入差距和能力回报的这两个指标在各个收入群体中都有稳定的积极作用。这说明对市场经济运行规律的认同有助于提升对未来生活的信心。而低收入人群和中高收入人群中认为社会关系比个人能力更重要的人会对未来的生活比较缺乏信心。中低收入人群中社会关系的负影响系数和其他两个群体的系数也比较接近，但是标准误比较大，因此在统计意义上不显著。

（二）2014 年社会价值观对主观幸福感的滞后影响

2014 年经济新常态已经进入了相对稳定的发展过程中。上海的经济虽然没有前些年那样高速的增长，但是发展质量不断提高，市场经济运行越来越规范，为人们的安居乐业提供了良好的外部环境保障。在这一年的调查中，社会价值观并没有被纳入问卷中，但是追踪到大量的 2010 年的受访者。下表报告了使用 2010 年社会价值观的五个指标来预测 2014 年生活满意度的回归结果。这五个指标中能够有效预测 2014 年生活满意度的只有能力回报和社会关系这两个指标。而收入差距与生活满意度并没有直接的关系。这可能反映出在经济新常态下人们对于收入差距的认识已经不再与他们的生活状况联系在一起。

表 9 - 2 - 5　　2014 年社会价值观与生活满意度的线性回归模型结果

	模型 1（全样本）	模型 2（低收入群体）	模型 3（中低收入群体）	模型 4（中高收入群体）
年龄	0.008 ***	0.013 ***	0.002	0.006
	(0.002)	(0.004)	(0.004)	(0.004)
男性	0.013	− 0.035	0.129	− 0.007
	(0.049)	(0.085)	(0.084)	(0.084)
教育程度				
初中教育	0.084	0.255 *	− 0.018	− 0.099
	(0.064)	(0.103)	(0.111)	(0.126)
高中教育	0.003	0.058	− 0.227 +	− 0.060
	(0.074)	(0.138)	(0.122)	(0.133)
高等教育	0.128	0.282	− 0.014	− 0.162
	(0.082)	(0.194)	(0.137)	(0.143)
家庭收入	0.053 *	0.004	0.386	0.131
	(0.023)	(0.029)	(0.269)	(0.144)
退休人员	0.029	0.100	0.001	− 0.028
	(0.068)	(0.114)	(0.112)	(0.121)
房产数量	0.089 **	0.042	− 0.041	0.121 **
	(0.029)	(0.072)	(0.057)	(0.039)
非农户口	0.050	0.042	0.094	0.060
	(0.062)	(0.093)	(0.101)	(0.137)
无业/失业	− 0.005	− 0.180 +	0.269 *	0.023
	(0.066)	(0.109)	(0.112)	(0.118)
身体健康	0.214 ***	0.194 ***	0.225 ***	0.212 ***
	(0.023)	(0.037)	(0.042)	(0.045)
社会价值观				

	模型 1（全样本）	模型 2（低收入群体）	模型 3（中低收入群体）	模型 4（中高收入群体）
收入差距	0.019	0.031	0.006	0.047
	(0.023)	(0.042)	(0.040)	(0.037)
公平竞争	0.012	0.030	− 0.016	− 0.002
	(0.030)	(0.061)	(0.046)	(0.050)
个人成就	0.005	0.015	0.040	− 0.023
	(0.025)	(0.051)	(0.041)	(0.040)
能力回报	0.124 ***	0.215 **	0.101 +	0.082
	(0.034)	(0.074)	(0.053)	(0.055)
社会关系	− 0.056 *	− 0.075 +	− 0.061	− 0.059
	(0.024)	(0.044)	(0.042)	(0.043)
常数项	1.833 ***	1.668 ***	− 1.444	1.436
	(0.345)	(0.501)	(3.115)	(1.699)
样本数	1644	660	498	458
R^2	0.083	0.093	0.111	0.086
	4605.966	2059.866	1368.002	1222.052

注：+ $p < 0.10$，* $p < 0.05$，** $p < 0.01$，*** $p < 0.001$。

各个收入群体的回归结果表明，能力回报对生活满意度的滞后性影响主要是在低收入群体中比较明显。能力回报每增加一个单位，则低收入群体在 2014 年的生活满意度可以上升 0.215 个单位。在中低收入群体中，能力回报增加一个单位则只能带来 2014 年生活满意度上升 0.101 个单位。在中高收入群体中能力回报的作用却不显著了。这说明在经济新常态背景下，收入较低的群体的生活满意度更容易受到能力回报价值观的影响。社会关系对生活满意度的负向影响程度在各个收入群体之间并没有太大的变化。

下表报告了 2014 年未来生活信心受社会价值观影响的情况。从回归结果中可以看到，只有能力回报这一个指标对人们的未来生活信心有一定的影响，而其他四个指标不再能够实质性的影响到人们的信心水平。而在各收入群体中，能力回报的回归系数也没有太大的变化，基本上保

持了相似的影响水平。这说明各收入群体对于能力回报的认识都会影响
到他们对未来生活的信心。这一点与前一个有关生活满意度的回归模型
结果不太一样。

表 9 - 2 - 6 　　2014 年社会价值观与未来生活信心的线性回归模型结果

	模型 1 （全样本）	模型 2 （低收入群体）	模型 3 （中低收入群体）	模型 4 （中高收入群体）
年龄	- 0.003	- 0.009 *	0.005	- 0.002
	(0.003)	(0.004)	(0.005)	(0.004)
男性	0.037	0.131	- 0.021	- 0.003
	(0.053)	(0.094)	(0.095)	(0.085)
教育程度				
初中教育	0.149 *	0.166	0.243 +	0.007
	(0.069)	(0.105)	(0.129)	(0.138)
高中教育	0.121	0.095	0.078	0.096
	(0.077)	(0.139)	(0.150)	(0.139)
高等教育	0.108	0.134	0.210	- 0.075
	(0.088)	(0.203)	(0.167)	(0.153)
家庭收入	0.001	- 0.030	- 0.282	- 0.093
	(0.019)	(0.022)	(0.319)	(0.149)
退休人员	0.113	0.260 *	0.009	- 0.023
	(0.074)	(0.126)	(0.125)	(0.122)
房产数量	0.068 *	0.014	0.005	0.084 +
	(0.033)	(0.077)	(0.068)	(0.046)
非农户口	0.083	0.170 +	- 0.052	0.141
	(0.070)	(0.102)	(0.123)	(0.148)
无业/失业	0.020	0.013	- 0.045	0.045
	(0.070)	(0.114)	(0.132)	(0.125)
身体健康	0.194 ***	0.173 ***	0.186 ***	0.223 ***
	(0.027)	(0.041)	(0.053)	(0.046)
社会价值观				

续表

	模型 1 （全样本）	模型 2 （低收入群体）	模型 3 （中低收入群体）	模型 4 （中高收入群体）
收入差距	− 0.046 +	− 0.020	− 0.041	− 0.061
	(0.026)	(0.046)	(0.046)	(0.042)
公平竞争	0.050	0.047	0.069	0.033
	(0.034)	(0.066)	(0.054)	(0.060)
个人成就	− 0.001	0.001	− 0.010	0.005
	(0.027)	(0.052)	(0.047)	(0.042)
能力回报	0.154 ***	0.133 +	0.206 **	0.140 *
	(0.038)	(0.075)	(0.068)	(0.059)
社会关系	− 0.029	− 0.056	0.032	− 0.067
	(0.027)	(0.046)	(0.051)	(0.048)
常数项	2.933 ***	3.602 ***	5.390	4.388 *
	(0.314)	(0.458)	(3.686)	(1.744)
样本数	1644	660	498	458
R^2	0.068	0.072	0.075	0.097

注：+ $p < 0.10$， * $p < 0.05$， ** $p < 0.01$， *** $p < 0.001$。

（三）2016 年社会价值观对主观幸福感的滞后影响

2016 年经济新常态已经成为大部分人的共识。上海的经济转型取得了新的成就，自贸区建设和四个中心建设正在全面推进。在这一年的调查中，社会价值观也没有被纳入问卷中，追踪到的 2010 年的受访者只剩下 50% 左右。下表报告了使用 2010 年社会价值观的五个指标来预测 2016 年生活满意度的回归结果。这五个指标中能够有效预测 2016 年生活满意度的有收入差距、能力回报和社会关系这三个指标。其中收入差距与生活满意度的相关性仅在 0.1 的水平上显著。能力回报和社会关系对生活满意度的滞后性影响比较稳定，这反映出在经济新常态下人们对于能力回报的认同可以在比较长的时间里提升他们的生活满意度，而对于社会关系的过度依赖则会长期损害他们的生活满意度。

表 9 - 2 - 7　　2016 年社会价值观与生活满意度的线性回归模型结果

	模型 1（全样本）	模型 2（低收入群体）	模型 3（中低收入群体）	模型 4（中高收入群体）
年龄	0.013***	0.003	0.014*	0.016***
	(0.003)	(0.006)	(0.006)	(0.004)
男性	-0.061	-0.180	0.006	-0.073
	(0.050)	(0.147)	(0.106)	(0.065)
教育程度				
初中教育	-0.131+	-0.266	-0.156	-0.095
	(0.068)	(0.177)	(0.144)	(0.092)
高中教育	-0.198*	-0.503*	-0.123	-0.185+
	(0.080)	(0.240)	(0.193)	(0.104)
高等教育	-0.034	-0.108	-0.038	-0.038
	(0.088)	(0.351)	(0.201)	(0.119)
家庭收入	0.062*	-0.197	0.072	0.080
	(0.030)	(0.128)	(0.061)	(0.080)
退休人员	0.002	0.129	-0.065	-0.034
	(0.080)	(0.190)	(0.174)	(0.112)
房产数量	0.029	-0.221	0.016	0.032
	(0.029)	(0.155)	(0.080)	(0.037)
非农户口	0.025	0.074	0.049	0.080
	(0.064)	(0.153)	(0.124)	(0.092)
无业/失业	-0.414	0.000	-0.330	-0.424
	(0.370)	—	(0.979)	(0.317)
身体健康	0.179***	0.125*	0.180***	0.217***
	(0.024)	(0.059)	(0.053)	(0.032)
社会价值观				
收入差距	0.042+	0.002	0.048	0.068*
	(0.025)	(0.078)	(0.056)	(0.031)
公平竞争	-0.008	0.055	-0.016	-0.019
	(0.031)	(0.113)	(0.077)	(0.038)
个人成就	0.020	0.148	0.012	-0.024
	(0.027)	(0.101)	(0.057)	(0.033)

续表

	模型 1 （全样本）	模型 2 （低收入群体）	模型 3 （中低收入群体）	模型 4 （中高收入群体）
能力回报	0.094 *	0.102	0.034	0.135 **
	(0.037)	(0.120)	(0.105)	(0.044)
社会关系	− 0.059 *	− 0.171 *	− 0.079	− 0.033
	(0.027)	(0.083)	(0.056)	(0.035)
常数项	1.624 ***	4.996 **	1.760 +	1.035
	(0.444)	(1.610)	(0.967)	(1.006)
样本数	1465	239	333	824
R^2	0.092	0.153	0.077	0.126

注：+ $p < 0.10$，* $p < 0.05$，** $p < 0.01$，*** $p < 0.001$。

　　各个收入人群的回归结果表明，能力回报对生活满意度的滞后性影响主要是在中高收入群体中比较明显。能力回报每增加一个单位，则中高收入群体在 2016 年的生活满意度可以上升 0.135 个单位。在中低收入群体中，能力回报与 2016 年的生活满意度之间几乎没有相关性。社会关系对生活满意度的负向影响只在低收入群体中比较显著。社会关系每增加一个单位，则低收入群体在 2016 年的生活满意度会降低 0.171 个单位。收入差距对生活满意度的影响在中高收入群体中比较强。这个指标每增加一个单位，则中高收入群体在 2016 年的生活满意度可以上升 0.068 个单位。这些结果表明，中高收入群体的生活满意度可能更多地受到收入差距和能力回报这两个价值观的影响。

　　下表报告了 2016 年未来生活信心受社会价值观滞后性影响的情况。从回归结果中可以看到，只有能力回报这一个指标对人们的未来生活信心有一定的影响，而其他四个指标不再能够实质性的影响到人们的信心水平。而在各收入群体中，能力回报的回归系数也没有太大的变化，基本上保持了相似的影响水平。这说明各收入群体对于能力回报的认识都会影响到他们对未来生活的信心。这一点与前一个有关生活满意度的回归模型结果不太一样。

表 9 - 2 - 8　　　　2016 年社会价值观与未来生活信心的线性回归模型结果

	模型 1（全样本）	模型 2（低收入群体）	模型 3（中低收入群体）	模型 4（中高收入群体）
年龄	0.005	−0.001	0.003	0.007 +
	(0.003)	(0.006)	(0.007)	(0.004)
男性	−0.035	−0.041	−0.160	−0.006
	(0.051)	(0.134)	(0.115)	(0.066)
教育程度				
初中教育	−0.033	−0.028	−0.120	−0.058
	(0.069)	(0.162)	(0.161)	(0.093)
高中教育	−0.075	0.058	−0.135	−0.125
	(0.081)	(0.225)	(0.202)	(0.104)
高等教育	−0.091	0.246	−0.172	−0.178
	(0.092)	(0.294)	(0.215)	(0.123)
家庭收入	0.058 +	−0.101	0.026	0.031
	(0.031)	(0.113)	(0.064)	(0.084)
退休人员	−0.033	−0.025	0.002	−0.114
	(0.087)	(0.186)	(0.218)	(0.113)
房产数量	0.011	−0.310 *	−0.023	0.006
	(0.031)	(0.132)	(0.097)	(0.039)
非农户口	0.110 +	0.202	0.219	0.081
	(0.065)	(0.142)	(0.133)	(0.096)
无业/失业	0.397 +	—	0.232	0.515 *
	(0.238)	—	(0.746)	(0.217)
身体健康	0.206 ***	0.105 +	0.236 ***	0.234 ***
	(0.024)	(0.056)	(0.062)	(0.031)
社会价值观				
收入差距	0.033	0.010	−0.013	0.081 *
	(0.027)	(0.071)	(0.060)	(0.034)
公平竞争	−0.011	0.016	−0.047	−0.009
	(0.033)	(0.097)	(0.082)	(0.042)
个人成就	0.016	0.035	0.033	−0.002
	(0.027)	(0.086)	(0.069)	(0.033)

	模型1 （全样本）	模型2 （低收入群体）	模型3 （中低收入群体）	模型4 （中高收入群体）
能力回报	0.123 **	0.198 +	0.174	0.109 *
	(0.038)	(0.106)	(0.112)	(0.047)
社会关系	－0.025	－0.059	－0.024	－0.029
	(0.029)	(0.077)	(0.062)	(0.038)
常数项	1.946 ***	4.140 **	2.320 *	2.141 *
	(0.447)	(1.466)	(1.023)	(1.039)
样本数	1465	239	333	824
R²	0.074	0.079	0.093	0.096

注：$^+ p < 0.10$，$^* p < 0.05$，$^{**} p < 0.01$，$^{***} p < 0.001$。

（四）2018 年社会价值观对主观幸福感的滞后影响

在 2018 年的调查中，社会价值观没有被纳入到本次问卷之中，下表报告了使用 2010 年社会价值观的五个指标来预测 2018 年生活满意度的回归结果。从全模型的回归结果来看，这五个指标中能够有效预测 2018 年生活满意度的有收入差距、公平竞争和能力回报这三个指标，其中，社会关系与生活满意度的相关性仅在 0.1 的水平上显著。对比前几次调查的回归结果，能力回报对生活满意度的滞后性影响比较稳定，这反映出在经济新常态下人们对于能力回报的认同可以在比较长的时间里提升他们的生活满意度。

表 9-2-9　　　　　　　　2018 年社会价值观与生活满意度的
线性回归模型结果

	模型1 （全样本）	模型2 （低收入群体）	模型3 （中低收入群体）	模型4 （中高收入群体）
年龄	0.011 ***	0.015 ***	0.011 ***	0.011 ***
	(0.002)	(0.005)	(0.004)	(0.003)
男性	0.003	0.106	－0.013	－0.017
	(0.041)	(0.103)	(0.079)	(0.057)
教育程度				

续表

	模型1 （全样本）	模型2 （低收入群体）	模型3 （中低收入群体）	模型4 （中高收入群体）
中等教育	-0.057	-0.153	-0.174 *	0.061
	(0.054)	(0.124)	(0.096)	(0.081)
高等教育	0.029	0.135	0.037	0.081
	(0.076)	(0.232)	(0.164)	(0.103)
家庭收入	0.057 **	-0.046	0.762 ***	0.117
	(0.025)	(0.054)	(0.294)	(0.086)
退休人员	0.121	-0.373	0.337	-0.136
	(0.233)	(0.949)	(0.335)	(0.336)
房产数量	0.041 *	0.124	0.046	0.023
	(0.025)	(0.093)	(0.057)	(0.031)
非农户口	-0.013	-0.059	-0.112	-0.002
	(0.050)	(0.111)	(0.100)	(0.074)
无业/失业	-0.157	0.319	-0.333	0.128
	(0.227)	(0.944)	(0.321)	(0.326)
身体健康	0.134 ***	0.191 ***	0.041	0.143 ***
	(0.020)	(0.048)	(0.039)	(0.028)
社会价值观				
收入差距	0.049 **	0.080 *	-0.034	0.070 ***
	(0.019)	(0.047)	(0.038)	(0.027)
公平竞争	0.056 **	0.046	0.056	0.041
	(0.025)	(0.067)	(0.047)	(0.033)
个人成就	-0.037	-0.114 *	-0.006	-0.028
	(0.023)	(0.059)	(0.044)	(0.031)
能力回报	0.140 ***	0.189 **	0.159 ***	0.132 ***
	(0.030)	(0.088)	(0.059)	(0.039)
社会关系	-0.037 *	-0.034	-0.049	-0.032
	(0.021)	(0.054)	(0.039)	(0.030)
常数项	1.767 ***	2.410 ***	-5.888 *	0.968
	(0.353)	(0.802)	(3.435)	(1.053)

	模型 1 （全样本）	模型 2 （低收入群体）	模型 3 （中低收入群体）	模型 4 （中高收入群体）
样本数	1607	341	396	814
R^2	0.083	0.108	0.087	0.075

注：$^+ p < 0.10$，$^* p < 0.05$，$^{**} p < 0.01$，$^{***} p < 0.001$。

各个收入群体的回归结果表明，能力回报对生活满意度的滞后性影响在各个收入群体中均较为明显。而收入差距对生活满意度的正向影响只在中高收入群体中比较显著。收入差距每增加一个单位，则中高收入群体在 2018 年的生活满意度会降低 0.07 个单位，这些结果表明，中高收入群体的生活满意度可能更多地受到收入差距和能力回报这两个价值观的影响，这与 2016 年的调查结果一致。

下表报告了 2018 年未来生活信心受社会价值观滞后性影响的情况。从回归结果中可以看到，只有能力回报和能力回报对人们 2018 年的未来生活信心有较为显著的正向影响，而收入差距与未来生活信心的相关性仅在 0.1 的水平上显著。而在各收入群体中，能力回报的在中低收入群体以及中高收入群体中与未来生活信心呈显著的正相关关系。而公平竞争则在低收入群体以及中低收入群体均显著，说明低收入人群的未来生活信心与其对公平竞争的认知呈正相关关系。

表 9 - 2 - 10　　2018 年社会价值观与未来生活信心的线性回归模型结果

	模型 1 （全样本）	模型 2 （低收入群体）	模型 3 （中低收入群体）	模型 4 （中高收入群体）
年龄	0.004 *	0.007	0.004	0.002
	(0.002)	(0.005)	(0.004)	(0.003)
男性	− 0.058	0.065	− 0.172 **	− 0.040
	(0.044)	(0.104)	(0.086)	(0.062)
教育程度				
中等教育	− 0.015	− 0.207 *	0.036	0.056
	(0.058)	(0.126)	(0.104)	(0.089)

续表

	模型1 （全样本）	模型2 （低收入群体）	模型3 （中低收入群体）	模型4 （中高收入群体）
高等教育	-0.031	0.015	0.025	-0.027
	(0.082)	(0.235)	(0.178)	(0.113)
家庭收入	0.021	0.001	0.539*	0.184*
	(0.027)	(0.055)	(0.318)	(0.094)
退休人员	0.035	-0.920	0.060	0.055
	(0.250)	(0.963)	(0.363)	(0.368)
房产数量	0.018	0.016	0.020	0.006
	(0.027)	(0.095)	(0.062)	(0.034)
非农户口	0.013	0.095	0.018	-0.061
	(0.054)	(0.113)	(0.108)	(0.081)
无业/失业	-0.093	0.780	-0.128	-0.049
	(0.244)	(0.958)	(0.348)	(0.357)
身体健康	0.172***	0.237***	0.056	0.193***
	(0.022)	(0.048)	(0.042)	(0.031)
社会价值观				
收入差距	0.036*	0.090*	-0.001	0.027
	(0.021)	(0.047)	(0.041)	(0.029)
公平竞争	0.071***	0.152**	0.091*	0.019
	(0.026)	(0.068)	(0.051)	(0.036)
个人成就	0.004	-0.056	0.045	0.002
	(0.024)	(0.060)	(0.048)	(0.034)
能力回报	0.245***	0.140	0.263***	0.281***
	(0.033)	(0.089)	(0.065)	(0.043)
社会关系	-0.033	-0.032	-0.032	-0.044
	(0.023)	(0.054)	(0.042)	(0.033)
常数项	1.949***	1.982**	-3.925	0.142
	(0.379)	(0.813)	(3.726)	(1.152)
样本数	1606	341	395	814
R^2	0.099	0.106	0.078	0.117

注：$^+ p < 0.10$，$^* p < 0.05$，$^{**} p < 0.01$，$^{***} p < 0.001$。

三 追踪样本中价值观对主观幸福感的影响

为了进一步确认各个因素对生活满意度影响的稳健性，我们将经济新常态下的四次调查中都成功追踪访问的样本提取出来组成一个面板数据。这个数据包括 1148 个样本在四次调查中的情况。我们将这个面板数据中的生活价值观和社会价值观设定为在各年份中不变，再运用随机效应模型对数据进行拟合。表 9 - 3 - 1 报告了价值观对生活满意度的面板随机效应回归模型的结果。

在随机效应模型中的回归结果与前文所得结果基本一致。模型 1 包括了人口经济特征的相关控制变量。年龄与生活满意度是正相关，表明年龄越大则生活满意度越高。男性的生活满意度要低于女性 0.07 个单位。家庭收入也和生活满意度正相关，说明收入水平越高的群体也会有更高的生活满意度。年龄、房产数量、和身体健康也与生活满意度正相关呈正相关关系。其他人口经济特征的控制变量与生活满意度的相关性并不显著。三个年份虚拟变量的回归系数也都是显著的，表明 2014 年人们的生活满意度比 2010 年上升了 0.396 个单位，2016 年的生活满意度比 2010 年高出 0.322 个单位，2018 年的生活满意度比 2010 年高出 0.633 个单位。这表明，2016 年上海居民的生活满意度比 2014 年还有所降低，但是 2018 年上海居民的生活满意度相比 2016 年有较大提升。

表 9 - 3 - 1　　　　经济新常态下价值观与生活满意度的
随机效应模型结果

	模型 1	模型 2	模型 3	模型 4
年龄	0.011 ***	0.011 ***	0.010 ***	0.009 ***
	(0.002)	(0.002)	(0.002)	(0.002)
男性	- 0.007	- 0.008	- 0.004	0.001
	(0.039)	(0.038)	(0.038)	(0.040)
教育程度	0.000	0.000	0.000	0.000

续表

	模型 1	模型 2	模型 3	模型 4
中等教育	−0.051	−0.052	−0.049	−0.025
	(0.044)	(0.044)	(0.043)	(0.047)
高等教育	−0.087	−0.091	−0.082	−0.026
	(0.068)	(0.068)	(0.068)	(0.071)
家庭收入	0.079***	0.074***	0.071***	0.086***
	(0.019)	(0.019)	(0.019)	(0.021)
退休人员	−0.073	−0.067	−0.062	−0.029
	(0.092)	(0.093)	(0.093)	(0.096)
房产数量	0.023	0.025	0.027	0.034*
	(0.019)	(0.019)	(0.019)	(0.020)
非农户口	−0.043	−0.039	−0.043	−0.009
	(0.042)	(0.042)	(0.041)	(0.045)
无业/失业	0.051	0.054	0.051	0.046
	(0.085)	(0.086)	(0.086)	(0.088)
身体健康	0.149***	0.147***	0.142***	0.142***
	(0.015)	(0.015)	(0.015)	(0.016)
锻炼频率	0.004	0.002	0.002	0.002
	(0.005)	(0.005)	(0.005)	(0.005)
年份	0.000	0.000	0.000	0.000
2014	0.396***	0.392***	0.387***	0.365***
	(0.045)	(0.045)	(0.045)	(0.048)
2016	0.322***	0.321***	0.315***	0.280***
	(0.048)	(0.048)	(0.048)	(0.051)
2018	0.633***	0.636***	0.632***	0.589***
	(0.051)	(0.051)	(0.051)	(0.053)
拜年网规模		0.026***	0.024***	0.022***
		(0.007)	(0.007)	(0.008)
邻里互动		0.011***	0.008**	0.010**
		(0.004)	(0.004)	(0.004)

续表

	模型 1	模型 2	模型 3	模型 4
和睦快乐因子			0.074 ***	0.083 ***
			(0.010)	(0.011)
传统保守因子			−0.006	−0.026
			(0.018)	(0.019)
收入差距				0.025
				(0.020)
公平竞争				−0.009
				(0.025)
个人成就				0.015
				(0.021)
能力回报				0.115 ***
				(0.028)
社会关系				−0.041 *
				(0.021)
常数项	1.501 ***	1.523 ***	1.600 ***	1.117 ***
	(0.238)	(0.243)	(0.242)	(0.302)

注：$^+ p < 0.10$，$^* p < 0.05$，$^{**} p < 0.01$，$^{***} p < 0.001$。

模型 2 加入了 2010 年的拜年网规模和邻居互动频率这两个变量。结果表明这两个变量对生活满意度的影响也都是显著的。这也证实了家庭的社交生活方式会在一定程度上改变家庭成员对生活状况的评价。如果家庭的社会资本比较高，邻里关系比较融洽，那么家庭成员的生活满意度也会更高。

模型 3 加入了生活价值观的两个因子。其中和睦快乐因子对各次调查的生活满意度都产生了显著的积极影响。这说明人们对美好生活的追求可以促进人们更满意他们的生活状态。而传统保守的生活价值观与生活满意度的相关度不大。

模型 4 进一步纳入了社会价值观的五个指标。各个指标的回归系数和前文分年度的线性回归结果比较相似。其中能力回报与生活满意度存在比较强的正相关，而社会关系与生活满意度的负相关关系仅在 0.1 的水平上显著。这说明在经济新常态下，人们的社会价值观中的能力回报、社会关系对生活满意度存在着一定的相关性。

本研究进一步考察了各个价值观指标对未来生活信心的影响。所得结果如下表所示，在包含人口特征等控制变量的模型 1 中，大多数变量都与未来生活信心没有明显的关联性。只有身体健康状况和锻炼频率对未来生活信心有着积极的影响，这也充分说明健康状况对于人们树立对未来生活的信心十分重要。有规律的体育锻炼也有助于人们保持积极向上的心态。从受教育程度来看，受过高等教育的群体相较于受教育水平较低的群体，对未来的信心较低。年份的影响也呈现出先增长后降低随后又增长的趋势，这与前文有关生活满意度的变化规律也比较相似。

表 9 - 3 - 2　　经济新常态下价值观与未来生活信心的随机效应模型结果

	模型 1	模型 2	模型 3	模型 4
年龄	0.001	0.001	0.001	− 0.001
	(0.002)	(0.002)	(0.002)	(0.002)
男性	− 0.014	− 0.017	− 0.006	− 0.023
	(0.041)	(0.041)	(0.040)	(0.043)
教育程度	0.000	0.000	0.000	0.000
中等教育	− 0.033	− 0.033	− 0.017	0.013
	(0.046)	(0.046)	(0.046)	(0.049)
高等教育	− 0.185 ***	− 0.188 ***	− 0.154 **	− 0.080
	(0.072)	(0.072)	(0.072)	(0.075)
家庭收入	0.027	0.023	0.021	0.020
	(0.020)	(0.020)	(0.020)	(0.021)
退休人员	− 0.024	− 0.029	− 0.021	0.013
	(0.095)	(0.097)	(0.096)	(0.098)
房产数量	− 0.005	− 0.005	− 0.003	0.003
	(0.020)	(0.020)	(0.020)	(0.020)
非农户口	− 0.073 *	− 0.072	− 0.064	− 0.052
	(0.044)	(0.044)	(0.044)	(0.047)

续表

	模型 1	模型 2	模型 3	模型 4
无业/失业	0.016	0.025	0.027	0.043
	(0.088)	(0.089)	(0.089)	(0.090)
身体健康	0.158***	0.157***	0.153***	0.145***
	(0.015)	(0.015)	(0.015)	(0.016)
锻炼频率	0.008*	0.006	0.007	0.007
	(0.005)	(0.005)	(0.005)	(0.005)
年份	0.000	0.000	0.000	0.000
2014	0.553***	0.557***	0.550***	0.534***
	(0.047)	(0.047)	(0.047)	(0.048)
2016	0.494***	0.500***	0.492***	0.454***
	(0.050)	(0.050)	(0.050)	(0.052)
2018	0.693***	0.699***	0.692***	0.655***
	(0.053)	(0.053)	(0.053)	(0.055)
拜年网规模		0.029***	0.027***	0.024***
		(0.008)	(0.008)	(0.008)
邻里互动		0.011***	0.008*	0.011**
		(0.004)	(0.004)	(0.004)
和睦快乐因子			0.077***	0.083***
			(0.011)	(0.012)
传统保守因子			0.027	0.013
			(0.019)	(0.021)
收入差距				0.011
				(0.021)
公平竞争				0.033
				(0.027)
个人成就				0.001
				(0.022)
能力回报				0.140***
				(0.030)

	模型 1	模型 2	模型 3	模型 4
社会关系				− 0.021
				(0.023)
常数项	2.594 ***	2.603 ***	2.637 ***	2.157 ***
	(0.250)	(0.253)	(0.253)	(0.315)

注：$^+$ p < 0.10，* p < 0.05，** p < 0.01，*** p < 0.001。

模型 2 加入了 2010 年的拜年网规模和邻居互动频率这两个变量。结果表明这两个变量对生活满意度的影响也都是显著的。这说明健康积极的社交生活方式可以增强人们对未来的信心。

模型 3 加入了和睦快乐因子和传统保守因子。和睦快乐因子可以显著的提升人们的生活信心。与前文对生活满意度的回归结果相同，和睦快乐因子对未来生活信心产生了显著的积极影响，乐观积极的心态使得人们更容易树立对未来生活的信心。

模型 4 进一步纳入了社会价值观的五个指标。各个指标的回归系数和前文有关生活满意度的回归结果相比，仅有能力回报与未来生活信心存在比较强的正相关。这说明在经济新常态下，人们的社会价值观中的能力回报对未来生活信心存在着一定的相关性。

四　讨论与小结

本章使用 2010 年、2014 年、2016 年以及 2018 年的横截面数据及追踪数据分析了价值观的各个指标对主观幸福感的影响。通过这四次调查的比较分析，我们可以看到经济新常态下后价值观对主观幸福感的影响发生了一定的变化。在这几次调查中，有关价值观的问题只在 2010 年的基准调查中被纳入了问卷中。价值观是一些长期养成的态度和观念，一般不会在短期内发生大的变化。因此，我们将 2010 年调查中询问的价值观变量作为时间滞后变量来预测 2014 年、2016 年以及 2018 年的主观幸福感。这样也在一定程度上检验了主观幸福感与其影响因素之间的因果关系的强弱问题。

　　价值观分为生活价值观和社会价值观两个方面。其中生活价值观通过因子分析合成了和睦快乐因子和传统保守因子两个指标。其中传统保守因子对生活满意度的影响并不是很强。而和睦快乐因子对生活满意度的影响则表现出非常稳定的积极作用。这表明，人们如果追求幸福美满的家庭生活，就会拥有更加高的生活满意度，同时也会对未来更有信心。而传统保守的价值观越强的人就会对未来生活的信心更强。随后的时间滞后模型分析表明，中高收入群体中的和睦快乐因子对生活满意度和未来生活的信心两方面的提升作用都比较稳定。

　　社会价值观中对主观幸福感有一定的影响。社会价值观当中有比较稳定影响的是对能力回报的认识和对社会关系重要性的认识两个变量。在 2010 年的调查样本当中，如果人们认为收入差距的扩大有积极的作用，那么他们也会更满意自身的生活状况，也会对未来的生活有更大的信心。如果人们认同能力和努力的重要作用，则会有效的提升他们的生活满意度水平和对未来的生活信心水平。而那些看重社会关系作用的人则会更加的不满意他们的生活状况，也会降低他们对于未来生活的信心。

　　在随后的调查当中，能力回报这个变量对生活满意度和对未来生活信心仍然保持了比较重要的时间滞后影响。而收入差距的作用以及社会关系这两个变量与生活满意度及未来生活信心的关系，就随着时间的推移而变得不再那么重要。在后来的追踪样本的分析当中，和睦快乐因子和能力回报对生活满意度和未来生活信心的作用得到了进一步的验证。同时，而社会关系的认同程度对生活满意度和未来生活信心的消极影响也得到了支持。这些结果表明，人们的价值观水平会对人们的主观幸福感产生重要而稳定的影响。

第十章

经济新常态下互联网使用与
主观幸福感

随着互联网的发展，使用互联网的行为与幸福感之间的关系引起了国内外学者的关注。国外一些学者发现使用互联网与主观幸福感之间存在着显著的消极关系。然而，其他一些研究则表明，使用互联网会对主观幸福感产生积极影响。使用互联网对幸福感所产生的不同影响可能源自不同的社会群体，尤其是家庭的经济状况可能会影响互联网使用与幸福感之间的关系。目前，这些比较不同经济地位群体之间的研究都是基于西方发达国家的实证数据。而在中国的相关研究还很少关注这方面的议题。因此，本章将试图通过对追踪调查数据的分析，探讨在不同家庭经济地位的群体当中互联网的生活方式对主观幸福感是否会产生不同的影响。

一　2010年互联网使用对主观幸福感的影响

（一）2010年各收入群体的互联网使用方式

数字鸿沟理论表明人们在接触和使用互联网方面存在着三种类型的问题，即获得网络的不平等，使用网络的不平等和从网络获益的不平等（赵联飞，2015）。以往的研究对于哪些特征会决定人们是否上网进行了比较多的研究。主要的影响因素包括年龄、教育程度、收入水平和城乡差别等。下表报告了互联网使用情况在各个收入群体中的分布情况。高收入群体使用互联网的比例已经高达68.6%，该群体中通过手机上网的比例也有27.5%，每天上网时长高达3.857小时。而中高收入群体的互联网使用比例只有43.8%，能够使用手机上网的比例只有16.6%。这个群体中的网民平均每天上网时长不足 3 小时。低收入群体的上网比例则仅为 19%，表明 2010 年上海的大多数低收入人群还是被排除在互联网世界以外。该群体中能够使用移动互联网的比例不足 10%，而网民每天上网的时长也只有 2.614 小时。这些结果比较清晰的表明能够有机会使用互联网的机会随着家庭经济水平的上升而增加。2010 年数字鸿沟所造成的问题在上海是比较明显的。

表 10 - 1 - 1　　　　2010 年各收入群体的互联网使用分布情况

	低收入群体	中低收入群体	中高收入群体	高收入群体
上网比例	0.19	0.308	0.438	0.686
移动上网比例	0.093	0.123	0.166	0.275
网民上网时数	2.614	2.717	2.948	3.857
网络活跃度	9.338	9.957	9.891	10.143

　　该次调查还询问了网民平时使用门户网站、BBS、博客、播客、社交网站、专业网站、搜索网站、游戏网站、商务网站等九类网站平时的访问频率。针对每一类网站，受访者回答的选择包括：1. 偶尔；2. 每月数次；3. 每周数次；4. 几乎每天。如果受访者从不访问就计为 0。这十类网站的访问频率加总后得到了一个网络活跃度的指标。该指标的取值范围从 0 到 36。从表 10 - 1 - 1 中可以看到，各收入群体中网民的网络活跃度也存在一定的差别。基本的趋势是收入水平越高，则网民的网络活跃度越高。

　　为了综合考察上网机会在不同社会群体之间的差异性，我们采用逻辑回归模型检验了多个人口经济学变量和价值观变量对是否上网的影响程度。从逐步回归的结果来看，模型 1 的人口经济学变量回归情况表明，年龄的 Z 值远超其他的变量，达到了 19.37。这说明年龄对是否上网是极为重要的。那些有机会上网的主要是年纪比较轻的人群，而老年人中的上网比例还是比较低的。教育水平对是否上网的影响也是比较显著的，特别是高等教育程度对于上网的积极作用也比中等教育水平高很多。家庭收入水平与是否上网也呈现出一定的正相关关系，即家庭收入越高，则上网的可能性也越高。类似地，人们拥有的房产越多，说明家庭的经济状况越好，则他们上网的可能性也越高。农业户籍的人群中上网的可能性也显著的低于非农业户籍人群，这说明在上海也存在着比较明显的城乡间的数字鸿沟。由此可见，在 2010 年影响人们是否上网的几个主要的因素是年龄、性别、教育程度、户籍状况和家庭经济状况（家庭收入和房产数量）。

表 10 – 1 – 2　　　2010 年互联网使用行为影响因素的逻辑回归模型结果

	模型 1	模型 2	模型 3	模型 4
年龄	– 0.118 ***	– 0.119 ***	– 0.119 ***	– 0.118 ***
	(0.006)	(0.006)	(0.006)	(0.006)
男性	0.470 ***	0.479 ***	0.447 ***	0.435 ***
	(0.119)	(0.120)	(0.120)	(0.121)
教育程度				
高中教育	1.819 ***	1.815 ***	1.746 ***	1.711 ***
	(0.232)	(0.233)	(0.236)	(0.237)
高等教育	3.960 ***	3.969 ***	3.825 ***	3.785 ***
	(0.284)	(0.288)	(0.290)	(0.291)
家庭收入	0.075 *	0.076 *	0.083 *	0.086 *
	(0.035)	(0.035)	(0.038)	(0.038)
农业户口	– 0.788 ***	– 0.775 ***	– 0.698 ***	– 0.663 ***
	(0.143)	(0.143)	(0.145)	(0.145)
退休人员	0.358 +	0.371 +	0.271	0.267
	(0.208)	(0.209)	(0.212)	(0.213)
房产数量	0.613 ***	0.619 ***	0.630 ***	0.638 ***
	(0.101)	(0.101)	(0.102)	(0.103)
职业声望	0.007	0.007	0.006	0.004
	(0.006)	(0.006)	(0.006)	(0.006)
无业/失业	0.415	0.407	0.328	0.279
	(0.261)	(0.262)	(0.264)	(0.263)
身体健康		– 0.085	– 0.076	– 0.067
	(0.074)	(0.074)	(0.075)	

续表

	模型1	模型2	模型3	模型4
锻炼频率		− 0. 000	− 0. 003	− 0. 003
		(0. 014)	(0. 014)	(0. 014)
和睦快乐因子			0. 125 ⁺	0. 114 ⁺
			(0. 065)	(0. 065)
传统保守因子			− 0. 313 ***	− 0. 313 ***
			(0. 065)	(0. 067)
社会价值观				
收入差距				− 0. 001
				(0. 060)
公平竞争				0. 103
				(0. 075)
个人成就				− 0. 056
				(0. 062)
能力回报				− 0. 046
				(0. 078)
社会关系				0. 160 *
				(0. 063)
常数项	0. 744	1. 145 ⁺	1. 117	0. 475
	(0. 536)	(0. 667)	(0. 687)	(0. 837)
虚拟 R^2	0. 498	0. 499	0. 506	0. 509

注：⁺ $p < 0.10$，* $p < 0.05$，** $p < 0.01$，*** $p < 0.001$。

模型 2 加入了锻炼频率和健康水平。但这两个变量与上网行为都没有显著的相关性。模型 3 加入了生活价值观的两个因子。我们认为价值观是长期的教育与生活经历影响下产生的，并不会受到短期的网络使用行为的影响。结果表明，那些传统保守的价值观比较强的群体使得网络的可能性也比较低。而和睦快乐因子得分比较高的群体则会更可能使用互联网。

模型 4 加入了社会价值观的几个指标。结果表明，只有社会关系这个指标与上网的概率有一定的相关性。具体来讲，如何人们认为社会关系比个人能力更重要，则他们使用互联网的可能性就会越高。

我们进一步考察了网民的网络活跃度受各种人口经济学因素和价值观因素影响的情况。从表9－1－3的逐步回归结果来看，年龄与网络活跃度存在着比较明显的正相关关系。也就是说，在网络上比较活跃的网民主要是年纪比较轻的人群，而老年网民在网络上的活跃度还很有限。男性的网络活跃度也是要高于女性的。教育水平对网络活跃度的影响主要体现在高等教育程度的群体明显比其他较低教育程度的群体要更加活跃。家庭收入水平和房产数量这两个有关家庭经济条件的变量与网络活跃度的相关关系则不显著。农业户籍的网民在网络上的活跃程度显著的低于非农业户籍人群。职业声望高的群体和无业的群体则会在网络上更活跃。

表10－1－3　2010年网民的网络活跃度影响因素的线性回归模型结果

	模型1	模型2	模型3	模型4
年龄	-0.247^{***}	-0.249^{***}	-0.247^{***}	-0.244^{***}
	(0.019)	(0.019)	(0.019)	(0.019)
男性	0.964^{*}	0.827^{*}	0.763^{+}	0.786^{+}
	(0.414)	(0.411)	(0.409)	(0.407)
教育程度				
高中教育	0.457	0.476	0.538	0.114
	(1.328)	(1.339)	(1.318)	(1.303)
高等教育	4.077^{**}	3.972^{**}	3.906^{**}	3.342^{*}
	(1.401)	(1.411)	(1.391)	(1.374)
家庭收入	-0.123	-0.113	-0.092	-0.090
	(0.139)	(0.138)	(0.136)	(0.139)
农业户口	-3.204^{***}	-3.067^{***}	-2.840^{***}	-2.607^{***}
	(0.517)	(0.517)	(0.521)	(0.524)
退休人员	0.387	0.059	-0.001	0.059
	(0.787)	(0.788)	(0.790)	(0.796)
房产数量	0.006	0.010	0.000	0.010
	(0.348)	(0.345)	(0.342)	(0.341)

续表

	模型 1	模型 2	模型 3	模型 4
职业声望	0.055 **	0.047 *	0.041 *	0.043 *
	(0.019)	(0.019)	(0.019)	(0.019)
无业/失业	3.201 ***	2.704 **	2.374 *	2.579 **
	(0.953)	(0.954)	(0.959)	(0.953)
身体健康		−0.310	−0.203	−0.061
		(0.294)	(0.296)	(0.292)
锻炼频率		0.160 ***	0.153 ***	0.152 ***
		(0.046)	(0.046)	(0.046)
和睦快乐因子			0.222	0.170
			(0.242)	(0.241)
传统保守因子			−0.637 **	−0.522 *
			(0.211)	(0.218)
社会价值观				
收入差距				−0.339
				(0.215)
公平竞争				−0.063
				(0.254)
个人成就				0.013
				(0.204)
能力回报				−0.746 **
				(0.266)
社会关系				0.316
				(0.220)
常数项	15.123 ***	17.728 ***	17.031 ***	18.873 ***
	(2.253)	(2.713)	(2.666)	(2.887)
调整后 R^2	0.270	0.278	0.285	0.294

注：$^+$ p < 0.10，* p < 0.05，** p < 0.01，*** p < 0.001。

　　模型 2 加入了锻炼频率和健康水平。其中锻炼频率与网络活跃度显著相关，而身体健康水平与网络活跃度没有关系。这说明喜欢参与体育锻炼的群体更可能在网络上也更为积极的访问各类网站。

模型 3 加入了生活价值观的两个因子。结果表明，那些传统保守的价值观比较强的群体在网络上的活跃度也会更低。而和睦快乐因子并没有与网络活跃度发生明显的关联。模型 4 加入了社会价值观的几个指标。结果表明，只有能力回报这个指标与网络活跃度呈现出显著的负相关。一般我们认为价值观念是比较稳定的，互联网的使用与能力回报所呈现出的负向关系反映出那些在网络上比较活跃的群体更可能不太认同能力和努力可以获得回报这个观点。

（二）2010 年各收入群体的互联网使用方式与主观幸福感

2010 年的调查中有关互联网使用方式的问题包括一系列有关网络使用频率和使用习惯的问题。对于社交软件的使用在前文有关社交生活的章节中进行了分析。初步的结果表明 2010 年社交软件的使用与生活满意试之间并没有实质性的关联。接下来，我们先比较一下网民和非网民在 2010 年是否存在主观幸福感方面的差异。生活满意度在网民与非网民这两个群体之间似乎并没有大的区别。具体到各个收入群体来看，低收入人群中网民与非网民的生活满意度差异仅为 0.024，其他三个收入群体中网民与非网民在生活满意度上的差异也并没有超过 0.2。这说明在 2010 年是否上网可能不会影响到人们的生活满意度水平。

表 10-1-4　　　2010 年网民与非网民的主观幸福感分布

		低收入人群	中低收入人群	中高收入人群	高收入人群	总体
生活满意度	非网民	3.339	3.461	3.694	3.938	3.483
	网民	3.315	3.316	3.507	4.057	3.432
未来生活信心	非网民	3.408	3.466	3.525	3.875	3.455
	网民	3.745	3.599	3.749	4.229	3.716

相对而言，未来生活信心这个变量在网民中的平均水平要明显高于非网民达 0.261 个单位。低收入人群当中的非网民对未来生活的信心是各收入人群中最低的，仅为 3.408。而该人群中的网民对未来生活的信

心则可以达到 3.745。在中低收入人群中网民的生活信心水平仅比非网民高 0.133，在中高收入人群中的差距为 0.224，在高收入人群中的差距高达 0.354。

表 9 - 1 - 5 报告了生活满意度与互联网使用行为的线性回归模型结果。模型 1 检验了是否上网对生活满意度的影响。这个模型的结果显示网民和非网民在生活满意度方面并不存在明显的差异。这与之前的均值比较结果是一致的。

模型 2 针对已经使用互联网的 1000 个样本进行回归分析。结果表明，在网民当中使用互联网的时长与生活满意度是负相关，说明互联网占用的时间越长，人们就会越不满意他们的生活状况。这也反映出互联网的发展在某些方面可能会产生一定的消极影响，需要引起人们的注意。

表 10 - 1 - 5　　　2010 年互联网使用行为与生活满意度的线性回归模型结果

	模型 1	模型 2	模型 3	模型 4
年龄	0.001 [+]	0.001	0.001	0.001
	(0.001)	(0.003)	(0.003)	(0.003)
男性	−0.114 **	−0.154 **	−0.152 **	−0.153 **
	(0.035)	(0.058)	(0.058)	(0.058)
教育程度				
高中教育	−0.213 ***	−0.097	−0.102	−0.097
	(0.046)	(0.205)	(0.206)	(0.206)
高等教育	−0.182 **	−0.089	−0.101	−0.086
	(0.068)	(0.210)	(0.211)	(0.211)
家庭收入	0.026 *	0.057 **	0.055 **	0.057 **
	(0.010)	(0.018)	(0.018)	(0.018)
退休人员	0.315 ***	0.301 [+]	0.302 [+]	0.301 [+]
	(0.053)	(0.159)	(0.160)	(0.159)
房产数量	0.167 ***	0.148 ***	0.149 ***	0.149 ***
	(0.029)	(0.045)	(0.045)	(0.045)
农业户口	0.057	0.039	0.050	0.036
	(0.042)	(0.076)	(0.077)	(0.077)

	模型1	模型2	模型3	模型4
无业/失业	-0.002	-0.020	-0.021	-0.019
	(0.045)	(0.073)	(0.073)	(0.073)
身体健康	0.226***	0.326***	0.321***	0.325***
	(0.022)	(0.048)	(0.048)	(0.048)
锻炼频率	0.026***	0.021***	0.022***	0.022***
	(0.004)	(0.006)	(0.006)	(0.006)
是否上网	0.032			
	(0.047)			
上网时长		-0.025*		-0.025*
		(0.012)		(0.012)
网络活跃度			-0.003	-0.001
			(0.005)	(0.005)
常数项	2.221***	1.488***	1.498***	1.505***
	(0.160)	(0.386)	(0.399)	(0.397)
调整后 R^2	0.092	0.097	0.093	0.096
样本数	3078	1000	1000	1000

注: [+] $p<0.10$, [*] $p<0.05$, [**] $p<0.01$, [***] $p<0.001$。

模型3加入了网络活跃度这一变量。结果表明,人们访问各类网站的频率并不会影响他们的生活满意度。模型4将上述两个变量同时纳入回归模型中。结果与模型2和模型3基本一致。

表9-1-6报告了未来生活信心与互联网使用行为的线性回归模型结果。模型1检验了是否上网对未来生活信心的影响。这个模型的结果显示网民和非网民在未来生活信心方面有着比较显著的差异。使用互联网的人对未来生活的信心平均而言要比不使用网络的人高出0.209个单位。

模型2针对已经使用互联网的网民子样本检验了互联网使用行为对未来生活信心的影响。结果表明,在网民当中使用互联网的时长与未来生活信心不相关。模型3和模型4也表明网络活跃度也不会影响网民们对未来生活的信心。

表 10 - 1 - 6   2010 年上网行为与未来生活信心的线性回归模型结果

	模型 1	模型 2	模型 3	模型 4
年龄	- 0.000	- 0.008 *	- 0.008 *	- 0.008 *
	(0.000)	(0.003)	(0.004)	(0.004)
男性	0.002	0.043	0.045	0.045
	(0.036)	(0.058)	(0.058)	(0.058)
教育程度				
高中教育	- 0.075	0.293	0.293	0.293
	(0.048)	(0.230)	(0.230)	(0.230)
高等教育	- 0.020	0.334	0.341	0.341
	(0.069)	(0.233)	(0.233)	(0.233)
家庭收入	0.002	0.070 ***	0.070 ***	0.070 **
	(0.011)	(0.021)	(0.021)	(0.021)
退休人员	0.142 *	- 0.046	- 0.046	- 0.046
	(0.055)	(0.163)	(0.163)	(0.163)
房产数量	0.043	0.009	0.009	0.009
	(0.031)	(0.051)	(0.051)	(0.051)
农业户口	0.139 **	0.219 **	0.215 **	0.215 **
	(0.045)	(0.077)	(0.078)	(0.078)
无业/失业	- 0.068	0.040	0.041	0.041
	(0.046)	(0.074)	(0.074)	(0.074)
身体健康	0.219 ***	0.286 ***	0.285 ***	0.285 ***
	(0.022)	(0.048)	(0.048)	(0.048)
锻炼频率	0.021 ***	0.018 **	0.018 **	0.018 **
	(0.004)	(0.006)	(0.006)	(0.006)
是否上网	0.209 ***			
	(0.048)			
上网时长		- 0.003		- 0.001
		(0.012)		(0.013)
网络活跃度			- 0.002	- 0.002
			(0.005)	(0.005)

续表

	模型 1	模型 2	模型 3	模型 4
常数项	2.603 ***	1.661 ***	1.694 ***	1.695 ***
	(0.166)	(0.418)	(0.429)	(0.429)
调整后 R^2	0.061	0.093	0.094	0.093
样本数	3081	1000	1000	1000

注：[+] $p < 0.10$，[*] $p < 0.05$，[**] $p < 0.01$，[***] $p < 0.001$。

二　2014 年互联网使用对主观幸福感的影响

2014 年在上海的调查也询问了一些有关互联网使用的问题，但是问题涉及的具体内容和 2010 年的问卷有了较大的改变。随着移动互联网和 web 2.0 等互联网技术的推广，互联网在人们生活中的重要性越来越强，所发挥的功能也越来越丰富。接下来我们将围绕该次调查中涉及的互联网使用情况和主观幸福感进行分析。

（一）2014 年各收入群体的互联网使用方式

2010 年的调查表明能够使用互联网的群体受到年龄、教育程度、经济收入水平、房产数量和城乡户籍差别等因素的影响。在 2014 年，我们发现使用互联网的人在总样本中的比例有了一定的上升。总体而言，有 39% 的受访者在使用互联网。下表报告了互联网使用情况在各个收入群体中的分布情况。高收入群体使用互联网的比例为 55.3%，每周在业余时间上网的时长高达 20.23 小时。而中高收入群体的互联网使用比例也达到了 58.6%，其中网民平均每周在业余时间上网的时长为 14.53 小时。中低收入群体中网民的比例也有 40.4%。该群体中的网民平均每周在业余时间上网的时长为 14.02 小时。低收入群体的上网比例则仅为 22.9%，比 2010 年的 19% 有所增长，但并不明显。这一结果表明上海的低收入群体在享受互联网的红利方面还存在不小的障碍。

表 10 - 2 - 1 　　　　2014 年各收入群体的互联网使用分布情况

	低收入群体	中低收入群体	中高收入群体	高收入群体
上网比例	0.229	0.404	0.586	0.553
上网时长	12.46	14.02	14.53	20.23
网络使用强度	15.27	16.34	18.55	19.19

　　该次调查还询问了网民平时使用互联网进行学习、工作、社交、娱乐和商业活动的频率。针对每一类互联网应用，受访者回答的选择包括：6. 几乎每天；5. 一周 3—4 次；4. 一周 1—2 次；3. 一月 2—3 次；2. 一月一次；1. 几个月一次；0. 从不。这五类互联网应用的使用频率加总后得到了一个网络使用强度的指标。该指标的取值范围从 0 到 30。从表 10 - 2 - 1 中可以看到，各收入群体中网民的网络活跃度也存在一定的差别。基本的趋势是收入水平越高，则网民的网络使用强度也越高。低收入群体中的网民平时使用互联网的强度只有 15.27，而高收入的网民使用互联网的强度可以达到 19.19。

　　为了进一步考察 2014 年不同社会群体之间在使用互联网方面的差异，我们采用逻辑回归模型检验了多个人口经济学变量和价值观变量是否能影响到人们使用互联网的可能性。从模型 1 的逻辑回归结果来看，年龄对是否上网仍然是极为重要的。老年人中的上网比例显著低于中青年群体。教育水平对是否上网的影响也是比较显著的，特别是高等教育程度对于上网的积极作用也比中等教育水平高很多。家庭收入水平和拥有的房产数量都与上网的可能性高度相关。农业户籍的人群中上网的可能性也显著的低于非农业户籍人群，由此可见，在 2014 年影响人们是否上网的主要因素和 2010 年是基本一致的。

表 10 - 2 - 2 　　　　2014 年互联网使用行为的影响因素的回归结果

	上网行为模型（逻辑回归）	网络使用强度模型（线性回归）	网络时长模型（线性回归）
年龄	-0.113^{***}	-0.243^{***}	-0.164^{***}
	(0.008)	(0.021)	(0.046)

续表

	上网行为模型 （逻辑回归）	网络使用强度模型 （线性回归）	网络时长模型 （线性回归）
男性	0.406 **	0.259	2.590 **
	(0.151)	(0.430)	(0.974)
教育程度			
高中教育	1.367 ***	3.548 ***	2.688 +
	(0.173)	(0.783)	(1.631)
高等教育	3.501 ***	6.718 ***	2.289
	(0.324)	(0.871)	(1.841)
家庭收入	0.247 **	0.293	0.775 +
	(0.080)	(0.227)	(0.403)
退休人员	0.252	0.363	4.551 *
	(0.206)	(0.968)	(1.940)
房产数量	0.355 ***	0.214	− 0.546
	(0.098)	(0.267)	(0.521)
农业户口	− 0.571 **	0.219	− 2.234 +
	(0.173)	(0.587)	(1.278)
无业	4.206 **	0.355	5.748
	(1.409)	(1.114)	(4.399)
失业	− 3.933 **	− 0.890	− 3.069
	(1.408)	(1.348)	(4.937)
职业类别（0 = 工人群体）			
领导管理者	0.662 +	3.701 ***	− 0.609
	(0.384)	(0.894)	(2.070)
专业技术人员	1.696 ***	3.907 ***	− 0.610
	(0.374)	(0.769)	(1.724)
办事人员	0.440 +	2.645 ***	− 0.189
	(0.264)	(0.792)	(1.569)
服务业人员	0.030	2.059 **	3.676 *
	(0.204)	(0.717)	(1.793)

	上网行为模型 （逻辑回归）	网络使用强度模型 （线性回归）	网络时长模型 （线性回归）
农民	-1.000^{+}	-3.521^{**}	-5.784^{**}
	(0.514)	(1.243)	(2.176)
常数项	0.380	16.345^{***}	7.018
	(0.986)	(2.817)	(5.262)
虚拟/调整 R^2	0.506	0.417	0.066
样本数	1992	770	768

注：$^{+}$ $p<0.10$，* $p<0.05$，** $p<0.01$，*** $p<0.001$。

模型 2 检验了各种因素影响网络使用强度的情况。从上表中可以看到，年纪轻的人使用网络的强度要高一些。而教育水平也是左右网民使用网络强度的重要因素。家庭收入水平和房产数量与网络使用强度并没有显著的关系，但职业类别可以比较明显的决定网络使用强度的高低。相对于工人群体而言，管理者和专业技术人员使用网络的强度要高出 3 个单位以上，办事人员和服务人员也高出 2 个单位以上，而农民使用网络的强度则明显低很多。

模型 3 检验了各种因素对网民使用网络时间长短的影响。结果表明，年龄仍然是最重要的影响因素之一。年轻人使用网络的时长要明显高于老年人。男性也比女性更长的使用互联网。其他的经济人口因素中只有职业类别之间存在实质性的差异。有意思的是，服务业者是上网时间最长的，而农民是上网时间最短的。

（二）2014 年各收入群体的互联网使用方式与主观幸福感

我们先比较一下网民和非网民在 2014 年是否存在主观幸福感方面的差异（见表 10－2－3）。生活满意度在网民与非网民这两个群体之间似乎并没有大的区别。具体到各个收入群体来看，低收入人群和中低收入人群中网民比非网民的生活满意度都低 0.11 个单位，其他两个收入群体中网民与非网民在生活满意度上的差异也并没有超过 0.1。这说明在 2014 年是否上网可能也不会影响到人们的生活满意度水平。

表 10 - 2 - 3   2014 年网民与非网民的主观幸福感分布

		低收入人群	中低收入人群	中高收入人群	高收入人群	总体
生活满意度	非网民	3.693	3.754	3.971	4.25	3.772
	网民	3.584	3.649	3.903	4.269	3.768
未来生活信心	非网民	3.762	3.839	3.988	4.25	3.831
	网民	3.827	3.776	4.054	4	3.918

相对而言，未来生活信心这个变量在网民中的平均水平也没有明显高于非网民。这两个群体之间在生活满意度上的差距仅为 0.087。低收入人群当中的非网民对未来生活的信心是各收入人群中最低的，仅为 3.762。而该人群中的网民对未来生活的信心为 3.827，差异性并不大。在高收入人群中的非网民的未来生活信心最高，达到了4.25。

表 10 - 2 - 4 报告了生活满意度与互联网使用行为的线性回归模型结果。模型 1 检验了是否上网对生活满意度的影响。这个模型的结果显示网民和非网民在生活满意度方面并不存在明显的差异。这与之前的均值比较结果是一致的。

表 10 - 2 - 4   2014 年互联网使用与生活满意度的线性回归模型结果

	模型 1	模型 2	模型 3
年龄	0.005 **	0.010 ***	0.010 ***
	(0.002)	(0.003)	(0.003)
男性	0.015	− 0.049	− 0.057
	(0.040)	(0.058)	(0.059)
教育程度			
高中教育	− 0.017	− 0.077	− 0.075
	(0.050)	(0.119)	(0.118)
高等教育	− 0.086	− 0.100	− 0.084
	(0.073)	(0.133)	(0.126)

续表

	模型 1	模型 2	模型 3
家庭收入	0.030	−0.003	−0.005
	(0.020)	(0.036)	(0.036)
退休人员	−0.048	−0.400**	−0.416***
	(0.058)	(0.124)	(0.125)
房产数量	0.062*	0.103**	0.106***
	(0.025)	(0.031)	(0.031)
农业户口	0.001	0.083	0.090
	(0.051)	(0.083)	(0.082)
无业	0.019	0.183*	0.166*
	(0.050)	(0.077)	(0.077)
身体健康	0.215***	0.214***	0.215***
	(0.020)	(0.034)	(0.034)
主观地位	0.295***	0.277***	0.278***
	(0.025)	(0.041)	(0.041)
是否上网	0.018		
	(0.058)		
网络使用强度		0.003	
		(0.005)	
网络使用时长			0.003
			(0.002)
常数项	1.853***	2.084***	2.106***
	(0.253)	(0.439)	(0.437)
调整 R^2	0.157	0.157	0.158
样本数	1916	770	768

注：$^+ p < 0.10$，$^* p < 0.05$，$^{**} p < 0.01$，$^{***} p < 0.001$。

模型 2 加入了网络活跃度这一变量。结果表明，人们使用网络的强度他们的生活满意度水平。模型 3 加入了网络使用时长的变量，然而这个变量对生活满意度的影响也是不显著的。这也说明网络使用行为与生活满意度之间并不存在明显的相关关系。

表 10 - 2 - 5 报告了 2014 年未来生活信心与互联网使用行为的线性回归模型结果。模型 1 检验了在 2014 年网民与非网民在未来生活信心方面的差异。这个模型的结果显示网民和非网民在未来生活信心方面存在着一定的差异性，即使用互联网的人对未来生活的信心平均而言要比不使用网络的人低 0.115 个单位。这个结果与 2010 年的情况正好相反。这说明互联网技术的飞速发展所带来的不确定性上升可能会造成网民的信心削减。

模型 2 针对已经使用互联网的网民子样本检验了互联网使用的强度对未来生活信心的影响。结果表明，在网民当中，使用互联网的强度与未来生活信心是正相关的。这表明能够上网的人当中，使用互联网越多则人们对未来的信心越强。模型 3 的结果表明网络使用时长并不会影响网民们对未来生活的信心。综合模型 1 和模型 2 的结果，我们可以知道，不上网的这个群体对未来生活的信心平均而言是要高于上网的那批网民的。而对于网民来说，网络用得越多则他们越会对未来充满信心。也就是说，对未来的信心最低的群体可能是那些只能平时偶尔上网的网民们。

表 10 - 2 - 5　　2014 年互联网使用与未来生活信心的线性回归模型结果

	模型 1	模型 2	模型 3
年龄	- 0.003	0.010 ***	0.007 *
	(0.002)	(0.003)	(0.003)
男性	0.037	- 0.014	- 0.015
	(0.044)	(0.058)	(0.059)
教育程度			
高中教育	0.113 *	0.149	0.208 +
	(0.054)	(0.120)	(0.118)
高等教育	0.059	0.066	0.177
	(0.075)	(0.135)	(0.127)
家庭收入	- 0.012	- 0.044 *	- 0.041 +
	(0.016)	(0.022)	(0.024)
退休人员	0.012	- 0.348 **	- 0.360 **
	(0.063)	(0.120)	(0.121)

续表

	模型 1	模型 2	模型 3
房产数量	0.037	0.017	0.022
	(0.028)	(0.033)	(0.033)
农业户口	0.003	0.144[+]	0.142[+]
	(0.058)	(0.082)	(0.083)
无业	−0.024	0.129	0.088
	(0.053)	(0.081)	(0.081)
身体健康	0.189***	0.206***	0.205***
	(0.024)	(0.033)	(0.032)
主观地位	0.260***	0.247***	0.252***
	(0.028)	(0.038)	(0.038)
是否上网	−0.115[+]		
	(0.062)		
网络使用强度		0.016**	
		(0.005)	
网络使用时长			0.001
			(0.002)
常数项	2.968***	2.479***	2.736***
	(0.224)	(0.336)	(0.337)
调整 R^2	0.107	0.137	0.127
样本数	1916	770	768

注: [+] $p < 0.10$, * $p < 0.05$, ** $p < 0.01$, *** $p < 0.001$。

三 2016 年互联网使用对主观幸福感的影响

2016 年在上海的调查所询问的有关互联网使用的问题基本上和 2014 年的一致。随着网购、社交软件、在线娱乐等互联网应用在社会中的广泛普及，互联网对人们日常生活和精神状态的影响也越来越强。接下来我们将围绕该次调查中涉及的互联网使用情况和主观幸福感进行比较分析。

（一）2016 年各收入群体的互联网使用方式

在 2016 年，我们发现使用互联网的人在总样本中的比例为 51%，刚刚超过了一半（见表 10 - 3 - 1）。这个比例相对于 2014 年的 39% 的上网率有了大幅度的上升。这表明在这两年的时间里，上海的互联网普及情况有了非常大的发展。高收入群体使用互联网的比例为 63.8%，该群体中的网民每周在业余时间上网的时长为 15.55 小时。而中高收入群体的互联网使用比例为 58.4%，基本与 2014 年的情况一致。该群体中的网民平均每周在业余时间上网的时长为 15.35 小时。中低收入群体中网民的比例也有 42.1%。该群体中的网民平均每周在业余时间上网的时长为 14.83 小时。低收入群体的上网比例则为 36.4%，比 2014 年有比较明显的增长，该群体中的网民平均每周在业余时间上网的时长为 18.1 小时，反而是所有收入群体中最高的。这一结果表明在这两年中上海的低收入群体中开始出现了比较多的新网民，而且这些新网民在网络上花费的时间也是比较多的。

表 10 - 3 - 1　　2016 年各收入群体的互联网使用分布情况

	低收入群体	中低收入群体	中高收入群体	高收入群体	总样本
上网比例	0.364	0.421	0.584	0.638	0.51
上网时长	18.1	14.83	15.35	15.55	15.61
网络使用强度	21.9	20.37	22.33	24.07	22.01

该次调查还询问了网民平时使用互联网强度的情况。从表 10 - 3 - 1 中可以看到，各收入群体中网民的网络活跃度也存在一定的差别。高收入群体的网民使用网络的强度达到了 24.07，而最低的中低收入群体的互联网使用强度只有 20.37，低收入群体中的网民平时使用互联网的强度也只有 21.9。这反映出网络使用强度与收入水平依然存在着较强的相关性。

为了更深入的理解互联网行为的各种类型相互间的关系，本研究将反映网络强度的五个指标与网络使用时长一起进行了主成分分析。下图显示了主成分分析的特征值的碎石图，其中有两个因子的特征值是大于1 的。由此可见，这六个指标可以分成两个因子。

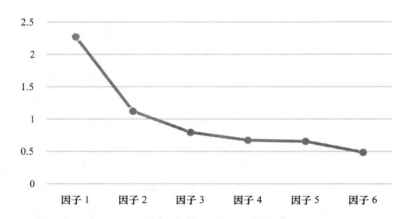

图 10.3.1   2016 年互联网使用行为的主成分分析的特征值碎石图（N = 1004）

表 10 - 3 - 2 报告了主成分分析经过转秩后所得到的因子载荷分布情况。第一个因子与网络学习、网络工作、网络社交及网络商业等四类行为紧密相关。而网络娱乐与网络使用时长则与第二个因子紧密相关。因此我们将第一个因子称为社交发展因子，而第二个因子称为娱乐时长因子。网民们使用网络娱乐应用的频率与上网时长密切相关，说明那些花费大量时间在互联网上的人也往往会频繁使用网络的娱乐游戏功能。

表 10 - 3 - 2   2016 年互联网使用行为的因子载荷分布情况

	因子 1	因子 2	唯一值
网络学习	0.738	- 0.06	0.452
网络工作	0.814	0	0.337
网络社交	0.515	0.434	0.546
网络娱乐	0.218	0.704	0.457
网络商业	0.685	0.337	0.417
网络时长	- 0.09	0.776	0.391

我们接下来考察了 2016 年影响互联网使用情况的各方面因素。首先，我们采用逻辑回归模型检验了多个人口经济学变量和价值观变量是否能影响到人们使用互联网的可能性。从模型 1 的逻辑回归结果来看，老年人中的上网比例显著低于中青年群体。教育水平对是否上网的影响也是比较显著的，特别是高等教育程度对于上网的积极作用也比中等教育水平高很多。家庭收入水平与上网的可能性高度相关。农业户籍的人群中上网的可能性也显著的低于非农业户籍人群。但是，拥有的房产数量与上网的相关性消失了。总的来说，在 2016 年影响人们是否上网的主要因素和 2010 年和 2014 年比较起来并没有大的区别。

表 10 - 3 - 3　　　　2016 年互联网使用影响因素的各模型结果

	上网行为模型（逻辑回归）	社交发展模型（线性回归）	娱乐时长模型（线性回归）
年龄	- 0.128 ***	- 0.046 ***	- 0.052 ***
	(0.009)	(0.008)	(0.009)
男性	0.482 ***	0.302 *	0.290 *
	(0.140)	(0.143)	(0.148)
教育程度			
高中教育	1.404 ***	0.200	- 0.113
	(0.141)	(0.198)	(0.220)
高等教育	3.366 ***	1.720 ***	1.930 ***
	(0.357)	(0.221)	(0.238)
家庭收入	0.436 ***	0.279 **	0.181 +
	(0.122)	(0.099)	(0.109)
退休人员	0.284	0.087	- 1.236 ***
	(0.199)	(0.288)	(0.291)
房产数量	- 0.115	- 0.027	0.146 +
	(0.088)	(0.080)	(0.082)
农业户口	- 0.960 ***	- 0.037	- 0.356 +
	(0.169)	(0.180)	(0.211)
无业	0.287	1.034 ***	- 2.774 ***
	(0.824)	(0.281)	(0.340)

续表

	上网行为模型 （逻辑回归）	社交发展模型 （线性回归）	娱乐时长模型 （线性回归）
身体健康	0.011	-0.117	-0.067
	(0.063)	(0.075)	(0.082)
锻炼频率	0.038 +	0.095 ***	0.003
	(0.021)	(0.028)	(0.028)
常数项	0.613	0.464	2.548 +
	(1.428)	(1.214)	(1.352)
虚拟/调整 R^2	0.494	0.193	0.346
样本数	1941	989	990

注：+ $p < 0.10$，* $p < 0.05$，** $p < 0.01$，*** $p < 0.001$。

模型 2 检验了各种因素影响互联网行为的社交发展因子的情况。从上表中可以看到，年纪轻的人和男性将互联网用于社交和个人发展的频率要高一些。是否受过高等教育则是决定网民更多的使用网络帮助自己发展个人能力和社交资源的重要因素。受过高等教育的人也会在这个因子上得分高于其他较低学历的群体。房产数量、农业户籍等变量与社交发展因子并没有显著的相关性，但家庭收入水平可以比较明显地影响社交发展因子的高低。喜欢锻炼的人也会更多地使用网络来发展个人能力。

模型 3 检验了各种因素如何影响网民使用网络时间长短和进行网络娱乐的频率。结果表明，年纪轻的人和男性在娱乐时长因子上的得分明显高于年长的和女性群体。退休人员和无业人员则会在娱乐时长因子上得分较低。

（二）2016 年各收入群体的互联网使用方式与主观幸福感

我们先比较一下网民和非网民在 2016 年是否存在主观幸福感方面的差异（见表 10 - 3 - 4）。生活满意度在网民与非网民这两个群体之间似乎并没有大的区别。具体到各个收入群体来看，低收入人群中网民比非网民的生活满意度低了 0.463 个单位，其他三个收入群体中网民与非网民在生活满意度上的差异并没有超过 0.2。这说明在 2016 年是否上网可能只在低收入群体中影响到人们的生活满意度水平。

表 10-3-4　　　2016 年网民与非网民的主观幸福感分布

		低收入人群	中低收入人群	中高收入人群	高收入人群	总体
生活满意度	非网民	3.737	3.7	3.889	3.789	3.798
	网民	3.273	3.624	3.645	3.925	3.612
未来生活信心	非网民	3.804	3.73	3.932	3.737	3.839
	网民	3.883	3.82	3.84	4.075	3.857

相对而言，未来生活信心这个变量在网民中的平均水平也没有明显高于非网民。这两个群体之间的差距仅为 0.018。各收入人群当中的非网民对未来生活的信心与网民比起来都没有太大的差异。

表 10-3-5 报告了 2016 年生活满意度与互联网使用行为的线性回归模型结果。模型 1 检验了是否上网对生活满意度的影响。这个模型的结果显示网民和非网民在生活满意度方面并不存在明显的差异。这与之前两次调查的结果也是比较相似的。

表 10-3-5　　　2016 年互联网使用与生活满意度的线性回归模型结果

	模型 1	模型 2	模型 3
年龄	0.011 ***	0.012 ***	0.011 **
	(0.002)	(0.003)	(0.003)
男性	-0.090 *	-0.128 *	-0.119 *
	(0.043)	(0.058)	(0.058)
教育程度			
高中教育	-0.174 ***	-0.194 *	-0.190 *
	(0.053)	(0.083)	(0.083)
高等教育	-0.126 +	-0.199 *	-0.158 +
	(0.070)	(0.091)	(0.093)

续表

	模型 1	模型 2	模型 3
家庭收入	0.095***	0.129***	0.135***
	(0.027)	(0.038)	(0.038)
退休人员	0.009	−0.042	−0.042
	(0.070)	(0.115)	(0.117)
房产数量	0.014	0.060*	0.060*
	(0.022)	(0.028)	(0.029)
农业户口	0.040	0.153*	0.152*
	(0.052)	(0.073)	(0.073)
无业	0.276*	0.278*	0.306*
	(0.110)	(0.117)	(0.121)
身体健康	0.198***	0.206***	0.203***
	(0.022)	(0.032)	(0.032)
是否上网	−0.001		
	(0.062)		
网络使用强度		0.024+	
		(0.013)	
网络使用时长			−0.000
			(0.013)
常数项	1.567***	1.046*	1.060*
	(0.342)	(0.486)	(0.491)
调整 R^2	0.075	0.076	0.072
样本数	1941	989	990

注：+ $p < 0.10$，* $p < 0.05$，** $p < 0.01$，*** $p < 0.001$。

　　模型2加入了互联网使用的社交发展因子。结果表明，网民们使用网络进行学习、工作、社交和商业等活动越多，则他们的生活满意度水平也会越高。这也凸显出互联网技术的发展使得那些能够在网络上发展自身能力的群体会获得更好的生活状态。模型3加入了娱乐时长因子，然而这个变量对生活满意度的影响并不显著。这也说明如果将网络用于娱乐游戏之类的用途，即便使用时间很长也不会提升使用者的生活满意度。

表10-3-6报告了2016年未来生活信心与互联网使用行为的回归模型结果。模型1的线性回归模型检验了在2016年网民与非网民在未来生活信心方面的差异。这个模型的结果显示网民和非网民在未来生活信心方面不并存在差异性,这与前面的均值比较的结果是一致的。

模型2针对已经使用互联网的网民子样本检验了互联网使用的社交发展因子对未来生活信心的影响。结果表明在网民当中,社交发展因子对未来生活信心发挥着较强的提升作用。这表明如果网民们使用互联网来充实自己的个人能力和扩展社交范围的话,他们对未来就会有更强的信心。模型3的结果表明娱乐时长因子并不会影响网民们对未来生活的信心。

表10-3-6　　2016年互联网使用行为与未来生活信心的线性回归模型结果

	模型1	模型2	模型3
年龄	0.004 [+]	0.010 [**]	0.008 [*]
	(0.002)	(0.003)	(0.003)
男性	-0.044	-0.122 [*]	-0.110 [+]
	(0.043)	(0.057)	(0.057)
教育程度			
中等教育	-0.085	-0.149 [+]	-0.142 [+]
	(0.053)	(0.079)	(0.079)
高等教育	-0.180 [*]	-0.290 [***]	-0.228 [*]
	(0.071)	(0.087)	(0.090)
家庭收入	0.073 [**]	0.101 [**]	0.111 [**]
	(0.027)	(0.035)	(0.035)
退休人员	-0.030	-0.265 [*]	-0.259 [*]
	(0.073)	(0.115)	(0.117)
房产数量	-0.006	0.013	0.012
	(0.023)	(0.029)	(0.029)
农业户口	0.183 [***]	0.279 [***]	0.279 [***]
	(0.052)	(0.071)	(0.072)

	模型 1	模型 2	模型 3
无业	0.007	0.021	0.076
	(0.110)	(0.118)	(0.124)
身体健康	0.213 ***	0.231 ***	0.227 ***
	(0.021)	(0.031)	(0.031)
是否上网	0.041		
	(0.064)		
社交发展因子		0.040 **	
		(0.013)	
娱乐时长因子			0.003
			(0.013)
常数项	2.257 ***	1.685 ***	1.700 ***
	(0.341)	(0.449)	(0.459)
调整 R^2	0.065	0.100	0.091
样本数	1941	989	990

注：[+] $p < 0.10$，[*] $p < 0.05$，[**] $p < 0.01$，[***] $p < 0.001$。

四 2018 年互联网使用对主观幸福感的影响

2018 年的调查中有关互联网使用的问 2016 年的调查基本一致。随着移动中终端的不断普及，互联网已经渗透进人们日常生活的方方面面。接下来，本研究将围绕 2018 年调查中所涉及的互联网使用情况与主观幸福感进行比较分析。

（一）2018 年各收入群体的互联网使用方式

2010 年的调查结果表明，互联网使用行为受到年龄、教育程度、经济收入水平、房产数量和城乡户籍差别等因素的影响。2018 年的调查中有 60.6% 的人使用互联网，已占总体样本的半数以上。相比较之前的历次调查，这一比例有明显提升。下表报告了互联网使用情况在各个收入群体中的分布情况。高收入群体使用互联网的比例为 83.3%，每周在业余时间上网的时长达 15 小时，虽然上网时长相较之前的调查有所减少，但上网比例较 2016 年提升了 20% 左右。而中高收入群体的互联网使用比例也达到了 73%％，其中网民平均每周在业余时间上网的时长为 15.854 小时。中低收入群体中网民的比例也有 58.8%。该群体中的网民平均每周在业余时间上网的时长为 15.771 小时。低收入群体的上网比例则仅为 31.8%，比 2016 年有所下降。总体而言，相比 2016 年的调查，2018 年上网的比例增加了 10% 左右，但是上网时长略有下降。

表 10 - 4 - 1　　　　2018 年各收入群体的互联网使用分布情况

	低收入群体	中低收入群体	中高收入群体	高收入群体	总样本
上网比例	0.318	0.588	0.730	0.833	0.606
上网时长	13.144	15.771	15.854	15	15.480
网络使用强度	15.279	15.925	19.062	21.58	17.985

该次调查也询问了网民平时使用互联网进行学习、工作、社交、娱乐和商业活动的频率。表 10 - 4 - 1 表明，各收入群体中网民的网络使用强度也存在一定差异。从各个收入群体来看，收入越高的群体网络的使用强度越高。低收入群体中的网民的互联网使用强度只有 15.279，而高收入的网民使用互联网的强度可以达到 21.58。

为了更深入地理解互联网行为的各种类型相互间的关系，本研究将反映网络强度的五个指标进行了主成分分析。图 10.4.1 显示了主成分分析的特征值的碎石图，其中有两个因子的特征值是大于 1 的。由此可见，这五个指标可以分成两个因子。

表 10 - 4 - 2 报告了主成分分析经过转秩后所得到的因子载荷分布情况。第一个因子与网络学习、网络工作两类行为紧密相关。而网络社交、网络商业、网络娱乐则与第二个因子紧密相关。因此我们将第一个因子称为互联网工作学习因子，而第二个因子称为互联网娱乐社交因子。

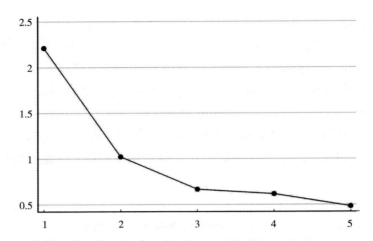

图 10.4.1　互联网使用行为的主成分分析的特征值碎石图（N = 715）

表 10 - 4 - 2　　　　　　　　互联网使用行为的因子载荷分布情况

	因子 1	因子 2	唯一值
网络学习	0.846	0.031	0.284
网络工作	0.833	0.152	0.283
网络社交	0.286	0.670	0.470
网络娱乐	− 0.033	0.847	0.283
网络商业	0.470	0.577	0.447

　　为了进一步考察 2018 年人们互联网使用的特征，本研究采用逻辑回归模型检验了多个人口经济学变量和价值观变量是否能影响是否会影响人们使用互联网的意愿。从模型 1 的逻辑回归结果来看，年龄对是否上网仍然是极为重要的，年龄越大使用互联网的可能性越低。教育水平对是否上网的影响也是比较显著的，受教育程度较高的群体上网比例要远高于受教育程度较低的群体。家庭收入水平、户籍类型、锻炼频率都与上网的行为相关。家庭收入较高、具有非农业户籍的群体上网的可能性较高。

表 10 - 4 - 3　　　2018 年互联网使用行为影响因素的回归结果

	上网行为模型 （逻辑回归）	网络使用强度模型 （线性回归）	网络时长模型 （线性回归）
年龄	- 0. 127 ***	- 0. 171 ***	- 0. 206 ***
	(0. 009)	(0. 018)	(0. 043)
男性	0. 539 ***	- 0. 498	1. 486 *
	(0. 148)	(0. 357)	(0. 843)
教育	0. 000	0. 000	0. 000
中等教育	1. 449 ***	2. 867 ***	3. 250 **
	(0. 159)	(0. 630)	(1. 487)
高等教育	2. 918 ***	7. 106 ***	4. 176 **
	(0. 335)	(0. 718)	(1. 695)
家庭收入	0. 184 **	0. 710 ***	0. 116
	(0. 080)	(0. 213)	(0. 503)
退休	0. 712	1. 387	- 8. 833 **
	(1. 024)	(1. 766)	(4. 169)
房产数量	0. 126	0. 257	- 0. 103
	(0. 092)	(0. 197)	(0. 466)
非农户口	0. 789 ***	0. 503	1. 828 *
	(0. 187)	(0. 462)	(1. 092)
失业/无业	- 0. 161	- 4. 657 ***	14. 076 ***
	(1. 015)	(1. 688)	(3. 984)
健康	0. 044	0. 149	- 0. 269
	(0. 069)	(0. 186)	(0. 441)
锻炼	0. 046 **	- 0. 033	- 0. 193
	(0. 023)	(0. 066)	(0. 155)
常数项	2. 741 ***	13. 259 ***	17. 902 ***
	(1. 038)	(2. 677)	(6. 320)
样本数	1699	994	992
R^2	0. 473	0. 486	0. 057

注：$^+$ p < 0. 10，* p < 0. 05，** p < 0. 01，*** p < 0. 001。

模型 2 检验了各种因素影响网络使用强度的情况。上表的结果表明，与上网比例的情况一致，年龄越大、受教育水平较高、家庭收入水平较高的群体使用网络的强度更高。失业/无业群体使用互联网的强度低于在业群体 4.657 个单位。房产数量、户籍、健康状况以及锻炼频率与网络使用强度并无显著的相关关系。

模型 3 检验了各种因素对网民使用网络时间长短的影响。结果表明，与上网比例和使用强度一致，年龄仍然是影响互联网使用时长的重要因素之一。年龄较大的群体使用网络的时长要显著低于年龄较小的群体。男性的互联网使用时长也比女性更长。

(二) 2018 年各收入群体的互联网使用方式与主观幸福感

表 10-4-4 报告了网民和非网民在 2018 年是否存在主观幸福感方面的差异。从生活满意度来看，非网民的生活满意度要高于网民。从各个收入群体来看，收入人群中网民与非网民的生活满意度差距最大，低收入群体次之，其他两个收入群体中网民与非网民在生活满意度上的差距相对较小。这说明在 2018 年是否上网可能影响到了人们生活满意度的水平。

表 10-4-4　　　2018 年网民与非网民的主观幸福感分布

		低收入人群	中低收入人群	中高收入人群	高收入人群	总体
生活满意度	非网民	4.101	4.144	4.199	4.6	4.153
	网民	3.766	3.913	4.001	4.042	3.954
未来生活信心	非网民	4.091	4.05	4.067	4.2	4.074
	网民	3.919	3.972	4.032	4.021	4.004

相对而言，未来生活信心这个变量在网民中的平均水平也没有明显高于非网民。这两个群体之间在对未来生活信心上的差距仅为 0.074。低收入人群当中的网民对未来生活的信心是各收入人群中最低的，仅为 3.919。而该人群中的网民对未来生活的信心为 4.919，二者的差距并不大。在高收入人群中的非网民的未来生活信心最高，达到了 4.25，而高

收入群体中网民的对未来信心为 4.021，二者的差距为 0.179，总体而言，除高收入群体外，其他各个收入群体网民与非网民对未来生活的信心差距并不明显。

表 10 - 4 - 5 报告了生活满意度与互联网使用行为的线性回归模型结果。模型 1 检验了是否上网对生活满意度的影响。这个模型的结果显示网民和非网民在生活满意度方面并不存在明显的差异，这与之前历次调查的结果一致。

表 10 - 4 - 5　　2018 年互联网使用行为与生活满意度的线性回归模型结果

	模型 1	模型 2	模型 3	模型 4
年龄	0.007 ***	0.005	0.007 **	0.006 **
	(0.002)	(0.003)	(0.003)	(0.002)
男性	0.038	0.071	0.086	0.031
	(0.039)	(0.055)	(0.055)	(0.048)
教育程度				
高中教育	− 0.054	− 0.085	− 0.095	− 0.123
	(0.052)	(0.104)	(0.103)	(0.084)
高等教育	0.002	− 0.064	− 0.051	− 0.101
	(0.074)	(0.120)	(0.116)	(0.096)
家庭收入	0.055 **	0.070	0.063	0.026
	(0.024)	(0.044)	(0.043)	(0.029)
退休人员	0.103	—	—	0.083
	(0.224)	—	—	(0.236)
房产数量	0.014	0.080 ***	0.077 **	0.067 **
	(0.023)	(0.031)	(0.030)	(0.026)
农业户口	− 0.060	− 0.156 **	− 0.157 **	− 0.107 *
	(0.047)	(0.065)	(0.065)	(0.062)
无业	− 0.103	—	—	− 0.071
	(0.219)	—	—	(0.227)
身体健康	0.109 ***	0.143 ***	0.145 ***	0.138 ***
	(0.019)	(0.030)	(0.030)	(0.025)

	模型 1	模型 2	模型 3	模型 4
主观地位	0.266 ***	0.253 ***	0.263 ***	0.281 ***
	(0.020)	(0.033)	(0.033)	(0.027)
是否上网	− 0.013			
	(0.054)			
互联网工作学习因子		− 0.032		
		(0.035)		
互联网娱乐社交因子			0.069 **	
			(0.028)	
网络使用时长				0.001
				(0.002)
常数项	1.905 ***	1.763 ***	1.724 ***	2.206 ***
	(0.301)	(0.529)	(0.523)	(0.361)
样本数	1690	715	715	991
R^2	0.143	0.141	0.147	0.150

注: $^+ p < 0.10$, $^* p < 0.05$, $^{**} p < 0.01$, $^{***} p < 0.001$。

模型 2 加入互联网工作学习因子这一变量。结果表明, 人们使用网络工作学习的强度与他们的生活满意度水平无显著的相关关系。模型 3 加入互联网娱乐社交因子这一变量。结果表明, 人们使用网络进行娱乐社交活动的频率越高, 他们的生活满意度水平也越高。

模型 4 加入了网络使用时长的变量, 然而这个变量对生活满意度的影响也是不显著的。这也说明网络使用行为与生活满意度之间并不存在明显的相关关系。

表 10 - 4 - 6 报告了 2018 年未来生活信心与互联网使用行为的线性回归模型结果。模型 1 检验了在 2018 年网民与非网民在未来生活信心方面的差异。这个模型的结果显示网民和非网民在未来生活信心方面并不存在差异性。模型 2、模型 3 针对已经使用互联网的网民子样本检验了使用互联网工作学习和使用互联网社交娱乐的频率对未来生活信心的影响。结果表明, 这两个变量与未来生活信心并

不相关。模型 4 的结果表明网络使用时长并不会影响网民们对未来
生活的信心。

表 10 - 4 - 6 　　　　2018 年互联网使用行为与未来生活信心的
线性回归模型结果

	模型 1	模型 2	模型 3	模型 4
年龄	- 0. 002	0. 000	0. 001	- 0. 001
	(0. 002)	(0. 003)	(0. 003)	(0. 003)
男性	0. 008	0. 049	0. 054	0. 004
	(0. 042)	(0. 058)	(0. 058)	(0. 052)
教育程度	0. 000	0. 000	0. 000	0. 000
高中教育	- 0. 054	- 0. 036	- 0. 049	- 0. 053
	(0. 056)	(0. 111)	(0. 110)	(0. 091)
高等教育	- 0. 119	- 0. 054	- 0. 077	- 0. 103
	(0. 079)	(0. 127)	(0. 124)	(0. 104)
家庭收入	0. 020	0. 069	0. 061	0. 017
	(0. 026)	(0. 047)	(0. 046)	(0. 031)
退休人员	- 0. 016	—	—	0. 048
	(0. 239)	—	—	(0. 255)
房产数量	- 0. 011	0. 019	0. 018	0. 016
	(0. 025)	(0. 033)	(0. 033)	(0. 028)
农业户口	- 0. 061	- 0. 244 ***	- 0. 246 ***	- 0. 175 ***
	(0. 050)	(0. 069)	(0. 069)	(0. 067)
无业	0. 015	—	—	- 0. 011
	(0. 234)	—	—	(0. 244)
身体健康	0. 154 ***	0. 184 ***	0. 184 ***	0. 182 ***
	(0. 020)	(0. 032)	(0. 032)	(0. 027)
主观地位	0. 363 ***	0. 325 ***	0. 328 ***	0. 347 ***
	(0. 022)	(0. 035)	(0. 035)	(0. 029)
是否上网	0. 016			
	(0. 058)			

续表

	模型1	模型2	模型3	模型4
互联网工作 学习因子		−0.031		
		(0.037)		
互联网娱乐 社交因子			0.007	
			(0.030)	
网络使用时长				−0.002
				(0.002)
常数项	2.443 ***	1.828 ***	1.889 ***	2.509 ***
	(0.321)	(0.563)	(0.559)	(0.388)
样本数	1688	715	715	991
R^2	0.182	0.171	0.170	0.182

注: $^+ p < 0.10$, $^* p < 0.05$, $^{**} p < 0.01$, $^{***} p < 0.001$。

五 讨论与总结

本书旨在以上海的调查数据为基础，考察在不同经济状况的家庭中互联网使用与幸福感之间的关系。家庭是个体生活的主要场所，家庭的客观经济收入是衡量家庭经济状况的重要指标，也是影响家庭成员幸福感的重要因素之一。本研究的实证结果表明互联网使用对生活满意度的影响有限，但对网民的生活信心的提升作用则随着时间的推移而保持了一定的稳定性。

首先，在2010年能够使用互联网的主要是年轻人和受过高等教育的人。家庭收入水平越高，拥有的房产越多，也越可能上网。在使用网络的网名当中，年龄、性别、教育程度、户籍状况、职业声望都是影响网名民在网络上活跃度的重要因素。价值观比较传统保守的群体在网络上的活跃度会更低，而经常参加体育锻炼的群体，则更可能在网络上比较活跃。网民与非网民在生活满意度上并没有明显的差异。但是，网民在对未来生活信心上面却比非网民更有信心。互联网使用的时长对生活满意度的负向作用非常显著，但对未来生活信心的影响并不显著。

在 2014 年，影响人们使用互联网的因素没有太大的改变，年龄、教育、收入水平、户籍状况都是影响人们使用互联网的重要因素。网民与非网民之间在生活满意度方面也没有明显的差异。但是互联网的使用强度对网民的未来生活信心有着比较强的积极影响。在 2016 年的调查中，上网行为对生活满意度的影响仍然不显著。但是，互联网使用的社交发展因子对于网民提升未来生活信心有着重要的意义。在 2018 年的调查中，样本总体的上网比例达到了六成以上，在上网行为与主观幸福感的研究中，只有使用互联网娱乐社交的频率与生活满意度呈正相关关系，其余上网行为与主观幸福感的关系并不显著。

本研究的结果进一步丰富了对互联网使用与主观幸福感的认识，也提示相关政策制定者需要在推广互联网应用的过程中考虑到社会心理因素可能带来的消极影响。当前社会各界都在广泛的使用互联网工具来改善人们的生活状况。但是，在借助互联网工具的同时，需要注意过度使用互联网对某些社会群体可能带来的负面影响。

第十一章

优化生活方式及增进主观
幸福感的政策建议

习近平总书记在党的十九大报告中指出："中国特色社会主义进入新时代，我国社会主要矛盾已经转化为人民日益增长的美好生活需要和不平衡不充分的发展之间的矛盾。"这是全面分析中华人民共和国成立后特别是改革开放以来经济社会发展的深刻变化做出的重大战略判断，对我国实现"两个一百年"奋斗目标发挥着重大而深刻的影响。习近平总书记指出，"我们要牢记人民对美好生活的向往就是我们的奋斗目标，坚持以人民为中心的发展思想，努力抓好保障和改善民生各项工作，不断增强人民的获得感、幸福感、安全感，不断推进全体人民共同富裕。"习近平同志在"不忘初心、牢记使命"主题教育工作会议上强调："为中国人民谋幸福，为中华民族谋复兴，是中国共产党人的初心和使命，是激励一代代中国共产党人前赴后继、英勇奋斗的根本动力。"这就要求党员干部不忘初心、牢记使命，始终坚定信仰、信念、信心，采取有效的措施全面增强各收入人群的获得感、幸福感、安全感。

本研究比较了各收入人群在价值观和生活方式方面的差异，初步分析了金融危机对各收入人群的价值观和生活方式所产生的冲击。同时研究结果也揭示出，各收入人群的价值观和生活方式当中的许多方面是比较稳定的，并不受经济波动的影响。

本研究发现，中等收入人群是能够引领社会价值观变迁的群体，对他们的价值观与生活方式的深入研究有助于促进社会建立正确的价值观和积极向上的生活方式，也有助于引导社会的中坚力量正确认识社会问题，提升社会消费能力，形成符合时代潮流的主流生活方式，推动消费社会的崛起，为中国梦的实现创造有利的环境。

同时，我们也要看到，各收入人群的价值观中有一些消极和落后的方面是不能反映社会主流价值观的重要精神。各收入人群的生活方式中也存在一些不合时宜的方面，需要进一步地改进。接下来将根据本研究的数据分析结果，提出相关的政策建议来引导各收入人群树立良好的主流价值观和生活方式，进而提升他们的幸福感水平，为经济发展与社会和谐创造有利的环境。

一　积极倡导、培育良好的社会主流价值观

相关政府部门要以社会主流价值观为基础，大力倡导符合各收入人群实际需要的社会主流思想和价值观念。本研究的主要分析结果表明，金融危机和经济新常态下的宏观经济波动会对各收入人群的价值观都有一定的影响。

当前，党和政府所倡导的社会主义核心价值观非常强调积极的生活态度，对抵制西方奢靡的社会风气具有重要标杆作用。其主导思想是在满足并不奢侈的基本生活要求的前提下，通过自身的诚实劳动为社会的和谐发展做出贡献。但是，当前中等收入人群对于成功的归因方面和低收入人群并没有明显的差异。各个收入人群都非常看重家庭背景在个人发展中的作用，也比较赞同通过诚实的努力工作来获得成功。这需要政府和社会切实采取措施改变现状，在各收入人群中树立正确的成功观念，培养自强不息，努力奉献的价值观。特别是注重结合重大的社会经济变革来倡导正确的成功观。培养人们的社会责任心。将国家前途和社会进步当成自己的行为目标，在参与各项社会活动的过程中体现出强烈的责任感和主人翁精神。

中等收入人群相对于低收入人群来说，总体上更加满意他们的生活状况，而且这样的优势在宏观经济出现波动的时候也没有发生明显的改变。这说明中等收入人群对于应对全球性风险冲击和稳定社会情绪具有重要的意义。在全球化的浪潮冲击下，中等收入人群在社会发展和风险治理中发挥着重要的作用。中等收入人群要当好"社会稳定器"，就需

要政府部门在制度设置、政策引导、治理模式转型和公共服务体系改革等方面考虑到中等收入人群的实际需求，为中等收入人群行使合法权利，参与社会治理而创造条件。在中等收入人群当中树立良好的道德规范和风险意识，促使这个群体在社会主义事业的建设过程中发挥积极有效的引领作用。同时，全社会也需要为此提供良好的思想文化环境做支撑。中等收入群体对生活保持着比较积极主动的态度，对于国家的各项方针政策和建设目标也会更加的认可。因此，政府有关部门还要采取措施，切实改善中等收入人群的主观生活质量，促进中等收入人群主观幸福感的提升。

同时，中等收入人群比低收入人群更重视在生活中获得快乐的精神体验，而不是仅仅成为有钱的人。追求快乐是许多中等收入人群的生活目标之一。对于中等收入人群来说，要推动他们采取合理合法的方式追寻生活中的快乐，同时培养他们甘于奉献的志愿精神和助人为乐的传统美德。让他们逐渐意识到可以通过自愿贡献个人时间和精力，为推动人类发展、社会进步和社会福利事业而提供服务，并从中获得快乐和幸福感。这种乐于奉献的高尚品格对于人们参与社会治理和社会公益组织的活动都非常重要。中等收入人群在解决了生存之忧后，会更有可能参与到助人为乐的志愿服务活动中。

而对于低收入人群，则要将工作重点放在提升和改善他们的生活条件和社会保障水平。特别是在经济出现较大波动的时候，要通过合理的方式帮助他们疏解心理压力，转变追求金钱物质需求的价值观，引导他们在社会活动中获得快乐，追寻梦想。低收入人群面临着较多的生活条件的局限，因而会对成为有钱人并摆脱经济窘迫的制约有着更为强烈的要求。这需要相关部门和社会各界在制定应对措施时从解决心理上和思想上的局限性入手，采取有针对性的方案帮助低收入人群在经济新常态下尽早步入小康生活。

现阶段，由于我国收入差距较大，社会上还产生了一种"仇富心理"，这是一种"嫉妒"心理，它包含着不满和愤怒，如果不能有效解决，将会成为破坏社会稳定的催化剂，从而引起社会动荡。现阶段所推行的"橄榄形"社会结构，并不是说剥夺中等收入人群的财产，而是要努力保护中等收入人群的财富。因此，我们要不断转变这种观念，毫不动摇地鼓励、支持和引导中等收入人群的快速发展（师凤莲，2008）。在主流文化的建设上改变仇富的心理，提倡劳动致富、劳动光荣的正确思想。

在价值观引导方面，相关政府和社会组织也应采取措施，提升各收入人群的主流价值观认同水平，并对该群体的风险感知状况进行比较系统全面的分析。首先，要建立畅通高效的信息监测系统，通过互联网技术和群众路线，对各个收入人群的思想动态进行了解和监测，重视咨询系统的作用，及时发现各收入人群中存在的价值观和社会态度方面的新动向。并建立有效的社会风险和价值观念的动态分析体系，通过对收集的动态信息进行深入的、实时的分析，从中整理出典型性、倾向性的发展规律和风险形成趋势，挖掘出背后的深层次原因和症结所在，为政策的制定提供有效的支撑。

其次，如调查数据所显示的，中等收入人群比低收入人群更加关注积极情绪和获得而不是金钱财富的拥有。这说明可以从社会舆论入手，借助新闻媒体和自媒体的力量来树立价值观引导的目标，使中等收入人群明白人生价值的特征、内容，正确认识人生价值与金钱、地位、幸福等因素的关系。

最后，在具体的操作上，应当提出实现目标和解决如何引导的各种方案。基于大量研究和分析的基础上，做好科学预测和趋势分析，从多个可行方案中逐步确立优选方案并付诸实施。重视互联网和社会舆论阵地的建设，加大网络基础条件和风险监测系统建设的力度，通过市场化的力量来开展价值观塑造工作。健全互联网舆论引导机制。提高对虚拟社会的风险控制并拦截不良信息的传播，着重报道好人好事，加强感情渲染，增加受众对这个社会的期待。通过提高道德高尚者的地位，使得各收入人群在参与社会公共事务时能够有更多的自我认同感和道德满足感，借以抵制诱惑，努力营造积极健康的社会主流价值观，对错误言论、思潮勇于批评，及时纠正不良价值观倾向。

当前中等收入人群在价值观引领方面的表现还远远落后于时代和社会对他们的期望。甚至与低收入人群比较起来，这个群体在社会责任和成功归因方面都没有发挥应有的作用。这与西方发达国家的经验似乎是不一致的。因此，要在全社会树立积极的主流价值观，尤其重视对中等收入人群的教育和引导，让他们积极参与社会服务的各项活动，真正能够在践行社会主义核心价值观的过程中发挥主导性作用。当前，我们的政府和社会还需要采取更多的措施和行动来培育和提升中等收入人群的勤劳朴素的精神，发动更多的中等收入人群参与到社会公益行动中来，从而使中等收入者在公共服务的提供和社会治理中扮演更多、更重要的角色。

二　提供良好的政策环境，切实增加各收入人群的财富

各级政府要为大力提升全社会的总体财富水平，让更多的贫困人口能够脱贫致富。同时也要为中等收入人群提供良好的政策环境，保障这个群体的合法权益，增加他们的财富在社会总体中的比重，为他们参与社会治理创造更优越的经济基础和社会环境。"不仅要在宪法上承认私有财产合法地位，还有在全社会形成保护私有财产和激励民间创业的热情的政策氛围"（郑兴明，2007），建立合理的收入分配体制，在政治上、经济上为各收入人群经济实力的增强提供有力的宪政保障。以民富优先为导向，以扩大中等收入人群为重点，以创新社会治理体制为关键，尽快形成常态化的利益诉求表达机制、利益协调机制、利益共享机制。政府可依靠倾斜政策来增加中等收入人群的可支配收入，来刺激其消费。加强对中等收入人群的教育引导，不断提高他们的思想政治素质、综合管理能力和参政议政能力，不断引导中等收入人群在现有政治体制框架内合理合法地反映诉求。

同时，要规范收入分配秩序，推动建立工资协商谈判机制，充分激活和发展工会在工资协商谈判中的主体作用。建立健全由政府、工会、企业主三方代表组成的薪酬协商委员会，提升中等收入者对工资性收入的议价能力和协商能力，使更多的人可以通过劳动致富，共同享受经济发展带来的红利。另外，提升公务员、国有企事业单位职工收入的透明

度，清理、规范各类津贴、补贴、福利，消除灰色收入，加强对这类单位职工收入的监管和调控，促进市场竞争在调节劳动力配置中的决定性作用。

中等收入人群是多元化社会中利益矛盾与冲突的天然缓冲器和自然稳定器。形成中等收入人群为主体的橄榄形社会结构是改善社会治理各主体力量对比的关键。通过个人所得税制的改革来减轻工薪阶层的税负，并加大对资本所有者、富裕阶层的税收调节力度。政府应该明确提出中等收入人群倍增的计划和目标，使中等收入人群的规模每年都有一定比率的增长。

此外，中等收入人群要学会不断学习，积极进行充电，进行合理的职业规划，不断学习，来增强自己的竞争力，从而稳定或增加自己的收入。中等收入人群要通过现在的学习，不断更新自己的知识结构，掌握较高的技能，使自己可以精通某个领域。同时中等收入人群自己要培养节约意识，防范不必要的风险，使节俭和精算成为自己的生活策略，当然这也不是说要抑制消费，而是说要防止奢侈消费，尽量压制各种炫耀性消费。中等收入人群要注意自己的投资，注意将风险性投资与保值性投资相搭配，从而来分散投资风险，保证自己财产的相对稳定性。

三　科学引导和保障各收入人群的文化休闲生活

本研究的分析结果表明，在金融危机和经济新常态的背景下，中等收入群体中相对收入较低的群体会通过缩减在文化休闲方面的开支来维持家庭的生活收支平衡。这反映出经济预算的约束对那些收入在中等偏下位置的人可能会在经济波动时期所受到的负面影响。这就需要政府和社会对经济处于相对弱势的群体给予更多的关注和支持。特别是在宏观经济受到外部因素冲击时，要加大对这一人群的保障力度。同时，要通过制度建设来规范文化休闲市场发展，发挥消费者的监督作用。为中等收入人群提供参与文化休闲市场监管、文化休闲制度建设的途径。中等收入人群相对来说更有经济实力进行更多的文化娱乐消费，但也要保证他们合理表达需求和意见的渠道。政府和社会需要创造有利的环境来促进中等收入人群发挥他们的创新能力和积极性，同时保护和支持他们的参与热情，消除他们所面临的种种限制和不满情绪，使得他们在文化娱乐活动中获得身心上的愉悦，注重防止大规模的消费者运动和群体性事件的发生。

从本研究的分析结果来看，体育锻炼对生活质量的提升有着重要的意义。在金融危机爆发以来，人们参与体育锻炼的频率并没有出现大的变动，但中低收入人群和低收入人群用于休闲方面的支出下降比较明显。这提醒我们，经济上处于弱势地位的群体在经济收入有限的情况下会选择那些免费的和低成本的体育锻炼项目。这就要求相关政府部门和社会公益组织为这些群体提供更多低成本的、便利的、安全的体育锻炼设施和相关的服务项目。例如，城市建设中更多的加强广场舞设施、体育公园、慢跑步道等项目的建设。这也预示着未来随着经济形势的好转，人们收入水平的上升，那些喜爱体育锻炼的中低收入人群将可能在科学的引导下转而参与一些更系统的、更健康的休闲体育锻炼项目，从而获得身体和心理等多个方面的收益。

阅读书籍是文化休闲活动中重要的组成部分，也是文化资本的重要指标。在2008年，中等收入人群和低收入人群比较起来并没有体现出明显的更热衷于阅读书籍和报纸杂志的倾向。结合前文的结果，中等收入人群在收入和受教育程度等方面都要比低收入人群有明显优势，但在阅读书籍上并没有体现出相应的差异。这反映出当时中等收入人群并没有将阅读和学习作为生活的重要组成部分。随着时间的推移，中等收入人群的阅读频率逐渐上升，这可能反映出经济危机的风险会促使社会中收入较高的人群更多的学习和了解信息和知识。

另外，互联网社会的崛起为民众带来了信息爆炸，使得中等收入人群中更多接触互联网的人形成阅读和学习书籍知识的习惯。值得注意的是，阅读书籍并不会让人们获得更多的生活满意度，这说明阅读只是通过间接的途径影响到人们的生活体验。这也许是由于信息时代的阅读已经不再是传统的纸媒为基础的书籍和报刊，而是信息化的电子书籍和信息。阅读者被大量碎片化、浅薄化的快餐式信息所包围，他们从中所获得的只是一些功利性的信息和吸引眼球的新闻，而不是那些真正能提升人们生活品质和生活理念的深层次知识。这就需要社会各界重视民众的阅读习惯和学习习惯的重塑，推广学习型生活方式和反思性的知识阅读，使那些有阅读习惯的群体能够从中获得积极正面的生活体验，形成共同的价值观、信念，促进社会总体生活品质的提升和转型。

中等收入人群在生活方式方面已经初步体现出在文化休闲领域引领社会进步的趋势。这就需要社会各界注重文化硬件和文化软件的建设。针对中等收入人群在文化活动中的切实需求提供有效的支持。通过公共图书馆、公共艺术空间、公共学习平台的建设，提高中等收入人群的文化素养，增强该群体对生活和社会的积极心态，当好"社会稳定器"。

当前上海的服务业飞速发展，其内部结构的战略性调整对于保障上海的经济增长方式转变，提高城市的国际竞争力、促进各收入人群生活水平的提升有着重要的意义。从目前上海的文化休闲行业的内部结构差异明显，其发展仍然存在一些不足，市场化运作成了单纯的商业开发、简单的城市再造，没有结合城市产业结构合理布局。同时，客观上限制上海的文化休闲行业结构优化的因素还有很多，如市场化以及创新程度不足、行业自我管理水平不高、行业过于集中发展等。随着经济的发展，中心城区也面临着传统城市产业转型、新兴城市产业拓展的问题，文化休闲行业的发展需要相关部门提前进行全面的考虑。

在制定文化休闲行业发展战略时，应统筹内部各行业集聚的技术溢出效应和规模经济效应。一是要根据上海市城市发展规划和最新的产业发展规划进行适度调整，有针对性地发展和完善文化休闲业的内部行业结构，从而充分发挥各行业发展的协同效应和溢出效应。充分利用中心城区与郊区的协同效应，统筹市场需求和人口流动两方面推进文化休闲业更快更好发展。二是建立完善的城市文化休闲业发展规划和指导体系，通过政策的引导作用促进行业的合理布局，特别是对存量空间的合理利用。针对上海2035和五个中心建设的规划，出台相应的行业鼓励政策和发展规划。在特定区域实施税收、土地、城市管理等方面的优惠政策，引导文化休闲业更好地适应上海的经济社会发展方向。三是通过加强组织保障、规划保障、政策扶持、税收优惠、人才高地构筑等策略促进各郊区街镇人口集聚区的文化休闲业的合理布局。探索金融创新和连锁企业新模式，在长三角一体化的框架下促进远郊地区与江苏和浙江的市县联动发展，形成文化休闲业的互补和规模效应，为长三角经济的协同发展创造可复制可推广的商业新模式、新理念。

四 加快公共服务均等化和社会风险应对体系的建设

当前制约中等收入人群扩大消费，提升生活质量的一个主要结症就是公共服务及社会保障体系的不健全。因此需要建立健全公共政策社会参与制度，形成多渠道的利益协商对话机制。在社会管理体制与社会治理体制同时运作的情况下，为了更有效地开展社会治理工作，对不同的治理主体的角色和功能进行权责定位，并对相关公共政策体系做出相应的改革。

在金融危机冲击之下，上海的中低收入人群和低收入人群的医疗健康消费支出增长的幅度较大，与中高收入人群的差距基本消失。这反映出当前医疗服务和药品价格不断上涨的现实问题。而各地环境污染问题、食品和药品质量问题频发，带来了严重的社会风险问题。这就要求有关政府大力创新公共服务供给方式，对现在的医疗卫生体系和公共服务体系进行深入改革。在政府承担最终责任的前提下，对医疗健康和社会保障体系进行合理改革，充分发挥市场机制作用，通过合同外包、特许经营、政府采购、公共服务券等方式广泛吸纳社会力量的参与，增强基本公共服务供给的可持续性。加快公共服务领域的立法进程，明确公共健康服务机构的设立、变更等法律程序，形成政事分开、管办分离的新机制。同时，围绕城市公共管理与服务效能、社会组织活力、人居生态环境、公共安全现状等现实问题，充分发挥专家体系的作用，在公共政策领域开展有针对性的效能评估研究，重视社会服务模式创新的实效与社会反响，强化中等收入人群的参与度和影响度，为有关部门提供重要的决策参考。把中等收入人群和低收入人群不同的需求和期望反映在公共服务建设的实际工作中。

最后，政府应该针对各收入人群对于社会风险的认知特点和实际需求设计相应的社会服务管理体系。比如说，目前应对健康风险所建立的全民托底性质的医疗健康保障体系主要针对的是低收入人群和社会弱势群体。中等收入人群往往对于公共卫生方面的风险意识更为强烈，也对以医疗健康服务为代表的公共服务体系有更高的、个性化的需求。这需要公共服务体系能发展有针对性的精准服务项目，并发挥政府、市场、社会等多方面的力量，改变当前主要以体制内力量为主的城市公共服务体系。

因此，亟须探索如何发挥各收入人群的社会参与作用，在各级党委的引领下，整合企事业单位、社会组织、虚拟社区平台等各方面的力量为公共服务的高效化、精准化改革做出贡献。根据中等收入人群和低收入人群的需求特点来科学安排各个主体在公共服务体系中的角色作用、职责范围、管辖领域、法律地位、相互关系、信息反馈等。充分发动中等收入人群和低收入人群多层次参与公共服务体系改革，通过有效扩大社会参与，发现各收入人群的实际需求、凝聚各收入人群的共识、促成政府和社会的紧密合作，促成社会治理的多元治理机制。

同时，还要因地制宜的科学制定公共服务体系的发展规划，大力推动中等收入人群在社会治理和社会活动中发挥主要作用。加强中等收入人群参与社会治理的能力培养，培育中等收入人群创立和参与社会活动的热情，形成促进中等收入人群参与公共事务的良好环境。未来可以有重点的先在中等收入人群聚集的社区进行改革试点，开创出符合中等收入人群需求特色的公共服务体系和相应的公共政策体系。

五　深化公交系统改革，提升公众的使用便利度和舒适度

人们的出行方式选择不仅关乎个人的生活幸福程度，还带有非常强的外部效应。伴随着家庭收入的增加和生活水平的提升，中等收入人群中刚买私家车的人数越来越多，由此带来的城市交通拥堵问题和环境污染问题也越来越严重。目前，大力发展公共交通已成为许多城市解决城市病的重要途径，不少发达地区的大城市在经历了小汽车的发展带来的

交通堵塞问题之后开始选择"公交优先"的交通模式。在金融危机爆发之前，上海市针对公共交通发展采取了一系列的扶持政策，但仍远远不能满足客观的需求。城市公交客流量的增长并不能与城市人口增长率相匹配。这也导致了自行车、摩托车、私人汽车等个体交通的大量增长，使得城市交通紧张状况日趋加剧。而城市规模的扩大、通勤距离的增加使得人们花在交通上的支出不断上升。城市基础建设过程中机动车道对非机动车的挤压和排斥也日益严重。这就直接导致了使用自行车出行的人群产生了比较大的不满情绪。

为了应对金融危机对宏观经济的冲击，上海加大了对公共交通设施的投资，开始兴建大量的快速轨道公交。同时，对地面公共电车、公共汽车进行系统改造和设施更新，增加运力，挖掘潜力，大幅度地提升了公共交通系统的运载能力。依靠步行和自行车出行的人数大幅度的减少，而使用公共交通出行的人数则快速上升。但是，当前的公共交通的发展还没有很好的适应城市常住人口快速增长的问题。很多新的居民小区还没有很好的交通配套设施，而原有的很多公交站点和地铁站点则是人满为患。这样就让公共交通工具的舒适度和便利度大打折扣。本研究的研究出表明，使用公共交通系统的人更可能会产生比较大的不满情绪。

因此，在未来城市公共交通系统发展过程中，不仅要加强城市道路网络体系和公共交通体系的建设，还需要综合考虑土地利用发展规划，坚持混合的面向公共交通的发展模式，降低人们出行的平均距离，减少出行对小汽车的依赖。发展公共交通的同时还要努力提升城市交通的步行化和公共交通的可达性。使得城市居民在使用公共交通时能够获得近似于私家车那样门到门的出行体验（任春洋，2010）。此外，需要建立健全步行和自行车专用网络，充分发挥步行和自行车在短途出行，特别是在弥补公交出行"最后一公里"中的优势。城市的空间布局也要根据以步行可达性为核心的公交体系和住宅团组体系的建设，提升公共交通的密度和效率。

第一，改进交通运营管理和需求管理，采取措施引导各收入人群合理使用公共交通。借鉴国外发达国家的经验和教训，以优先发展城市公共交通为基本政策，加大扶植公共交通的力度，加强城市公交的基础设施建设（黄伟、周江评、谢茵，2012）。大力提高现有交通系统的运营管理水平和智慧管理程度，从科学管理上要效益。通过智能技术、智能交通的应用来发展以智慧出行为中心的先进交通系统，着重研究和开发公交优先技术和管理机制，提高公交运行效率。扩大实施公交优先的政策，提升公交系统的通行速度和效率。重新思考城市当中施行的购买新能源汽车的补贴政策和小汽车限行、限牌的政策，通过完善的制度设置来提升公交管理政策的效果。通过交通需求管理手段和边际成本收费（如交通拥挤收费），适度提高小汽车的使用成本，特别是高峰时段在拥堵路段的使用成本，降低小汽车在高峰时段的出行使用频率。

　　第二，着力提升公共交通服务的质量。居民生活水平提高后，对出行采用的交通工具的安全性、准时性、方便和舒适条件有了新的要求。这就需要以市场竞争为基础，将服务质量作为考察其运行水平的主要依据（刘贤腾，2011）。交通服务质量可通过拥挤程度、平均乘车时间和票价等因素来反映。高水平使公交不仅有较高的可达性和准时性，还可以在出行速度和舒适度上提供不同层次的服务。为不同的群体提供多样化的出行选择和不同的舒适度—价格比。针对不同服务对象（如常规车辆和残疾人、学生专用车）以及不同的服务频率和接送地点（如定点定时和临时预约的公交）提供个性化的公共交通定制化服务，确保公共交通能用最低的社会成本来最大限度地满足居民多样化的集体化、绿色化出行需求。通过政府宣传和市场营销等方式，树立公共交通是一种先进、环保、便捷、时尚的出行方式形象。通过这些手段来逐步提升公共交通服务的质量，让公共交通出行和小汽车出行相比在价格、速度、便利度、公众形象和服务品质上具有竞争力，从而使选择公共交通出行的人们能够获得更积极的生活体验。

　　第三，充分鼓励市场和民众的共同参与，积极发展共享交通体系。政府通过城市规划、公共政策来引导地产开发商和商业企业等市场力量追求自我投入效益的最大化的同时也要兼顾社会效益和公共利益。同时，针对中等收入人群对小汽车等出行方式的偏好，适当鼓励私家车共享出行的新型交通模式，建立合理的利益分配制度，促进有车的城市居民能够充分共享小汽车资源，从而一定程度上缓解出租车运力不足的问题，降低城市公共交通压力，提升出行居民的便利度和舒适度。对共享自行车平台和共享电动车平台加大支持力度，给予税收、金融、政策等方面的优惠，通过市场竞争来推动可持续出行方式在城市生活中发挥更大的作用。

第四，加强在各收入人群中培育绿色出行的观念。各收入人群依据自己的经济实力和生活方式特点，对各类出行方式和公共交通服务有不同的偏好。这些内嵌性使得他们是在很多的约束条件下去形成、追求偏好或利益。为了促使更多的人选择公共交通工具，我们还需要转变人们以往对汽车消费和公共交通的观念。将私家车更多的看作交通工具而不是社会地位和经济实力的象征。引导中等收入人群改变对大户型、低密度和大片绿地的偏好。我们要大力宣传高密度、紧凑型城市形态对于可持续发展的意义，促进各收入人群在城市中和谐生活，共同进步。

六 加强互联网软硬件建设，改善网络使用环境

上海市作为中国最具代表性的现代化大都市之一，在互联网产业的发展和应用方面一直非常重视，投入了大量的人力、物力和财力来建设智慧城市和智慧社区。上海市先后公布了三批智慧社区建设试点单位，着力加强信息基础设施网络化、生活服务便利化、社区管理与公共服务信息化、小区管理智能化、家居生活智能化和其他方面的互联网建设。这些试点单位建设成功了很多的治理服务平台和互联网资源库，为互联网的广泛应用提供了坚实有力的支持和保障。

上海居民在互联网的使用方面有了长足的进步，网民比例不断上升。但是，从本研究的结果来看，家庭收入水平较低仍然是阻碍人们使用互联网的主要因素之一。基层社区和社会组织在推广和应用互联网来改善人们生活质量的过程中也出现了一些不足和需要改进的问题。目前在日常生活中互联网的应用还处于起步阶段，对于低收入群体和弱势群体来说还存在很多的应用局限性。信息化的系统和网络平台的资源整合和利用也存在重复建设、多头管理、沟通不畅、体制桎梏等问题。

第一，互联网技术的配套硬件成本较高，维护和支持的费用较高。

在网络化建设过程中缺乏成本控制的科学方案，实际收益很难与费用匹配，不利于全面推广。互联网信息服务平台的建设刚刚起步，物联网信息安全等相关技术还不完善。

第二，互联网应用软件设计复杂、不易操作。人们使用互联网主要是为了满足其对美好生活的追求，既有物质上的富足，也有精神上的美满。但是，很多中老年人和教育程度较低的群体对互联网技术的了解和掌握还处于初级阶段，难以有效的发挥互联网服务平台的重要作用。在实际操作过程中，对老年人和部分弱势群体的支持和照顾不足，实际操作过程比较复杂，阻碍了互联网技术在社区治理中的广泛应用。互联网在老年人群中的使用和推广还缺乏政府和企业的资助，需要相关部门，专门拍摄，有指导性的教学视频教学软件，辅导课程。

第三，互联网的广泛应用带来了个人隐私泄露的风险，越来越成为居民对互联网使用方面的阻碍。网络上的大量不实信息、谣言、诈骗等问题也给网民们带来了很多的困扰。

因此，上海在建设更高水平的互联网社会的过程中，要做出表率，积极推进网络化建设，坚持以人为本激发社会活力，倡导绿色低碳共享智慧的发展，让更多的城市居民能够享受到各种网络服务的便捷，感受到美好幸福生活。要以经济适用并适度超前需求牵引效果为先，把居民的满意度作为城市互联网基础设施建设的出发点和落脚点，在信息化、网络化的基础上实现适度的智能化。

同时，建立政府引导，市场主导，社会共同参与的互联网建设推进体系。推动互联网应用向人们日常生活的各个方面的深入发展，不能仅仅依靠政府的财政支持或者是企业的自主发展，要建立多元主体协同创新的机制，多元化渠道筹措资金，促进虚拟社区的可持续性发展。在确保信息安全的前提下，充分发挥市场在资源配置中的决定性作用，吸引各类社会资本参与建设和运营，共享开发利用成果，允许公共服务机构和企业充分挖掘社区资源开发社区线上线下融合的便民应用，从而降低医疗、卫生、健康、养老，教育、餐饮、娱乐、家政、环保、交通等领域应用的准入门槛。

第四，扩大宣传，提升共识，建设专门针对老年人和弱势群体的互联网使用辅导教学视频和精品课程、优质教学资源。积极向城市低收入群体和弱势群体宣传网络化和信息化的主要内容，激发社会各类群体参与互联网建设的热情。针对城市居民的职业特征和教育背景来建设有针对性的使用辅导视频和课程，开展互联网辅导精品课程的公开竞赛，建设优质教学资源库和优秀案例库，切实提升互联网在不同收入群体中的覆盖率和使用率。

参考文献

Ahuvia，Aaron、阳翼：《"生活方式"研究综述：一个消费者的视角》，《商业经济与管理》2005 年第 8 期。

埃廷顿、乔顿：《休闲与生活满意度》，中国经济出版 2009 年版。

鲍德里亚：《消费社会》，南京大学出版社 2008 年版。

贝克：《风险社会》，译林出版社 2004 年版。

边燕杰：《城市居民社会资本的来源及作用：网络观点与调查发现》，《中国社会科学》2004 年第 3 期。

布迪厄：《实践与反思：反思社会学导引》，中央编译出版社 2004 年版。

布迪厄：《实践与反思》，中央编译出版社 1998 年版。

曹文君、郭颖、平卫伟、郑建中：《HPLP－Ⅱ健康促进生活方式量表中文版的研制及其性能测试》，《中华疾病控制杂志》2016 年第 3 期。

岑国桢、顾海根、李伯黍：《品德心理研究新进展》，学林出版社 1999 年版。

程超、温兴祥：《家庭内部相对收入、性别身份认同与中国居民生活幸福感——基于 CGSS 数据的实证研究》，《经济评论》2018 年第 6 期。

狄煌：《合理界定中等收入者》，经济参考报 2003 年版。

刁鹏飞：《城乡居民的公平意识与阶层认同——基于中国社会状况综合调查数据的初步报告》，《江苏社会科学》2012 年第 4 期。

刁鹏飞：《人们为什么接受不平等？——成功归因、阶层意识与分配公平》，《黑龙江社会科学》2013 年第 5 期。

恩格斯：《马克思恩格斯全集》，人民出版社 2014 年版。

凡勃仑：《有闲阶级论：关于制度的经济研究》，商务印书馆 2009 年版。

费孝通：《乡土中国》，生活·读书·新知三联书店 1985 年版。

符明秋：《重庆市城市居民生活方式及体质的现状与对策研究》，西南大学，2006 年。

福塞尔：《格调》，中国社会科学出版社 1998 年版。

高丙中：《西方生活方式研究的理论发展叙略》，《社会学研究》1998 年第 3 期。

高文斌、陈祉妍：《网络成瘾病理心理机制及综合心理干预研究》，《心理科学进展》2006 年第 4 期。

国家发改委宏观经济研究课题组：《扩大我国中等收入者的比重》，《经济研究参考》2005 年第 5 期。

国家发改委宏观经济研究院课题组：《扩大中等收入者比重的战略目标和指导思想》，《经济研究参考》2005 年第 5 期。

国家统计局：《中国统计年鉴 2010》，中国统计出版社 2010 年版。

国家统计局：《中国统计年鉴 2015》，中国统计出版社 2015 年版。

国家统计局：《中国统计年鉴 2018》，中国统计出版社 2018 年版。

国家统计局城调总队课题组：《6 万—50 万元：中国城市中等收入群体探究》，《数据》2005 年第 6 期。

何玲璐：《中间阶层还是中产阶级？——对中国中间阶层的一些思考》，《天府新论》2007 年第 S1 期。

宏观经济研究院经济和社会发展研究所课题组：《中等收入者的概念和划分标准》，《宏观经济研究》2004 年第 5 期。

胡飞、周坤：《基于城市低收入群体生活方式的资源重组分析》，《湖南工业大学学报》（社会科学版）2008 年第 13 期。

怀默庭：《中国民众如何看待当前的社会不平等》，《社会学研究》2009 年第 1 期。

黄嘉文：《收入不平等对中国居民幸福感的影响及其机制研究》，《社会》2016 年第 36 期。

黄洁萍、尹秋菊：《社会经济地位对健康的影响机理：基于生活方式视角》，《人口与经济》2013 年第 3 期。

黄平：《生活方式与消费文化》，《天涯》2003 年第 6 期。

黄伟、周江评、谢茵：《政府、市场和民众偏好：洛杉矶公共交通发展的经验和启示》，《国际城市规划》2012 年第 6 期。

黄盈盈：《从数据看青年的价值观取向——20 世纪 90 年代价值观调查研究文献分析》，《青年研究》2001 年第 10 期。

黄志龙：《金融危机对社会领域的冲击——拉美国家的经验研究》，《拉丁美洲研究》2008 年第 2 期。

吉登斯：《现代性的后果》，译林出版社 2000 年版。

纪韶、李舒丹：《北京市农民工生活方式五年间转变的实证研究》，《人口与经济》2010 年第 2 期。

金盛华、辛志勇：《中国人价值观研究的现状及发展趋势》，《北京师范大学学报》（社会科学版）2003 年第 3 期。

卡斯泰尔：《信息化城市》，江苏人民出版社 2001 年版。

冷凤彩、曹锦清：《互联网使用具有幸福效应吗——来自"中国家庭追踪调查"的分析》，《广东财经大学学报》2018 年第 33 期。

李成：《"中产"中国》，上海译文出版社 2013 年版。

李春玲：《当代青年的生活价值观》，《青年研究》1991 年第 1 期。

李春玲：《中产阶级的消费水平和消费方式》，《广东社会科学》2011 年第 4 期。

李光明、徐冬柠：《文化消费对新市民主观幸福感的影响》，《城市问题》2019 年第 6 期。

李小文、陈冬雪：《有序概率回归模型下的城乡居民文化消费与幸福感关系研究——基于 2013 年 CGSS 调查数据》，《广西社会科学》2016 年第 9 期。

李友梅：《社会结构中的"白领"及其社会功能——以 20 世纪 90 年代以来的上海为例》，《社会学研究》2005 年第 6 期。

李正东：《试论中国中产阶层——当前中国社会转型过程中社会结构整合的动态探索》，《广东社会科学》2001 年第 4 期。

梁理文：《走向共享社会：社会阶层结构与中等收入群体研究——以广东为例》，《广东社会科学》2017 年第 6 期。

廖小平：《改革开放以来中国社会价值观变迁之基本特征》，《哲学动态》

2014 年第 8 期。

刘精明、李路路：《阶层化：居住空间、生活方式、社会交往与阶层认同——我国城镇社会阶层化问题的实证研究》，《社会学研究》2005 年第 3 期。

刘能：《当代中国人的生活方式：多维度的解析》，《广西民族学院学报》（哲学社会科学版）2003 年第 4 期。

刘汶蓉：《家庭价值的变迁和延续—来自四个维度的经验证据》，《社会科学》2011 年第 10 期。

刘贤腾：《交通方式竞争：试论我国大城市公共交通的发展》，《城市规划学刊》2011 年第 4 期。

罗楚亮：《绝对收入、相对收入与主观幸福感——来自中国城乡住户调查数据的经验分析》，《财经研究》2009 年第 11 期。

罗斯·J.：《生活方式的类型学》，《国外社会科学》1982 年第 9 期。

吕大乐、刘硕：《中产小区：阶级构成与道德秩序的建立》，《社会学研究》2010 年第 6 期。

马克思、恩格斯：《德意志意识形态》，人民出版社 2003 年版。

孟斌、湛东升、郝丽荣：《基于社会属性的北京市居民通勤满意度空间差异分析》，《地理科学》2013 年第 4 期。

孟蕾：《中产阶层的消费与生活》，《领导文萃》2007 年第 9 期。

孟宪范：《家庭：百年来的三次冲击及我们的选择》，《清华大学学报》（哲学社会科学版）2008 年第 3 期。

孟祥斐：《社会质量与居民幸福感——基于深圳与厦门的实证分析》，《特区经济》2015 年第 8 期。

帕克、伯吉斯、麦肯齐：《城市社会学：芝加哥学派城市研究》，商务印书馆 2012 年版。

普特南：《独自打保龄：美国社区的衰落与复兴》，北京大学出版社 2011 年版。

衢州市国家税务局课题组：《当今中国中产阶层价值观探析》，《我们的价值观》2012 年第 6 期。

饶育蕾、冀希、许琳：《享受型消费是否提高了居民幸福感？——基于中国家庭追踪调查 CFPS 的实证分析》,《消费经济》2019 年第 35 期。

任春洋:《美国公共交通导向发展模式的理论发展脉络分析》,《国际城市规划》2010 年第 4 期。

汝信、陆学艺、李培林:《社会蓝皮书——009 年中国社会形势分析与预测》,社科文献出版社 2008 年版。

桑林:《社会医疗保险对居民幸福感的影响及内在机制研究》,《社会保障研究》2018 年第 6 期。

沈明明:2008,《北京市民政治社会价值观实证研究报告》,生活·读书·新知三联书店 2008 年版。

师凤莲:《培育中产阶级 构建和谐社会》,《济南职业学院学报》2008 年第 4 期。

石秀印:《我们需要什么样的核心价值观》,生活·读书·新知三联书店 2008 年版。

宋清波:《基于收入分配的社会分层研究》,《学术论坛》2014 年第 8 期。

宋瑞:《时间、收入、休闲与生活满意度:基于结构方程模型的实证研究》,《财贸经济》2014 年第 6 期。

苏华山、黄姗姗、周宁等:《不同性别居民的个人收入与幸福感的背离现象研究——来自中国家庭追踪调查的证据》,《南京财经大学学报》2018 年第 2 期。

孙秀林、雷开春:《上海市新白领的政治态度与政治参与》,《青年研究》2012 年第 4 期。

田丰:《中等收入群体变动趋势和结构性分析:2006—2015》,《河北学刊》2017 年第 37 期。

田国强、杨立岩:《对"幸福—收入之谜"的一个解答》,《经济研究》2006 年第 41 期。

田国秀:《风险社会环境对当代个体生存的双重影响——吉登斯、贝克风险社会理论解读》,《哲学研究》2007 年第 6 期。

王甫勤:《社会经济地位、生活方式与健康不平等》,《社会》2012 年第 2 期。

王海忠:《消费者民族中心主义——中国实证与营销诠释》,经济管理出版社 2002 年版。

王济川、谢海义、姜宝法:《多层统计分析模型:方法与应用》,高等教育出版社 2008 年版。

王建平:《中产阶级研究:理论视角及其局限》,《天府新论》2004 年第 3 期。

王健:《收入、收入差距对居民主观幸福感的影响研究》,安徽财经大学,2018 年。

王鹏:《收入差距对我国居民幸福感的影响研究》,西南财经大学,2012 年。

王绍光:《核心价值观为中国社会转型提供了精神支撑面》,三联书店 2008 年版。

王雅林:《人类生活方式的前景》,中国社会科学出版社 1997 年版。

王雅林:《生活方式研究的社会理论基础——对马克思历史唯物主义社会理论体系的再诠释》,《南京社会科学》2006 年第 9 期。

王治河:《作为一种生活方式的后现代主义》,《北京大学学报》(哲学社会科学版)2006 年第 3 期。

韦伯:《阶级、地位与权力》,广西师范大学出版社 2005 年版。

巫锡炜、肖珊珊:《地区差异与我国居民主观幸福感》,《青年研究》2013 年第 1 期。

巫肇胜:《中国中产阶级的冷漠》,《江苏省社会主义学院学报》2007 年第 48 期。

吴焕文:《生活方式指标体系初探》,《山东师范大学学报》(人文社会科学版)2002 年第 5 期。

吴江洁、孙斌栋:《通勤时间的幸福绩效——基于中国家庭追踪调查的实证研究》,《人文地理》2016 年第 31 期。

夏建中、姚志杰:《白领群体生活方式的一项实证研究》,《江苏社会科学》2005 年第 1 期。

肖洁:《家务劳动对性别收入差距的影响——基于第三期中国妇女社会地位调查数据的分析》,《妇女研究论丛》2017 年第 6 期。

谢识予、娄伶俐、朱弘鑫:《显性因子的效用中介,社会攀比和幸福悖论》，《世界经济文汇》2010 年第 4 期。

邢占军、刘相：《城市幸福感：来自六个省会城市的幸福指数报告》，社
会科学文献出版社 2008 年版。

徐泅河：《社会中间阶层论纲》，《山东省青年管理干部学院学报》2001
年第 6 期。

徐晓昱：《收入和收入公平感对主观幸福感的影响研究》，首都经济贸易
大学，2016 年。

薛求知、诸葛辉：《跨国公司与中国中产阶层的形成与发育》，《管理世
界双月刊》1999 年第 4 期。

阎达仁：《父母受教育水平与家庭收入对大学生主观幸福感的影响：主观
社会地位的中介作用》，湖南师范大学，2017 年。

袁浩、陶田田：《互联网使用行为、家庭经济状况与获得感——一项基于
上海的实证研究》，《社会发展研究》2019 年第 3 期。

张芳芳、高文斌：《青少年生活方式问卷的初步编制及信效度检验》，
《中国心理卫生杂志》2010 年第 7 期。

张宛丽：《中国中等收入阶层的特征》，《湖南师范大学社会科学学报》
2003 年第 4 期。

张心怡、郝勇强：《家庭资本对大学生相对剥夺感的影响——单因素方差
分析 ANOVA》，《中共青岛市委党校青岛行政学院学报》2016 年第
3 期。

赵光侠：《低收入群体的消极心态与执政党认同的建构》，《江西行政学
院学报》2011 年第 1 期。

赵联飞：《中国大学生中的三道互联网鸿沟——基于全国 12 所高校调查
数据的分析》，《社会学研究》2015 年第 6 期。

郑路鸿：《互联网使用对城市家庭亲子关系质量的影响——来自湖南长沙
的调查》，《湖南社会科学》2015 年第 3 期。

郑兴明：《论美国中产阶级的成长规律性及其对我们的启示》，《齐齐哈
尔大学学报》（哲学社会科学版）2007 年第 4 期。

中国大百科全书出版社编辑部：《中国大百科全书（74 卷）——社会
学》，中国大百科全书出版社 2004 年版。

中国互联网发展协会、中国互联网络信息中心:《中国互联网发展报告》,电子工业出版社 2017 年版。

中国社会科学院社会学所:《中国青年大透视——关于一代人的价值观演变研究》,北京出版社 1993 年版。

周晓虹:《中产阶级:何以可能与何以可为》,《江苏社会科学》2002 年第 6 期。

周晓虹:《中国中产阶级调查》,社会科学文献出版社 2005 年版。

朱迪:《市场竞争、集体消费与环境质量——城镇居民生活满意度及其影响因素分析》,《社会学研究》2016 年第 3 期。

朱虹:《生活方式的变迁与手机社会功能的演变——基于中低收入群体的调查分析》,《南京大学学报》2011 年第 3 期。

朱欢:《互联网使用对居民幸福感的影响研究——基于 CGSS(2015)数据的经验证据》,《信息系统工程》2018 年第 12 期。

朱建芳、杨晓兰:《中国转型期收入与幸福的实证研究,《统计研究》2009 年第 4 期。

朱菁、范颖玲、樊帆:《大城市居民通勤幸福感影响因素研究——以西安市为例》,《城乡规划》2018 年第 3 期。

朱静燕:《中产阶级与日常生活审美化之关系探讨》,《齐鲁艺苑》2004 年第 4 期。

祝仲坤、冷晨昕:《互联网使用对居民幸福感的影响——来自 CSS2013 的经验证据》,《经济评论》2018 年第 1 期。

Abrahamson, P. R. and R. Inglehart (1995), *Value Change in Global Perspective*, AnnArbor: University of Michigan Press.

Adler, P. S., and Kwon, S. W. (2002). "Social capital: Prospects for a new concept", *Academy of Management Review*, 27.

Berkman, L. F., and Glass, T. (2000). *Social integration, social networks, social support, and health.* In L. F. Berkman and I. Kawachi (Eds.), Social epidemiology. New York: Oxford University Press.

Bian, Y. (2001). *Guanxi capital and social eating in Chinese cities: Theoretical models and empirical analyses.* In N. Lin, K. S. Cook, and

R. S. Burt （Eds.）, Social capital: Theory and research. Piscataway: Transaction Publishers.

Blanchflower, D. G. （2021）. "Is happiness U-shaped everywhere? Age and subjective well-being in 145 countries". *Journal of Population Economics*, 34(2).

Bourdieu, P. （1984）. *Distinction: A Social Critique of the Judgement of Taste*. London, Routledge and Kegan Paul.

Bowles, S. （1998）. "Endogenous preferences: The cultural consequences of markets and other economic institutions". *Journal of Economic Literature*.

Brockmann, H. , Delhey, J. , Welzel, C. , and Yuan, H. （2009）. "The China Puzzle: Falling happiness in a rising economy". *Journal of Happiness Studies*, 10.

Chan, Y. K. , and Lee, R. P. L. （2006）. "Network size, social support and happiness in later life: A comparative study of Beijing and Hong Kong". *Journal of Happiness Studies*, 7 （1）.

Cheng, S. -T. , Lee, C. K. L. , Chan, A. C. M. , Leung, E. M. F. , Lee, J. -J. （2009）. "Social network types and subjective well-being in Chinese older adults". *The Journals of Gerontology*. Series B, Psychological Sciences and Social Sciences, 64(6).

De Vos, J. , Mokhtarian, P. L. , Schwanen, T. , Van Acker, V. , and Witlox, F. （2016）. "Travel mode choice and travel satisfaction: bridging the gap between decision utility and experienced utility". *Transportation*, 43(5).

Di Tella, Rafael, Robert J. MacCulloch, and Oswald, A. （2003）. "The macroeconomics of happiness", *The Review of Economics and Statistics*, 85.

Diener, E. （2000）. "Subjective well-being. The science of happiness and a proposal for a national index". *American Psychologist*, 55(1).

Diener, E. and Suh, E. M. （1998）. "Subjective well-being and age: An international analysis", *Annual Review of Gerontology and Geriatrics* 17.

Diener, E. , and Biswas-Diener, R. （2002）. "Will money increase subjective well-being? A literature review and guide to needed research". *Social Indicators Research*, 57 （2）.

Diener, E. , and Oishi, S. （2000）. *Money and happiness: Income and subjective well-being across nations.* In E. Diener and E. M. Suh （Eds. ）, Culture and subjective well-being. Cambridge, MA: MIT Press.

Diener, Ed and Suh, E. （1997）. "Measuring quality of life: Economic, social and subjective indicators". *Social Indicators Research*, 40.

Diener, ED, Suh, E. M. , Lucas, R. E. , and Smith, H. L. （1999）. "Subjective well being: Three decades of progress", *Psychological Bulletin* 125.

Earl, P. （1986）. *Lifestyle economics: consumer behaviour in a turbulent world.* Wheatsheaf Books.

Easterlin, R. （1974）. *Does economic growth improve the human lot? Some empirical evidence.* Nations and Households in Economic Growth, edited by P. A. David and M. W. Reder. New York: Academic Press.

Easterlin, R. （2003）. "Explaining Happiness", *Proceedings of the National Academy of Sciences of the United States of America*, 100.

Eriksson, L. , Friman, M. , Ettema, D. , Gärling, T. , and Fujii, S. （2010）. "Experimental simulation of car users' switching to public transport. " *Transportation Letters*, 2.

Ettema, D. , Gärling, T. , Eriksson, L. , Friman, M. , Olsson, L. E. , and Fujii, S. （2011）. "Satisfaction with travel and subjective wellbeing: Development and tests of a measurement tool", *Transportation Research Part F: Traffic Psychology and Behaviour*, 14.

Feldman, Saul D. and Thielbar, Gerald W. （1972）. *Life Styles: Diversity in American Society.* Berkeley, California: Little Brown and Company.

George, L. K. （1992）. "Economic status and subjective well-being: A review of the literature and an agenda for future research", In N. E. Cutler, D. W. Gregg, and M. P. Lawton （Eds. ）, *Aging, money, and life satisfaction*: *Aspects of financial gerontology*. NY: Springer.

González, A. M. and Bello, L. (2002), "The construct "lifestyle" in market segmentation: The behaviour of tourist consumers", *European Journal of Marketing*, Vol. 36 No. 1/2.

Graham, C. and Pettinato, S. (2002). "Frustrated achievers. winners, losers and subjective well-being in new market economies", *The journal of development studies*, 38.

Grusky, D. (2001). *Social stratification: Class, race, and gender in sociological perspective*. Boulder, CO: Westview Press.

Guillen-Royo, M., and Wilhite, H. L. (2013). *Wellbeing and sustainable consumption*. In: Glatzer, W., Camfield, L., M? ller, V., and Rojas, M. (eds.) *Global Handbook of Quality of Life. IHQ*. Springer, Dordrecht.

Ingersoll-Dayton, B., Morgan, D., and Antonucci, T. (1997). "The effects of positive and negative social exchanges on aging adults", *The Journals of Gerontology Series B: Psychological Sciences and Social Sciences*, 52(4).

Inglehart, R. and Klingemann, H. (2000). *Genes, Culture, Democracy, and Happiness: Subjective Well-Being Across Cultures*. Cambridge MA: MIT Press.

Joiner, R. (2017). *Identity and social networking sites: the roles of alcohol use, mental health, and personality*. University of Birmingham.

Keles, B., McCrae, N. and Grealish, A. (2020). "A systematic review: the influence of social media on depression, anxiety and psychological distress in adolescents", *International Journal of Adolescence and Youth*, 25.

Knies, G. (2012). "Income comparisons among neighbours and satisfaction in East and West Germany", *Social Indicators Research*, 106 (3).

Lim, C., and Putnam, R. D. (2010). "Religion, social networks, and life satisfaction", *American Sociological Review*, 75(6).

Lin, N. (1999). "Social networks and status attainment", *Annual Review of Sociology*, 25.

Lin, N., and Peek, K. M. (1999). *Social networks and mental health.* In Scheid, A. (Ed.), *A handbook for the study of mental health: Social contexts, heories, and systems.* New Jersey: Cambridge University Press.

Litwin, H., and Shiovitz-Ezra, S. (2011). "Social network type and subjective well-being in a national sample of older Americans", *Gerontologist*, 51(3).

Luo, Y. (1997). "Guanxi and performance of foreign-invested enterprises in China: An empirical inquiry." *Management International Review*, 37 (1).

Mitchell, A. (1983). *The Nine American Lifestyles.* New York: Warner.

Morris, E. A., and Guerra, E. (2015). "Mood and mode: does how we travel affect how we feel?" *Transportation*, 42.

Nora, L. and Walton, M. (1998). "Crises and the Poor: A Template for Action, World Bank and Inter-American Development Bank", p. 57.

North T. C., McCullagh P., and Tran, Z. (1990). "Effect of exercise on depression", *Exercise and sport sciences reviews*, 181.

Olsson, L. E., Gärling, T., Ettema, D., Friman, M., and Fujii, S.. (2013). "Happiness and satisfaction with work commute", *Social Indicators Research*, 111(1).

Oswald, A. (1997). "Happiness and Economic Performance", *The Economic Journal*, 107.

Pinquart, M., and Sorensen, S. (2000). "Influences of socioeconomic status, social network, and competence on subjective well-being in later life: A meta-analysis." *Psychology and Aging*, 15(2).

Pressman, S. (2007) "The Decline of the Middle Class: An International Perspective", *Journal of Economic Issues*, 41(1).

Reardon, L., and Abdallah, S.. (2013). "Well-being and transport: taking stock and looking forward." *Transport Reviews*, 33(6).

Reich, J., and Zautra, A. (1983). "Demands and Desires in Daily Life: Some Influences on Well-being", *American Journal of Community Psychology* 11(1).

Roberts, S. G. B. , Dunbar, R. I. M. , Pollet, T. V. , and Kuppens, T. (2009). "Exploring variation in active network size: Constraints and ego characteristics", *Social Networks*, 31(2).

Runciman, W. (1966). *Relative Deprivation and Social Justice: A Study of Attitudes to Social Inequality in Twentieth-century England*. Routledge and Kegan Paul, London.

Ryan, T. , and Xenos, S. , (2011). "Who uses Facebook? An investigation into the relationship between the Big Five, shyness, narcissism, loneliness, and Facebook usage" *Computers in Human Behavior*, Volume 27, Issue 5.

Sahn David and Stephen, (1997). "Structural Adjustment Reconsidered: Economic Policy and Poverty", Cambridge, UK.

Schwartz, S. H. , and Bilsky, W. (1987). "Toward a universal psychological structure of human values." *Journal of Personality and Social Psychology*, 53(3).

Schyns, P. (2002). "Wealth of nations, individual income and life satisfaction in 42 countries: A multilevel approach", *Social Indicators Research*, 60 (1−3).

St-Louis, E. , K. Manaugh, D. van Lierop, and El-Geneidy, A. (2014). "The happy commuter: a comparison of commuter satisfaction across modes", *Transportation Research Part F: Traffic Psychology and Behaviour*, 26.

Thøgersen-Ntoumani, C. , Fox, K. , and Ntoumanis, N. (2005). "Relationships between exercise and three components of mental well-being in corporate employees", *Psychology of Sport and Exercise*, 6.

Vemuri, A. , Grove, J. , Wilson, M. , and Burch, W. (2011). "A tale of two scales: Evaluating the relationship among life satisfaction, social capital, income, and the natural environment at individual and neighborhood levels in metropolitan Baltimore", *Environment and Behavior*, 43(1).

Verduyn, P. , Ybarra, O. , Résibois, M. , Jonides, J. , and Kross, E. (2017). "Do Social Network Sites Enhance or Undermine Subjective Well-

Being? A Critical Review" *Social Issues and Policy Review*, 1 (1).

Welzel, C. (2013). *Freedom Rising: Human Empowerment and the Quest for Emancipation.* New York: Cambridge University Press.

Yamaoka, K. (2008). "Social capital and health and well-being in East Asia: A population-based study", *Social Science and Medicine*, 66 (4).

Yan, Y. (1996). "The culture of Guanxi in a North China Village", *The China Journal*, 35(1).

Yip, W., Subramanian, S. V., Mitchell, A. D., Lee, D. T. S., Wang, J., and Kawachi, I. (2007). "Does social capital enhance health and well-being? Evidence from rural China." *Social Science and Medicine*, 64(1).

Yitzhaki, S. (1979). "Relative deprivation and the Gini coefficient", *The Quarterly Journal of Economics*.

Yuan, H., and Golpelwar, M. (2013). "Testing subjective well-being from the perspective of social quality: Quantile regression evidence from Shanghai. China." *Social Indicators Research*, 113(1).